JN098144

民法判例集

債権各論

［第4版］

瀬川信久・内田 貴

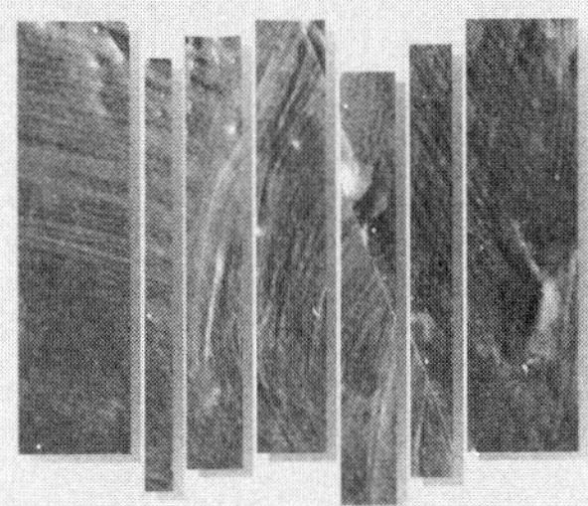

有斐閣

第4版はしがき

本書第3版を2008年に出版してから12年が過ぎた。この間に，2020年4月から施行された債権関係の民法改正が行なわれたことに加え，契約法でも不当利得法・不法行為法でも新しい問題について相当数の新判例が生み出された。第4版では，債権法改正への対応として収録裁判例を全面的に見直したほか，新しい裁判例への差し替えを行ない，39件の新たな裁判例を収録する一方で，判例変更された古い判例や重要でなくなった判例34件を外した。

とくに，債権法改正との関係では，改正法のもとになった判例はすべて収録し，改正過程で論点となったテーマに関する重要裁判例・資料もできるだけ取り上げるようにした。また，不当利得法・不法行為法の解説では，基本的な考え方から各判決の位置付けを少し詳しく説明した。

以上の結果，頁数は60頁ほど増加したとはいえ，本書は，学生だけではなく実務家にとっても，改正民法の内容を深く理解するうえで有益な判例集となったのではないかと期待している。

本書では，初版以来，判決文を寸足らずに裁断せず，事案に即した民法の考え方を伝えるという方針を維持している。しかし同時に，判例を読む負担を軽くし，楽しさを知ってもらう配慮を重ねてきた。主裁判例と関連裁判例を区別し，戦前の裁判例のカタカナをひらがなに直して濁点等を付し，必要な場合には解説図を付けて事案を説明し，事件・判決のポイントを伝える事件名をできるかぎり付けるなどである。これらにより，民法の理解を深めるための判例集としてさらに充実したと考えている。

今回の改訂作業では，有斐閣編集部の井植孝之さんと佐藤文子さんに多大なお世話になった。両氏の御尽力に心よりお礼申し上げる。

2020年3月

瀬川　信久
内田　　貴

初版はしがき

本書は，債権各論を学ぶうえで必要な裁判例と資料を，教育的な観点から編集した教材である。施行後百年を数えるわが国の民法を理解するためには，これまでに蓄積された多くの重要な裁判例を学ぶ必要があることは改めて言うまでもない。それを通して，法典にない法準則を学び，さらに，民法が現実の紛争にどのように適用されているかを知ることができるであろう。

民法の補助教材としての判例集は，すでに数多く出ているが，それらに加えてあえて本書を出版する理由は2つある。

第1に，今日の民法の現実を理解するためには，相当数の裁判例に触れる必要がある。そこで，教育的観点から見て十分な数の裁判例を収録した教材を作りたいと考えた。それでも取捨選択は避けられないが，最低限本書程度の数の裁判例に触れることが必要だというのが，編者の教育経験から得られた結論である。しかも本書では，先例としての価値を有する判例だけでなく，現代の民法の現実を知るうえで有益と考えられる下級審裁判例や資料をもとり上げた。

第2に，判決は生々しい現実の紛争に対する判断である。そのことを身近に感じることのできる教材を作りたいと考えた。そこで本書では，各裁判例の事実関係をやや詳しく紹介し，その中で必要に応じて地名，当事者名を挙げるとともに，判決末尾に担当裁判官名を付記した。それにより，裁判をより身近なものとして感じ，同時に，生身の裁判官の判断として判決を読むことを促したいと考えたためである。

以上のほか，本書では【解説】欄を設け，裁判例や資料の理解に有益と思われる最小限の情報を提供するとともに，ときに，編者自身の見解や問題意識も述べた。裁判例を読む際の手がかりにしていただければ幸いである。

本書は，債権各論を対象としているが，今後，民法の他の領域についても，同様な教材を出版してゆきたいと考えている。

本書は，4年前に出版した『民法判例集3』を，教育現場での使用経験をふまえて新たに編集し直したものである。今回も，契約の部分を内田が，事務管理以下を瀬川が担当し，両者の原稿を持ち寄って検討を加えたうえで内容を確定した。最後に，有斐閣編集部の酒井久雄氏には，前著同様，本書でも周到なお世話をいただいた。厚くお礼申し上げたい。

1997年3月

瀬川　信久
内田　　貴

凡　例

(1)　債権各論の学習上重要な「主裁判例」を157件（資料3件を含む）選び，小見出しをつけて教育上の観点から配列した。主裁判例に準ずる重要性を持つもの，主裁判例の理解に資するものも28件選び，「関連裁判例」として収録した。

(2)　各裁判例につきいくつかの判例研究を掲げた。そのうち最高裁調査官による判例解説は，掲載している法曹時報の巻号頁をあげたが，それらは『最高裁判所判例解説民事編』の各年度版にも収録されている。

(3)　原則として事実と判決理由中のXは原告，Yは被告，A，B，C等はそれ以外の関係者である。

(4)　戦前の判決文は，カタカナをひらがなにし，原文にない句読点，濁点を打ち，漢字表記は新字体とした。なお，一部の難読漢字に読み仮名を付した。

(5)　判決文中で引用される他の判決の表記は簡略化した。たとえば，最高裁昭和46年(オ)第357号同48年2月2日第二小法廷判決・民集27巻1号80頁を，「最（二）判昭和48年2月2日民集27巻1号80頁」に改めている。

(6)　裁判例に付した事件名のうち，49，115，142，143，162，163については，一粒社刊の『民法基本判例集』掲記の事件名を使用させていただいた。

目　次

※　編・章・節は民法典のものを示す
※　目次中の判例番号に付した＊は関連裁判例を示す

第4章　不当利得

第5章　不法行為

第1節　不法行為の成立要件

[1]　法益侵害と違法性

第 3 節　特殊な不法行為

［1］　監督義務者の責任

［2］　使用者責任

第3編　債　　権

➡ *1*

第2章　契　　約

第1節　総　　則

[1]　契約とは何か

1　契約と約束（1）

大判昭和10年4月25日新聞3835号5頁・カフェー丸玉女給事件（百選Ⅱ〈初版〉18頁）

【事実】 Yは，大阪道頓堀のカフェー「丸玉」で女給をしていたXと昵懇の間柄となり，その歓心を買おうと，将来の独立資金として400円を贈与する約束をし，この債務について準消費貸借契約を行なった。Xが履行を求め，1，2審で敗訴したYから上告。

【判決理由】 破棄差戻　「案ずるに原判示に依ればYは大阪市南区道頓堀『カフェー』丸玉に於て女給を勤め居りしXと遊興の上昭和8年1月頃より昵懇と為り其の歓心を買はんが為将来同人をして独立して自活の途を立てしむべき資金として同年4月18日Xに対し金400円を与ふべき旨諾約したりと云ふに在るも叙上判示の如くんばYがXと昵懇と為りしと云ふはXが女給を勤め居りし『カフェー』に於て比較的短期間同人と遊興したる関係に過ぎずして他に深き縁故あるに非ず然らば斯る環境裡に於て縦(よ)しや一時の興に乗じXの歓心を買はんが為め判示の如き相当多額なる金員の供与を諾約することあるも之を以てXに裁判上の請求権を付与する趣旨に出でたるものと速断するは相当ならず寧ろ斯る事情の下に於ける諾約は諾約者が自ら進んで之を履行するときは債務の弁済たることを失はざらむも要約者に於て之が履行を強要することを得ざる特殊の債務関係を生ずるものと解するを以て原審認定の事実に即するものと云ふべく原審の如く民法上の贈与が成立するものと判断せむが為には贈与意思の基本事情に付更に首肯するに足るべき格段の事由を審査判示することを要するものとす。然らば原審が何等格段の事由を判示せずして輙(たやす)く右契約に基く

➡ 2

Xの本訴請求を容認したるは未だ以て審理を尽さゞるものか少くも理由を完備したるものと云ふを得」ず。（裁判長判事 池田寅二郎　判事 成道斎次郎　吉田久　中島弘道　竹田音治郎）

2　契約と約束 (2)

東京高判昭和53年7月19日判時904号70頁

【事実】 人妻であったXはキャバレーのホステスとして働いているうちに，独身男性Yと知り合い，同棲するようになった。その後YはAと結婚することになり，Xと別れるために2000万円を支払う書面を作成した。Xがこれに基づいて支払を請求した。

【判決理由】 請求棄却「Yは昭和38年2，3月ごろ長崎市内のキャバレーでホステスとして働いていたXと知り合って，同年6月ごろから同人と肉体関係を結び，同年12月末福岡市内において賃借したアパートで同棲生活を始めたが，しかしXには夫があり，Yもこのことを知っていたから，互いに婚姻する意思はなかったこと，そして右同棲生活はYがAと結婚式を挙げた昭和43年2月3日の朝まで継続したが，Xは同42年12月31日Yから自分には結納を取り交わした相手があって，近く結婚することになっているので，別れて欲しい旨打ち明けられて，これを納得していたところ，結婚式の前日である同43年2月2日夜，Yが福岡市内のアパートから結婚式場のある小倉に出かけようとした際，Xは突然泣きわめき，Yに対して結婚式場に行く代わりに，Xに2000万円支払う旨記載した書面を書くよう要求したこと，そこでYは明日に迫った結婚式に出席するためやむなく，書面を書くことですむものならばその金額がいくらであろうとそれにこだわる必要はないと考えXの言うままに『Xと別れるに際しまして私が今後自力でかせぎました金額の内から将来一金1000万円を支払います。なお精神的苦痛に対しまして同じく金1000万円を支払います。』と記載した念書を作成し，これをXに交付したこと，Yは同棲生活解消後Xが就職するとか等してその生活が一応安定するまではなにがしかの面倒をみることは考えていたが，Xとの同棲生活を解消するためにとくに金員を支払う意思はなく，またYは当時一介の給料生活者であって，そ

の収入からして将来2000万円という金員をXに支払えるとは考えていなかったことが認められ（る。）《証拠判断略》

そうすると，本件契約はYがXとの同棲生活を解消するためにXに対し1000万円を贈与し，1000万円を慰藉料として支払うことを内容とするものであるが，右契約はYの真意に基づいてなされたものではなく，かつYとXとのそれまでの関係，右念書の文言及びこれが作成交付された経緯並びにYが一介の給料生活者にすぎぬこと等から考えればXにおいても本件契約がYの真意に基づいてなされたものでないことを知っていたか，少なくともこのことを知ることを得べかりしものであったと認めるのが相当であり，従って本件契約は，民法第93条但書によりすべて無効であるといわなければならない。」

（裁判長裁判官 園田　治　裁判官 田畑常彦　丹野益男）

解　説

単なる約束と契約の違いは微妙であるが，著名な事件である*1*は，一種の「自然債務」を認めることで処理し，*2*は心裡留保と構成した。なお，*1*事件は差戻審で再度審理された。差戻審判決（大阪地判昭和11年3月24日新聞3973号5頁）を紹介しておこう。

「Xは昭和7年11月頃より大阪市南区道頓堀カフェー丸玉に於て女給を勤め居たるがYは昭和8年1月頃より客として屢々同カフェーに遊興しXと昵懇の間柄となりXより病弱にして幼にして両親に死別し且身寄少き同人の身上を聞かされ同人が独立して商売を為さんとする希望あるを聞知し痛く同情しXに対し商売を開始すべきことを勧め之が資金はYに於て給与すべき旨申出で昭和8年4月15日Xに右資金を給与せんとしたるも同カフェーに於ては客と女給との間に現金の授受を為さゞることゝなり居りたるを以て右資金として金500円を同月18日兵庫県下宝塚旧温泉に於て贈与を為すべきことを約したり依てXは同月18日右旧温泉に赴きたるもYより現金の持合せなく一時の支払ひを困難とすべき事情を聞かされ右贈与金の内金400円に付X主張の如き(但し月賦金の支払ひを一回にしても怠りたる時は期間の利益を喪ふ旨の定を除く)準消費貸借を為すべき事を承諾しYは即時右契約の成立を証すべき証書(甲第一号証)を作成して之をXに交付し且Yに於て若し右支払を怠る

➡ 3

が如きことあらば訴訟を提起せらるゝも異議なきことを約したることを認むるに十分なり」

「Y は X 主張の如き贈与契約ありたりとするも該契約は X と将来情交関係を結ばんことを目的として為されたるものなれば公序良俗に反し無効にして之を基本として成立したる本件準消費貸借も又無効なる旨主張すれども〈中略〉該契約が右の如き契約の下に締結せられたることを認むるに足る証拠なし而して前示準消費貸借に因る金 400 円に付ては総て期限到来せることは前記認定に依り明なれば Y は X に対し右 400 円及之に対する本件訴訟送達の翌日なること本件記録に徴し明白なる昭和 8 年 6 月 11 日より完済に至る迄年 5 分の割分に依る損害金を支払ふべき義務あること勿論にして X の本訴請求は理由あり」

[2] 契約の成立

3 資料・国際物品売買契約に関するウィーン条約

第 15 条〔申込みの効力発生時期〕 ⑴ 申込みは，相手方に到達した時にその効力を生ずる。

⑵ 申込みは，撤回することができない場合であっても，その取りやめの通知が申込みの到達時以前に相手方に到達するときは，取りやめることができる。

第 16 条〔申込みの撤回可能性とその制限〕 ⑴ 申込みは，契約が締結されるまでの間，相手方が承諾の通知を発する前に撤回の通知が当該相手方に到達する場合には，撤回することができる。

⑵ 申込みは，次の場合には，撤回することができない。

(a) 申込みが，一定の承諾の期間を定めることによるか他の方法によるかを問わず，撤回することができないものであることを示している場合。

(b) 相手方が申込みを撤回することができないものであると信じたことが合理的であり，かつ，当該相手方が当該申込みを信じて行動した場合。

第 17 条〔拒絶による申込みの失効〕 申込みは，撤回することができない場合であっても，拒絶の通知が申込者に到達した時にその効力を失う。

第 18 条〔承諾，その効力発生時期，申込みの承諾期間〕 ⑴ 申込みに対する同意を示す相手方の言明その他の行為は，承諾とする。沈黙又はいかなる行為も行わないことは，それ自体では，承諾とならない。

⑵ 申込みに対する承諾は，同意の表示が申込者に到達した時にその効力を生ずる。同

➡ *3*

意の表示が，申込者の定めた期間内に，又は期間の定めがない場合には取引の状況（申込者が用いた通信手段の迅速性を含む）について妥当な考慮を払った合理的な期間内に申込者に到達しないときは，承諾は，その効力を生じない。口頭による申込みは，別段の事情がある場合を除くほか，直ちに承諾されなければならない。

(3)　申込みに基づき，又は当事者間で確立した慣行若しくは慣習により，相手方が申込者に通知することなく，物品の発送又は代金の支払等の行為を行うことにより同意を示すことができる場合には，承諾は，当該行為が行われた時にその効力を生ずる。ただし，当該行為が(2)に規定する期間内に行われた場合に限る。

第19条〔申込みに変更を加えた承諾〕 (1)　申込みに対する承諾を意図する応答であって，追加，制限その他の変更を含むものは，当該申込みの拒絶であるとともに，反対申込みとなる。

(2)　申込みに対する承諾を意図する応答は，追加的な又は異なる条件を含む場合であっても，当該条件が申込みの内容を実質的に変更しないときは，申込者が不当に遅滞することなくその相違について口頭で異議を述べ，又はその旨の通知を発した場合を除くほか，承諾となる。申込者がそのような異議を述べない場合には，契約の内容は，申込みの内容に承諾に含まれた変更を加えたものとする。

(3)　追加的な又は異なる条件であって，特に，代金，支払，物品の品質若しくは数量，引渡しの場所若しくは時期，当事者の一方の相手方に対する責任の限度又は紛争解決に関するものは，申込みの内容を実質的に変更するものとする。

第20条〔申込みの承諾期間の計算方法〕 (1)　申込者が電報又は書簡に定める承諾の期間は，電報が発信のために提出された時から又は書簡に示された日付若しくはこのような日付が示されていない場合には封筒に示された日付から起算する。申込者が電話，テレックスその他の即時の通信の手段によって定める承諾の期間は，申込みが相手方に到達した時から起算する。

(2)　承諾の期間中の公の休日又は非取引日は，当該期間に算入する。承諾の期間の末日が申込者の営業所の所在地の公の休日又は非取引日に当たるために承諾の通知が当該末日に申込者の住所に届かない場合には，当該期間は，当該末日に続く最初の取引日まで延長する。

第21条〔遅延した承諾の効力〕 (1)　遅延した承諾であっても，それが承諾としての効力を有することを申込者が遅滞なく相手方に対して口頭で知らせ，又はその旨の通知を発した場合には，承諾としての効力を有する。

(2)　遅延した承諾が記載された書簡その他の書面が，通信状態が通常であったとしたならば期限までに申込者に到達したであろう状況の下で発送されたことを示している場合には，当該承諾は，承諾としての効力を有する。ただし，当該申込者が自己の申込みを失効していたものとすることを遅滞なく相手方に対して口頭で知らせ，又はその旨の通知を発した場合には，この限りでない。

第22条〔承諾の取りやめ〕 承諾は，その取りやめの通知が当該承諾の効力の生ずる時以前に申込者に到達する場合には，取りやめることができる。

第23条〔契約の成立時期〕 契約は，申込みに対する承諾がこの条約に基づいて効力を生ずる時に成立する。

4 承諾が強制される契約

最(大)判平成29年12月6日民集71巻10号1817号・NHK受信料事件

(民商154巻5号1051頁，メディア百選〈第2版〉200頁，平30重判72頁)

【事実】 NHK（日本放送協会）の受信料の支払をめぐる訴訟である。放送法64条1項本文は，「協会〔日本放送協会〕の放送を受信することのできる受信設備を設置した者は，協会とその放送の受信についての契約をしなければならない。」と定めている。これを根拠に，X（NHK）は，NHKの放送を受信することのできる受信設備を設置していながら受信契約を締結していないYに対し，受信設備設置の翌月からの受信料を請求した。

これに対してYは，放送法64条1項は訓示規定であること，仮に同項が受信設備設置者にXとの受信契約の締結を強制する規定であるとすれば，受信設備設置者の契約の自由，知る権利，財産権等を侵害し，憲法13条，21条，29条等に違反すると主張し，また，受信契約により発生する受信料債権の一部についての時効消滅等を主張した。

原審が受信機設置時点からの受信料の支払をYに命じたので，Yが上告，XYが上告受理申立てを行なった。

【判決理由】 棄却 （岡部・鬼丸・小池・菅野裁判官の補足意見，木内裁判官の反対意見がある）

（契約の成立にかかわる部分を掲載する）

受信契約の成立

「1 放送法64条1項の意義

⑴ア ……放送法が，前記のとおり，Xにつき，営利を目的として業務を行うこと及び他人の営業に関する広告の放送をすることを禁止し（20条4項，

83条1項)，事業運営の財源を受信設備設置者から支払われる受信料によって賄うこととしているのは，Xが公共的性格を有することをその財源の面から特徴付けるものである。すなわち，上記の財源についての仕組みは，特定の個人，団体又は国家機関等から財政面での支配や影響がXに及ぶことのないようにし，現実にXの放送を受信するか否かを問わず，受信設備を設置することによりXの放送を受信することのできる環境にある者に広く公平に負担を求めることによって，Xが上記の者ら全体により支えられる事業体であるべきことを示すものにほかならない。

Xの存立の意義及びXの事業運営の財源を受信料によって賄うこととしている趣旨が，前記のとおり，国民の知る権利を実質的に充足し健全な民主主義の発達に寄与することを究極的な目的とし，そのために必要かつ合理的な仕組みを形作ろうとするものであることに加え，前記のとおり，放送法の制定・施行に際しては，旧法下において実質的に聴取契約の締結を強制するものであった受信設備設置の許可制度が廃止されるものとされていたことをも踏まえると，放送法64条1項は，Xの財政的基盤を確保するための法的に実効性のある手段として設けられたものと解されるのであり，法的強制力を持たない規定として定められたとみるのは困難である。

イ　そして，放送法64条1項が，受信設備設置者はXと『その放送の受信についての契約をしなければならない』と規定していることからすると，放送法は，受信料の支払義務を，受信設備を設置することのみによって発生させたり，Xから受信設備設置者への一方的な申込みによって発生させたりするのではなく，受信契約の締結，すなわちXと受信設備設置者との間の合意によって発生させることとしたものであることは明らかといえる。これは，旧法下において放送の受信設備を設置した者が社団法人日本放送協会との間で聴取契約を締結して聴取料を支払っていたこととの連続性を企図したものとうかがわれるところ，前記のとおり，旧法下において実質的に聴取契約の締結を強制するものであった受信設備設置の許可制度が廃止されることから，受信設備設置者に対し，Xとの受信契約の締結を強制するための規定として放送法64条1項が設けられたものと解される。同法自体に受信契約の締結の強制を実現する具体的な手続は規定されていないが，民法上，法律行為を目的とする債務については裁判をもって債務者の意思表示に代えることができる旨が規定されており（同法 414 条 2 項ただし書），放送法制定当時の民事訴訟法上，債務者に意思表示をすべきことを命ずる判決の確定をもって当該意思表示をしたものとみなす旨が規定されていたのであるから（同法 736 条。民事執行法 174 条 1 項本文と同旨），放送法 64 条 1 項の受信契約の締結の強制は，上記の民法及び民事訴訟法の各規定により実現されるものとして規定されたと解するのが相当である。

この点に関し，X は，受信設備を設置しながら受信契約の締結に応じない者に対して X が承諾の意思表示を命ずる判決を得なければ受信料を徴収することができないとすることは，迂遠な手続を強いるものであるとして，X から受信設備設置者への受信契約の申込みが到達した時点で，あるいは遅くとも申込みの到達時から相当期間が経過した時点で，受信契約が成立する旨を主張する（主位的請求に係る主張）。

しかし，放送法による二本立て体制の下での公共放送を担う X の財政的基盤を安定的に確保するためには，基本的には，X が，受信設備設置者に対し，同法に定められた X の目的，業務内容等を説明するなどして，受信契約の締結に理解が得られるように努め，これに応じて受信契約を締結する受信設備設置者に支えられて運営されていくことが望ましい。そして，現に，前記のとおり，同法施行後長期間にわたり，X は，受信設備設置者から受信契約締結の承諾を得て受信料を収受してきたところ，それらの受信契約が双方の意思表示の合致により成立したものであることは明らかである。同法は，任意に受信契約を締結しない者について契約を成立させる方法につき特別な規定を設けていないのであるから，任意に受信契約を締結しない者との間においても，受信契約の成立には双方の意思表示の合致が必要というべきである。

ウ　ところで，受信契約の締結を強制するに当たり，放送法には，その契約の内容が定められておらず，一方当事者たる X が策定する放送受信規約によって定められることとなっている点は，問題となり得る。

しかし，受信契約の最も重要な要素である受信料額については，国会が X の毎事業年度の収支予算を承認することによって定めるものとされ（放送法 70 条 4 項），また，受信契約の条項はあらかじめ総務大臣（同法制定当時においては電波監理委員会）の認可を受けなければならないものとされ（同法 64

条3項。同法制定当時においては32条3項），総務大臣は，その認可について電波監理審議会に諮問しなければならないものとされているのであって（同法177条1項2号），同法は，このようにして定まる受信契約の内容が，同法に定められたXの目的にかなうものであることを予定していることは明らかである。同法には，受信契約の条項についての総務大臣の認可の基準を定めた規定がないとはいえ，前記のとおり，放送法施行規則23条が，受信契約の条項には，少なくとも，受信契約の締結方法，受信契約の単位，受信料の徴収方法等の事項を定めるものと規定しており，Xの策定した放送受信規約に，これらの事項に関する条項が明確に定められ，その内容が前記の受信契約の締結強制の趣旨に照らして適正なものであり，受信設備設置者間の公平が図られていることが求められる仕組みとなっている。また，上記以外の事項に関する条項は，適正・公平な受信料徴収のために必要なものに限られると解される。

本訴請求に関する放送受信規約の各条項……は，放送法に定められたXの目的にかなう適正・公平な受信料徴収のために必要な範囲内のものといえる。

⑵　以上によると，放送法64条1項は，受信設備設置者に対し受信契約の締結を強制する旨を定めた規定であり，Xからの受信契約の申込みに対して受信設備設置者が承諾をしない場合には，Xがその者に対して承諾の意思表示を命ずる判決を求め，その判決の確定によって受信契約が成立すると解するのが相当である。」

受信料債権の発生時期

「放送受信規約には，……受信契約を締結した者は受信設備の設置の月から定められた受信料を支払わなければならない旨の条項……がある。前記のとおり，受信料は，受信設備設置者から広く公平に徴収されるべきものであるところ，同じ時期に受信設備を設置しながら，放送法64条1項に従い設置後速やかに受信契約を締結した者と，その締結を遅延した者との間で，支払うべき受信料の範囲に差異が生ずるのは公平とはいえないから，受信契約の成立によって受信設備の設置の月からの受信料債権が生ずるものとする上記条項は，受信設備設置者間の公平を図る上で必要かつ合理的であり，放送法の目的に沿うものといえる。

したがって，上記条項を含む受信契約の申込みに対する承諾の意思表示を命ずる判決の確定により同契約が成立した場合，同契約に基づき，受信設備の設置の月以降の分の受信料債権が発生するというべきである。」

消滅時効の起算点

「1　受信料が月額又は6箇月若しくは12箇月前払額で定められ，その支払方法が2箇月ごとの各期に当該期分を一括して支払う方法又は6箇月分若しくは12箇月分を一括して前払する方法によるものとされている受信契約に基づく受信料債権の消滅時効期間は，民法169条により5年と解すべきである」。

「2　消滅時効は，権利を行使することができる時から進行する（民法166条1項）ところ，受信料債権は受信契約に基づき発生するものであるから，受信契約が成立する前においては，Xは，受信料債権を行使することができないといえる。この点，Xは，受信契約を締結していない受信設備設置者に対し，受信契約を締結するよう求めるとともに，これにより成立する受信契約に基づく受信料を請求することができることからすると，受信設備を設置しながら受信料を支払っていない者のうち，受信契約を締結している者については受信料債権が時効消滅する余地があり，受信契約を締結していない者についてはその余地がないということになるのは，不均衡であるようにも見える。しかし，通常は，受信設備設置者がXに対し受信設備を設置した旨を通知しない限り，Xが受信設備設置者の存在を速やかに把握することは困難であると考えられ，他方，受信設備設置者は放送法64条1項により受信契約を締結する義務を負うのであるから，受信契約を締結していない者について，これを締結した者と異なり，受信料債権が時効消滅する余地がないのもやむを得ないというべきである。

したがって，受信契約に基づき発生する受信設備の設置の月以降の分の受信料債権（受信契約成立後に履行期が到来するものを除く。）の消滅時効は，受信契約成立時から進行するものと解するのが相当である。」（裁判長裁判官 寺田逸郎　裁判官 岡部喜代子　小貫芳信　鬼丸かおる　木内道祥　山本庸幸　山﨑敏充　池上政幸　大谷直人　小池　裕　木澤克之　菅野博之　山口　厚　戸倉三郎　林　景一）

➡ 解説・5

解　説

3 の国際物品売買契約に関する条約（ウィーン条約とかCISGと略称される）は1988年に条約として発効し，日本でも2009年8月1日に発効した。日本企業が条約の締約国に営業所を持つ企業と行なう国際取引には，この条約が適用される。この条約は，売買契約法に関するコモンローと大陸法の調整を図ったものといえ，国内法の解釈においても，有益な比較の視点を与えてくれる。

4 はNHKの受信料について，契約の申込みに対する承諾を求める裁判が可能であることを認め，遡及的に受信料債務が生ずることを肯定した。放送法を根拠とした特殊な事例のように見えるが，公共的性格を持つサービスが契約によって提供される場合には，類似の問題が生じうる。その意味で，いかにして締約強制を正当化するかのロジックは興味深い。

［3］　契約成立過程の権利義務

5　契約交渉の破棄（1）

最(三)判昭和59年9月18日判時1137号51頁・歯科医契約交渉破棄事件

（*民商92巻1号110頁，百選Ⅱ〈第8版〉8頁*）

【事実】 Xは4階建マンションの分譲を計画し，着工と同時に買主の募集を始めた。歯科医のYが購入を希望し，Xと交渉したが，Yはなお検討するので結論を待ってもらいたいと述べ，1か月後に10万円を支払った。その間，YはXにスペースについて注文を出したり，レイアウト図を交付するなどした。その後，Yから，歯科医院を営むため電気を大量に使用することになるが，マンションの電気容量はどうなっているかとの問い合わせがあった。Xは，電気容量が不足であると考え，Yの意向を確かめないまま受水槽を変電室に変更するよう指示し，Yに対し電気容量変更契約をしてきたことを告げて，これに伴う出費分を上乗せすることを述べたが，Yは特に異議を述べなかった。Yはその後，Xに対して，購入資金借入の申込みの必要書類として見積書の作成を依頼したが，結局，購入資金の毎月の支払額が多額であることなどを理由に，買取りを断った。そこでXは，契約準備段階における信義則上の注意義務違反を理由として損害賠償を請求した。（事実関係については判決掲載誌の要約を参考にした）

【判決理由】 上告棄却「原審の適法に確定した事実関係のもとにおいては，

Yの契約準備段階における信義則上の注意義務違反を理由とする損害賠償責任を肯定した原審の判断は，是認することができ，また，Y及びX双方の過失割合を各5割とした原審の判断に所論の違法があるとはいえない。」(裁判長裁判官 木戸口久治　裁判官 伊藤正己　安岡滿彦　長島　敦)

上告理由 「1，本件はいわゆる契約締結上の過失の理論により，Yの責任を一部認めたものであるが，本件では契約締結上の過失の理論は採用されるべきではない。

2，いわゆる契約締結上の過失の理論は本来以下のような原始的不能のケースの救済を中心に論議されたものである。すなわち，売買契約が締結されたにもかかわらずその目的物件が契約締結時に焼失しており，それが売主の過失によるというような場合に，買主の信頼利益を保護するための理論である。かかる場合は，契約自体は締結されており，理論上原始的不能と観念されるということより保護する理由は一応考えられないわけではない。

3，また東京高裁昭和52・10・6判決は，契約締結時において，契約内容ではないが締結の動機となった将来の利益の供与の約束が実現しなかったことに対する信頼利益を保護している。しかしこのケースも契約自体は成立したものであり，また利益供与の約束自体が一個の契約と考えられないでもない。

4，以上のように，契約締結上の過失の理論もしくは契約内容にはない信頼利益を保護すると言っても，契約自体は成立しているケースが問題とされている。従って本件のように，契約締結に至らなかったケースで契約締結準備段階の責任をとりあげること自体が全く失当な主張である。

5，すなわち，一般に交渉により契約を締結せんとする者は，商慣習により許容された範囲内でより有利な条件で契約を締結するために，自己の責任で一定の駆け引きを行っている。その結果契約が不成立に終わった場合でも双方に何らの債権債務も発生しないことは当然である。この場合において，それぞれの当事者が契約締結誘引のために要した費用は，それぞれの当事者の負担となることは当然である。従って契約準備段階においては特に不法行為に該当するような違法性のある行為のない限り，相手方に対する損害賠償責任の発生する余地はない。

以上より，原審は法令の適用を誤ったものであり，すみやかに破棄されるべきである。」

なお，原審は次のように述べていた。「取引を開始し契約準備段階に入ったものは，一般市民間における関係とは異なり，信義則の支配する緊密な関係にたつのであるから，のちに契約が締結されたか否かを問わず，相互に相手方の人格，財産を害しない信義則上の注意義務を負うものというべきで，これに違反して相手方に損害をおよぼしたときは，契約締結に至らない場合でも，当該契約の実現を目的とする右準備行為当事者間にすでに生じている契約類似の信頼関係に基づく信義則上の責任として，相手方が該契約が有効に成立するものと信じたことによって蒙った損害（いわゆる信頼利益）の損害賠償を認めるのが相当である。」

6 契約交渉の破棄（2）

東京地判昭和 53 年 5 月 29 日判時 925 号 81 頁・岩波映画事件

【事実】 環境問題に関する世界博覧会がアメリカで開催されることになり，政府の参加機関であるＹ（日本貿易振興会）は，日本館における展示の一環として映画の製作を企画した。Ｘ（株式会社岩波映画製作所）は，Ｙの被用者の言動により，随意契約によって映画製作を請け負えるものと誤解し，撮影に着手した。Ｙの被用者は，契約締結が入札によることを知りながらこれをＸに伝えず，また撮影を敢えて止めなかった。しかし，結局ＸＹ間に契約は締結されるに至らず，Ｘのシナリオ作成，撮影等は徒労に帰したため，ＸからＹに損害賠償を請求した。

【判決理由】 一部容認 「思うに，契約法を支配する信義誠実の原則（民法第1条第2項）は，すでに契約を締結した当事者のみならず，契約締結の準備段階においても妥当するものというべきであり，当事者の一方が右準備段階において信義誠実の原則上要求される注意義務に違反し，相手方に損害を与えた場合には，その損害を賠償する責任を負うと解するのが相当である。

《証拠略》によれば，Ｙの映画製作の入札発注においては，通常注文者であるＹからその映画の製作意図及びあらすじを示し，入札者から，入札金額の提示とともにシナリオを提出させて入札させ，その双方が採用の条件となっており，落札後落札者とＹとの間においてシナリオを検討し，数次の推敲を経たうえ撮影に入るものであること，本件においては，当初は原則どおり入札の方法による発注が予定されていたが，間もなく作成されたと推認される『EXFO74 参加準備日程』表及び前記『日本館構成に関する基本構想』（甲第四号証）（いずれもＹ作成名義）には発注段階の記載がないこと，前記Ａは，昭和 48 年 6 月 1 日博覧会課長に就任し，そのころＸが桜のシーンを撮影していることを聞き，いかんなと思ったが，その時はもちろん，前示のとおり同月 11 日ころ国鉄のラッシュアワーの撮影について国鉄への許可申請を要請された時，これを拒絶したのみで，それ以上にＸに対して警告を発しなかったこと，本件映画のシナリオについては，前示のとおり，Ｘの取締役であるＢが主となって構想をねり，その表紙にＸ名を表示したシナリオ第 1 稿がＹに提出され，それが全くそのままＹ案として印刷され専門委員会及び各省連絡会に提出され，シナリオとして決定されたことが認められ，他にこれに反する証拠はない。

右に見たような映画製作についての特殊性，シナリオの決定に至る経過及び本件映画製作発注の態様において明確さを欠いたことに徴すると，Ｘ・Ｙの当時の関係は契約締結の準備段階に擬するのが相当であり，これを前記四 2，6 及び 8 の事実を併せ考えると，Ｘにおいて将来自己が随意契約により発注を受けうるものと誤信するおそれのあることはたやすく予想されるところであるから，Ｘがすでに一部の撮影に着手実行しており，Ｙがそのことを知った以上，信義則に照らしＹとしては，Ｘの誤解を誘発するような行為を避けるとともに，発注の有無は入札にかかるものであり，Ｘ・Ｙの関係はいまだ白紙状態にあることを警告すべき注意義務があり，前示のＹ担当者の行為は右注意義務を懈怠したものとみるべきであり，Ｙには，いわゆる契約締結上の過失があり，Ｘがこれにより被った損害を賠償すべき義務があるといわなければならない。」（裁判長裁判官 丹野　達　裁判官 榎本克巳）

結論として，Ｘの現実の出費額について，過失相殺で半分に減額したうえで，賠償を認めた。

7 基本合意と交渉破棄

最(三)決平成16年8月30日民集58巻6号1763頁
(曹時58巻10号3385頁，民事執行・保全百選〈第3版〉174頁，会社法百選〈第3版〉196頁)

【事実】 1　抗告人X（住友信託銀行）は，平成16年5月21日，相手方Y_1（UFJホールディングス）らとの間で，Yらグループ（Y_1とその子会社および関連会社の総称）からXグループ（X並びにその子会社および関連会社の総称）に対する相手方Y_2（UFJ信託銀行）の法人資金業務等を除く業務に関する営業，これを構成する一定の資産・負債およびこれに関連する一定の資産・負債（まとめて「Y_2の本件対象営業等」という）の移転等から成る事業再編と両グループの業務提携（「本件協働事業化」）に関し，合意をし（「本件基本合意」），その合意内容を記載した書面（「本件基本合意書」）を作成した。

本件基本合意書の12条は，その条見出しを「誠実協議」とし，その前段において「各当事者は，本基本合意書に定めのない事項若しくは本基本合意書の条項について疑義が生じた場合，誠実にこれを協議するものとする」と定め，その後段において「また，各当事者は，直接又は間接を問わず，第三者に対し又は第三者との間で本基本合意書の目的と抵触しうる取引等にかかる情報提供・協議を行わないものとする」と定めている（「本件条項」）。

本件基本合意書には，XおよびYらが，本件協働事業化に関する最終的な合意をすべき義務を負う旨を定めた規定はなく，また，本件基本合意書には，本件条項に違反した場合の制裁，違約罰についての定めは存しない。

2　XとYらは，本件基本合意に基づき，同年7月末日までをめどとして本件協働事業化の詳細条件を定める基本契約の締結を目指して交渉をしていたが，その後，Yらは，Yらグループの現在の窮状を乗り切るためには，本件基本合意を白紙撤回し，Y_2を含めてAグループ（A（株式会社三菱東京フィナンシャル・グループ）並びにその子会社および関連会社の総称）と統合する以外に採るべき方策はないとの経営判断をするに至り，同年7月14日，Xに対し，本件基本合意の解約を通告するとともに，Aに対し，Y_2の本件対象営業等の移転を含む経営統合の申入れを行ない，この事実を公表した。

3　Xは，本件基本合意に基づき，Yらが，X以外の第三者との間で，平成18年3月末日までの間，Y_2の本件対象営業等の第三者への移転若しくは第三者による承継に係る取引，Y_2と第三者との間の合併若しくは会社分割に係る取引又はこれらに伴う業務提携に係る取引に関する情報提供又は協議を行なうことの差止めを求める本件仮処分命令の申立てをした。

4　東京地方裁判所は，平成16年7月27日，本件仮処分命令の申立てを認容する決定をした。これに対し，Yらが異議の申立てをしたが，同年8月4日，同裁判所は，本件仮処分決定を認可する旨の決定をした。

5　Yらが，上記異議審の決定を不服として，東京高等裁判所に対し，保全抗告をしたところ，同裁判所は，同月11日，上記各決定を取り消し，本件仮処分命令の申立てを却下する旨の原決定をした。

6　Yらは，同月12日，Aらとの間で，YらグループとAグループとの経営統合に関する基本合意を締結し，平成17年10月1日までに経営統合を行なうことをめどとすることなどを約した。

7　Xは，原決定を不服として抗告許可の申立てをし，東京高等裁判所は，平成16年8月17日，本件抗告を許可する旨の決定をした。

【決定理由】 抗告棄却「本件抗告の理由は，原決定が，現時点において，XとYらとの間の信頼関係が破壊されており，最終的な合意の締結に向けた協議を誠実に継続することを期待することが不可能となったとして，被保全権利である本件条項に基づく差止請求権が消滅したと判断したことを論難するものである。

そこで，まず，本件条項に基づく債務，すなわち，本件条項に基づきX及びYらが負担する不作為義務が消滅したか否かについてみるに，前記の事実関係によれば，本件条項は，両者が，今後，本件協働事業化に関する最終的な合意の成立に向けての交渉を行うに当たり，本件基本合意書の目的と抵触し得る取引等に係る情報の提供や協議を第三者との間で行わないことを相互に約したものであって，上記の交渉と密接不可分なものであり，上記の交渉を第三者の介入を受けないで円滑，かつ，能率的に行い，最終的な合意を成立させるための，いわば手段として定められたものであることが明らかである。したがって，今後，XとYらが交渉を重ねても，社会通念上，上記の最終的な合意が成立する可能性が存しないと判断されるに至った場合には，本件条項に基づく債務も消滅するものと解される。

本件においては，前記のとおり，Yらが，本件基本合意を白紙撤回し，同年7月14日，Xに対し，本件基本合意の解約を通告するとともに，Aに対し，Y_2の本件対象営業等の移転を含む経営統合の申入れを行い，この事実を公表

➡ *7*

したこと，Xが，これに対し，本件仮処分命令の申立てを行い，本件仮処分決定及び異議審の決定を得たが，Yらは，原審においてこれらの決定が取り消されるや，直ちにAらとの間で，YらグループとAグループとの経営統合に関する基本合意を締結するなど，上記経営統合に係る最終的な合意の成立に向けた交渉が次第に結実しつつある状況にあること等に照らすと，現段階では，XとYらとの間で，本件基本合意に基づく本件協働事業化に関する最終的な合意が成立する可能性は相当低いといわざるを得ない。しかし，本件の経緯全般に照らせば，いまだ流動的な要素が全くなくなってしまったとはいえず，社会通念上，上記の可能性が存しないとまではいえないものというべきである。そうすると，本件条項に基づく債務は，いまだ消滅していないものと解すべきである。

ところで，本件仮処分命令の申立ては，仮の地位を定める仮処分命令を求めるものであるが，その発令には，「争いがある権利関係について債権者に生ずる著しい損害又は急迫の危険を避けるためこれを必要とするとき」との要件が定められており（民事保全法23条2項），この要件を欠くときには，本件仮処分命令の申立ては理由がないことになる。そして，本件仮処分命令の申立てがこの要件を具備するか否かの点は，本件における重要な争点であり，本件仮処分命令の申立て時以降，当事者双方が，十分に主張，疎明を尽くしているところである。

そこで，この点について検討するに，前記の事実関係によれば，本件基本合意書には，X及びYらが，本件協働事業化に関する最終的な合意をすべき義務を負う旨を定めた規定はなく，最終的な合意が成立するか否かは，今後の交渉次第であって，本件基本合意書は，その成立を保証するものではなく，Xは，その成立についての期待を有するにすぎないものであることが明らかである。そうであるとすると，Yらが本件条項に違反することによりXが被る損害については，最終的な合意の成立によりXが得られるはずの利益相当の損害とみるのは相当ではなく，Xが第三者の介入を排除して有利な立場でYらと交渉を進めることにより，XとYらとの間で本件協働事業化に関する最終的な合意が成立するとの期待が侵害されることによる損害とみるべきである。Xが被る損害の性質，内容が上記のようなものであり，事後の損害賠償によっては償えないほどのものとまではいえないこと，前記のとおり，XとYらとの間で，本件基本合意に基づく本件協働事業化に関する最終的な合意が成立する可能性は相当低いこと，しかるに，本件仮処分命令の申立ては，平成18年3月末日までの長期間にわたり，YらがX以外の第三者との間で前記情報提供又は協議を行うことの差止めを求めるものであり，これが認められた場合にYらの被る損害は，Yらの現在置かれている状況からみて，相当大きなものと解されること等を総合的に考慮すると，本件仮処分命令により，暫定的に，YらがX以外の第三者との間で前記情報提供又は協議を行うことを差し止めなければ，Xに著しい損害や急迫の危険が生ずるものとはいえず，本件仮処分命令の申立ては，上記要件を欠くものというべきである。」（裁判長裁判官 上田豊三　裁判官 金谷利廣　濱田邦夫　藤田宙靖）

8 契約締結前の情報提供義務

札幌地判昭和63年6月28日判時1294号110頁

【事実】 掲載誌の要約する事実関係は以下の通りである。

「Xらは，マンションの各室の購入者であり，Y（丸紅株式会社）らは，売主及びその代理人等である。

Xらが各室を買い受け後間もなく，A会社は，その西側隣接地をB会社から購入し，10階建マンションの建築確認を得て，これを完成させた。そのため，Xらの各室での日照，通風，眺望が著しく阻害されるに至った。

そこで，Xらは，Yらに対し，主位的に，①保証特約違反（売買契約に当たって，新聞，広告，パンフレット等に「日射し豊富な両面採光」，「四季を通じて藻岩山を眺望できる」等と記載し，従業員が現地で，西側隣接地には，「建物は建つだろうが，4，5階建程度のものだ」等と説明した。），②契約締結準備段階の信義則上の義務違反（信義則は，契約締結準備段階においても作用するのであり，重要事項については，信義則上これを告知すべき義務があるところ，Xらにとって，日照，通風，眺望が劣悪化するか否かは，重要事項である。）を理由とする債務不履行責任，予備的に，不法行為責任（日照，通風，眺望を享受できなくなることを知りながら，享受できるかのような説明をし，取引において通常許される駆け引きをはるかに超えた誘導取引をした。）に基づき，ひとり金300万円の損害賠償を請求した。」

➡ *8*

【判決理由】 請求棄却 「三 請求原因3㈠⑴（保証特約違反）について

……以上で認定のパンフレットの記載及び各Y会社の従業員らのXらに対する対応等をもってしては，Yらが本件モデルルームが享受していた日照・通風・眺望を保証する旨の契約が成立したと認めることはできず，他にこれを認めるに足る証拠はない。」

「四 請求原因3㈠⑵（信義則違反）について

前記一及び二で認定した①本件各売買契約の当事者及び売り主の代理人らの不動産取引に関する知識・経験，売買目的物件，売買代金額，②本件各売買契約当時の本件マンションの敷地及びその周辺の環境，本件マンションのパンフレットの記載，③本件マンションからの眺望等本件マンションの自然環境が買い主側の本件各売買契約締結を決意する要素の一つになっていたと認められること，他方，④本件西側の空き地は，マンション用地として造成されたもので，将来マンションが建設されるであろうこと自体はXら買い主にも認識可能であったと推認されること，⑤本件西側の空き地は，B会社がその所有権を取得したもので，右土地をどのように利用するかは，原則として所有権者の自由であり，第三者であるY会社らが関与・介入できるものではないと認められることなどの事実関係を前提にすると，本件各売買契約の売り主は，信義則上，本件西側の空き地に本件マンションの日照・眺望・通風に影響を与えるおそれのある高層マンションが建設されることを知っていた場合，あるいは，簡単な調査により右のような高層マンションが建設されることを容易に知りえた場合（すなわち，明らかな認識可能性がある場合）には，これを調査・説明する本件各売買契約上の附随的義務があり，右義務を怠ったことによって，買い主に対して損害を生じさせたときは，その損害を賠償する債務不履行の責任を負うと解するのが相当である。

これを本件についてみるに，……Yらが本件西側の空き地に本件マンションの日照・眺望・通風に影響を与えるおそれのある高層マンションが建設されることをあらかじめ知って本件各居室をXらに売り渡したと認めることはできず，他にこれを認めるに足る証拠はない。また，……その後，遅くとも昭和55年3月までに，本件西側の空き地に本件マンションの日照・眺望・通風に影響を与えるおそれのある高層マンションが建設されると決まったことを容易に知りえたとの事情を認めるに足る的確な証拠はない。

したがって，信義則違反による債務不履行を原因とする損害賠償請求も，理由がない。

請求原因３二（不法行為責任）について

Ｙらが，本件西側の空き地に高層建築建設計画のあることを周知のうえ，Ｘらを誤信させて，本件各売買契約を締結させたとの事実が認められないことは，前記四で説示のとおりである。他に，Ｙらの本件各売買契約締結の際の宣伝・説明に通常許容される範囲を超えた違法性があるとまで認めるに足る証拠はない。」（裁判長裁判官 畑瀬信行　裁判官 小林正明　大野正男）

9 契約締結前の説明義務（信用組合への出資）

最(二)判平成23年4月22日民集65巻3号1405頁・「一種の背理」判決

（曹時66巻6号1460頁，百選Ⅱ〈第8版〉10頁，平23重判74頁）

【事実】 Ｙ（信用組合関西興銀）は，債務超過の状態にあって，早晩監督官庁から破綻認定を受ける現実的な危険性があり，代表理事らは，このことを十分に認識し得たにもかかわらず，Ｙの支店長をして，X_1およびその長男X_2らに対し，そのことを説明しないままＹへの出資を勧誘させた。Ｘらは，上記勧誘に応じ，X_1，X_2は各500万円の出資をした。しかし，Ｙは平成12年12月16日，金融再生委員会から金融整理管財人による業務および財産の管理を命ずる処分（「金融機能の再生のための緊急措置に関する法律」８条１項）を受け，経営破綻した。このため出資に係る持分の払戻しを受けることができなくなったＸらがＹに対して説明義務違反を理由とする損害賠償を請求した。

損害賠償債権の消滅時効を経営破綻時から起算すると，X_1X_2とも不法行為による損害賠償請求権は消滅しており（724条の３年），原審は，債務不履行による損害賠償請求を認めた。Ｙから上告。

【判決理由】 破棄自判（千葉裁判官の補足意見がある）

「契約の一方当事者が，当該契約の締結に先立ち，信義則上の説明義務に違反して，当該契約を締結するか否かに関する判断に影響を及ぼすべき情報を相手方に提供しなかった場合には，上記一方当事者は，相手方が当該契約を締結したことにより被った損害につき，不法行為による賠償責任を負うことがある

➡ *9*

のは格別，当該契約上の債務の不履行による賠償責任を負うことはないというべきである。

なぜなら，上記のように，一方当事者が信義則上の説明義務に違反したために，相手方が本来であれば締結しなかったはずの契約を締結するに至り，損害を被った場合には，後に締結された契約は，上記説明義務の違反によって生じた結果と位置付けられるのであって，上記説明義務をもって上記契約に基づいて生じた義務であるということは，それを契約上の本来的な債務というか付随義務というかにかかわらず，一種の背理であるといわざるを得ないからである。契約締結の準備段階においても，信義則が当事者間の法律関係を規律し，信義則上の義務が発生するからといって，その義務が当然にその後に締結された契約に基づくものであるということにならないことはいうまでもない。

このように解すると，上記のような場合の損害賠償請求権は不法行為により発生したものであるから，これには民法724条前段所定の3年の消滅時効が適用されることになるが，上記の消滅時効の制度趣旨や同条前段の起算点の定めに鑑みると，このことにより被害者の権利救済が不当に妨げられることにはならないものというべきである。」

千葉勝美裁判官の補足意見

「有力な学説には，事実上契約によって結合された当事者間の関係は，何ら特別な関係のない者の間の責任（不法行為上の責任）以上の責任を生ずるとすることが信義則の要求するところであるとし，本件のように，契約は効力が生じたが，契約締結以前の準備段階における事由によって他方が損失を被った場合にも，『契約締結のための準備段階における過失』を契約上の責任として扱う場合の一つに挙げ，その具体例として，〔1〕素人が銀行に対して相談や問い合わせをした上で一定の契約を締結した場合に，その相談や問い合わせに対する銀行の指示に誤りがあって，顧客が損害を被ったときや，〔2〕電気器具販売業者が顧客に使用方法の指示を誤って，後でその品物を買った買主が損害を被ったときについて，契約における信義則を理由として損害賠償を認めるべきであるとするものがある（我妻榮『債権各論上巻』38頁参照)。このような適切な指示をすべき義務の具体例は，契約締結の準備段階に入った者として当然負うべきものであるとして挙げられているものであるが，私としては，これらは，締結された契約自体に付随する義務とみることもできるものであると考える。そのような前提に立てば，上記の学説も，契約締結の準備段階を経て契約関係に入った以上，契約締結の前後を問うことなく，これらを契約上の付随義務として取り込み，その違反として扱うべきであるという趣旨と理解することができ，この考え方は十分首肯できるところである。

そもそも，このように例示された上記の指示義務は，その違反がたまたま契約締結前に生じたものではあるが，本来，契約関係における当事者の義務（付随義務）といえるものである。また，その義務の内容も，類型的なものであり，契約の内容・趣旨から明らかなものといえよう。したがって，これを，その後契約関係に入った以上，契約上の義務として取り込むことは十分可能である。

しかしながら，本件のような説明義務は，そもそも契約関係に入るか否かの判断をする際に問題になるものであり，契約締結前に限ってその存否，違反の有無が問題になるものである。加えて，そのような説明義務の存否，内容，程度等は，当事者の立場や状況，交渉の経緯等の具体的な事情を前提にした上で，信義則により決められるものであって，個別的，非類型的なものであり，契約の付随義務として内容が一義的に明らかになっているようなものではなく，通常の契約上の義務とは異なる面もある。

以上によれば，本件のような説明義務違反については，契約上の義務（付随義務）の違反として扱い，債務不履行責任についての消滅時効の規定の適用を認めることはできないというべきである。

もっとも，このような契約締結の準備段階の当事者の信義則上の義務を一つの法領域として扱い，その発生要件，内容等を明確にした上で，契約法理に準ずるような法規制を創設することはあり得るところであり，むしろその方が当事者の予見可能性が高まる等の観点から好ましいという考えもあろうが，それはあくまでも立法政策の問題であって，現行法制を前提にした解釈論の域を超えるものである。」（裁判長裁判官 千葉勝美　裁判官 古田佑紀　竹内行夫　須藤正彦）

10 情報提供義務（シンジケートローン）

最(三)判平成24年11月27日判時2175号15頁・アレンジャー責任事件
（民商148巻1号96頁，平25重判85頁）

【事実】 Y（株式会社十六銀行）は，平成19年8月，取引先の石油製品卸売会社A（代表者B）の委託を受けて，総額10億円を予定するシンジケートローンのアレンジャーとなって，X_1（豊田信用金庫），X_2（岐阜信用金庫），X_3（株式会社三重銀行）を含む金融機関に対しその参加を招へいした。その際，Yの交付した参加案内資料には，留意事項として，同資料に含まれる情報の正確性・真実性についてYは一切の責任を負わないこと，同資料は必要な情報を全て包含しているわけではなく，招へい先金融機関で独自にAの信用力等の審査を行なう必要があることなどが記載されていた。

他方，AのメインバンクであったC銀行は，Aに対する総額約30億円の別件のシンジケートローン（「別件シ・ローン」）のエージェント（他の参加金融機関の代理人）となっていたが，同年8月頃，Bに対し，Aの同年3月期決算書において不適切な処理がされている疑いがある旨を指摘し，専門家による財務調査を行なわなければ，同年9月末以降の別件シ・ローンの継続ができない旨を告げた。

そこでBは，別件シ・ローンの各参加金融機関に対し，上記決算書において一部不適切な処理がされている可能性があるため，コンサルティング会社に同決算書の精査を依頼する予定である旨を記載したA名義の平成19年9月10日付の書面(以下「本件書面」という。）を送付した。

Yによる前記参加招へいに対し，XらがAの決算書等を検討したうえで参加の意向を示したことから，YおよびXらによる総額9億円のシンジケートローン(以下「本件シ・ローン」という。）が組成され，実行されることとなった。そして，Yの行員で本件シ・ローンの担当者であったDは，本件シ・ローンの契約書調印手続のためAに赴いた。

ところが，上記調印手続に先立ち，Bは，Dに対し，別件シ・ローンの参加金融機関に本件書面を送付した旨の情報（「本件情報」）を告げた。Bとしては，本件シ・ローンのアレンジャーであるYないしその担当者であるDに，本件シ・ローンの組成・実行手続の継続の是非について判断を委ねる趣旨であった。しかし，YないしDは，本件情報をXらに一切告げることなく，本件シ・ローンの組成・実行手続を継続した。

その後，調査会社による財務調査の結果，Aの同年3月期決算書には純資産額を過大に見せる粉飾のあることが判明した。このため，CはAに対し，別件シ・ローンの継続はできない旨および自行単独融資分につき期限の利益喪失を通知した。翌年，Aは，自らの申立てに基づき名古屋地方裁判所から再生手続開始の決定を受けた。

Xらからの Y に対する損害賠償請求に対し，原審は，Y の情報提供義務違反に基づく不法行為責任を認めた。そこで Y は，X らは金融機関として貸付取引に精通しており，Y が本件シ・ローンのアレンジャーであるからといって，X らに対する情報提供義務を負うものではないと主張して上告。

【判決理由】 上告棄却（田原裁判官の補足意見がある）

「前記事実関係によれば，本件情報は，A のメインバンクである C が，A の平成 19 年 3 月期決算書の内容に単に疑念を抱いたというにとどまらず，A に対し，外部専門業者による決算書の精査を強く指示した上，その旨を別件シ・ローンの参加金融機関にも周知させたというものである。このような本件情報は，A の信用力についての判断に重大な影響を与えるものであって，本来，借主となる A 自身が貸主となる X らに対して明らかにすべきであり，X らが本件シ・ローン参加前にこれを知れば，その参加を取り止めるか，少なくとも上記精査の結果を待つことにするのが通常の対応であるということができ，その対応をとっていたならば，本件シ・ローンを実行したことによる損害を被ることもなかったものと解される。他方，本件情報は，別件シ・ローンに関与していない X らが自ら知ることは通常期待し得ないものであるところ，前記事実関係によれば，B は，本件シ・ローンのアレンジャーである Y ないしその担当者の D に本件シ・ローンの組成・実行手続の継続に係る判断を委ねる趣旨で，本件情報を D に告げたというのである。

これらの事実に照らせば，アレンジャーである Y から本件シ・ローンの説明と参加の招へいを受けた X らとしては，Y から交付された資料の中に，資料に含まれる情報の正確性・真実性について Y は一切の責任を負わず，招へい先金融機関で独自に A の信用力等の審査を行う必要があることなどが記載されていたものがあるとしても，Y がアレンジャー業務の遂行過程で入手した本件情報については，これが X らに提供されるように対応することを期待するのが当然といえ，X らに対し本件シ・ローンへの参加を招へいした Y としても，そのような対応が必要であることに容易に思い至るべきものといえる。また，この場合において，Ｙが X らに直接本件情報を提供したとしても，本件の事実関係の下では，ＹのＡに対する守秘義務違反が問題となるものとはいえず，他にＹによる本件情報の提供に何らかの支障があることもうかがわれない。

そうすると，本件シ・ローンのアレンジャーであるＹは，本件シ・ローンへの参加を招へいした X らに対し，信義則上，本件シ・ローン組成・実行前に本件情報を提供すべき注意義務を負うものと解するのが相当である。そして，Ｙは，この義務に違反して本件情報を X らに提供しなかったのであるから，X らに対する不法行為責任が認められるというべきである。」（裁判長裁判官 岡部喜代子　裁判官 田原睦夫　大谷剛彦　寺田逸郎　大橋正春）

11 説明義務（金利スワップ）

最(一)判平成25年3月7日判時2185号64頁・三井住友銀行金利スワップ事件

(民商149巻3号324頁，平25重判87頁)

【事実】 パチンコ店等を経営する X 株式会社は，Y（株式会社三井住友銀行）から変動金利で1億5000万円を借り入れたが，Y の従業員 A は，融資の際，X の銀行からの借入れが変動金利のものが多いことを知り，金利が上昇した際のリスクヘッジのための商品として，金利スワップ取引（本件取引）を提案した。これは，同一通貨間で，一定の想定元本（計算上でのみ必要とされる元本をいう），取引期間等を設定し，固定金利と変動金利を交換してその差額を決済するというもので，契約締結と同時に取引が始まるスポットスタート型と，契約締結から一定期間経過後に取引が始まる先スタート型がある。

A は，X の代表取締役である B 社長に対し，「金利スワップ取引のご案内（調達コストの上昇リスクヘッジ）」と題する書面（以下「本件提案書」という。）を交付して，本件取引の仕組等について説明した。

本件提案書には，「金利スワップ取引とは，取引期間において同一通貨間の固定金利と変動金利（キャッシュ・フロー）を交換する取引のことです。」，「取引開始後に変動金利がどのように推移するかによって金利スワップの損益はプラスにもマイナスにもなります。」との記載がされ，条件例および取引例の記載に続き，本件取引では変動金利として3か月 TIBOR（東京の銀行間市場における金利の利率を特定の方法で平均したもの）が適用されるところ，平成16年1月15日現在では，3か月TIBORは年0.09％であり，短期プライムレートは年1.375％である旨の記載および損益シミュレーションの記載がされていた。そして，本件提案書には，本件取引のメリットとして，「本金利スワップ取引を約定することにより，貴社の将来の調達コストを実質的に確定させせることができます。」，「スワップ取引開始日以降は短期プライムレートが上昇しても貴社の調達コストは実質的に一定となり金利上昇リスクをヘッジすることができます。」との記載が，他方，デメリットとして，「現時点で将来の調達コストを実質的に確定させるため，約定時点以降にスワップ金利が低下した場合，結果として割高になる可能性があります。」，「スワップ取引開始日以降は短期プライムレートが低下しても貴社の調達コストは実質的に一定となり金利低下メリットを享受することができません。よって金利スワップを約定しなかった場合と比べて実質調達コストが結果として割高になる可能性があります。」との記載がされていた。さらに，本件提案書には，「必ずお読み下さい」として，「本取引のご契約後の中途解約は原則できません。やむを得ない事情により弊行の承諾を得て中途解約をされる場合は，解約時の市場実勢を基準として弊行所定の方法により算出した金額を弊行にお支払い頂く可能性があります。」との記載がされていた。

Aは，B社長の求めに応じ，Xの顧問税理士の事務所の税理士も同席の上で改めて説明し，B社長は，税理士や専務の意見を再確認して近日中に回答すると述べた。B社長は，当面変動金利の上昇はないと考えていたので，先スタート型の方がよいと考え，1年先スタート型の金利スワップ取引を選択したため，Aは，B社長に対し，1年先スタート型の金利スワップ取引について，その内容が記載された提案書を交付して再度説明するとともに，契約の具体的な固定金利の利率は翌日連絡するので，それを承諾すれば成約となる旨説明した。B社長は，これを了承し，上記提案書の「本取引（金利スワップ取引）の申込に際し貴行より説明を受け，その取引内容及びリスク等を理解していることを確認します。」等と記載された欄に記名押印した。そして，Aは，翌日，B社長に対し，固定金利が年2.445％となることを連絡し，了承を得た。

こうして，YとXとの間で，本件契約が締結された。

その結果，Xは，平成17年6月8日から平成18年6月7日までの間，Yに対し，固定金利と変動金利の差額として900万円近くを支払うこととなり，B社長はYに騙されたと感じて，本件訴訟を提起した。

1審はXの請求を退けたが，原審は，不法行為に基づく損害賠償請求を一部認容した。その際，Yが，契約締結の是非の判断を左右する可能性のある〔1〕中途解

➡ *11*

約時において必要とされるかもしれない清算金の具体的な算定方法，〔2〕先スタート型とスポットスタート型の利害得失，〔3〕固定金利の水準が金利上昇のリスクをヘッジする効果の点から妥当な範囲にあることについてXに説明しておらず，Yの説明は，極めて不十分なものであったことを認定し，Yの説明義務違反は重大であってXに対する不法行為を構成し，本件契約は契約締結に際しての信義則に違反するものとして無効であると判示した。

そして，次のように述べている。「本件金利スワップ契約の固定金利は，契約締結当時に金融界で予想されていた金利水準の上昇に相応しない高利率であったばかりでなく，X会社の信用リスクに特段の事情も認められないのに，本件訴訟でX会社が例示した他の金利スワップ契約のそれよりもかなり高いもので，前記金利スワップ契約のスワップ対象の各金利同士の水準が価値的均衡を著しく欠くため，通常ではあり得ない極端な変動金利の上昇がない限り，変動金利リスクヘッジに対する実際上の効果が出ないものであったことは明らかである。

したがって，本件金利スワップ契約は，Y銀行に一方的に有利で，X会社に事実上一方的に不利益をもたらすものであって，到底，その契約内容が社会経済上の観点において客観的に正当ないし合理性を有するものとは言えない。」

【判決理由】 破棄自判 「前記事実関係によれば，本件取引は，将来の金利変動の予測が当たるか否かのみによって結果の有利不利が左右されるものであって，その基本的な構造ないし原理自体は単純で，少なくとも企業経営者であれば，その理解は一般に困難なものではなく，当該企業に対して契約締結のリスクを負わせることに何ら問題のないものである。Yは，Xに対し，本件取引の基本的な仕組みや，契約上設定された変動金利及び固定金利について説明するとともに，変動金利が一定の利率を上回らなければ，融資における金利の支払よりも多額の金利を支払うリスクがある旨を説明したのであり，基本的に説明義務を尽くしたものということができる。

原審は，Yが上記……〔1〕～〔3〕の事項について説明しなかったことを問題とする。しかしながら，本件提案書には，本件契約がYの承諾なしに中途解約をすることができないものであることに加え，Yの承諾を得て中途解約をする場合にはXが清算金の支払義務を負う可能性があることが明示されていたのであるから，Yに，それ以上に，清算金の具体的な算定方法について説明すべき義務があったとはいい難い。また，Yは，Xに対し，先スタート型と

➡ 解説

スポットスタート型の2種類の金利スワップ取引について，その内容を説明し，Xは，自ら，当面変動金利の上昇はないと考えて，1年先スタート型の金利スワップ取引を選択したのであるから，Yに，それ以上に，先スタート型とスポットスタート型の利害得失について説明すべき義務があったともいえない。さらに，本件取引は上記のような単純な仕組みのものであって，本件契約における固定金利の水準が妥当な範囲にあるか否かというような事柄は，Xの自己責任に属すべきものであり，YがXに対してこれを説明すべき義務があったものとはいえない。

そうすると，本件契約締結の際，Yが，Xに対し，上記……〔1〕～〔3〕の事項について説明しなかったとしても，Yに説明義務違反があったということはできない。

なお，以上に説示したところによれば，本件契約が無効となる余地もない。」「以上に説示したところによれば，Xの請求は理由がなく，これを棄却した第1審判決は正当であるから，Xの控訴を棄却すべきである。」（裁判長裁判官 金築誠志　裁判官 櫻井龍子　横田尤孝　白木　勇　山浦善樹）

解　説

契約締結の準備段階においても，契約交渉が一定段階に至ると，信義則上，不当な交渉破棄をしないという義務が当事者間に生ずることが認められている。*5*は不当な交渉破棄に対する責任を肯定した初めての最高裁判決であり，*7*は，「基本合意書」が作成されていた事案で，第三者との締約交渉の差止めの可否が争われた著名な事件である。*6*も同様な問題を扱った下級審判決であるが，事案が興味深い。

契約締結過程での説明義務ないし情報提供義務については，下級審には債務不履行責任を肯定するものが少なくなかったが（*8*はその一例），*9*は，契約締結前の義務を契約責任と構成することが「一種の背理」であるとして，不法行為責任と構成した。しかし，本書では，契約の締結に向けた一定の関係が生じた当事者間ではじめて認められる義務という特殊性に鑑み，契約法の中に配置している。

*10*はこの種の情報提供義務がシンジケートローンの当事者という商取引の

➡ *12*

プロの間においても認められることを肯定した。他方，*11* は，金利スワップ取引のリスクについての説明義務違反が争われた事件であるが，判決は，地方の中堅企業の経営者にとって，どの程度の自己責任が求められるかを判断するうえで参考になる。なぜ原審と正反対の結論に達したのかを検討することは興味深い。

[4] 事情変更の原則

12 解除権

大判昭和19年12月6日民集23巻613頁

(*判民昭和19年度49事件，民商21巻8＝9＝10号215頁，百選Ⅱ〈第4版〉100頁*)

【事実】 XはY所有の不動産につき売買契約を締結したが，履行期前に，宅地建物等価格統制令が施行され，価格について県知事の認可が必要になるとともに，認可がいつ下りるか予測できない事態となった。そこで，Xは事情変更による解除権の取得を主張した。原審がこれを否定したので，Xから上告。

【判決理由】 破棄差戻 「本件土地に付ては区画整理完了するか若くは少くとも換地に関する計画が確定するに非されば，本件土地の評価困難にして実際上認可を受け得られざる状態に在るものと認定すべき余地なしとせず。従て若し乙第一号証等を斟酌し右の如き認定に到達せんか右区画整理の完成予定は前記の如く昭和21年3月なりと云ふに在るを以て，仮りに現在の如き時局下に於て尚予定通り之が進捗完成を見るものなりとするも，右昭和21年3月頃迄は認可を受け得られざることあるを予想し得べく，前記補充契約所定の履行期たる昭和16年7月31日以後相当長期に亘り認可を受け得られざる状態に在りたるものと謂はざるを得ず。而して宅地建物等価格統制令第6条に依れば本件土地に付ては其の価格に付行政官庁の認可を要し其の認可ありたる額を超えて支払ひ又は受領することを得ざるものなれば，右認可を得たる後に非されば本件代金を支払ひ又は受領することを得ざるは勿論なると共に，該代金の支払と同時履行の関係に在る本件土地の所有権移転登記も又右認可を受け該代金を提供する迄は之を為すを要せず。結局本件契約は右認可を受くる迄は約旨に従ひ履行すること能はざるものと謂はさるべからず。加之右認可せられたる価格が約定代金に比し著しく低額なるに於ては，当事者の意思解釈上本件売買契約を無効と為すべき場合なきを保せず（大判昭和 17 年 10 月 22 日参照）。斯くの如く契約締結後其の履行期迄の間に於て統制法令の施行等に因り契約所定の代金額を以てしては所定の履行期に契約の履行を為すこと能はず，其の後相当長期に亘り之か履行を延期せざるを得ざるに至りたるのみならず，契約は結局失効するに至るやも知れざるが如き事態を生じたる場合に於て，当事者尚此の長期に亘る不安定なる契約の拘束より免るることを得ずと解するが如きは信義の原則に反するものと謂ふべく，従て斯かる場合に於ては当事者は其の一方的意思表示に依り契約を解除し得るものと解するを相当とす。然らば右統制令の施行に因り事情の変更を来したるを以て本件契約を解除したる旨の X の主張の当否を判断するに付ては，X が解除の意思表示を為したる当時，果して将来如何なる時期に至れば認可申請を為し之が認可を受け得べかりし状態なりやに付審理確定するを要するに拘らず，原審が此の措置に出てず，前叙の如き理由を以て X の右主張を排斥したるは審理不尽若くは解除権の成立に関する法律の解釈を誤りたる違法あるものと謂ふの外なく論旨は理由あり。」

13 契約の改訂（1）

神戸地伊丹支判昭和 63 年 12 月 26 日判時 1319 号 139 頁

【事実】 X は昭和 41 年 9 月に，Y から本件土地を期間 20 年の約定で賃借し，地上に建物を所有している。契約当時，X と Y は覚書を取り交わし，契約期間中に X が Y に本件土地を買い取りたい旨申し入れたときは，Y は代金 175 万円（但し敷金 50 万円は代金の内払いとみなして充当する）で売り渡す旨約定した。X は昭和 61 年 7 月に右約定に基づく予約完結の意思表示を行なって，移転登記を求めた。Y は事情変更による覚書の失効等を抗弁として主張した（不動産価格は約 22.8 倍になっている）。

【判決理由】 一部認容 「いわゆる事情変更の原則は，主として債権関係を発生させる法律行為がなされた際に，その法律行為の環境であった事情が，法律行為の後その効果完了以前に，当事者の責に帰すべからざる事由によって予見しえない程度に変更し，その結果当初の意義における法律効果を発生又は存続

➡ *13*

させることが，信義衡平の原則上不当と認められる場合に，その法律効果を信義衡平に基づいて変更させることをいうところ，《証拠略》に公知の事実を総合すれば，本件土地の時価は本件覚書締結当時更地価格で約 175 万円であったが，その後いわゆる列島改造ブームや石油ショック及びこれに引き続く狂乱物価などの経済変動を経るうちに著しく高騰し，X が本件土地を買い取りたい旨申し入れた書面が Y に到達した昭和 61 年 7 月 18 日ころには，更地価格で約 4000 万円程度にまで騰貴していたこと，本件覚書締結当時もいわゆる一般消費者物価は毎年数パーセントの割合で上昇していたが，本件土地の時価が約 20 年間で 20 数倍に高騰することまでは，X 及び Y を含めて当時の一般人が予測しえなかったこと，Y が X から本件賃貸借契約に伴う敷金として受け取った金 50 万円は，当時としては相当高額のものであったが，当時の本件土地の更地価格に対する割合は 28.57 パーセントにとどまっており，向う 20 年間，いかなる事情の変更にもかかわらず本件土地を残代金 125 万円で X に売り渡すよう Y を拘束する対価としては，決して十分な額とはいえないことの各事実を認めることができ，右認定を左右するに足りる証拠はないから，抗弁 3 は，本件にいわゆる事情変更の原則を適用すべきことを主張する点において理由がある。

しかし，右原則は元来正当に発生した法律関係につき後発的事情のために生じた不衡平な結果を排除することを目的とする規範であるから，第 1 次的にはなるべく当初の法律関係を存続させ，ただその効果につき内容の変更を主張する権利を認める程度にとどめ，これに対して相手方が拒絶する等この方法ではなお不衡平な結果を除却することができない場合に初めて第 2 次的に当初の法律関係全体を解除する権利等を認めてこれを解消させうるものと解すべきであるところ，本件売買予約の完結権が本件覚書締結時から 20 年間存続すること自体は，XY ともこれを認識又は予見していたのに対し，これに記載された本件土地の売買代金額が右期間の経過によって著しく低廉になってしまうことは，XY ともこれを予見しえなかったのであるから，本件においては，本件売買予約自体はこれを存続させ，ただその内容となっている売買代金額を適正な額にまで変更する権利を Y に認めれば足りると解されるので，抗弁 3 は，本件覚書の内容の全面的失効を主張する点においては理由がない。」

そして，価格の評価替えを行って，Xが2857万円余を支払うのと引換えに所有権移転登記することを認めた。（裁判官 渡邊　壯）

14 契約の改訂 (2)

最(三)判平成9年7月1日民集51巻6号2452頁・ゴルフ場のり面崩壊事件

（曹時51巻6号1545頁，法協117巻1号127頁，民商118巻4=5号655頁，百選Ⅱ〈第8版〉82頁，平9重判73頁）

【事実】 1　A（大日本ゴルフ観光株式会社）は，阪神カントリークラブの造成工事を完成させ，ゴルフ場を開設した。Xらは，Aと会員契約を締結し，又は会員権を譲り受けることにより，本件ゴルフ場の会員たる地位を取得した。Xらが同社に対して有していた会員としての権利の内容は，㈠本件ゴルフ場の開業日に非会員よりも優先的条件かつ優待的利用料金でゴルフコースおよび付属施設の一切を利用する権利，㈡入会日から10年間の据え置き期間経過後に預託金の返還を請求する権利，㈢会員権を第三者に譲渡する権利である。

Aの本件ゴルフ場の営業はB（(株) モーリーインターナショナル）を経てY（(株) パインヒルズゴルフ）に譲渡され，Yは会員に対する権利義務を承継した。

本件ゴルフ場は，谷筋を埋めた盛土に施工不良があることおよび盛土の基礎地盤と切土地盤に存在する強風化花こう岩のせん断強度が小さいことから，のり面の崩壊が生じやすくなっており，開業以来度々のり面の崩壊が発生していたが，平成2年5月に大規模なのり面崩壊が生じ，営業が不可能になった。そこでBはすべてのコースを閉鎖し，約130億円をかけてゴルフ場の全面改良工事を行なった。

その後Yは会員に対し，1000万円の追加預託金を支払うか預託金を額面額（50〜60万円）で償還を受けるかの選択を迫り，いずれも拒否したXら（会員全体の約0.8%）に対して会員資格を否定したので，Xらは会員資格を有することの確認を求めた（新規会員の預託金額は1250万円）。

2　1審はXらの請求を認めたが，原審は，㈠Bは，Aから営業を譲り受けた時点において，のり面崩壊に対する防災処置を施す必要が生じることを予見していなかったとはいえないが，本件改良工事のような大規模な防災処置を施す必要が生じることまでは予見しておらず，かつ予見不可能であったこと，㈡本件改良工事およびこれに要した費用130億円は，本件ゴルフ場ののり面崩壊に対する防災という観点からみて，必要最小限度のやむを得ないものであったこと，㈢Aは，Bへの営業譲渡後，営業実態のない会社になっており，その資産状態も明らかでなく，Aに対して本件改良工事についての費用負担を求めることは事実上不可能であることを認定し，Ｘらに対し本件ゴルフ場の会員資格のうち施設の優先的優待的利用権を当初の契約で取得した権利の内容であるとして認めることは，信義衡平上著しく不当であって，事情変更の原則の適用によりＸらは優先的優待的利用権を有しないと解すべきであると判断したため，Ｘらから上告。

【判決理由】 破棄自判「1　ＸらとＡの会員契約については，本件ゴルフ場ののり面の崩壊とこれに対し防災措置を講ずべき必要が生じたという契約締結後の事情の変更があったものということができる。

2　しかし，事情変更の原則を適用するためには，契約締結後の事情の変更が，当事者にとって予見することができず，かつ，当事者の責めに帰することのできない事由によって生じたものであることが必要であり，かつ，右の予見可能性や帰責事由の存否は，契約上の地位の譲渡があった場合においても，契約締結当時の契約当事者についてこれを判断すべきである。したがって，Ｂにとっての予見可能性について説示したのみで，契約締結当時の契約当事者であるＡの予見可能性及び帰責事由について何ら検討を加えることのないまま本件に事情変更の原則を適用すべきものとした原審の判断は，既にこの点において，是認することができない。

3　さらに進んで検討するのに，一般に，事情変更の原則の適用に関していえば，自然の地形を変更しゴルフ場を造成するゴルフ場経営会社は，特段の事情のない限り，ゴルフ場ののり面に崩壊が生じ得ることについて予見不可能であったとはいえず，また，これについて帰責事由がなかったということもできない。けだし，自然の地形に手を加えて建設されたかかる施設は，自然現象によるものであると人為的原因によるものであるとを問わず，将来にわたり災害の生ずる可能性を否定することはできず，これらの危険に対して防災措置を講ずべき必要の生ずることも全く予見し得ない事柄とはいえないからである。

本件についてこれをみるのに，原審の適法に確定した前記二の事実関係〔【事実】1に摘示した事実関係（編者注）〕によれば，本件ゴルフ場は自然の地形を変更して造成されたものであり，Ａがこのことを認識していたことは明らかであるところ，同社に右特段の事情が存在したことの主張立証もない本件においては，事情変更の原則の適用に当たっては，同社が本件ゴルフ場におけるのり面の崩壊の発生について予見不可能であったとはいえず，また，帰責事由がなかったということもできない。そうすると，本件改良工事及びこれに要した費用 130 億円が必要最小限度のやむを得ないものであったか否か並びに A に対して本件改良工事の費用負担を求めることが事実上不可能か否かについて判断するまでもなく，事情変更の原則を本件に適用することはできないといわなければならない。

4　また，前記二及び三の事実関係〔三の事実関係とは【事実】2 の㈠〜㈢のこと（編者注）〕によってもＸらの本件請求が権利の濫用であるということはできず，他にＹらの権利濫用の主張を基礎付けるべき事情の主張立証もない本件においては，右権利濫用の主張が失当であることも明らかである。」

「原判決には法令の解釈適用を誤った違法があり，この違法は判決に影響を及ぼすことが明らかであって，論旨は理由があり，その余の論旨について判断するまでもなく原判決中Ｘらの請求に関する部分は破棄を免れない。そして，以上の説示によれば，Ｘらの請求を認容した第 1 審判決の結論は正当であるから，右部分についてはＹの控訴を棄却すべきである。」（裁判長裁判官 千種秀夫　裁判官 園部逸夫　大野正男　尾崎行信　山口　繁）

［関連裁判例］

15 交渉義務

東京地判昭和 34 年 8 月 19 日判時 200 号 22 頁

【事実】 Ｘは昭和 21 年 2 月に本件土地をＹに代金 9 万 8640 円で売り渡したが，同契約には買戻し特約が付いており，買戻し期間は 10 年と定められていた。Ｘは昭和 30 年 11 月に，買戻し代金および契約費用の概算を合計して 10 万円をＹに提供し，売買契約解除の意思表示を行なった。これに対してＹは，本件土地の価額が 2000 万円に値上がりしていたことから，事情変更の原則により買戻し特約を解除すると主張したので，ＸがＹに対して移転登記と土地の明渡しを求めて訴えを提起した。

【判決理由】 本訴認容，反訴棄却「当初定められた買い戻しの特約に基き，Ｘに代金額 9 万 8640 円で本件土地を買い戻す権利を認め，Ｙにその履行を強制することは著るしく信義に反するものというべきであり，本件買い戻しの特約についていわゆる事情変更の原則の適用あるものといわなければならない。

しかしながら，事情変更原則の適用ある場合は，第1次的には，債務者に対して当初の契約内容を修正する権利（抗弁権）を取得せしめ，第2次的に，相手方が契約内容の修正に応じない場合に，契約を解除する権利（抗弁権）を取得せしめるに止まり，当然に，契約に定められた権利が消滅したり，その権利の行使が許されなくなったりするものではなく，また，契約内容の修正を要求することなく，直ちに契約を解除することができるものでもない。したがって，Xの買戻権が消滅しているからその行使が許されないとするYの主張は理由がなく，また，YがXに対して前記買い戻しの特約の内容の修正即ち買戻代金額の増額を要求したという事実は，Yの全立証その他本件全証拠によるも，これを認めることはできないから，Yは，買戻の特約を解除することはできないものといわなければならない。よって，買戻の特約の解除を理由とするYの主張も採用できない。」（裁判官 田倉　整）

解　説

12 は事情変更の原則による解除を肯定した初めての最上級審判決である。最高裁になってからは，事情変更の原則の法理は肯定するものの，実際に適用を肯定した事例は現れていない。事情変更の原則の効果としては，契約改訂も議論されており，下級審にはこれを肯定するものも現れている。*13* はその一例であるが，同判決の特色は，当事者が直接的には契約改訂を求めていない事案でこれを行なった点にある。*14* の原審も，事情変更の原則を適用して契約改訂を認めたが，最高裁は，事情変更の原則を適用すべき当事者を特定したうえで，要件の充足を否定した。しかし，この判決は，事情変更の原則自体は肯定しているため，2017年改正の際は，判例にそって同原則を明文化することが検討されたが，例外則を明文化することへの実務界の反対が強く，コンセンサスは形成できなかった。

事情変更の原則の第一次的効果は契約内容の修正ないしそのための再交渉であって，相手方がこれに応じないときに初めて解除権が発生する旨を述べる裁判例が少なくない。*15* はその一例であるが，買戻特約付の不動産売買契約の買主が事情変更による買戻特約の解除を主張したのに対して，まず契約内容の

➡ 16

修正を求めていないことを理由に解除を認めなかった。これに対しては行き過ぎだとの評価もなされており，釈明権のあり方もあわせて，検討の必要がある。

[5] 同時履行の抗弁権

16 家屋明渡義務と敷金返還債務

最(一)判昭和49年9月2日民集28巻6号1152頁
(曹時28巻2号120頁，法協93巻5号806頁，民商73巻1号63頁，百選Ⅱ〈第8版〉132頁)

【事実】 建物の賃借人Ｙは，建物の競落人Ｘからの期間満了による賃貸借終了を理由とする明渡請求に対して，敷金の返還との同時履行を主張した。

【判決理由】 上告棄却 「期間満了による家屋の賃貸借終了に伴う賃借人の家屋明渡債務と賃貸人の敷金返還債務が同時履行の関係にあるか否かについてみると，賃貸借における敷金は，賃貸借の終了後家屋明渡義務の履行までに生ずる賃料相当額の損害金債権その他賃貸借契約により賃貸人が賃借人に対して取得することのある一切の債権を担保するものであり，賃貸人は，賃貸借の終了後家屋の明渡がされた時においてそれまでに生じた右被担保債権を控除してなお残額がある場合に，その残額につき返還義務を負担するものと解すべきである（最(二)判昭和48年2月2日民集27巻1号80頁参照）。そして，敷金契約は，このようにして賃貸人が賃借人に対して取得することのある債権を担保するために締結されるものであって，賃貸借契約に附随するものではあるが，賃貸借契約そのものではないから，賃貸借の終了に伴う賃借人の家屋明渡債務と賃貸人の敷金返還債務とは，一個の双務契約によって生じた対価的債務の関係にあるものとすることはできず，また，両債務の間には著しい価値の差が存しうることからしても，両債務を相対立させてその間に同時履行の関係を認めることは，必ずしも公平の原則に合致するものとはいいがたいのである。一般に家屋の賃貸借関係において，賃借人の保護が要請されるのは本来その利用関係についてであるが，当面の問題は賃貸借終了後の敷金関係に関することであるから，賃借人保護の要請を強調することは相当でなく，また，両債務間に同時履行の関係を肯定することは，右のように家屋の明渡までに賃貸人が取得することのある一切の債権を担保することを目的とする敷金の性質にも適合すると

➡ 17

はいえないのである。このような観点からすると，賃貸人は，特別の約定のないかぎり，賃借人から家屋明渡を受けた後に前記の敷金残額を返還すれば足りるものと解すべく，したがって，家屋明渡債務と敷金返還債務とは同時履行の関係にたつものではないと解するのが相当であり，このことは，賃貸借の終了原因が解除（解約）による場合であっても異なるところはないと解すべきである。そして，このように賃借人の家屋明渡債務が賃貸人の敷金返還債務に対し先履行の関係に立つと解すべき場合にあっては，賃貸人は賃借人に対し敷金返還請求権をもって家屋につき留置権を取得する余地はないというべきである。」

（裁判長裁判官 下田武三　裁判官 大隅健一郎　藤林益三　岸　盛一　岸上康夫）

17 不履行の意思が明確なとき

最(三)判昭和 41 年 3 月 22 日民集 20 巻 3 号 468 頁 （曹時 18 巻 5 号 121 頁，法協 84 巻 2 号 335 頁，民商 55 巻 4 号 673 頁）

【事実】 XY は，Y の所有する不動産の売買契約を締結したが，Y は，履行期日前に，X に債務不履行があったから契約を解除すると称し，目的不動産を第三者に賃貸した。しかし，X に債務不履行はなく，解除は否定されている。X は，履行期に Y が債務を履行しないので，約定に従って手付金の倍額の支払を求めた。上告審での争点は，X が自らの債務の履行の提供を行なうことなく Y の債務不履行の責任を追及できるかにあった。

【判決理由】 上告棄却「双務契約において，当事者の一方が自己の債務の履行をしない意思が明確な場合には，相手方において自己の債務の弁済の提供をしなくても，右当事者の一方は自己の債務の不履行について履行遅滞の責を免れることをえないものと解するのが相当である。

原審が確定したところによれば，X は，Y より本件土地及び建物を，代金 300 万円，所有権移転登記義務及び代金支払義務の履行期昭和 33 年 4 月 30 日の約で買い受けたところ，Y は，昭和 33 年 4 月 3 日，X に債務不履行ありと主張し本件売買契約を解除する旨の意思表示をなし，右売買の目的物である本件建物を第三者に賃貸した，というのである。右事実関係のもとにおいては，Y において自己の債務の履行をしないことが明確であるというべく，X は，自己の債務の弁済の提供をすることなく，Y に対しその債務の不履行につき履行遅滞の責を問いうるものというべきである。」(裁判長裁判官 横田正俊　裁判官 五鬼上堅磐　柏原語六　田中二郎　下村三郎)

18 信義則に反するとき

最(二)判平成21年7月17日判時2056号61頁・車台接合自動車事件
(民商141巻4=5号526頁)

【事実】 自動車の販売および修理並びに輸出入等を業とするY(アローモータース株式会社)は，本件自動車(シボレーの中古車で当時は自動車登録がされていなかった)を取得し，所有者をYとする新規登録(「本件新規登録」)を受けた上，A社により開催された自動車オークションに出品した。そこでは車の年式や走行距離のほか，車台番号，シリアル番号も記載され，「新車並行」と表示されていた。「新車並行」とは，日本に輸入された時点で新車であり，日本の正規ディーラーを介さずに直接輸入された自動車であることを意味する。

中古自動車の販売および輸出入等を業とするX(有限会社ナカソインターナショナル)は，これらの表示を信じて，Yから本件自動車を買い受けて(「本件売買契約」)，Bに転売し，中間省略によるYからの移転登録がされた。

ところが，本件自動車は，時期は不明であるが，何者かが，2台の異なる自動車のうち，第1自動車の車台からその車台番号が打刻されているリアゲート支柱付近部分のみを解体して第2自動車の車台に接合するとともに，第2自動車の本来の車台番号を黒色塗装して覆い隠すなどして，第2自動車をあたかも第1自動車であるかのように偽装したものであった。第2自動車は，日本に輸入された時点で既に中古車であった。

Bが購入して約1年が経過した頃，Bが本件自動車の修理を修理業者に依頼したところ，本件自動車が上記のように車台の接合等がされた自動車(「接合自動車」)であったことが判明した。Xは，Bからの要求を受けて本件自動車を買い戻した上，Yと本件売買契約の解除の交渉をしたが，Yはこれに応じなかった。

そこでXがYに対し，本件売買契約が錯誤により無効であるとして，本件自動車の売買代金の返還等を求め，これに対して，Yは，本件自動車の移転登録手続を受け，かつ，その引渡しを受けることとの引換給付を求める旨の同時履行の抗弁を主張した。

原審は，錯誤無効を認めたが，売買代金相当額(169万2600円)の返還について民法533条を類推適用し，Yに対し，Xから本件自動車につき移転登録手続を

➡ *18*

受け，かつ，その引渡しを受けるのと引換えに支払うことを求める限度で，Xの請求を認容した。Xから上告。

【判決理由】 一部破棄自判，一部棄却 （中川・古田裁判官の補足意見がある）

「道路運送車両法は，自動車をその車台に打刻された車台番号によって特定した上，その自動車の自動車登録ファイルへの登録をするものとしており（道路運送車両法7条，8条，12条，15条，29条〜33条等参照），1台の自動車につき複数の車台番号が存在したり，複数の自動車登録がされるということを予定していない。前記事実関係によれば，本件自動車については，車台の接合等がされたことにより，その車台に2つの車台番号が打刻されているというのであるから，そのいずれの車台番号が真正なものであるかを確定することができない以上，1台の自動車に複数の車台番号が存在するという状態（以下「複数車台番号状態」という。）となっているものであり，少なくともその状態のままでは新規登録や移転登録をすることは許されないものと解される。したがって，仮にYが本件売買契約に基づいて移転された登録名義を回復するために，Xに対してYの主張するような移転登録請求権を有するとしても，XがYからの移転登録請求に応じるためには，本件自動車について移転登録が可能なように複数車台番号状態を解消する必要があるが，それが容易に行い得るものであることをうかがわせる資料はなく，本件自動車の車台の状態等からすると，XからYへの移転登録手続は，仮に可能であるとしても，困難を伴うものといわざるを得ない。そして，……Yは，本来新規登録のできない本件自動車について本件新規登録を受けた上でこれを自動車オークションに出品し，Xは，その自動車オークションにおいて，Yにより表示された本件新規登録に係る事項等を信じて，本件自動車を買受けたというのであるから，本件自動車が接合自動車であるために本件売買契約が錯誤により無効となるという事態も，登録名義の回復のためのXからYへの移転登録手続に困難が伴うという事態も，いずれもYの行為に基因して生じたものというべきである。

そうすると，本件自動車が，Yが取得した時点で既に接合自動車であり，Yが本件新規登録を申請したことや，本件自動車を自動車オークションに出品したことについて，Yに責められるべき点がなかったとしても，本件自動車が接合自動車であることによる本件売買契約の錯誤無効を原因とする売買代金返還請求について，複数車台番号状態であるために困難を伴う本件自動車の移転登録手続との同時履行関係を認めることは，XとYとの間の公平を欠くものといわざるを得ない。

したがって，仮にYがXに対し本件自動車についてXからYへの移転登録請求権を有するとしても，Xからの売買代金返還請求に対し，同時履行の抗弁を主張して，YがXから本件自動車についての移転登録手続を受けることとの引換給付を求めることは，信義則上許されないというべきである。」

「以上説示したところによれば，Xの売買代金返還請求は，Yに対し，Xから本件自動車の引渡しを受けるのと引換えに169万2600円を支払うことを求める限度で理由があるからこれを認容し，その余は理由がないから棄却すべきである。」（裁判長裁判官 竹内行夫　裁判官 今井　功　中川了滋　古田佑紀）

解　説

同時履行の抗弁権は，不動産売買における売主の登記協力義務と買主の代金支払義務の間や，売買契約が詐欺によって取り消された場合の売主・買主の原状回復義務などに肯定されるが，その適用の限界を示すのが*16*である。学説には異論もある。なお，相手方の同時履行の抗弁権を消滅させ，債務不履行責任を追及するには，自らの債務の履行の提供が必要であるが，これが不要となる場合について判示したのが*17*である。

同時履行の抗弁権がある場合には，請求棄却となるのではなく，引換給付判決がなされる（大判明治44年12月11日民録17輯772頁）。

同時履行の抗弁権は，双務契約が無効・取消し・解除により効力を失い，原状回復のために給付が巻き戻される場面においても類推適用される。しかし，契約が効力を失った原因や，反対給付の履行の困難さを考慮して，特定の反対給付との関係で同時履行の抗弁権の主張が信義則上許されない場合を認めたのが*18*である。自動車の引渡しとの引換給付は認めているから，同時履行関係が否定されたわけではない。同判決に付された補足意見は，中間省略による移転登録がされている事案であることから，Yが移転登録の抹消を請求することで原状回復が実現される余地があり，「公平を欠くことにはならない」し，「登録に関する問題の簡明な処理に資する」ことを指摘している。

➡ *19*

なお，新533条で挿入された括弧書については，*92*とその解説参照。

［6］ 不安の抗弁権

19 履行の停止

東京地判平成2年12月20日判時1389号79頁・ベビー用品供給停止事件

【事実】 X会社（ピップフジモト株式会社）はベビー用品の宅配販売業者Y会社（有限会社日本衛材流通計画ニチエイ）と，ベビー用品の継続的供給契約を結んでいたが，Y会社の信用状態が悪化したため，供給を停止し，未払いの代金債務の支払を請求した。これに対してY会社は，X会社による提供の一方的停止という債務不履行によって被った損害に対する賠償債権での相殺を主張するとともに，残余の損害賠償金の支払を求める反訴を提起した。

【判決理由】 本訴認容，反訴棄却 「本件において，X会社がY会社に対して本件ベビー用品を締約どおりの期日に出荷，納入せず，また，Y会社との以後の新たな取引も停止することとしたのは，先に認定したとおり，Y会社との継続的な商品提供取引の過程において，取引高が急激に拡大し，累積債務額が与信限度を著しく超過するに至るなど取引事情に著しい変化があって，X会社がこれに応じた物的担保の供与又は個人保証を求めたにもかかわらず，Y会社は，これに応じなかったばかりか，かえって，約定どおりの期日に既往の取引の代金決済ができなくなって，支払いの延期を申し入れるなどし，X会社において，既に成約した本件個別契約の約旨に従って更に商品を供給したのではその代金の回収を実現できないことを懸念するに足りる合理的な理由があり，かつ，後履行のY会社の代金支払いを確保するために担保の供与を求めるなど信用の不安を払拭するための措置をとるべきことを求めたにもかかわらず，Y会社においてこれに応じなかったことによるものであることが明らかであって，このような場合においては，取引上の信義則と公平の原則に照らして，X会社は，その代金の回収の不安が解消すべき事由のない限り，先履行すべき商品の供給を拒絶することができるものと解するのが相当である。

したがって，X会社が右のとおりY会社に対して本件個別契約にかかる本件ベビー用品をその納入期日に出荷，納入せず，また，Y会社との以後の新たな取引も停止することとして継続的供給を停止したことには，なんら違法性がないものというべきである。

いわゆる不安の抗弁権をいうX会社の本訴請求についての再抗弁及び反訴請求に対する抗弁は，以上のような意味において理由がある。」（裁判官 村上敬一）

解　説

いわゆる「不安の抗弁権」については，最高裁判決はないが，下級審には肯定するものが多い。*19*は，直接「不安の抗弁権」という法理を援用してはいないが，実質的にこれを肯定する裁判例の一つである。

なお，2017年改正の際に，不安の抗弁権も明文化することが検討されたが（「民法（債権関係）の改正に関する中間試案」第33），コンセンサスの形成に至らなかった。

［7］ 危 険 負 担

20 不特定物の特定と危険負担

最(三)判昭和30年10月18日民集9巻11号1642頁
（曹時7巻12号88頁，民商34巻3号401頁，百選II〈第8版〉4頁）

【事実】 原告X（岩手県漁業協同組合連合会），被告Yの手附金返還請求事件であるが，詳しい事実関係は判旨の中に要約されている。

【判決理由】 破棄差戻 「原審は，Xは昭和21年2月Yから漁業用タール2,000屯を，見積り価格金495,000円で買い受けることを約し，その受渡の方法は，買主たるXが必要の都度その引渡方を申し出で，売主たるYにおいて引渡場所を指定し，Xがその容器であるドラム罐を該場所に持ち込み，右タールを受領し，昭和22年1月末日までに全部を引き取ることと定め，Xは契約とともに手附金200,000円をYに交付したこと，右タールは，Yが室蘭市所在の日本製鉄株式会社から買い受けてこれをXに転売したものであって，同会社の輪西製鉄所構内の溜池に貯蔵したものであり，Yは約旨に従い引渡場所をXに通知し，昭和21年8月までに代金107,500円に相当するタールの引

➡ *20*

渡をなしたが，その後になって，Xはタールの品質が悪いといってしばらくの間引取りに行かず，その間Yは，タールの引渡作業に必要な人夫を配置する等引渡の準備をしていたが，同年10月頃これを引き揚げ，監視人を置かなかったため，同年冬頃同会社労働組合員がこれを他に処分してしまい，タールは滅失するにいたったことを認定した上，売買の目的物は特定し，Yは善良なる管理者の注意を以てこれを保存する義務を負っていたのであるから，その滅失につき注意義務違反の責を免れず，従って本件売買はYの責に帰すべき事由により履行不能に帰したものとし，Xが昭和24年11月15日になした契約解除を有効と認め，前記手附金からすでに引渡を終えたタールの代価を差し引いた金額に対するXの返還請求を認容したものである。以上の判断をなすにあたり，原審は，先ず本件売買契約が当初から特定物を目的としたものかどうか明らかでないと判示したが，売買の目的物の性質，数量等から見れば，特段の事情の認められない本件では，不特定物の売買が行われたものと認めるのが相当である。そして右売買契約から生じた買主たるXの債権が，通常の種類債権であるのか，制限種類債権であるのかも，本件においては確定を要する事柄であって，例えば通常の種類債権であるとすれば，特別の事情のない限り，原審の認定した如き履行不能ということは起らない筈であり，これに反して，制限種類債権であるとするならば，履行不能となりうる代りには，目的物の良否は普通問題とはならないのであって，Xが『品質が悪いといって引取りに行かなかった』とすれば，Xは受領遅滞の責を免れないこととなるかもしれないのである。すなわち本件においては，当初の契約の内容のいかんを更に探究するを要するといわなければならない。つぎに原審は，本件目的物はいずれにしても特定した旨判示したが，如何なる事実を以て『債務者が物の給付を為すに必要なる行為を完了し』たものとするのか，原判文からはこれを窺うことができない。論旨も指摘する如く，本件目的物中未引渡の部分につき，Yが言語上の提供をしたからと云って，物の給付を為すに必要な行為を完了したことにならないことは明らかであろう。従って本件の目的物が叙上いずれの種類債権に属するとしても，原判示事実によってはいまだ特定したとは云えない筋合であって，Yが目的物につき善良なる管理者の注意義務を負うに至ったとした原審の判断もまた誤りであるといわなければならない。要するに，本件については，なお審理判断を要すべき，多くの点が存在するのであって，原判決は審理不尽，理由不備の違法があるものと云うべく，その他の論旨について判断するまでもなく，論旨は結局理由があり，原判決は破棄を免れない。」（裁判長裁判官 島　保　裁判官 河村又介　小林俊三　本村善太郎　垂水克己）

［関連裁判例］

21 代償請求権

最(二)判昭和41年12月23日民集20巻10号2211頁
（*曹時19巻4号145頁，法協85巻1号90頁，民商57巻1号118頁，百選Ⅱ〈初版〉38頁*）

【事実】 XはY会社（島田不動産株式会社）から建物を賃借していたが，原因不明の火災によって建物が焼失したので，履行不能により賃貸借契約は終了したとして，XからY会社に敷金の返還を求めた。これに対して，Y会社は，Xが建物の焼失について火災保険金を受け取っているので，Y会社は建物の代償として損害額の限度において償還を求めることができるとし，これを自働債権として相殺する旨主張した。原審がこの抗弁を認めたので，Xから上告。

【判決理由】 上告棄却「一般に履行不能を生ぜしめたと同一の原因によって，債務者が履行の目的物の代償と考えられる利益を取得した場合には，公平の観念にもとづき，債権者において債務者に対し，右履行不能により債権者が蒙りたる損害の限度において，その利益の償還を請求する権利を認めるのが相当であり，民法536条2項但書の規定は，この法理のあらわれである（大判昭和2年2月15日民集6巻236頁参照)。」（裁判長裁判官 奥野健一　裁判官 草鹿浅之介　城戸芳彦　石田和外）

22 利益償還義務

最(三)判昭和52年2月22日民集31巻1号79頁
（*曹時32巻10号103頁，法協95巻9号1589頁，民商77巻2号262頁，不動産取引百選〈第2版〉212頁*）

【事実】 X会社（京都東ナショナル住宅設備機器株式会社）は，AがYから請け負ったY宅の冷暖房工事をさらに請け負い，AがXに対して負担すべき請負代金

➡ *22*

債務についてＹが連帯保証した。工事はボイラー等の据付工事を残すのみとなったが，その前提となる地下室の防水工事をＹが行わず，ボイラー等の据付工事を拒んでいるため，Ｘ会社において本件工事を完成させることは不可能となった。そこで，Ｘ会社からＹに対して，請負代金を請求した。1，2審が出来高に応じた報酬支払を命じたので，Ｙから上告。

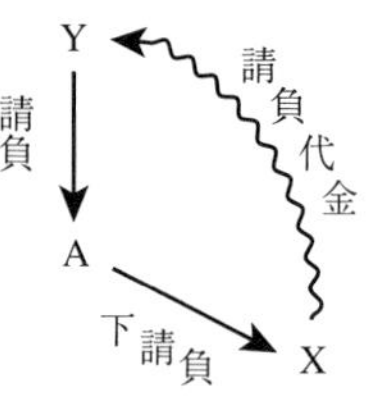

【判決理由】 上告棄却 「ＡとＸ会社との間の本件契約関係のもとにおいては，前記防水工事は，本来，Ａがみずからこれを行うべきものであるところ，同人がＹにこれを行わせることが容認されていたにすぎないものというべく，したがって，Ｙの不履行によってＸ会社の残余工事が履行不能となった以上，右履行不能はＡの責に帰すべき事由によるものとして，同人がその責に任ずべきものと解するのが，相当である。

ところで，請負契約において，仕事が完成しない間に，注文者の責に帰すべき事由によりその完成が不能となった場合には，請負人は，自己の残債務を免れるが，民法536条2項によって，注文者に請負代金全額を請求することができ，ただ，自己の債務を免れたことによる利益を注文者に償還すべき義務を負うにすぎないものというべきである。これを本件についてみると，本件冷暖房設備工事は，工事未完成の間に，注文者であるＡの責に帰すべき事由によりＸ会社においてこれを完成させることが不能となったというべきことは既述のとおりであり，しかも，Ｘ会社が債務を免れたことによる利益の償還につきなんらの主張立証がないのであるから，Ｘ会社はＡに対して請負代金全額を請求しうるものであり，ＹはＡの右債務につき連帯保証責任を免れないものというべきである。したがって，原判決がＸ会社はＡに対し工事の出来高に応じた代金を請求しうるにすぎないとしたのは，民法536条2項の解釈を誤った違法があるものといわなければならないところ，Ｘ会社は，本訴請求のうち右工事の出来高をこえる自己の敗訴部分につき不服申立をしていないから，結局，右の違法は判決に影響を及ぼさないものというべきである。論旨は，いずれも採用することができない。」（裁判長裁判官 髙辻正己　裁判官 天野武一　江里口清雄　服部髙顯　環　昌一）

解　説

2017年改正では，特定物に関する危険負担の債権者主義の規定（旧534条，旧535条）が削除され，危険負担は，履行拒絶権として位置づけられた（新536条）。不特定物については，旧534条2項が削除されたので，新536条1項で処理されるが，その前提として，目的物の特定の有無が重要であることは変わらない。*20*は依然として先例としての意味を持つ。

*21*が判示した代償請求権は，民法に規定がなかったが，新422条の2として明文化された。

利益償還義務については，新536条2項後段が旧536条2項後段を実質的に維持しており，*22*がこれについての先例である。利益償還義務の有無が当事者間で争点になったわけではないが，1審判決が工事の出来高相当の報酬の支払請求を認容し，「請負金額中それを超える部分は，Xが債務を免れたことによって得た利益というべく」と述べたのに対し，原審が端的に「出来高部分の代金支払を請求しうる」と述べたので，あえて言及したものとみられる。

[8]　第三者のためにする契約

23　受益者の不在

横浜地判平成18年1月25日裁判所ウェブサイト・「胎児も第三者」事件

【事実】　胎児であったXは，その母Aが受診したY病院においてIUGR（子宮内発育遅延）と診断され，同病院において経膣分娩により出産したが，精神発達遅滞等の後遺症が生じた。Xは，それが分娩管理に関するY病院の医師の過失によるものであるとして，Yに対し，主位的に後遺障害による損害の賠償を，予備的に後遺症が残らなかった相当程度の可能性を侵害したことによる損害の賠償を求めた。主要な争点は過失の有無と損害額であるが，このほかYは，本件の診療契約はYとAとの間で締結されたものであり，契約当事者でないXが診療契約に基づく債務不履行責任を追及することはできない，と争った。

【判決理由】　一部認容，一部棄却　横浜地裁は，「症例に応じた適切な規模，施設，設備，技術レベルを備えているより高度の医療機関に患者を転送し，より適切な医療を受けさせるべき注意義務」を怠ったとしてYの過失を認め，この転送義務違反とXの後遺症との間に因果関係を認めることはできないが，転送した場合には，Xの精神発達遅滞等が軽減された相当程度の可能性が認められるとして，請求の一部を認容した。その前提として，Xの原告適格について，次のように判示した。

「Aは，……Y病院においてYの医師から診察を受け，切迫流産のおそれがあるということで入院して治療を受けたが，その際，妊娠7週1日であり，分べん日予定日は平成○年○月○日であると告げられたことが認められる。

これにより，AとYとの間においては，Xの出生を条件として，同人の安全な分べんの確保等を内容とする準委任契約（第三者のためにする契約）が成立した（第三者であるXの意思表示は，Xの出生の時点で同人の法定代理人親権者であるA及びB〔Aの夫〕により黙示的にされたというべきである。）ものと認められるから，XはYに対して債務不履行責任を追及することが可能な契約当事者であるというべきである。」（裁判長裁判官 三木勇次　裁判官 本多知成　小西圭一）

解　説

第三者のためにする契約に関して，第三者が契約時点で存在している必要があるかが問題となるが，旧537条はこの点が明らかではなかった。*23*は受益者が胎児であった場合も出生を条件として第三者のためにする契約が成立することを認めた例であるが，このような判断には合理性がある。そこで，新537条2項は，第三者のためにする契約は「その成立の時に第三者が現に存しない場合又は第三者が特定していない場合であっても，そのためにその効力を妨げられない」と規定した。

ところで，最も典型的な第三者のためにする契約である保険では，受益者は受益の意思表示は不要で当然に権利が帰属する（保険法8条，42条，71条参照）。*23*の事案も，受益の意思表示を要求することで無用な擬制が必要となっている。このように，受益の意思表示を不要とし，受益者が権利を放棄したときにのみ遡及的に権利取得を否定する方が適切な場合が多い。そこで2017年改正に際してはその旨の改正が提案されたが，十分な支持が得られなかった。

[9] 契約上の地位の移転

2017年改正で契約総則の第3款として539条の2に契約上の地位の移転に関する規定が新設された。契約に関する規律であることからこの位置に配置されたが，内容的には，債権譲渡や債務引受と並んで論ずべき問題である。『民法判例集　担保物権・債権総論（第3版）』268頁以下の「[6]　契約上の地位の譲渡」を参照されたい。

[10] 契約の解除

24 催告期間が不相当な場合

最(一)判昭和31年12月6日民集10巻12号1527頁
（曹時9巻2号23頁，法協75巻5号657頁，民商35巻6号850頁）

【事実】 XA間の建物所有を目的とする借地契約において，借地人Aは地代を毎年6月と12月の25日までに半年分ずつ支払う約定であった。しかし，Aは地代の支払を滞りがちで，昭和24年の6月分を支払わずに12月に至ったので，Xは12月中旬にAに対し，6月分と12月分を12月31日までに支払うよう催告した。しかし，支払がなかったので，翌年1月10日にXはAに解除の意思表示をした。土地上にAが所有していた建物はその後Yの所有に帰したので，XからYに対して建物収去土地明渡を請求した。

上告審では，催告で示された期間が「相当」であったかどうかが争われた。原審は，催告中の期間ではなく，催告で指定した履行期限（12月31日）と解除の意思表示までの期間が「契約解除の前提としての相当の期間」である旨認定した。上告理由は，この点を争う。

【判決理由】 上告棄却 「債務者が遅滞に陥ったときは，債権者が期間を定めず履行を催告した場合であっても，その催告の時から相当の期間を経過してなお債務を履行しないときは契約を解除することができると解すべきことは，当裁判所の判例とするところである（最(三)判昭和29年12月21日民集8巻12号2211頁)。そして，本件においては，原審は本件債務の履行の催告期限たる昭和24年12月31日と，解除のときたる同25年1月10日との間の日数が，本件契約解除の前提として相当の期間であると判断したが，この判断は当審に

おいても是認することができる。」（裁判長裁判官 入江俊郎　裁判官 真野　毅　斎藤悠輔）

25 付随的義務の不履行

最(三)判昭和36年11月21日民集15巻10号2507頁
(曹時14巻2号241頁，法協80巻6号869頁，民商46巻5号860頁，百選Ⅱ〈第8版〉86頁)

【事実】 Yはその所有する土地を昭和16年にAに売却し，Aはこれを Xに転売し，いずれも代金支払と引渡しを終えた。戦後になって，地価が高騰した後に，買主Aが負担すべき地租・固定資産税をYが負担し，Aに対してその支払を催告したうえで，支払がないとして売買契約解除の意思表示をした。そして，Xに対して，本件土地の所有権がYにあることの確認を求める本訴を提起した。

1審は，「当事者がとくに右公租公課の負担を契約上重視しその要素としたと認むべき証拠はないから，右負担義務は契約の要素ではなく売買契約の単なる附随的義務にすぎない」とし，かつ，支払が遅滞している地租および固定資産税の額は戦前の売買代金を超過してはいるが，戦後の異常な地価騰貴と税率を考慮すると，Yが立替納付した税額は土地の時価に比して極めて僅少であって，Xがその償還義務を履行しないからといって売買契約をなした目的を達することができないものとは認められないなどとして，解除は無効とした。原審もこれを維持したので，Yから上告。

【判決理由】 上告棄却 「原判決の引用する1審判決の趣旨は，判示租税負担義務が本件売買契約の目的達成に必須的でない附随的義務に過ぎないものであり，特段の事情の認められない本件においては，右租税負担義務は本件売買契約の要素でないから，該義務の不履行を原因とするYの本件売買契約の解除は無効である，というにあること判文上明白である。そして，法律が債務の不履行による契約の解除を認める趣意は，契約の要素をなす債務の履行がないために，該契約をなした目的を達することができない場合を救済するためであり，当事者が契約をなした主たる目的の達成に必須的でない附随的義務の履行を怠ったに過ぎないような場合には，特段の事情の存しない限り，相手方は当該契約を解除することができないものと解するのが相当であるから，右と同趣旨に出でた原判決は正当であり，原判決には所論の違法はない。」（裁判長裁判官 高

橋　潔　裁判官 河村又介　垂水克己　石坂修一　五鬼上堅磐）

26 重要な付随的約定

最(二)判昭和43年2月23日民集22巻2号281頁
(曹時20巻5号1136頁，民商59巻3号432頁，百選Ⅱ〈第8版〉88頁)

【事実】 XがYに甲土地を売却し，所有権移転登記は代金完済と同時にすること，それまではYは甲土地内に建物その他の工作物の築造をしてはならないことを約定していたが，Yは無断で所有権移転登記を経由し，建物を建てた。そこでXが売買契約を解除し，登記の抹消と甲土地の明渡しを求めた。争点は解除の有効性である。

【判決理由】 上告棄却 「XとYとの間で，……〔甲〕土地について，売主をX，買主をY，代金坪当り金6,000円の割，代金中金80,000円は契約と同時に残金は同月以降毎月11日に金5,000円ないし3,000円の割合の割賦で支払う旨の売買契約がされたこと，そして，右売買契約においては，所有権移転登記手続は代金完済と同時にすること，それまでは買主（Y）は契約の目的物である土地の上に建物その他の工作物を築造しないことという特別の約款がつけられていたことは，原審が適法に確定した事実である。ところで，右特別の約款が外見上は売買契約の付随的な約款とされていることは右確定事実から明らかであり，したがって，売買契約締結の目的には必要不可欠なものではないが，売主（X）にとっては代金の完全な支払の確保のために重要な意義をもつものであり，買主（Y）もこの趣旨のもとにこの点につき合意したものであることは原判決……の判文からうかがわれる。そうとすれば，右特別の約款の不履行は契約締結の目的の達成に重大な影響を与えるものであるから，このような約款の債務は売買契約の要素たる債務にはいり，これが不履行を理由として売主は売買契約を解除することができると解するのが相当である。」（裁判長裁判官 奥野健一　裁判官 草鹿浅之介　城戸芳彦　色川幸太郎）

➡ *27*

［関連裁判例］

27 僅少部分の不履行

大判昭和14年12月13日判決全集7輯4号10頁

【事実】 賃貸人であるXと賃借人Yとの間で賃料（玄米の一定量またはその換算金）の額をめぐって意見の相違があり，Yの提供する金額の賃料の受領をXが拒絶することが明らかであったため，YがXの請求に対して供託したが，わずかな不足を理由にXが契約を催告解除してYに対して土地の明渡しを求めた。原審がXの請求を認めなかったので，Xから上告。

【判決理由】 上告棄却 「民法が契約当事者の一方に履行遅滞ある場合相手方をして相当期間を定めて其の履行を催告せしめ，若し該期間内に履行なきとき初めて契約を解除し得る旨規定せる所以のものは，履行に付ての誠意あり乍ら過て遅滞に陥ることなきを保し難きを以て，履行遅滞の一事のみに依り直に解除を為し得べしとするときは解除を予期せざる当事者をして不測の損害を蒙らしめ，之に対し頗る苛酷なる結果を生ずるを以て，先づ一応之に対し警告を与へて履行を促さしめんとしたる趣旨と解すべく，之れ最も信義誠実の原則に適合せるものと謂ふべし。左れば，履行遅滞に在る債務者が債権者よりの催告に対し誠意を以て履行に努力し其誠意認めらるる場合に於ては，僅少部分に付不履行の事実あればとて必ずしも解除権を付与するを要せざるものと解するを妥当とすべし。」

「右事実に鑑みればYに本件賃料の支払に付誠意ありたることを認むるに十分なりと謂ふべし。従てYが昭和11年6月5日付Xよりの右催告に応ぜざりしとするもXに於て之を理由として本件契約を解除し得ざるものと解するは信義誠実の原則に適合す」。（裁判長裁判官 佐藤共之　裁判官 細野長良　椎津盛一　高田貞男　古川鈊一郎）

28 複合契約と解除権

最(三)判平成8年11月12日民集50巻10号2673頁
(曹時49巻8号261頁，百選Ⅱ〈第8版〉90頁，平8重判68頁)

【事実】 Y（播磨興産株式会社）はAリゾートマンションを建築し，一区分をXに分譲した。AリゾートマンションにはA倶楽部と称するスポーツ施設が併設されることになっており，Aリゾートマンションの売買契約書には，リゾートマンションの買主は不動産購入と同時にA倶楽部の会員となる旨の特約事項が入っている。また，A倶楽部の会則には，Aリゾートマンションの区分所有権は，A倶楽部の会員権付であり，これと分離して処分することができないこと，区分所有権を他に譲渡した場合は，会員としての資格は自動的に消滅すること，区分所有権の譲受人はYの承認を得て新会員としての登録を受けることができることが定められていた。ところが，A倶楽部に設置されるはずの屋内温水プールが完成予定時期を10か月近く過ぎても建設されないため，Xはリゾートマンションの売買契約を解除し，支払代金の返還を求めた。原審は，本件不動産と本件会員権は別個独立の財産権であり，これらが一個の客体として売買契約の目的となっていたと見ることはできない等としてXの請求を棄却したため，Xから上告。

【判決理由】 破棄自判 「1 ……本件クラブにあっては，既に完成しているテニスコート等の外に，その主要な施設として，屋外プールとは異なり四季を通じて使用の可能である屋内温水プールを平成4年9月末ないしこれからそれほど遅れない相当な時期までに完成することが予定されていたことが明らかであり，これを利用し得ることが会員の重要な権利内容となっていたものというべきであるから，Yが右の時期までに屋内プールを完成してXらの利用に供することは，本件会員権契約においては，単なる付随的義務ではなく，要素たる債務の一部であったといわなければならない。

2 ……本件マンションの区分所有権を買い受けるときは必ず本件クラブに入会しなければならず，これを他に譲渡したときは本件クラブの会員たる地位を失うのであって，本件マンションの区分所有権の得喪と本件クラブの会員たる地位の得喪とは密接に関連付けられている。すなわち，Yは，両者がその帰属を異にすることを許容しておらず，本件マンションの区分所有権を買い受け，本件クラブに入会する者は，これを容認してYとの間に契約を締結している

➡ *29*

のである。

このように同一当事者間の債権債務関係がその形式は甲契約及び乙契約といった2個以上の契約から成る場合であっても，それらの目的とするところが相互に密接に関連付けられていて，社会通念上，甲契約又は乙契約のいずれかが履行されるだけでは契約を締結した目的が全体としては達成されないと認められる場合には，甲契約上の債務の不履行を理由に，その債権者が法定解除権の行使として甲契約と併せて乙契約をも解除することができるものと解するのが相当である。

3　これを本件について見ると，本件不動産は，屋内プールを含むスポーツ施設を利用することを主要な目的としたいわゆるリゾートマンションであり，前記の事実関係の下においては，Xらは，本件不動産をそのような目的を持つ物件として購入したものであることがうかがわれ，Yによる屋内プールの完成の遅延という本件会員権契約の要素たる債務の履行遅滞により，本件売買契約を締結した目的を達成することができなくなったものというべきであるから，本件売買契約においてその目的が表示されていたかどうかにかかわらず，右の履行遅滞を理由として民法541条により本件売買契約を解除することができるものと解するのが相当である。」（裁判長裁判官 可部恒雄　裁判官 園部逸夫　大野正男　千種秀夫　尾崎行信）

29 解除権の失効

最(三)判昭和30年11月22日民集9巻12号1781頁
（曹時8巻1号78頁，法協93巻6号1000頁，民商34巻3号453頁）

【事実】 土地の賃貸借契約で，賃貸人Aの承諾なく賃借人Xが賃借権をBに譲渡したため，Aから解除がなされた。しかし，賃借権の譲渡は昭和20年2月で，解除は27年8月。しかも，Aから新たに土地を借りたと主張するYとの間でXが裁判を提起して土地の利用権限を争い始めてから既に4年余りが経過した後であった。そこで賃借人Xは，「権利失効の原則」を援用して，解除権はすでに失効していると主張した。

【判決理由】 上告棄却 「権利の行使は，信義誠実にこれをなすことを要し，その濫用の許されないことはいうまでもないので，解除権を有するものが，久しきに亘りこれを行使せず，相手方においてその権利はもはや行使せられないものと信頼すべき正当の事由を有するに至ったため，その後にこれを行使することが信義誠実に反すると認められるような特段の事由がある場合には，もはや右解除は許されないものと解するのを相当とする。ところで，本件において所論解除権が久しきに亘り行使せられなかったことは，正に論旨のいうとおりであるが，しかし原審判示の一切の事実関係を考慮すると，いまだ相手方たるXにおいて右解除権がもはや行使せられないものと信頼すべき正当の事由を有し，本件解除権の行使が信義誠実に反するものと認むべき特段の事由があったとは認めることができない。それ故，原審が本件解除を有効と判断したのは正当であって，原判決には所論の違法はない。」（裁判長裁判官 島　保　裁判官 河村又介　小林俊三　本村善太郎　垂水克己）

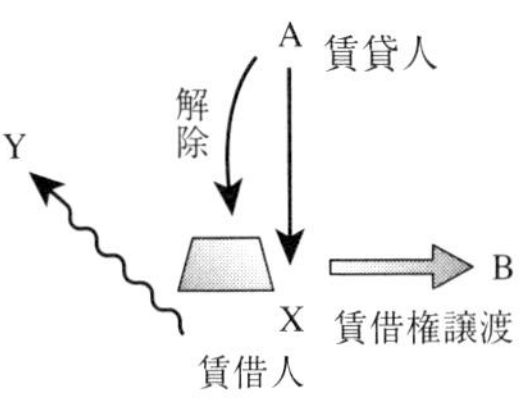

解　説

解除をするには，「相当の期間」を定めた履行の催告が必要である。催告期間が相当かどうかの判断において，判例は，催告中に定められた期間そのものの相当性ではなく，解除までに経過した猶予期間について相当性を判断する傾向がある。従って，*24*の述べるように，催告期間を定めなくても解除が可能であるし，催告期間が不相当でも，解除までに「相当な期間」が経過していれば解除は有効となる。

債権者が同時履行の関係にある債務者の債務不履行を理由に解除をなすには，受領拒絶がある場合ないし履行に相手方の行為を要する場合のほかは，単なる催告ではなく自らの債務につき現実の提供をなすことを要する（大判大正10年6月30日民録27輯1287頁）。履行の提供は，催告の前提となる履行遅滞を発生させるために必要とされるものであるが，厳密に催告より先になされなければならないわけではなく，催告において指定した履行期日になされればよいとされている（最(一)判昭和36年6月22日民集15巻6号1651頁）。しかし，相手方の履行拒絶の意思が明白な場合には，あえて履行の提供は要求されない（*17*）。

➡ 解説

25 は，契約目的の達成に必須ではない付随的義務は契約の要素ではないから，その不履行を理由として催告解除はできないことを述べ，*26* は，目的達成に重大な影響を与える付随的約定の債務が要素たる債務に含まれるとして解除を認めた判例である。解除を認めるか否かの判断要素として，「契約締結の目的の達成」「契約の要素たる債務」などの表現が用いられている。他方，大審院時代の先例である *27* は「僅少部分」の不履行に対する解除を否定した。2017 年改正に際しては，実質的にこれらの判例を明文化することがめざされたが，どのような表現を用いるかで様々な議論があり，最終的に，催告解除に関する新 541 条ただし書は，不履行が「その契約及び取引上の社会通念に照らして軽微であるとき」という表現を用いた。

28 は主従関係にある 2 つの契約が一体となって締結された場合に，従属的な地位にある契約の不履行が主たる地位にある契約の解除原因となるかが争われたものである。改正に際しては，複合的な契約に関する判例の明文化も提案されたが，コンセンサスの形成には至らなかった。

解除権の消滅時効については，旧法下の判例は債権と同様 10 年としていた（商行為によって生じた契約については 5 年）。改正の際には明文規定を置くことも提案されたが，コンセンサスは形成できず，従来通り解釈に委ねられた。債権一般の消滅時効期間を適用するという旧法下の判例の考え方が維持されるので，商行為も含め，解除権を行使できることを知った時から 5 年，行使できる時から 10 年の時効に服することになる（新 166 条 1 項）。前者は 126 条が定める取消権の期間制限と平仄が合うことになる。消滅時効とは別に，権利失効の原則の適用があるかどうかが争われたのが *29* で，わが国における同原則の主唱者の手になる上告理由に応えた形で，法理そのものは認めたが，実際の適用については否定した。

➡ 30

[11] 約款（定型約款）

30 約款の拘束力

大判大正4年12月24日民録21輯2182頁・森林火災免責事件
（法協34巻6号1063頁，保険法百選6頁，百選Ⅱ〈第8版〉94頁）

【事実】 Xは日本で営業するイギリスの保険会社Y（リバプール，エンド，ロンドン，エンド，グローブ保険株式会社）と火災保険契約を締結したところ，Xの家屋が森林火災の延焼により焼失した。Yの保険約款には，この場合にYを免責する条項が含まれていたが，Xはまったく知らなかったとして免責条項の効力を争って保険金を請求した。原審は，当該免責条項が日本の保険会社の約款に例がなく，かつ当時の商法の内容とも異なっていることを指摘して，そのような免責条項を契約内容にするには，事前に約款を開示して条項の存在を知らせ，個別の同意を取るべきであるのに，事前の開示もなかったとしてXの請求を認めた。Yから上告。

【判決理由】 破棄差戻 「普通保険約款は保険業者が予め之を定めて主務官庁の認可を受け，保険契約を為すに当り，相手方と特約を為さざる普通一般の場合に於て其契約の内容と為すべき約款にして，保険業法に依り又外国保険会社に付ては明治33年勅令第380号に依り営業免許の条件として必ず適当に之を定め，主務官庁の認可を得ることを要するものとす。而して世間一般の実情に依れば，火災保険契約を為すに当り，当事者が特別に保険約款を定めざる限りは保険会社の定めたる普通保険約款に依る意思を以て契約するを普通とし，保険契約者が申込の当時其普通保険約款の条項を詳細に知悉せざるも尚ほ之に依るの意思を以て契約し，其申込は単に保険会社の作成に係る保険申込書に任意調印するのみに依りて之を為すこと少しとせず。且夫れ保険約款は通常之に包含する事項煩瑣多岐に亘り，普通一般の世人には容易に了解通暁し難きものあり。而かも世間の実際に於て保険契約者が申込の際保険会社の定めたる普通保険約款の各条項を一一査閲し之に通暁したる後契約するが如きは甚だ多からざる所にして，寧ろ多くは能く之に通暁せざるに拘はらず尚ほ之に依るの意思を以て契約するを通例とす。斯の如き実情は火災保険契約当事者の一方たる保険業者が内国会社なると外国会社なるとに依りて異ることなし。是れ畢竟如上の法令に依り内国会社たると外国会社たるとを問はず，苟も我国に於て保険事業

➡ *31*

を営む者に対しては国家が各保険業者の定むる普通保険約款に付て干渉し，其約款の当否を監査して之を許否し以て世間一般の保険契約者を保護する所以にして，又実際保険契約者が普通約款の内容に通暁せずして之に依り契約するは多くは其約款が内容の如何に拘らず概して適当なるべきに信頼して契約するものに外ならず。故に火災保険契約当事者の一方たる保険者が我国に於て営業する以上は，其内国会社なると外国会社なるとを問はず，苟も当事者双方が特に普通保険約款に依らざる旨の意思を表示せずして契約したるときは反証なき限り其約款に依るの意思を以て契約したるものと推定すべく，本件事実の如く我国に於て火災保険事業を営める外国会社に対し其会社の作成に係る書面にして其会社の普通保険約款に依る旨を記載せる申込書に保険契約者が任意調印して申込を為し，以て火災保険契約を為したる場合に於ては，仮令契約の当時其約款の内容を知悉せざりしときと雖も，一応之に依るの意思を以て契約したるものと推定するを当然とす。」

31 約款の変更

東京高判平成30年11月28日平成30年(ネ)第2658号・NTTドコモ約款変更事件

【事実】 NTTドコモ（Y）が消費者との間で締結している携帯電話の契約書（XiサービスおよびFOMAサービス契約。あわせて「本件各契約」）に，「当社は，この約款を変更することがあります。この場合には，料金その他の提供条件は，変更後の約款によります。」との条項が含まれていた。NPO法人である埼玉消費者被害をなくす会（X）は消費者契約法13条1項の内閣総理大臣の認定を受けた適格消費者団体であるが，前記条項が消費者契約法10条に該当するとして，同法12条3項に基づき，当該条項を含む契約締結の差止めと，当該条項が記載された契約書用紙の廃棄等を求めて本訴を提起した。

1審がXの請求を棄却したため，Xが控訴した。

【判決理由】 控訴棄却

本件各契約の特殊性について

「本件各契約は，携帯電話の利用に係る通信サービスを提供する契約であり，不特定多数の相手方に対して均一な内容の給付をすることを目的とするものという特殊性を有する契約であるところ，……Yの契約件数は7000万件を超え

➡ 31

るものであるから，約款に定められた契約内容を変更するために常に顧客である契約者の個別の同意が必要であるとすると，その意思確認をするために多大な時間とコストを要することになり，一部の相手方から同意が得られない場合には，提供されるサービス内容に差異が生じることに伴う管理コストが増大する結果，契約者が負担するサービス利用料が増加し，ひいては不特定多数の相手方に対して均一な内容の給付をするという目的を達成すること自体が困難になるおそれがある。また，本件各契約は，携帯電話の利用に係る通信サービス契約であるから，携帯電話機や通信に係る技術確信等に応じて，高い頻度で契約内容を変更する必要性が生じることも予想される。

これらの事情によれば，携帯電話の利用に係る通信サービスを提供する事業者であるＹにとって，契約者との間の本件各契約の内容を画一的に変更する必要が生じた際に，契約者の個別の合意を得ることなく契約内容を変更する必要性が高いと共に，顧客にとっても，一定の場合には，個別の同意を得ることなく一方的に契約の内容を変更することを認めることによって，コストの増加を回避でき，不特定多数の相手方に対する均一な内容の給付を可能にするという利益となる面があるといえる。」

個別の合意なく合理的な約款変更ができるという法理（約款法理）について

「以上のような約款の性格，裁判例の存在，改正民法の定めによれば，本件各契約の内容となっている約款については，本件変更条項の有無にかかわらず，必要に応じて合理的な範囲において約款が変更されることは契約上予定されており，少なくとも『当事者の個別の同意がなくても約款を変更できる場合がある』という限度では，約款法理は確立しているものと認めるのが相当である。」

「そして，どのような場合に約款変更が認められるかは，諸々の見解があり，具体的場面に応じて個別に検討していくほかないが，現時点では，改正民法の定めが参考となり，契約の目的，変更の必要性，変更後の内容の相当性，定型約款を変更することがある旨の定めの有無等に照らして，合理的なものであるか否かを検討する必要があるものと解される。したがって，本件変更条項の有無にかかわらず，本件各契約約款は，一定の合理的な範囲で変更できると解するのが相当である。」

➡ *31*

消費者契約法 10 条への該当性について

「ア　……前記のとおり，約款法理に基づいて，一定の合理的な範囲において，個別の合意がなくても約款を変更することができる場合があるという限度においては，意思主義の原則の例外を認めることができること，本件変更条項は，以下に述べるとおり，一定の合理的な範囲においてのみ変更が許される趣旨と限定的に解すべきことに照らせば，これにより約款法理を含む一般的な法理を変更するものとは解されない。したがって，本件変更条項が，一般的な法理と比べて，契約者（消費者）の権利を制限し又は義務を加重する条項であるとはいえず，X の主張は採用できない。

イ　本件変更条項は『当社は，この約款を変更することがあります。この場合には，料金その他の提供条件は，変更後の約款によります。』というものであり，その文言は抽象的であることから，文言上は事業者側を一方的に利する恣意的な変更も許容されるように読める。しかしながら，前記のとおり，約款法理は，一定の合理的な範囲において認められるものである。最(二)判平成元年 7 月 19 日（集民 169 号 255 頁）は，銀行の免責約款の有効性が争われた事案について，銀行の設置した ATM を利用して預金者以外の者が預金の払戻しを受けたとしても，銀行が預金者に交付していた真正なキャッシュカードが使用され，正しい暗証番号が入力されていた場合には，『銀行による暗証番号の管理が不十分であったなど特段の事情がない限り』（免責約款上，このような限定文言は記載されていない。），銀行は免責約款により免責される旨判断しているところ（乙 27），これは，免責約款上に記載されていない文言を付加することによって，約款を合理的に限定解釈したものと解することができる。このように，約款の文言について合理的な限定解釈を加えることは認められるべきものであるから，たとえ無限定な変更を認めるかのような変更条項が存在したとしても，事業者側を一方的に利する合理性を欠く恣意的な変更が許容されると解釈する余地はない。」「したがって，本件変更条項は，『当社はこの約款を変更することがあります。この場合，料金その他の提供条件は，変更が客観的に合理的なものである場合に限り，変更後の約款によります。』との趣旨と解するのが相当である（ただし，条項自体からは，無限定の変更が許されるように読める点からすれば，文言の明確性の観点からも，変更が許される一定の合理的な範囲について，できる限り明確な文言により定めておくことが将来の紛争を防止するためにも望ましいものと思料する。)。

ウ　これに加えて，本件変更条項による約款変更の合理性は，変更の内容を問題とされるべきものであって，本件変更条項自体は，価値中立的なものである。消費者に有利な変更がされることもあれば，不利な変更がされることもあり得るのであって，消費者の権利を制限し，又は消費者の義務を加重するかは，変更される条項の内容次第であるから，法〔消費者契約法〕10条該当性も，変更後の内容につき判断されるべきである。」

「オ　以上によれば，本件変更条項が，法令中の公の秩序に関しない規定の適用による場合に比して，消費者の権利を制限し又は消費者の義務を加重する条項である（法10条前段）とは認められない。」

契約からの離脱について

「Xは，仮に，消費者が本件変更条項に基づく約款の変更に不満を持ったとしても，契約者が2年以内に解約する場合には数万円の解約手数料を支払わねばならない旨の条項を含んでいるため，Yとの契約から自由に離脱することができないことを指摘する。しかしながら，解約により契約の拘束から離脱すること自体はできるのであるから，Xの指摘は，前記認定を左右するものではない。Xは，中途解約や更新時期以外に解約する場合に解約金を支払わなければならないことを定めた解約金の支払に係る契約条項が存在することにより，消費者が自ら選択した時期に解約金を支払うことなく解約することができない場合があることを指摘するものと解されるが，解約金の額が法9条1号に規定する『平均的な損害』の額を超えて，過度に高額な場合には，それ自体有効性が問題となり得るし，高額の違約金が存在して解約が制限される事態については，諸々の合理性の判断の一要素として，変更が認められにくくなる一事情とも解されるから，Xの主張は採用できない。」（裁判長裁判官 秋吉仁美　裁判官 田村政巳　中山雅之）

解　説

*30*は，約款の拘束力について，「約款による意思」を推定した先例として著名な判決であり，2017年民法改正に際しても参考にされたが，原審の指摘す

➡ *32*

るとおり微妙な要素のある事案で，かつ，本判決は保険営業の免許制や約款の認可制を重視している。先例としての意義は慎重に考える必要がある。

改正民法には定型約款についての規定が新設され，548条の4には約款の変更に関する規定が置かれた。約款の一方的変更が可能か，また可能であるとしてどのような要件が必要かについて，正面から論じた最高裁判例は存在しない。*31*は，下級審ではあるが，改正法も意識しつつ正面から論じたものであり，改正法の解釈においても参考になる。

［12］ 契約の解釈

32 不明瞭な条項の解釈

最(二)判平成26年12月19日判時2247号27頁・川崎市共同企業体独禁法違反事件
（*民商151巻2号161頁，平27重判67頁*）

【事実】 X（川崎市）は，平成20年2月，川崎市の下水管きょ工事（「本件工事」）を一般競争入札に付し，A建設株式会社とY（真成開発株式会社）が結成したA・Y共同企業体が落札した。A・Y共同企業体は，同年3月，Xとの間で，請負金額を2億7090万円（のちに3億円余りに増額）として本件工事の請負契約（「本件契約」）を締結した。本件契約の契約書に添付された川崎市工事請負契約約款（「本件約款」）には，次のような条項があった。

ア　乙〔請負人〕が共同企業体である場合には，その構成員は共同連帯してこの契約を履行しなければならない（「本件連帯条項」）。

イ　乙が本件契約の当事者となる目的でした行為に関し，公正取引委員会が，乙に私的独占の禁止及び公正取引の確保に関する法律（「独禁法」）の規定に違反する行為があったとして排除措置命令又は課徴金納付命令（「排除措置命令等」）を行い，これが確定した場合，乙は，甲〔注文者〕に対し，不正行為に対する賠償金として，請負金額の10分の2相当額を甲の指定する期限までに支払わなければならない（「本件賠償金条項」）。

　乙が上記賠償金を上記期限までに支払わなかったときは，乙は，甲に対し，年8.25％の割合による遅延損害金を支払わなければならない。

平成22年4月，公正取引委員会は，川崎市内の事業者らが本件工事を含む一連の下水管きょ工事において談合をしていたとして，A建設およびYを含む23社に対して排除措置命令を行なうとともに，A建設およびYを含む20社に対して課徴

➡ 32

金納付命令を行なった。

A建設に対する排除措置命令および課徴金納付命令は確定したが，Yについては，Yが独禁法旧49条6項および旧50条4項の審判を請求したため，確定しなかった（なお，審判制度は平成25年改正で廃止され，現在は，東京地方裁判所を専属管轄とする抗告手続に置き換わっている）。

Xは，A建設およびYに対し，本件賠償金条項に基づく賠償金として請負金額の10分の2に相当する6151万円余の支払を請求し，A建設はXに対し922万円余を支払った。そこでXはYに対し，残額5228万円余およびこれに対する約定の年8.25％の割合による遅延損害金の支払を請求した。

Yに対する排除措置命令および課徴金納付命令は，原審の口頭弁論終結時において，いずれも確定していない。

原審はXの請求を認容したが，その際，本件賠償金条項にいう排除措置命令等が確定した「乙」とは，本件共同企業体又はその構成員であるA建設若しくはYを意味すると解し，本件ではA建設について排除措置命令および課徴金納付命令が確定しているから，A・Y共同企業体は本件賠償金条項に基づいて賠償金の支払義務を負い，Yも本件連帯条項に基づいてその支払義務を負うとした。これに対しYから上告。

【判決理由】 破棄自判 （千葉裁判官の補足意見がある）

「本件賠償金条項における賠償金支払義務は，飽くまでも『乙』に対する排除措置命令等の確定を条件とするものであり，ここにいう『乙』とは，本件約款の文理上は請負人を指すものにすぎない。もっとも，本件賠償金条項は，請負人が共同企業体の場合には，共同企業体だけでなく，その構成員について排除措置命令等が確定したときにも賠償金支払義務を生じさせる趣旨であると解するのが相当であるところ，本件契約において，上記『乙』が『A建設又はY』を意味するのか，それとも『A建設及びY』を意味するのかは，文言上，一義的に明らかというわけではない。

そして，Xは，共同企業体の構成員のうちいずれかの者についてのみ排除措置命令等が確定した場合に，不正行為に関与せずに排除措置命令等を受けていない構成員や，排除措置命令等を受けたが不服申立て手続をとって係争中の構成員にまで賠償金の支払義務を負わせようというのであれば，少なくとも，上記『乙』の後に例えば『（共同企業体にあっては，その構成員のいずれかの者をも含む。）』などと記載するなどの工夫が必要であり，このような記載のな

➡ 解説・*33*

いままに，上記『乙』が共同企業体の構成員のいずれかの者をも含むと解し，結果的に，排除措置命令等が確定していない構成員についてまで，請負金額の10分の2相当額もの賠償金の支払義務を確定的に負わせ，かつ，年8.25%の割合による遅延損害金の支払義務も負わせるというのは，上記構成員に不測の不利益を被らせることにもなる。

したがって，本件賠償金条項において排除措置命令等が確定したことを要する『乙』とは，本件においては，本件共同企業体又は『A建設及びY』をいうものとする点で合意が成立していると解するのが相当である。このように解しても，後にYに対する排除措置命令等が確定すれば，Xとしては改めてYに対して賠償金の支払を求めることができるから，本件賠償金条項の目的が不当に害されることにもならない。」（裁判長裁判官 小貫芳信　裁判官 千葉勝美　鬼丸かおる　山本庸幸）

解　説

*32*は約款の解釈が争われた事件であるが，実質的に，不明瞭な条項について「作成者不利の原則」を適用したのと同様な解釈を行なっているようにも見える。この原則は約款の解釈において比較法的に広く受け入れられており，2017年改正に際しても明文化が提案されたが，経済界の強い反対があってコンセンサスの形成に至らなかった。

第2節　贈　　与

［1］　贈与の取消し

33　書面による贈与

最(二)判昭和60年11月29日民集39巻7号1719頁
（曹時41巻2号332頁，民商95巻4号575頁，百選Ⅱ〈第8版〉96頁，昭60重判76頁）

【事実】　Aは所有する不動産甲をYに贈与したが，Aの死亡後，相続人Xは書面によらない贈与としてこれを取り消した。ところが，Aは生前，甲不動産の前の所有者で，なお登記名義人であるBに対して，「Bから買受けた甲土地をYに譲渡

➡ 33

したから，所有権移転登記手続は同人になされたい」旨の記載のある書面を司法書士Cに依頼して作成させ，内容証明郵便で送付していた。そこでYはこれが550条の書面に当たると主張した。原審がYの主張を認めたので，Xから上告。

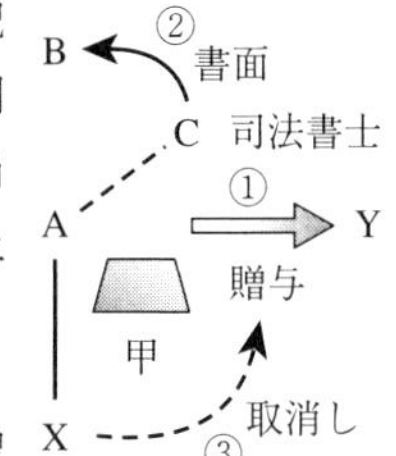

【判決理由】 上告棄却 「民法550条が書面によらない贈与を取り消しうるものとした趣旨は，贈与者が軽率に贈与することを予防し，かつ，贈与の意思を明確にすることを期するためであるから，贈与が書面によってされたといえるためには，贈与の意思表示自体が書面によっていることを必要としないことはもちろん，書面が贈与の当事者間で作成されたこと，又は書面に無償の趣旨の文言が記載されていることも必要とせず，書面に贈与がされたことを確実に看取しうる程度の記載があれば足りるものと解すべきである。これを本件についてみるに，原審の適法に確定した事実によれば，Xらの被相続人である亡Aは，昭和42年4月3日Yに岡崎市稲熊町字大岩2番6宅地165.60平方メートルを贈与したが，前主であるBからまだ所有権移転登記を経由していなかったことから，Yに対し贈与に基づく所有権移転登記をすることができなかったため，同日のうちに，司法書士Cに依頼して，右土地をYに譲渡したからBからYに対し直接所有権移転登記をするよう求めたB宛ての内容証明郵便による書面を作成し，これを差し出した，というのであり，右の書面は，単なる第三者に宛てた書面ではなく，贈与の履行を目的として，亡Aに所有権移転登記義務を負うBに対し，中間者である亡Aを省略して直接Yに所有権移転登記をすることについて，同意し，かつ，指図した書面であって，その作成の動機・経緯，方式及び記載文言に照らして考えるならば，贈与者である亡Aの慎重な意思決定に基づいて作成され，かつ，贈与の意思を確実に看取しうる書面というのに欠けるところはなく，民法550条にいう書面に当たるものと解するのが相当である。」（裁判長裁判官 牧　圭次　裁判官 木下忠良　大橋　進　島谷六郎　藤島　昭）

➡ 34・解説

34 履行の終了

最(二)判昭和40年3月26日民集19巻2号526頁
(曹時17巻5号144頁，法協82巻6号870頁，民商53巻5号738頁，百選Ⅱ〈第2版〉110頁)

【事実】 X男とY女は親しく交際し，YはXとの結婚を望んでいたが，その後XはYに結婚を諦めてもらいたい，その償いとして5年後に洋装店を開いてやると申し出たのでYもやむなく申し入れを受け入れ，XとYはそれぞれ別の相手と結婚した。しかし，Xが約束を守らないのでYが約束の実行を迫り，結局，X所有の甲建物をYに贈与することとし，但し登記は，売買の形式をとって所有権移転登記をした。XからYに移転登記の抹消を請求し，550条の「履行の終わりたる」とは，不動産の場合，引渡を要すると解するべきだと主張した。原審がこれを認めなかったので，Xから上告。

【判決理由】 上告棄却 「不動産の贈与契約において，該不動産の所有権移転登記が経由されたときは，該不動産の引渡の有無を問わず，贈与の履行を終わったものと解すべきであり，この場合，当事者間の合意により，右移転登記の原因を形式上売買契約としたとしても，右登記は実体上の権利関係に符合し無効ということはできないから，前記履行完了の効果を生ずるについての妨げとなるものではない。

本件において原判決が確定した事実によると，Xは本件建物をYに贈与することを約するとともに，その登記は当事者間の合意で売買の形式をとることと定め，これに基づいて右登記手続を経由したというのであるから，これにより，本件贈与契約はその履行を終ったものというべきであり，その趣旨の原判示判断は正当である。」(裁判長裁判官 奥野健一　裁判官 山田作之助　草鹿浅之介　城戸芳彦　石田和外)

解　説

550条の「書面」は，軽率な贈与を防ぐ趣旨であるから，贈与契約自体を書面でしなければならないわけではなく，比較的ゆるやかに肯定される。その一例を提供するのが*33*である。また，書面によらない贈与でも，判決で確定すればもはや解除することはできない(最(三)判昭和36年12月12日民集15巻11

号2778頁)。なお，550条本文はもともと「取消スコトヲ得」となっており，2004年の現代語化の際，「撤回」となったが，2017年改正で「解除」に修正された。

「履行の終った」の要件も厳格ではなく，*34*は不動産の贈与の事案で，引渡しがなくても登記の移転があればよいと判示した。

［2］ 負担付贈与

35 負担である義務の不履行による解除

最(二)判昭和53年2月17日判タ360号143頁（昭53重判70頁）

【事実】 亡A（原審では「乙野やよい」という仮名で表示されている）が，亡夫（「乙野一郎」）の弟Yに全財産を贈与したが，Yが贈与の際の条件に反してAの面倒を見ず，忘恩行為を行なったので，Aが贈与契約を解除して，不動産所有権の移転登記を求めた訴訟である。なお，Aは1審係属中に死亡し，包括受遺者Xが訴訟を承継している。原審は，以下に引用するような構成でXを勝たせた。最高裁は，原審をそのまま認容してYからの上告を棄却している。

【判決理由】 上告棄却 「所論の点に関する原審の認定判断は，原判決挙示の証拠関係に照らし，正当として是認することができ，その過程に所論の違法はない。論旨は，ひっきょう，原審の専権に属する証拠の取捨判断，事実の認定を非難するものにすぎず，採用することができない。」（裁判長裁判官 栗本一夫 裁判官 大塚喜一郎 吉田 豊 本林 譲）

【原審判決理由】 （東京高判昭和52年7月13日）

一，「1 やよいは，大正8年一郎の許に嫁して以来，乙野家の長男の嫁として，病弱で目の不自由な姑春子に代わって，同家の家事及びYを含む一郎の弟妹の養育等に尽し，Yら兄弟及び近隣の人々に敬愛されていたところ，夫一郎との間に子が生れなかったことから，性格が素直で優しく思われたYを慈しみ，ゆくゆくは養子として乙野家の跡を継がせようと考えていた。

そのため，一郎とやよいは，Yを跡継ぎに相応するように教育すべく，家業に精励し，他の弟妹には小学校教育しか受けさせなかったのに独りYのみを大学に進学させ，医師として生業できるに至るまで教育し，その間実親にも

➡ 35

優る世話をし，Yが昭和12年に夏子と結婚し，戦時中東京都品川区○○に医院を開業するまでY夫婦に月額20円程度の援助を続け，その後も食糧等の援助を続けた。

2　当時Y夫婦においてもやよいに対する感謝の念を忘れず，一郎死亡（昭和24年）後は同人に対し生活費の一助として月に2,000円ないし3,000円を仕送りするなどしてその世話をしていた。そして，Yは，昭和39年にはやよいに相談することなく，東京都練馬区役所へY夫婦がやよいの養子となる縁組届をした（養子縁組の事実については当事者間に争いがない。）。やよいは，Yを10才の時から前記のように養育し，医師となった同人を誇りとし，その人格に全幅の信頼を寄せ，同人夫婦からも親愛の情を示されていたので，右養子縁組にもとより異存はなかった。

3　そして，やよいは，昭和42年頃，Yとの関係が右のように円満でありYより生活費として1万7,000円位の仕送りを続けてもらっていること，Yが正式に養子となって乙野家の跡継ぎになっていたことから，自分の老後をYに託し，その家族の一員としてY夫婦や孫に囲まれて安らかに暮すことを予定して，乙野家の家産，先祖の祭祀等を引き継がせるために，本件土地を主体とする亡夫一郎の遺産をYに取得させたいと考えるようになり，Yらにその意とするところを語っていた。」

こうして，やよいは，本件土地に対する自らの持分をYに贈与したが，「やよいからの贈与分は，やよいの財産のほとんど全部を占めるもので，やよいの生活の場所及び経済的基盤を成すものであったから，その贈与は，やよいとYとの特別の情宜関係及び養親子の身分関係に基き，やよいの爾後の生活に困難を生ぜしめないことを条件とするものであって，Yも右の趣旨は十分承知していたところであり，Yにおいて老令に達したやよいを扶養し，円満な養親子関係を維持し，同人から受けた恩愛に背かないことを右贈与に伴うYの義務とする，いわゆる負担付贈与契約であると認めるのが相当である。」

二，ところが，その後，AとYの関係は悪化の一途を辿る。

「1　Yは，やよいから同人の一郎の遺産に対する相続分を前記のように贈与を受けるに先だち，昭和43年9月16日やよいの頼みでXに対し右遺産中の原野4畝25歩，山林4畝23歩を贈与することにしたが，内心右贈与を快く思っていなかったこともあってその履行を直ちにしなかったところ，やよいからXへの所有権移転登記手続を早くするよう度々催促されるので，やよいを疎ましく思うようになった。

2　一郎は昭和22年頃乙野家の手伝いとして長年尽した訴外丁野秋子に年季奉公の謝礼として農地を贈与したことがあったところ，丁野から右土地を買受けていた訴外Aが，昭和45年頃になって同土地の所有名義人となったYに対し所有権移転登記手続を請求したのに対し，Yが右贈与を否定して紛争になったが，やよいが，農地委員会から事情聴取された際，丁野への贈与があったことをありのままに認める陳述をした。そのため，Yは自己に不利な供述をされたことを根に持ち，やよいに対しさらに不快な感情を抱くに至った。

3　やよいは，昭和45年頃，太郎〈一郎の父〉の代から乙野家に仕えていた訴外Bが貧しく，住家の屋根の修繕材料に窮していることを聞いて不憫となり，Yにおいても当然異存はないものと考えて所有の山林の立木4本ばかりの伐採を許したところ，Yから苦情を呈されて謝ったことがあった。やよいは，右事件について右の謝罪により落着したものと思っていたところ，その後約1年位過ぎて，YからやよいとBが共謀のうえY所有の立木を窃取したとして，富士吉田警察署に告訴され，同警察及び検察庁から呼び出され取調べを受けるに至った。

4　Yは前記1のようにXに贈与した土地について，昭和46年11月1日Xから所有権移転登記等を請求する訴訟（後に右土地をYが第三者に売却したため損害賠償請求に変更された。）を提起されたところ，右訴訟において，Yは，Xに右土地を贈与するに至ったことに関して，やよいが「同意しなければYの経営する医院や田舎の家に放火して，首つり自殺をしてやる」などと申し向けてYを脅迫したとか，やよいが，異常性格であるとか，Yの立木を勝手に売却したり，Yの土地を担保に供すると称して多額の借金をなし浪費生活を続けているとか，虚偽の事実を法廷で供述し，やよいの名誉を著しく傷つけた。

5　Y夫婦は，昭和47年12月11日甲府家庭裁判所都留支部に，やよいについて右4の虚偽の供述と同旨の事由があるとして，離縁及びやよいの居宅（同人が嫁に来て以来住んでいる乙野家の家屋）等の明渡を求める調停の申立

➡ *35*

をするに至ったが，右調停は，昭和48年7月10日不調に終った。

6　Yは，やよいが前記贈与によって身の廻り品や，前記の僅かばかりの株券のほかほとんど無一物となり，一郎の恩給（月額9,000円）とYからの仕送り（当時は月額1万7,000円位）で生活していることを了知しておりながら，昭和47年末頃から右仕送りを中止し，やよいをして困窮の身に陥れ，同人を昭和48年2月8日以降月額1万円にも満たない生活保護と隣人の同情に老の身を託さざるを得なくし，さらには，隣人に対し手紙でやよいに金員を貸与しないよう申し入れた。同地方の有数の資産家の未亡人で，近隣から敬愛されていたやよいのこの窮状は，周囲の人々の同情とYに対する非難を呼ぶことになった。

7　Yは，昭和47年12月頃，やよいの居住する家屋に昔から付設されていた電話を，使用者であるやよいが留守中に無断で取り外してしまった。

8　なお，Yは，昭和50年2月頃，やよいが病気で入院している間にやよいの右居宅に侵入し，以後のやよいの出入りを断つべく，道路と家との間に有刺鉄線を張りめぐらし，更に出入口の鍵まで付け替えてしまった。

9　やよいは，Yの仕打ちが昂ずるに及んで遂に昭和48年10月19日甲府地方裁判所にY夫婦を相手とし離縁の訴を提起し，昭和50年1月22日協議離縁することで和諧するに至り，同年3月17日離縁の届出をして，Y夫婦との養親子関係を解消した。」

三，原審の法的構成は次のようなものである。

「負担付贈与において，受贈者が，その負担である義務の履行を怠るときは，民法541条，542条の規定を準用し，贈与者は贈与契約の解除をなしうるものと解すべきである。そして贈与者が受贈者に対し負担の履行を催告したとしても，受贈者がこれに応じないことが明らかな事情がある場合には，贈与者は，事前の催告をすることなく，直ちに贈与契約を解除することができるものと解すべきである。

本件において，やよいが，本件負担付贈与契約上の扶養義務及び孝養を尽す義務の負担不履行を理由に，Yに対し，昭和48年12月28日送達された本件訴状によって，右贈与契約を解除する旨の意思表示をしたことは，記録上明らかである。」

➡ 解説

「以上認定事実によれば，Yは，やよい側に格別の責もないのに，本訴が提起された当時において，養子として養親に対しなすべき最低限のやよいの扶養を放擲し，また子供の時より恩顧を受けたやよいに対し，情宜を尽すどころか，これを敵対視し，困窮に陥れるに至ったものであり，従って，やよいのYに対する前記贈与に付されていた負担すなわちやよいを扶養して，平穏な老後を保障し，円満な養親子関係を維持して，同人から受けた恩愛に背かない義務の履行を怠っている状態にあり，その原因がYの側の責に帰すべきものであることが認められ，Yとやよいとの間の養親子としての関係も本訴提起当時回復できないほど破綻し，その後の経過からみても，やよいがYに対し右義務の履行を催告したとしても，Yにおいてこれを履行する意思のないことは容易に推認される。結局，本件負担付贈与は，Yの責に帰すべき義務不履行のため，やよいの本件訴状をもってなした解除の意思表示により，失効したものといわなければならない。」（裁判長裁判官 外山四郎　裁判官 海老塚和衛　鬼頭季郎）

解　説

*35*は負担付贈与の解除に関する事例である。553条により，負担付贈与に540条以下の解除の規定が準用されることについては異論はない。ただ，本件の1審判決は，原審とは異なり，贈与の基礎となっていた情宜関係の破綻に基づく贈与の撤回権を肯定することによって同じ結論を導いている（東京地判昭和50年12月25日判タ335号288頁）。2017年改正の際には，受贈者の著しい非行を理由とする贈与契約の解除権を明文化することが検討されたが，コンセンサスの形成ができず断念された（法制審議会民法（債権関係）部会資料81-3，11頁参照）。

➡ *36*

第3節　売　　買

［1］手　　付

36 手付の認定

最(三)判昭和24年10月4日民集3巻10号437頁
(判民昭和24年度35事件，民商26巻4号242頁，百選Ⅱ〈第6版〉96頁)

【事実】 Y所有の建物についてXとの間で売買契約が成立しXは手付金を支払った。Yが登記を移転しないのでXから移転登記を求めて提訴。それに対してYは，手付倍戻しによる契約解除を主張した。ところが，当事者が用いた市販の売買契約書の第9条には，次のような条項があった。「買主本契約を不履行の時は手附金は売主に於て没収し，返却の義務なきものとす。売主不履行の時は買主へ既収手附金を返還すると同時に手附金と同額を違約金として別に賠償し以て各損害補償に供するものとす。」原審は，これを，違約手付であって解約手付ではないと解釈した。その根拠として，Xは本件建物を居住の目的で購入したもので，同建物に居住していた賃借人Aとの契約をYが合意解除し明渡を受けられるものと信じて，子女の小学校も転校させたことを挙げており，売主に自由な解除権を与える趣旨ではなかったと解している。Yより上告。

【判決理由】 破棄差戻 「売買において買主が売主に手附を交付したときは売主は手附の倍額を償還して契約の解除を為し得ること民法第557条の明定する処である，固より此規定は任意規定であるから，当事者が反対の合意をした時は其適用のないことというを待たない，しかし，其適用が排除される為めには反対の意思表示が無ければならない，原審は本件甲第一号証の第9条が其反対の意思であると見たものの様である，固より意思表示は必しも明示たるを要しない，黙示的のものでも差支ないから右9条が前記民法の規定と相容れないものであるならばこれを以て右規定の適用を排除する意思表示と見ることが出来るであろう，しかし右第9条の趣旨と民法の規定とは相容れないものではなく十分両立し得るものだから同条はたとえ其文字通りの合意が真実あったものとしてもこれを以て民法の規定に対する反対の意思表示と見ることは出来ない，違約の場合手附の没収又は倍返しをするという約束は民法の規定による解除の留保を少しも妨げるものではない，解除権留保と併せて違約の場合の損害賠償額の予定を為し其額を手附の額によるものと定めることは少しも差支なく，十分考へ得べき処である，其故右９条の様な契約条項がある丈けでは（特に手附は右約旨の為めのみに授受されたるものであることが表われない限り）民法の規定に対する反対の意思表示とはならない，されば原審が前記第９条によって直ちに民法557条の適用が排除されたものとしたことは首肯出来ない，（しかのみならずＸ自身原審において右第９条は坊間普通に販売されて居る売買契約用例の不動文字であって本件契約締結当時当事者双方原審の認定したる様な趣旨のものと解して居たのではなくむしろ普通の手附倍返しによる解除権留保の規定の様に解して居るものと見られる様な趣旨の供述をして居ること論旨に摘示してある通りであり其他論旨に指摘する各資料によっても当事者が右第９条を以て民法第557条の規定を排除する意思表示としたものと見るのは相当無理の様にも思われる），なお原審は本件売買の動機を云々して居るけれどもそれが民法規定の適用排除の意思表示とならないのは勿論必しも原審認定の一資料たり得るものでもないとは論旨の詳細に論じて居る通りである（殊にＸが本件売買締結の以前から同じく京都内にある他の家屋買入の交渉をして居り遂にこれを買取って居る事実並に本件家屋には当時賃借人が居住して居た事実Ｘ子女の転校が必ずしも本件売買成立の為めであると見るべきでないこと等に関する所論は注目すべきものである），要するに原審の挙示した資料では前記民法規定の適用排除の意思表示があったものとすることは出来ないのであって此点において論旨は理由があり原判決は破毀を免れない。」（裁判長裁判官 長谷川太一郎 裁判官 井上 登 河村又介 穂積重遠）

［関連裁判例］

37 履行の着手

最(大)判昭和40年11月24日民集19巻8号2019頁
（曹時18巻1号125頁，法協83巻6号982頁，民商54巻6号897頁，百選Ⅱ〈第8版〉98頁）

【事実】 Ｘ会社（ナニワ建設株式会社）はＹから不動産を買い受ける契約をしたが，Ｙは手付倍戻しによる売買契約の解除を主張した。Ｘ会社は，手付が解約手

➡ *37*

付ではないこと，YがX会社への所有権移転の前提として大阪府より本件不動産を取得したことは履行の着手にあたること，などを主張したが，原審では前者は否定され後者は単なる準備行為とされた。X会社より上告。

【判決理由】 上告棄却 （横田裁判官の反対意見がある）

「民法557条1項にいう履行の着手とは，債務の内容たる給付の実行に着手すること，すなわち，客観的に外部から認識し得るような形で履行行為の一部をなし又は履行の提供をするために欠くことのできない前提行為をした場合を指すものと解すべきところ，本件において，原審におけるX会社の主張によれば，Yが本件物件の所有者たる大阪府に代金を支払い，これをX会社に譲渡する前提としてY名義にその所有権移転登記を経たというのであるから，右は，特定の売買の目的物件の調達行為にあたり，単なる履行の準備行為にとどまらず，履行の着手があったものと解するを相当とする。従って，Yのした前記行為をもって，単なる契約の履行準備にすぎないとした原審の判断は，所論のとおり，民法557条1項の解釈を誤った違法があるといわなければならない。(なお，本件の事情のもとに，X会社主張の仮登記仮処分手続がなされたことをもっては所論の履行の着手があったものとみることができない旨の原判決の判断は正当である。)

しかしながら，右の違法は，判決に影響を及ぼすものではなく，原判決破棄の理由とはなしがたい。その理由は，次のとおりである。

解約手附の交付があった場合には，特別の規定がなければ，当事者双方は，履行のあるまでは自由に契約を解除する権利を有しているものと解すべきである。然るに，当事者の一方が既に履行に着手したときは，その当事者は，履行の着手に必要な費用を支出しただけでなく，契約の履行に多くの期待を寄せていたわけであるから，若しかような段階において，相手方から契約が解除されたならば，履行に着手した当事者は不測の損害を蒙ることとなる。従って，かような履行に着手した当事者が不測の損害を蒙ることを防止するため，特に民法557条1項の規定が設けられたものと解するのが相当である。

同条項の立法趣旨を右のように解するときは，同条項は，履行に着手した当事者に対して解除権を行使することを禁止する趣旨と解すべく，従って，未だ履行に着手していない当事者に対しては，自由に解除権を行使し得るものというべきである。このことは，解除権を行使する当事者が自ら履行に着手していた場合においても，同様である。すなわち，未だ履行に着手していない当事者は，契約を解除されても，自らは何ら履行に着手していないのであるから，これがため不測の損害を蒙るということはなく，仮に何らかの損害を蒙るとしても，損害賠償の予定を兼ねている解約手附を取得し又はその倍額の償還を受けることにより，その損害は塡補されるのであり，解約手附契約に基づく解除権の行使を甘受すべき立場にあるものである。他方，解除権を行使する当事者は，たとえ履行に着手していても，自らその着手に要した出費を犠牲にし，更に手附を放棄し又はその倍額の償還をしても，なおあえて契約を解除したいというのであり，それは元来有している解除権を行使するものにほかならないばかりでなく，これがため相手方には何らの損害をも与えないのであるから，右 557 条 1 項の立法趣旨に徴しても，かような場合に，解除権の行使を禁止すべき理由はなく，また，自ら履行に着手したからといって，たれをもって，自己の解除権を放棄したものと擬制すべき法的根拠もない。

ところで，原審の確定したところによれば，買主たる X 会社は，手附金 40 万円を支払っただけで，何ら契約の履行に着手した形跡がない。そして，本件においては，買主たる X 会社が契約の履行に着手しない間に，売主たる Y が手附倍戻しによる契約の解除をしているのであるから，契約解除の効果を認めるうえに何らの妨げはない。従って，民法 557 条 1 項にいう履行の着手の有無の点について，原判決の解釈に誤りがあること前に説示したとおりであるが，手附倍戻しによる契約解除の効果を認めた原判決の判断は，結論において正当として是認することができる。論旨は，結局，理由がなく，採用することができない。」

横田正俊裁判官の反対意見

「民法 557 条 1 項の解釈について多数意見は，売買の当事者の一方が履行に着手した後は，(イ)その相手方は契約を解除することはできないが，(ロ)履行に着手した当事者は解除権を行使することを妨げないというが，私は，右の(ロ)の点について見解を異にし，履行に着手した当事者もまた解除することをえないものと解するのである。けだし，履行に着手した当事者は，手附による解除権を抛棄したものと観るのを相当とするばかりでなく，履行の着手があった場合に

➡ 37

は，その相手方も，単に契約が成立したに過ぎない場合や，履行の準備があったに過ぎない場合に比べて，その履行を受けることにつきより多くの期待を寄せ，契約は履行されるもの，すなわち，契約はもはや解除されないものと思うようになるのが当然であるから，その後における解除を認容するときは，相手方は，手附をそのまま取得し又は手附の倍額の償還を受けてもなお償いえない不測の損害をこうむることもありうるからであり，また，右のように解することは，民法の前示法条の文理にもよく適合するからである。多数意見を推し進めれば，当事者の一方が履行の一部，いな大部分を終った場合においても，相手方において履行に着手しないかぎり，その当事者の都合次第で契約を解除することを認容しなければならなくなるものと思われるが，このような場合の解除が相手方の利益を不当に害する結果を伴い（相手方は，履行に対する期待を甚しく裏切られるばかりでなく，原状回復義務を負わされることにもなる），時には，信義に反するきらいさえあることを否定することができないであろう。もっとも，一部でも履行があった場合には，解除権を抛棄したものと観るべきであるとの論が予想されるが，もしそのような考え方が正しいとするならば，履行の準備の域を越えすでに履行の着手があった段階において同様の結論を認めて然るべきであり，これが正に民法 557 条 1 項の法意であると解される。

ところで，本件売買契約の履行に関し，Y において X 会社の主張するような行為をしたとすれば，右は，履行の着手に該当するものと解されるから，Y は，以上に説示した理由により，手附による解除権をすでに喪失したものと解するほかなく，したがって，Y がした解除の効力を認めて X 会社の本訴請求を棄却した原判決には，右の点において民法 557 条 1 項の解釈を誤った違法があるに帰し，その違法は判決に影響を及ぼすことが明らかであるから，原判決は破棄を免れない。

よって，民訴法 394 条，407 条を適用して，原判決を破棄し，本件を原裁判所に差し戻すべきものと思料する。」（裁判長裁判官 横田喜三郎　裁判官 入江俊郎　奥野健一　山田作之助　五鬼上堅磐　横田正俊　草鹿浅之介　長部謹吾　城戸芳彦　石田和外　柏原語六　田中二郎　松田二郎　岩田　誠）

［関連裁判例］

38 履行の着手の認定

最(三)判昭和30年12月26日民集9巻14号2140頁
(曹時8巻3号53頁，法協92巻12号1676頁，民商34巻4号675頁)（36の差戻後の上告審）

【事実】 36事件の事実参照。

【判決理由】 上告棄却 「原審が証拠により適法に認定した事実によれば，Xは，売買契約後解除前たる昭和19年12月頃までの間に，しばしばYに対し，本件家屋の賃借人たる訴外Aにその明渡をなさしめて，これが引渡をなすべきことを督促し，その間常に残代金を用意し，右明渡があれば，いつでもその支払をなし得べき状態にあったものであり，他方Yは，契約後間もなくXと共にA方に赴き，同人に売買の事情を告げて本件家屋の明渡を求めたものであるというのであって，かかる場合，買主たるX及び売主たるYの双方に履行の著手があったものと解した原判決の判断は正当としてこれを首肯し得るものである（買主の履行の著手の点につき最(一)判昭和26年11月15日参照)。」
（裁判長裁判官 本村善太郎　裁判官 島　保　河村又介　小林俊三　垂水克己）

解　説

手付の認定について，36が解約手付を広く認める解釈を行なった。契約の文言よりも，わが国の慣行を重く見る解釈を行なったといえるが，市販の契約書であったことも影響しているだろう。なお，同事件は，差し戻されて，履行の着手の有無についてさらに審理され，これが再び上告されたのが38である。

履行の着手については，旧557条1項が「当事者の一方が契約の履行に着手するまでは」と規定していたので，解除権を行使する当事者が履行に着手していた場合も含まれるのか明確ではなかった。37はこの点について判示したが，新557条1項ただし書がこの判例の趣旨を明文化した。

➡ 39

［2］ 他人の権利の売買

39 他人の権利の売主の地位を権利者が承継した場合

最(大)判昭和 49 年 9 月 4 日民集 28 巻 6 号 1169 頁
(曹時 29 巻 2 号 123 頁，法協 93 巻 3 号 415 頁，民商 73 巻 1 号 80 頁，不動産取引百選〈第 3 版〉146 頁，家族法百選〈第 5 版〉170 頁，昭 49 重判 86 頁)

【事実】 A が自己名義になっていた不動産を X に譲渡し移転登記も済ませた（正確には代物弁済）。A が死亡し，その共同相続人となった夫 Y_1 及び子供 Y_2〜Y_5 に対して X から明渡請求がなされた。これに対して Y らは，本件不動産が Y_1 の所有に属し A は所有者ではなかったと主張した。原審は，たとえ Y らの主張通りでも相続によって売主の義務を承継し，不動産所有権は X に移転しているとして X の請求を認めた。Y らより上告。

【判決理由】 破棄差戻 「他人の権利を目的とする売買契約においては，売主はその権利を取得して買主に移転する義務を負い，売主がこの義務を履行することができない場合には，買主は売買契約を解除することができ，買主が善意のときはさらに損害の賠償をも請求することができる。他方，売買の目的とされた権利の権利者は，その権利を売主に移転することを承諾するか否かの自由を有しているのである。

ところで，他人の権利の売主が死亡し，その権利者において売主を相続した場合には，権利者は相続により売主の売買契約上の義務ないし地位を承継するが，そのために権利者自身が売買契約を締結したことになるものでないことはもちろん，これによって売買の目的とされた権利が当然に買主に移転するものと解すべき根拠もない。また，権利者は，その権利により，相続人として承継した売主の履行義務を直ちに履行することができるが，他面において，権利者としてその権利の移転につき諾否の自由を保有しているのであって，それが相続による売主の義務の承継という偶然の事由によって左右されるべき理由はなく，また権利者がその権利の移転を拒否したからといって買主が不測の不利益を受けるというわけでもない。それゆえ，権利者は，相続によって売主の義務ないし地位を承継しても，相続前と同様その権利の移転につき諾否の自由を保有し，信義則に反すると認められるような特別の事情のないかぎり，右売買契約上の売主としての履行義務を拒否することができるものと解するのが，相当である。

このことは，もっぱら他人に属する権利を売買の目的とした売主を権利者が相続した場合のみでなく，売主がその相続人たるべき者と共有している権利を売買の目的とし，その後相続が生じた場合においても同様であると解される。それゆえ，売主及びその相続人たるべき者の共有不動産が売買の目的とされた後相続が生じたときは，相続人はその持分についても右売買契約における売主の義務の履行を拒みえないとする当裁判所の判例（最(二)判昭和 38 年 12 月 27 日民集 17 巻 12 号 1854 頁）は，右判示と牴触する限度において変更されるべきである。

そして，他人の権利の売主をその権利者が相続した場合における右の法理は，他人の権利を代物弁済に供した債務者をその権利者が相続した場合においても，ひとしく妥当するものといわなければならない。

しかるに，原判決（その引用する第 1 審判決を含む。）は，亡 A が X に代物弁済として供した本件土地建物が，A の所有に属さず，Y_1 の所有に属していたとしても，その後 A の死亡により Y_1 が，共同相続人の一人として，右土地建物を取得して X に給付すべき A の義務を承継した以上，これにより右物件の所有権は当然に Y_1 から X に移転したものといわなければならないとしているが，この判断は前述の法理に違背し，その違法は判決の結論に影響を及ぼすことが明らかである。」（裁判長裁判官 村上朝一　裁判官 大隅健一郎　関根小郷　藤林益三　岡原昌男　小川信雄　下田武三　岸　盛一　天野武一　坂本吉勝　岸上康夫　江里口清雄　大塚喜一郎　髙辻正己　吉田　豊）

40 他人物の販売委託契約の追認

最(三)判平成 23 年 10 月 18 日民集 65 巻 7 号 2899 頁・ブナシメジ販売委託事件

（曹時 65 巻 6 号 1372 頁，民商 147 巻 2 号 206 頁，百選Ⅱ〈第 8 版〉76 頁，平 23 重判 78 頁）

【事実】 X（有限会社セレス）は，A 製作所の代表取締役である B から，その所有する工場を賃借し，ブナシメジを生産していた。しかし，B との間で賃貸借契約の解除等をめぐる紛争が生じ，B が約 1 か月間同工場を実力で占拠した間に，A

➡ 解説

製作所はY（ながの農業協同組合）との間でブナシメジの販売委託契約（「本件販売委託契約」）を締結し，工場内のブナシメジをYに出荷した。Yは，本件販売委託契約に基づき，上記ブナシメジを第三者に販売し，その代金を受領した。

そこで，Xは，XとYとの間に本件販売委託契約に基づく債権債務を発生させる趣旨で，Yに対して本件販売委託契約を追認し，受領した販売代金の支払を請求した。

原審は，Xが本件販売委託契約を追認したのであるから，民法116条の類推適用により，同契約締結の時に遡って，Xが同契約を直接締結したのと同様の効果が生ずるとして，Xの請求を認容した。Yから上告。

【判決理由】 破棄自判 「無権利者を委託者とする物の販売委託契約が締結された場合に，当該物の所有者が，自己と同契約の受託者との間に同契約に基づく債権債務を発生させる趣旨でこれを追認したとしても，その所有者が同契約に基づく販売代金の引渡請求権を取得すると解することはできない。なぜならば，この場合においても，販売委託契約は，無権利者と受託者との間に有効に成立しているのであり，当該物の所有者が同契約を事後的に追認したとしても，同契約に基づく契約当事者の地位が所有者に移転し，同契約に基づく債権債務が所有者に帰属するに至ると解する理由はないからである。仮に，上記の追認により，同契約に基づく債権債務が所有者に帰属するに至ると解するならば，上記受託者が無権利者に対して有していた抗弁を主張することができなくなるなど，受託者に不測の不利益を与えることになり，相当ではない。」（裁判長裁判官 田原睦夫　裁判官 那須弘平　岡部喜代子　大谷剛彦　寺田逸郎）

解　説

他人物売買の事案は，無権代理人による売買の事案と類似点が多く，相続をめぐっても，無権代理人を本人が相続した場合（最(二)判昭和37年4月20日民集16巻4号955頁）や本人を無権代理人が相続した場合（最(二)判昭和40年6月18日民集19巻4号986頁）に関する裁判例とのバランスを考慮する必要がある。*39*事件にはY_1からXに対して移転登記抹消を求める訴訟も係属しており，こちらでは，Aの行為は無権代理行為と認定されて，控訴審では前記最(二)判昭和37年4月20日にならってY側勝訴の判決が出ている。判旨は，こちらの判決と本件原審の判断とのアンバランスを指摘した上告理由に応えたものである。

40 は，他人物の販売委託契約を真の所有者が追認しても，販売代金の引渡請求権が真の所有者に帰属するわけではないことを明らかにした。たとえ他人物であっても，販売委託契約自体は有効だからである。真の所有者は無権利者に対して，受領した販売代金，あるいは販売代金の引渡請求権の移転を，不当利得として求めることになる。同判決の判旨は，無権利者が他人物を売買した場合の代金請求権にも及ぶだろう。なお，他人物売買を真の権利者が追認すると，所有権は買主に移るというのが判例である（最(二)判昭和37年8月10日民集16巻8号1700頁)。

[3] 売主の担保責任――他人の権利の売買

41 解除と使用利益返還義務

最(二)判昭和51年2月13日民集30巻1号1頁

(曹時29巻10号146頁，法協94巻11号1678頁，民商75巻4号698頁，百選Ⅱ〈第8版〉92頁，昭51重判66頁)

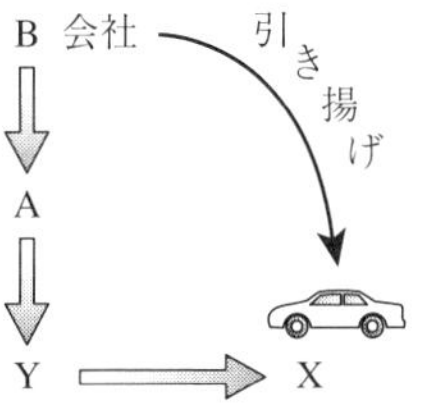

【事実】 中古自動車販売業者Yは，同業者のAから買い受けた本件自動車をXに転売し，代金支払・引渡を終えた。ところが，本件自動車は，B会社（いすず販売金融株式会社）が所有権留保特約付で割賦販売したもので，登録名義もB会社のままであり，Aは本件自動車を処分する権限を有していなかった。B会社が留保所有権に基づき本件自動車を執行官の保管とする仮処分決定を得，本件自動車はXから引き揚げられた。Xは右仮処分の執行を受けて初めて本件自動車がYの所有に属さないものであることを知り，民法旧561条によってYとの売買契約を解除するとともに，支払済の代金の返還等を求めた。

原審はXの請求を認め，使用利益の控除を求めたYの抗弁を，Yに損失がないことを理由に退けた。Yから上告。

【判決理由】 破棄差戻 「Yが，他人の権利の売主として，本件自動車の所有権を取得してこれをXに移転すべき義務を履行しなかったため，Xは，所有権者の追奪により，Yから引渡を受けた本件自動車の占有を失い，これをYに返還することが不能となったものであって，このように，売買契約解除による原状回復義務の履行として目的物を返還することができなくなった場合において，その返還不能が，給付受領者の責に帰すべき事由ではなく，給付者のそれによって生じたものであるときは，給付受領者は，目的物の返還に代わる価格返還の義務を負わないものと解するのが相当である。……。

売買契約が解除された場合に，目的物の引渡を受けていた買主は，原状回復義務の内容として，解除までの間目的物を使用したことによる利益を売主に返還すべき義務を負うものであり，この理は，他人の権利の売買契約において，売主が目的物の所有権を取得して買主に移転することができず，民法561条の規定により該契約が解除された場合についても同様であると解すべきである。けだし，解除によって売買契約が遡及的に抗力を失う結果として，契約当事者に該契約に基づく給付がなかったと同一の財産状態を回復させさるためには，買主が引渡を受けた目的物を解除するまでの間に使用したことによる利益をも返還させる必要があるのであり，売主が，目的物につき使用権限を取得しえず，したがって，買主から返還された使用利益を究極的には正当な権利者からの請求により保有しえないこととなる立場にあったとしても，このことは右の結論を左右するものではないと解するのが，相当だからである。

そうすると，他人の権利の売主には，買主の目的物使用による利得に対応する損失がないとの理由のみをもって，Xが本件自動車の使用利益の返還義務を負わないとした原審の判断は，解除の効果に関する法令の解釈適用を誤ったものというべきであり，その違法は原判決の結論に影響を及ぼすことが明らかであるから，論旨は理由があり，原判決は破棄を免れない。そして，右使用利益の点について更に審理を尽くさせる必要があるから，本件を原審に差し戻すのが，相当である。」（裁判長裁判官 吉田　豊　裁判官 岡原昌男　大塚喜一郎　本林讓）

解　説

2017年改正法は，新561条で他人の権利の売主が「その権利を取得して買主に移転する」契約上の義務を負うことを明示して，その不履行を債務不履行として構成した。これに伴い，他人の権利の売主の担保責任を定めた旧561条は削除された。

➡ *42*

では，真の権利者から追奪を受けた買主が売買契約を解除した場合に，原状回復において使用利益を他人の権利の売主に対して返還する義務を負うだろうか。これを判示したのが ***41*** であるが，返還義務を肯定した結論には疑問を呈する学説が多い。

[4] 売主の担保責任――目的物の契約不適合

42 債務不履行との関係

最(二)判昭和 36 年 12 月 15 日民集 15 巻 11 号 2852 頁・塩釜声の新聞社事件

(曹時 14 巻 3 号 72 頁，法協 80 巻 5 号 708 頁，民商 46 巻 6 号 1057 頁，百選Ⅱ〈第 8 版〉104 頁)

【事実】 X 会社（山田電業株式会社）は有線放送による宣伝業務を営む Y 会社（株式会社塩釜声の新聞社）に放送機械を販売したが，その代金として Y 会社が振り出した約束手形が不渡りとなったので，手形金請求訴訟を提起した。これに対して Y 会社は，機械には欠陥があったとして，瑕疵担保ないし債務不履行による契約解除を主張した。原審は，瑕疵があっても契約の目的を達することができないとまではいえないとして瑕疵担保による解除は認めなかったが，債務不履行による解除を認めた。そこで X 会社が上告し，不特定物に対する不完全履行責任と瑕疵担保責任とは目的物の受領の前後で区別されるのが判例なのに，原審が両者の競合を認めるのは不当であると述べる。

【判決理由】 上告棄却 「不特定物を給付の目的物とする債権において給付せられたものに隠れた瑕疵があった場合には，債権者が一旦これを受領したからといって，それ以後債権者が右の瑕疵を発見し，既になされた給付が債務の本旨に従わぬ不完全なものであると主張して改めて債務の本旨に従う完全な給付を請求することができなくなるわけのものではない。債権者が瑕疵の存在を認識した上でこれを履行として認容し債務者に対しいわゆる瑕疵担保責任を問うなどの事情が存すれば格別，然らざる限り，債権者は受領後もなお，取替ないし追完の方法による完全な給付の請求をなす権利を有し，従ってまた，その不完全な給付が債務者の責に帰すべき事由に基づくときは，債務不履行の一場合として，損害賠償請求権および契約解除権をも有するものと解すべきである。

本件においては，放送機械が不特定物として売買せられ，買主たる Y 会社は昭和 27 年 4 月頃から同年 7 月頃までこれを街頭宣伝放送事業に使用してい

➡ *43*

たこと，その間雑音および音質不良を来す故障が生じ，X 会社側の技師が数回修理したが完全には修復できなかったこと，Y 会社は昭和 27 年 6 月初め X 会社に対し機械を持ち帰って完全な修理をなすことを求めたが X 会社はこれを放置し修理しなかったので，Y 会社は街頭放送のため別の機械を第三者から借り受け使用するの止むなきに至ったこと，Y 会社は昭和 27 年 10 月 23 日本件売買契約解除の意思表示をしたことが，それぞれ確定されている。右確定事実によれば，Y 会社は，一旦本件放送機械を受領はしたが，隠れた瑕疵あることが判明して後は給付を完全ならしめるよう X 会社に請求し続けていたものであって瑕疵の存在を知りつつ本件機械の引渡を履行として認容したことはなかったものであるから，不完全履行による契約の解除権を取得したものということができる。原判決はこの理に従うものであって所論の違法はない。」

（裁判長裁判官 藤田八郎　裁判官 池田　克　河村大助　奥野健一　山田作之助）

43 数量指示売買の認定

最(一)判平成 13 年 11 月 22 日判時 1772 号 49 頁（不動産取引百選〈第 3 版〉148 頁）

【事実】 X らは Y から不動産仲介業者 A を介して本件土地を住宅の敷地として買い受けた。代金額は，Y が当初広告で提示していた坪単価 68 万円を X らの希望により 65 万円に減額し，これに公簿面積 177 平方メートルを乗じて決定された。ちなみに，売買契約書には，売買物件の表示として「末尾記載の通りとしすべて面積は公簿による。」との条項があった（判決理由中では「本件条項」と表記されている）が，A からその意味についての説明はなく，XY 間でその意味が確認されたこともなかった。約 6 年後，X らが住居を新築するために本件土地を測量したところ，実測面積は 167.79 平方メートルであることが判明した。そこで，X らは Y に対して数量指示売買における売主の担保責任に基づき，代金の減額を請求した。原審が X らの請求を認めたため，Y から上告。

【判決理由】 上告棄却（町田裁判官の反対意見がある）

「いわゆる数量指示売買とは，当事者において目的物の実際に有する数量を確保するため，その一定の面積，容積，重量，員数又は尺度があることを売主が契約において表示し，かつ，この数量を基礎として代金額が定められた売買をいう（最(三)判昭和 43 年 8 月 20 日民集 22 巻 8 号 1692 頁参照）。

➡ 43

前記事実関係によれば，YとXらは，本件売買契約の代金額を坪単価に面積を乗じる方法により算定することを前提にして，その坪単価について折衝し，代金額の合意に至ったというのである。そして，本件土地は，市街化区域内にあり，小規模住宅用の敷地として売買されたものであって，面積は50坪余りにすぎないというのであるから，山林や原野など広大な土地の売買の場合とは異なり，このような零細宅地における前記のような開差5%を超える実測面積と公簿面積との食違いは，売買契約の当事者にとって通常無視し得ないものというべきである上，Xらは，Aに対して本件土地の実測図面を要求するなどしたというのであるから，本件土地の実測面積に関心を持っていたものというべきであり，記録によれば，本件売買契約当時，当事者双方とも，本件土地の実測面積が公簿面積に等しいとの認識を有していたことがうかがわれるところである。

もとより，土地の売買契約において，実測面積を基礎とせずに代金額が決定される場合でも，代金額算定の便宜上，坪単価に面積（公簿面積）を乗じる方法が採られることもあり得るが，本件売買契約においては，YとXらが，本件土地の実測面積を離れ，それ以外の要素に着目して本件土地を評価し，代金額の決定に至ったと認めるべき事情はうかがわれないのである。なお，本件条項自体は，実測面積と公簿面積とが食い違う場合に代金額の減額を要しないという趣旨を定めたものとはいえないし，原審の認定したところによれば，本件条項がそのような意味を有する旨の説明がAからされたことなどもないというのであるから，本件条項が存在することから直ちに実測面積に増減があっても公簿面積を基礎として本件売買契約の代金額が決定されたこととする趣旨であったと断定することはできないものというべきである。

以上の点にかんがみると，本件売買契約書において登記簿の記載に基づいて本件土地の面積が記載されたのは実測面積が公簿面積と等しいか少なくともそれを下回らないという趣旨によるものであり，本件売買契約の代金額は本件土地の実測面積を基礎として決定されたものであるとした原審の契約解釈は，経験則に違反するものとはいえないというべきである。

そうすると，本件売買契約においては，本件土地が公簿面積どおりの実測面積を有することが表示され，実測面積を基礎として代金額が定められたもので

➡ 44

あるから，本件売買契約は，数量指示売買に当たり，Xらは，Yに対し，民法565条，563条1項に基づいて，代金減額請求をすることができるものというべきである。」（裁判長裁判官 井嶋一友　裁判官 藤井正雄　町田　顯　深澤武久）

44 数量指示売買の損害賠償

最(一)判昭和57年1月21日民集36巻1号71頁

（曹時36巻11号215頁，民商154巻1号112頁，百選Ⅱ〈第8版〉106頁，昭57重判79頁）

【事実】 X_1 X_2はそれぞれ昭和38年，43年にYの代理人Aを通して本件土地をYから購入し，各々家屋を建築して居住しているが，昭和49年に測量したところ，売買代金計算の基礎とした契約面積よりもそれぞれ7〜8坪狭いことが判明した。そこで，翌年，不足分の土地について現在価格での賠償を請求した。原審は，本件売買が数量指示売買であることを認めたうえで，損害賠償の範囲は「信頼利益」に限られるとして，売買契約時の単価で計算した価格の賠償のみを認めた。Xらより上告。

【判決理由】 上告棄却 「土地の売買契約において，売買の対象である土地の面積が表示された場合でも，その表示が代金額決定の基礎としてされたにとどまり売買契約の目的を達成するうえで特段の意味を有するものでないときは，売主は，当該土地が表示どおりの面積を有したとすれば買主が得たであろう利益について，その損害を賠償すべき責めを負わないものと解するのが相当である。しかるところ，原審の適法に確定したところによれば，本件の各土地の売買において売主であるYの代理人が目的土地の面積を表示し，かつ，この面積を基礎として代金額を定めたというのであるが，さらに進んで右の面積の表示が前記の特段の意味を有するものであったことについては，Xらはなんら主張，立証していない。そうすると，不足する面積の土地について売買が履行されたとすれば，Xらが得たであろう利益として，右土地の値上がりによる利益についての損害賠償を求めるXらの請求を理由がないものとした原審の判断は，結局正当として肯認することができ，原判決に所論の違法はない。」（裁判長裁判官 本山　亨　裁判官 団藤重光　藤﨑萬里　中村治朗　谷口正孝）

［関連裁判例］

45 数量超過の扱い

最(三)判平成13年11月27日民集55巻6号1380頁
(曹時56巻4号1023頁, 民商126巻4=5号685頁, 不動産取引百選〈第3版〉150頁, 平13重判80頁)

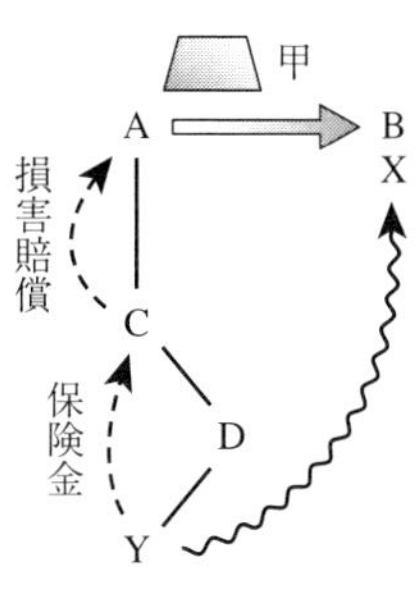

【事実】 Aは，その所有する土地甲を，同地を建物所有目的で賃借しているX（有和土地有限会社）およびBに売却することとし（XBの持分は各2分の1），坪単価52万円を実測面積に乗じた額を代金額とすることになった。甲地の測量はA側で行なうこととなったので，AはC（上村測量設計事務所）に依頼し，Cはさらに D（株式会社サトー測地）に依頼した。Dは，過誤により399.67㎡のところを339.81㎡と記載した求積図を作成して，Cを介しAに交付した。その結果，Aは真実の面積で計算した代金額より941万円あまり安い価格で甲をXに売却することとなった。契約の8か月あまり後に測量の誤りを知ったAは，Xに対して売買代金の不足額を支払うよう交渉したが物別れに終わった。そこで，Cは，測量結果の誤りによる損害賠償として，上記差額に迷惑料を加算した1000万円をAに支払った。さらにDは，損害賠償として600万円をCに支払う旨の示談をした。Dとの間で測量士損害賠償責任保険契約を締結していたY（東京海上火災保険株式会社）は，Dの上記債務のうちの550万円をDに代わってCに支払った。そこでYは，Xに対し，AがXに対して旧565条の類推適用または売買契約時の合意に基づき有する売買代金の差額941万円あまりの代金請求権について，賠償者の代位（422条）および保険者の代位（商法旧662条，現在は保険法25条）によってDが支払った550万円分を取得したとして，その半額である275万円の支払を求めた。本件は，XからYに対する上記代金債務の不存在の確認を求める本訴事件と，YからXに対する上記金額の支払を求める反訴事件である。原審が，本件は売主の増額請求を認めるべき特段の事情があるとして，賠償者の代位・保険者の代位を含めたYの反訴を認容したので，Xから上告。

【判決理由】 破棄差戻　1（数量超過による代金増額請求を認めた点について）「民法565条にいういわゆる数量指示売買において数量が超過する場合，買主において超過部分の代金を追加して支払うとの趣旨の合意を認め得るときに売主が追加代金を請求し得ることはいうまでもない。しかしながら，同条は数量指示

➡ 46

売買において数量が不足する場合又は物の一部が滅失していた場合における売主の担保責任を定めた規定にすぎないから，数量指示売買において数量が超過する場合に，同条の類推適用を根拠として売主が代金の増額を請求することはできないと解するのが相当である。原審の〈判断〉は，当事者間の合意の存否を問うことなく，同条の規定から直ちに売主の代金増額請求権を肯定するものであって，同条の解釈を誤ったものというべきであり，この判断には，判決に影響を及ぼすことが明らかな法令の違反がある。」

2（損害賠償者の代位・保険者の代位を認めた点について）「本件において，仮に，AがXらに対して，契約書に記載された面積を超過する部分について代金請求権を有するとすれば，Xらが任意の支払を拒んでいたとしても，Xらが無資力であって上記代金請求権が無価値である等の特段の事情がない限り，Aには上記代金請求権相当額について損害が発生しているということはできない。そうすると，上記特段の事情の存在について主張，立証のない本件においては，Aに損害が発生したことを前提とした損害賠償者の代位によるC及びDに対する権利移転の効果を認めることはできないし，さらにはDが損害賠償義務を負うことを前提とした保険者の代位によるYへの権利移転の効果が生ずるともいえない。したがって，原審の〈判断〉には，判決に影響を及ぼすことが明らかな法令の違反がある。」

3「Yは，数量超過の場合に買主において超過部分の代金を追加して支払う旨の合意がAとXらとの間に存在した旨の主張をしており，また，Yの本件請求に係る権利の取得原因を明らかにさせる必要があるから，これらの点について審理判断させるため，本件を原審に差し戻すこととする。」（裁判長裁判官 濱田邦夫　裁判官 千種秀夫　金谷利廣　奥田昌道）

［関連裁判例］

46 建物売買における敷地の欠陥

最(三)判平成3年4月2日民集45巻4号349頁

（曹時45巻6号1455頁，法協109巻8号1390頁，民商106巻2号240頁，百選〈第8版〉110頁，平3重判72頁）

【事実】 XはYから本件建物の所有権とその敷地の借地権を買い受けた。しかし，

➡ 46

敷地の擁壁に，通常設けられるべき水抜き穴が設けられていなかったため，翌年の台風に伴う大雨により，当該擁壁に亀裂が生じ，危険な状態となった。東京都北区長は土地所有者Aに対し，安全上必要な措置を早急にとるよう勧告したが，Aが何の措置もとらなかったため，Xは建物の倒壊の危険を避けるため，建物を取り壊さざるをえなかった。そこで，XはYに対して旧570条，旧566条1項に基づいて売買契約を解除する意思表示を行ない，売買代金及び損害賠償の支払いを求めた。原審がXの請求を認めたので，Yから上告。

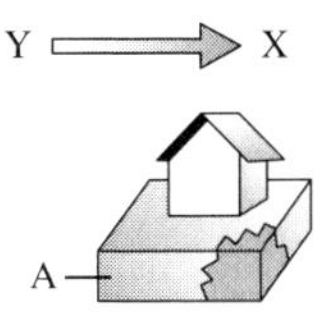

【判決理由】 破棄自判「建物とその敷地の賃借権とが売買の目的とされた場合において，右敷地についてその賃貸人において修繕義務を負担すべき欠陥が右売買契約当時に存したことがその後に判明したとしても，右売買の目的物に隠れた瑕疵があるということはできない。けだし，右の場合において，建物と共に売買の目的とされたものは，建物の敷地そのものではなく，その賃借権であるところ，敷地の面積の不足，敷地に関する法的規制又は賃貸借契約における使用方法の制限等の客観的事由によって賃借権が制約を受けて売買の目的を達することができないときは，建物と共に売買の目的とされた賃借権に瑕疵があると解する余地があるとしても，賃貸人の修繕義務の履行により補完されるべき敷地の欠陥については，賃貸人に対してその修繕を請求すべきものであって，右敷地の欠陥をもって賃貸人に対する債権としての賃借権の欠陥ということはできないから，買主が，売買によって取得した賃借人たる地位に基づいて，賃貸人に対して，右修繕義務の履行を請求し，あるいは賃貸借の目的物に隠れた瑕疵があるとして瑕疵担保責任を追求することは格別，売買の目的物に瑕疵があるということはできないのである。なお，右の理は，債権の売買において，債務の履行を最終的に担保する債務者の資力の欠如が債権の瑕疵に当たらず，売主が当然に債務の履行について担保責任を負担するものではないこと（民法569条参照）との対比からしても，明らかである。

これを本件についてみるのに，前記事実関係によれば，本件土地には，本件擁壁の構造的欠陥により賃貸借契約上当然に予定された建物敷地としての性能を有しないという点において，賃貸借の目的物に隠れた瑕疵があったとすることは格別（民法559条，570条），売買の目的物に瑕疵があったものということ

➡ 47

とはできない。

そうすると，賃貸借の目的物たる土地の瑕疵をもって，建物と共に売買の目的とされた賃借権の瑕疵であるとして，本件売買に民法570条の規定を適用して，その契約の解除を認め，Yに対して原状回復及び損害賠償の支払を命じた原審の判断には，同条の解釈適用を誤った違法があり，右違法は判決に影響を及ぼすことが明らかであるから，この趣旨をいう論旨は理由があり，原判決は破棄を免れない。」（裁判長裁判官 坂上壽夫　裁判官 貞家克己　園部逸夫　佐藤庄市郎　可部恒雄）

47 土壌中の有害物質と瑕疵

最(三)判平成22年6月1日民集64巻4号953頁・土壌ふっ素事件

(曹時64巻12号3595頁，民商143巻4＝5号476頁，百選Ⅱ〈第8版〉102頁，平22重判96頁)

【事実】 X（足立区土地開発公社）は平成3年にY（AGCセイミケミカル株式会社）から本件土地を買い受けた。本件土地の土壌には，売買契約締結当時からふっ素が含まれていたが，その当時，土壌に含まれるふっ素については，法令に基づく規制の対象となっておらず，取引観念上も，ふっ素が土壌に含まれることに起因して人の健康に係る被害を生ずるおそれがあるとは認識されておらず，Xの担当者もそのような認識を有していなかった。

しかし，平成13年に環境庁告示第46号（土壌の汚染に係る環境基準について）が改正され，土壌に含まれるふっ素についての環境基準が新たに告示された。平成15年には，土壌汚染対策法および土壌汚染対策法施行令が施行され，ふっ素およびその化合物が同法2条1項の「特定有害物質」と定められ（同令1条21号），土壌汚染対策法施行規則において，土壌に水を加えた場合に溶出する量に関する基準値（「溶出量基準値」）および土壌に含まれる量に関する基準値（「含有量基準値」）が定められた。また，土壌汚染対策法の施行に伴い，「都民の健康と安全を確保する環境に関する条例」においても，ふっ素およびその化合物に係る汚染土壌処理基準として上記と同一の溶出量基準値および含有量基準値が定められた。

本件土地につき，上記条例に基づく土壌の汚染状況の調査が行なわれた結果，平成17年11月2日ころ，その土壌に上記の溶出量基準値および含有量基準値のいずれをも超えるふっ素が含まれていることが判明した。そこで，XがYに対し，健康被害を生ずるおそれがあるものとして規制の対象となったふっ素が基準値を超えて含まれていたことが旧570条にいう瑕疵に当たると主張して，損害賠償を請求した。

原審は，売買契約の目的物である土地の土壌に含まれていた物質が，売買契約締結当時の取引観念上は有害であると認識されていなかったが，その後，有害であると社会的に認識されたため，新たに法令に基づく規制の対象となった場合であっても，規制の限度を超えて土壌に含まれていたことは瑕疵に当たるとして，Xの請求を一部認容した（消滅時効の抗弁については，起算点を環境省告示の改正により有害性が社会的に認識された時点にとり，退けている）。Yから上告。

【判決理由】 破棄自判 「売買契約の当事者間において目的物がどのような品質・性能を有することが予定されていたかについては，売買契約締結当時の取引観念をしんしゃくして判断すべきところ，前記事実関係によれば，本件売買契約締結当時，取引観念上，ふっ素が土壌に含まれることに起因して人の健康に係る被害を生ずるおそれがあるとは認識されておらず，Xの担当者もそのような認識を有していなかったのであり，ふっ素が，それが土壌に含まれることに起因して人の健康に係る被害を生ずるおそれがあるなどの有害物質として，法令に基づく規制の対象となったのは，本件売買契約締結後であったというのである。そして，本件売買契約の当事者間において，本件土地が備えるべき属性として，その土壌に，ふっ素が含まれていないことや，本件売買契約締結当時に有害性が認識されていたか否かにかかわらず，人の健康に係る被害を生ずるおそれのある一切の物質が含まれていないことが，特に予定されていたとみるべき事情もうかがわれない。そうすると，本件売買契約締結当時の取引観念上，それが土壌に含まれることに起因して人の健康に係る被害を生ずるおそれがあるとは認識されていなかったふっ素について，本件売買契約の当事者間において，それが人の健康を損なう限度を超えて本件土地の土壌に含まれていないことが予定されていたものとみることはできず，本件土地の土壌に溶出量基準値及び含有量基準値のいずれをも超えるふっ素が含まれていたとしても，そのことは，民法570条にいう瑕疵には当たらないというべきである。」

「以上と異なる原審の判断には，判決に影響を及ぼすことが明らかな法令の違反がある。論旨は理由があり，原判決中Y敗訴部分は破棄を免れない。そして，Xの請求は理由がなく，これを棄却した第1審判決は正当であるから，Xの控訴を棄却すべきである。」（裁判長裁判官 堀籠幸男　裁判官 那須弘平　田原

➡ *48*

睦夫　近藤崇晴）

48 賦課金発生の可能性と瑕疵

最(二)判平成25年3月22日判時2184号33頁・土地区画整理賦課金事件

（民商148巻3号348頁，平25重判81頁）

【事実】 X_1〜X_6は，平成9年から10年にかけて，Y_1〜Y_3およびAから本件各土地をそれぞれ売買により取得し，引渡しを受け移転登記を経由した。本件各売買の当時，本件各土地は，尾道市平原土地区画整理組合（以下「B組合」という。）が施行する土地区画整理事業の施行地区内に存しており，仮換地の指定を受けていた。

B組合は，平成10年10月から保留地の分譲を開始したが，販売状況は芳しくなかった。そこで，B組合は，平成13年11月，事業に要する経費に充てるため，総額24億円の賦課金を組合員に課する旨を総代会において決議し，さらに，平成14年1月，上記総代会の日においてB組合の組合員である者を賦課対象者とすることなどを内容とする賦課金徴収細則を定める旨を総代会において決議した。

Xらは本件各土地を取得したことによりB組合の組合員となっていたことから，B組合は，Xらに対し賦課金額通知書を送付して，それぞれ46万円〜276万円余の賦課金を請求した。これに対し，Xらは，瑕疵担保責任に基づく賦課金相当額の損害賠償等をYらに求めた。

原審は，本件各土地について賦課金が発生する可能性は，本件各売買の当時，抽象的な域を超え具体性を帯びていたといえる状況にあり，それが平成13年以降に具体化したと判断し，賦課金が多額であることを考慮すると，本件各売買の当時，賦課金が発生する可能性が存在していたことをもって本件各土地には瑕疵があると解するのが相当だとして，Xらの請求を一部認容した。Yから上告。

【判決理由】 破棄自判 「前記事実関係によれば，B組合が組合員に賦課金を課する旨決議するに至ったのは，保留地の分譲が芳しくなかったためであるところ，本件各売買の当時は，保留地の分譲はまだ開始されていなかったのであり，B組合において組合員に賦課金を課することが具体的に予定されていたことは全くうかがわれない。そうすると，上記決議が本件各売買から数年も経過した後にされたことも併せ考慮すると，本件各売買の当時においては，賦課金を課される可能性が具体性を帯びていたとはいえず，その可能性は飽くまで一般的・抽象的なものにとどまっていたことは明らかである。

そして，土地区画整理法の規定によれば，土地区画整理組合が施行する土地区画整理事業の施行地区内の土地について所有権を取得した者は，全てその組合の組合員とされるところ（同法25条1項），土地区画整理組合は，その事業に要する経費に充てるため，組合員に賦課金を課することができるとされているのであって（同法40条1項），上記土地の売買においては，買主が売買後に土地区画整理組合から賦課金を課される一般的・抽象的可能性は，常に存在しているものである。

したがって，本件各売買の当時，Xらが賦課金を課される可能性が存在していたことをもって，本件各土地が本件各売買において予定されていた品質・性能を欠いていたということはできず，本件各土地に民法570条にいう瑕疵があるということはできない。」

「これと異なる原審の上記判断には，判決に影響を及ぼすことが明らかな法令の違反がある。論旨は上記の趣旨をいうものとして理由があり，原判決中，Yら敗訴部分は破棄を免れない。そして，Xらの請求は理由がなく，これを棄却した第1審判決は結論において是認することができるから，上記部分に関するXらの控訴を棄却すべきである。」（裁判長裁判官 千葉勝美　裁判官 竹内行夫　小貫芳信　鬼丸かおる）

解　説

旧法の瑕疵担保責任をめぐっては，法定責任か契約責任かという，有名かつ不毛な論争があった。判例としては，大審院時代に大判大正14年3月13日民集4巻217頁が，買主の「受領」（危険の移転時期）により不特定物についても旧570条が適用されると判示したが，*42*は最高裁の立場を示した判例である。不特定物について旧570条の適用場面を極限まで狭める解釈ともいえ，旧570条の内容自体を合理的なものに改正する契機となった。改正法のもとでは旧法下の「瑕疵」は物の契約不適合として債務不履行責任で処理される。

旧565条は数量不足についての売主の担保責任を定めていたが，種類物の数量不足における典型的な救済手段である追完を認めていないから，特定物を想定していたと解される。しかし，特定物（典型は土地）においてどのような場合に数量不足が売主の責任を生じさせるかは，微妙な判断を要する場合がある。

→ *49*

すなわち，土地の価格が公簿面積を基準に決定された場合に，単に土地の価格を決める一応の標準として公簿面積（坪数）が用いられたに過ぎないのか，それとも実測面積が公簿面積と一致することを前提とした数量指示売買なのかの判断をめぐっては，しばしば争いが生ずる。*43*は，改正法（新562条）の適用においても参考になる。

数量指示売買における数量不足の場合の損害賠償の範囲を扱う*44*は，旧法下の判例であるが，原審のように「担保責任＝信頼利益の賠償」というドグマを適用するのではなく，損害賠償の範囲は契約の解釈によって定まるという立場を明らかにした。この判断は改正法のもとでも参照されるだろう。

では，数量が超過した場合には代金増額請求が認められるのだろうか。この問題を扱ったはじめての最高裁判例が*45*である。原審が，事案の特殊性から増額請求権を導いたのに対し，当事者間にとくに合意がなければ増額請求は認められないという立場を採用した。改正に際しては，この点について明文規定を置くことも検討されたが（『民法（債権関係）の改正に関する中間的な論点整理』第39，6），コンセンサスの形成には至らなかった。判例の理論枠組によれば，結局，当事者の黙示の合意をどのような場合に認定するかをめぐる争いになるだろう。

旧法下で物の瑕疵にあたるか否かが争われた興味深い事例として，借地上の建物の売買で敷地に欠陥があった場合に関する*46*がある。改正法のもとでの契約不適合を判断する際にも参照されるだろう。

*47*は瑕疵を判断する基準時が争われた事案であり，*48*は事後的に発現した瑕疵が，どのような場合に担保責任を生じさせるかが争われた事案である。いずれも，改正法の契約不適合の判断基準として先例性を失わない。

［5］　売主の担保責任――権利の契約不適合

49　行政規制と瑕疵

最（一）判昭和41年4月14日民集20巻4号649頁 （*曹時20巻7号127頁，法協84巻3号423頁，民商55巻5号818頁*）

【事実】　Xは本件土地をYから買い受けたが，同地の約8割が都市計画事業の道路敷地に当たっていることが判明した。そこで，Xは，売買の目的物に隠れた瑕疵があったことを理由に契約を解除し，手付金の返還を求めた。原審がXの請求を認めたので，Yは，瑕疵の認定を争って上告。

【判決理由】 上告棄却「原判決（その引用する第1審判決を含む。以下同じ。）の確定した事実によれば，Xは本件土地を自己の永住する判示規模の居宅の敷地として使用する目的で，そのことを表示してYから買い受けたのであるが，本件土地の約8割が東京都市計画街路補助第54号の境域内に存するというのである。かかる事実関係のもとにおいては，本件土地が東京都市計画事業として施行される道路敷地に該当し，同地上に建物を建築しても，早晩その実施により建物の全部または一部を撤去しなければならない事情があるため，契約の目的を達することができないのであるから，本件土地に瑕疵があるものとした原判決の判断は正当であり，所論違法は存しない。

また，都市計画事業の一環として都市計画街路が公示されたとしても，それが告示の形式でなされ，しかも，右告示が売買成立の10数年以前になされたという原審認定の事情をも考慮するときは，Xが，本件土地の大部分が都市計画街路として告示された境域内にあることを知らなかった一事により過失があるとはいえないから，本件土地の瑕疵は民法570条にいう隠れた瑕疵に当るとした原判決の判断は正当である。」（裁判長裁判官 長部謹吾　裁判官 入江俊郎　松田二郎　岩田　誠）

50 強制競売における担保責任

最(二)判平成8年1月26日民集50巻1号155頁

（*曹時49巻10号2808頁，法協116巻11号1831頁，民事執行・保全百選〈第2版〉74頁，平8重判129頁*）

【事実】 Aは本件土地をBに賃貸し，Bは同地上に本件建物を所有していた。本件建物に対して強制競売が開始され，評価人は本件借地権の存在を考慮して建物の評価額を算出した。また，執行官の作成した現況調査報告書には本件建物の買

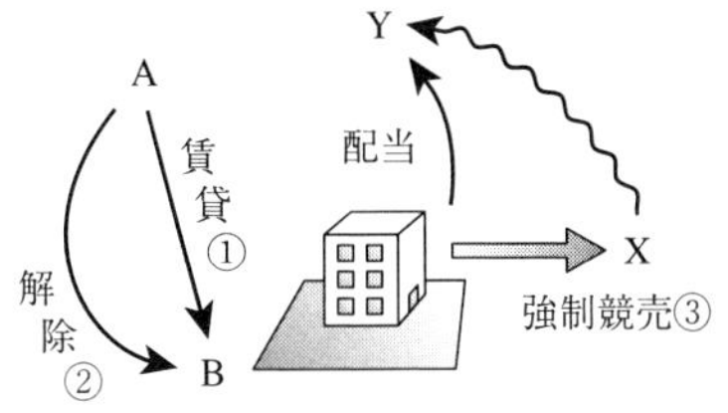

受人は本件借地権を当然に承継できる旨の記載があり，執行裁判所の作成した物件明細書にも，本件建物のために借地契約が存在することが記載されている。X（株

➡ *50*

式会社コスモビルディング）は敷地利用権が存在することを前提に，平成元年8月2日に本件建物についての売却許可決定を得て，同9月4日に代金を納付し同13日に所有権移転登記を受けた。Y（社団法人日本労働者信用基金協会）は，Xの納付した売却代金から配当を受けた。ところが，AはBに対し，平成元年7月27日に賃料不払を理由に本件賃貸借契約を解除する旨の意思表示を行なっており，その後Aの提起したXに対する建物収去及び土地明渡し訴訟においてAが勝訴した。そこで，XはBに対し，強制競売による本件建物の売買契約を解除する旨の意思表示を行なうとともに，Yに対して配当金の返還を求める訴訟を提起した。前記解除の意思表示の当時，Bは無資力であった。原審はXの請求を認めたので，Yは上告して，原審が，旧568条1項，2項，旧566条1項，2項を類推適用した点を攻撃する。

【判決理由】 上告棄却 「建物に対する強制競売の手続において，建物のために借地権が存在することを前提として建物の評価及び最低売却価額の決定がされ，売却が実施されたことが明らかであるにもかかわらず，実際には建物の買受人が代金を納付した時点において借地権が存在しなかった場合，買受人は，そのために建物買受けの目的を達することができず，かつ，債務者が無資力であるときは，民法568条1項，2項及び566条1項，2項の類推適用により，強制競売による建物の売買契約を解除した上，売却代金の配当を受けた債権者に対し，その代金の返還を請求することができるものと解するのが相当である。けだし，建物のために借地権が存在する場合には，建物の買受人はその借地権を建物に従たる権利として当然に取得する関係に立つため，建物に対する強制競売の手続においては，執行官は，債務者の敷地に対する占有の権原の有無，権原の内容の細目等を調査してその結果を現況調査報告書に記載し，評価人は，建物価額の評価に際し，建物自体の価額のほか借地権の価額をも加えた評価額を算出してその過程を評価書に記載し，執行裁判所は，評価人の評価に基づいて最低売却価額を定め，物件明細書を作成した上，現況調査報告書及び評価書の写しを物件明細書の写しと共に執行裁判所に備え置いて一般の閲覧に供しなければならないものとされている。したがって，現況調査報告書に建物のために借地権が存在する旨が記載され，借地権の存在を考慮して建物の評価及び最低売却価額の決定がされ，物件明細書にも借地権の存在が明記されるなど，強制競売の手続における右各関係書類の記載によって，建物のために借地権が存在することを前提として売却が実施されたことが明らかである場合には，建物の買受人が借地権を当然に取得することが予定されているものというべきである。そうすると，実際には買受人が代金を納付した時点において借地権が存在せず，買受人が借地権を取得することができないため，建物買受けの目的を達することができず，かつ，債務者が無資力であるときは，買受人は，民法568条1項，2項及び566条1項，2項の類推適用により，強制競売による建物の売買契約を解除した上，売却代金の配当を受けた債権者に対し，その代金の返還を請求することができるものと解するのが右三者間の公平にかなうからである。」（裁判長裁判官 河合伸一　裁判官 大西勝也　根岸重治　福田　博）

解　説

いわゆる権利の瑕疵について，旧法には，権利の一部が他人に属する場合（旧563条1項），目的物が地上権，永小作権，地役権，留置権または質権の目的である場合（旧566条1項），売買の目的である不動産のために存すると称した地役権が存しなかった場合（566条2項前段），売買の目的である不動産に登記した賃貸借があった場合（566条2項後段），売買の目的である不動産について存した先取特権または抵当権の行使により買主が所有権を失った場合（旧567条1項）の規定があった。改正法では，これらはすべて「売主が買主に移転した権利が契約の内容に適合しないものである場合」に吸収された（新565条）。

権利の瑕疵とされるか物の瑕疵とされるかの効果の違いとして，旧570条ただし書が，物の瑕疵については強制競売の場合に担保責任が生じないことを定めていた。この規律を維持するかどうかをめぐって改正に際して意見が対立したが，最終的に「競売の目的物の種類又は品質に関する不適合」について担保責任を排除する規定を置くことで（新568条4項），旧法は維持された。

*49*は，旧法下で，目的物に行政規制があり契約の目的を達することができない場合について，物の瑕疵としての契約解除を認めた。訴訟では物の瑕疵か権利の瑕疵かが争点となっていないが，この判決が行政規制を物の瑕疵とする先例となった。改正に際しては，行政規制が権利の瑕疵であること（したがって競売においても担保責任が生ずること）を明らかにする提案がされたが，十分な

➡ *51*

支持が得られなかった。

50 は，旧566条2項前段が，強制競売において売却の前提とされた賃借権が存在しなかった場合に類推適用されることを認めた判決である。改正法のもとで，権利の契約不適合に何が含まれるかを解釈するうえで参考になろう。

[6] 買主の義務

51 受領遅滞

最(一)判昭和46年12月16日民集25巻9号1472頁・硫黄鉱継続売買事件

(*曹時24巻10号2001頁，法協91巻1号196頁，民商67巻4号578頁，百選Ⅱ〈第8版〉112頁*)

【事実】 昭和32年4月に，X会社（北海硫黄鉱業）とY会社（跡佐登硫黄鉱業）は，33年末までの期間で，Xが本件鉱区から産出する硫黄鉱石の全量をYに売却する契約を締結し，Yが前渡金名義で400万円を融資した。また，XはYの指導・示唆により搬出用の索道を架設し，ワイヤーを取り替えた。Yは，32年から33年6月までに約300トンを引き取ったが，その後は硫黄製品の価額の下落を理由に引取りを拒否した。Xは，損害額（引き取られなかった鉱石の，当初の代金価格と時価との差額）から前渡金を引いた残額を請求した。1審は，引取りの特約がないからYは債務不履行責任を負わないとし，請求を棄却。2審は，原則として買主に引取義務はないが，継続的給付の売買で提供される全量を対象とする場合には引取義務がある，また，売主が履行の準備に相当の努力を費やした場合は信義則上も引取義務があるとして，請求を認容した。Y上告。

【判決理由】 上告棄却 「ところで，右事実関係によれば，前記鉱石売買契約においては，Xが右契約期間を通じて採掘する鉱石の全量が売買されるべきものと定められており，XはYに対し右鉱石を継続的に供給すべきものなのであるから，信義則に照らして考察するときは，Xは，右約旨に基づいて，その採掘した鉱石全部を順次Yに出荷すべく，Yはこれを引き取り，かつ，その代金を支払うべき法律関係が存在していたものと解するのが相当である。したがって，Yには，Xが採掘し，提供した鉱石を引き取るべき義務があったものというべきであり，Yの前示引取の拒絶は，債務不履行の効果を生ず

るものといわなければならない。(裁判長裁判官　藤林益三　裁判官　岩田　誠　大隅健一郎　下田武三　岸　盛一)

解　説

一般的に，買主に目的物の引取義務があるかどうかについては意見が分かれるが（義務があれば，不履行は債務不履行として扱われる），少なくとも受領遅滞の責任は生ずる（新413条）。しかし，契約によっては，買主に積極的な引取義務が認められる場合がある。*51* はそれを認めた事例である。

［7］　果実収取権

52　引渡義務の遅滞と果実収取権

大連判大正13年9月24日民集3巻440頁 (判民大正13年度90事件，百選Ⅱ〈第5版補正版〉120頁)

【事実】 XはYに本件土地を売り渡し，引渡・登記移転を終えたが，Yが代金を一部しか支払わないので残代金の支払請求訴訟を提起した。これに対してYは，Xが土地の引渡を3年近く遅滞したため，その間に悪意の占有者としてXの収取した果実（小作料）はYに返還すべきものであるとして，残代金債務との相殺を主張した。原審がXの請求を認めたのでYから上告。

【判決理由】 上告棄却 「民法第575条第1項には未だ引渡さざる売買の目的物が果実を生じたるときは，其の果実は売主に属すとありて引渡を為ささる事由に付何等の区別を設けざるのみならず，元来同条は売買の目的物に付其の引渡前に果実を生じ若は売主が目的物を使用したる場合に，買主より売主に対して其の果実若は使用の対価を請求することを得せしむるときは売主より買主に対して目的物の管理及保存に要したる費用の償還竝代金の利息を請求し得ることとなり，相互間に錯雑なる関係を生ずるにより，之を避けんとするの趣旨に外ならざるを以て，此の趣旨より推考するも同条は売買の目的物の引渡に付期限の定ありて売主が其の引渡を遅滞したるときと雖其の引渡を為す迄は之を使用し且果実を収得することを得べきと同時に，代金の支払に付期限の定ありて買主が其の支払を遅滞したるときは勿論，同時履行の場合に於て買主が目的物の受領を拒み遅滞に付せられたるときと雖目的物の引渡を受くる迄は代金の利

➡ 解説・53

息を支払ふことを要せざるものと謂はざるべからず。蓋同条第2項但書に目的物の引渡後に代金支払期限が到来すべき場合に付ての規定を設けたるに拘らず，目的物の引渡に付期限の定ある場合及其の引渡前に代金支払の期限到来すべき場合に付其の区別あることを規定せざる法意より推すも，同条は当事者が遅滞に付せられたると否とを問はず適用すべきものと解するを相当とすればなり。是従来本院判例（大判大正4年12月21日）の認むる所にして今尚維持するを相当なりと認む。斯の如く売買の場合に於て売主は遅滞に在ると否とを問はず其の目的物の引渡を為す迄は其の物を使用し且之より生ずる果実を収得することを得べしとなす以上，民法第190条の規定は此の場合に適用すべきものにあらざること明瞭なるを以て，原院が本件に付同条を適用せざりしは相当なり。」

解　説

*52*は575条の法意について判示している。仮に売主が代金の支払を受けていれば，売主買主間のバランスが崩れ，売主は果実収取権を失う。

第4節　交　　換　（取り上げる裁判例はない）

第5節　消 費 貸 借

［1］　消費貸借の成立

［関連裁判例］

53　諾成的消費貸借

最(二)判昭和48年3月16日金法683号25頁

【事実】　詳細な事実関係は不明であるが，掲載誌によると以下のようである。XY間で諾成的消費貸借契約が締結されたが，それによると，Yの貸付をなすべき義務（金員給付義務）は，Xの担保供与義務の履行の提供の有無に関係なく発生するが，Xが担保供与義務の履行の提供をして貸付をYに請求するときは，Yはその時点から金員給付義務について履行遅滞の責任を負うという趣旨のものだった。

➡ 解説

XがYに貸付金の支払を請求したのに対し，Yは，Xの担保供与義務の履行が完了していないからYは履行遅滞に陥ることはないと争った。原審がXの請求を認めたので，Yから上告。

【判決理由】 上告棄却 「原審が適法に確定した事実関係のもとにおいては，貸付をなすべき債務の履行としての所論の金員給付義務は，本件担保供与義務の履行の提供の有無にかかわりなく発生しているものというべく，また本件担保供与義務の履行の提供と共にXの請求があったときは，Yは右金員給付義務につき履行遅滞の責に任ずべきものである。原審は右と同旨の判断をしたものというべく，その判断は正当として首肯することができる。原判文を通覧すれば，原審が，所論のように，本件担保供与義務の履行が完了されないかぎり，Yの金員給付義務が発生せず，またはYにおいてその履行遅滞の責に任ずべきものではないという趣旨で，本件担保供与義務につき先給付の関係を認めたものと解する余地は存しない。したがって，右のような先給付関係の存在を前提として原判決の違法をいう論旨は，その前提を欠き理由がない。」

「原審が要物契約としての消費貸借契約の成立を認めたものでないことは，原判文上明らかであり，また所論の給付義務は，金銭の支払を内容とするものであるから，直接強制の方法による強制執行に親しむものである。所論の原判示は，本件担保供与義務の強制執行の方法に関する説示であって，所論の金員給付義務のそれに関するものではないこと，原判文上明らかである。原判決に所論の違法はなく，論旨は，ひっきょう，原判決を正解しないか，または独自の見解に基づき，これを攻撃するものであって，採用することができない。」

（裁判長裁判官 岡原昌男　裁判官 村上朝一　小川信雄　大塚喜一郎）

解　説

2017年改正は，これまで要物契約とされてきた消費貸借について，書面でするときは諾成契約として有効であることとした（新587条の2）。すでに判例は諾成的消費貸借を有効としており，*53*がその先例とされるが，書面が用いられているようであり，改正法は判例および日本の取引慣行の明文化といえる。

➡ 54

［2］ 消費者信用

54 立替払における抗弁の対抗

最(三)判平成2年2月20日判時1354号76頁 （民商103巻6号124頁，商法〔総則・商行為〕百選〈第5版〉146頁）

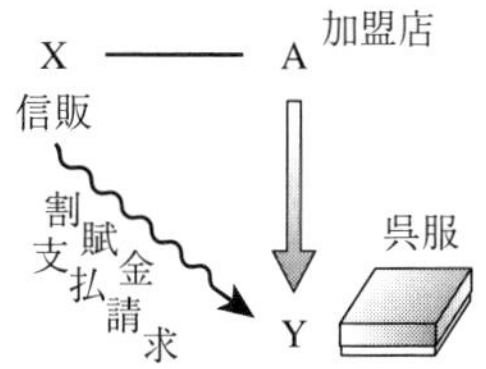

【事実】 Yは個品割賦購入斡旋業者X（国内信販株式会社）の加盟店であるA（有限会社寝装のしらかわ）から呉服一式を145万円で購入し，代金をXがAに一括立替払したが，Yが割賦金の支払を履行しないので，XがYに割賦金残額の支払を請求した。これに対してYは，Aが商品の引渡を履行しなかったためYA間の売買契約は合意解除されたと主張し，支払義務はないと争った。原審がYの主張を認め，Xの履行請求は信義則に反し許されないと判断したので，Xから上告。なお，本件のような事案は，昭和59年12月1日以降は改正後の割賦販売法30条の4第1項が適用されるが，本件売買契約は改正法施行前の事案であった。

＊**割賦販売法30条の4第1項** 「購入者は，第2条第3項第1号又は第2号に規定する割賦購入あっせんに係る購入の方法により購入した指定商品に係る第30条の2第1項第2号又は第5項第2号の支払分の支払の請求を受けたときは，当該指定商品の販売につきそれを販売した割賦購入あっせん関係販売業者に対して生じている事由をもって，当該支払の請求をする割賦購入あっせん業者に対抗することができる。」

【判決理由】 破棄差戻 「購入者が割賦購入あっせん業者（以下「あっせん業者」という。）の加盟店である販売業者から証票等を利用することなく商品を購入する際に，あっせん業者が購入者との契約及び販売業者との加盟店契約に従い販売業者に対して商品代金相当額を一括立替払し，購入者があっせん業者に対して立替金及び手数料の分割払を約する仕組みの個品割賦購入あっせんは，法的には，別個の契約関係である購入者，あっせん業者間の立替払契約と購入者・販売業者間の売買契約を前提とするものであるから，両契約が経済的，実質的に密接な関係にあることは否定し得ないとしても，購入者が売買契約上生じている事由をもって当然にあっせん業者に対抗することはできないというべきであり，昭和59年法律第49号（以下「改正法」という。）による改正後の割賦販売法30条の4第一項の規定は，法が，購入者保護の観点から，購入者において売買契約上生じている事由をあっせん業者に対抗し得ることを新たに認めたものにほかならない。したがって，右改正前においては，購入者と販売業者との間の売買契約が販売業者の商品引渡債務の不履行を原因として合意解除された場合であっても，購入者とあっせん業者との間の立替払契約において，かかる場合には購入者が右業者の履行請求を拒み得る旨の特別の合意があるとき，又はあっせん業者において販売業者の右不履行に至るべき事情を知り若しくは知り得べきでありながら立替払を実行したなどの右不履行の結果をあっせん業者に帰せしめるのを信義則上相当とする特段の事情があるときでない限り，購入者が右合意解除をもってあっせん業者の履行請求を拒むことはできないものとするのが相当である。」（裁判長裁判官 坂上壽夫　裁判官 安岡滿彦　貞家克己　園部逸夫）

解　説

54 は，個品割賦購入あっせんに抗弁の対抗を認めた割賦販売法の昭和 59 年改正が，既存の法理の確認ではなく新たな制度の創設であると判示した先例である。このため，同法が適用されなかった非指定商品や役務取引等には抗弁の対抗が認められないこととなった。しかし，その後，割賦販売法は数次の改正を経て，割賦式ではない購入あっせん（クレジット取引）も対象としたため，割賦購入あっせんの名称も信用購入あっせんとなった。また，商品や役務の指定制度を廃止して，包括的に抗弁の対抗を認めた（割賦 30 条の 4，30 条の 5，35 条の 3 の 19）。また，ローン提携販売も対象となっている（こちらは指定制度が維持されている。割賦 29 条の 4 第 2 項）。

第 6 節　使 用 貸 借

55 借用物の返還時期

最(一)判平成 11 年 2 月 25 日判時 1670 号 18 頁

【事実】 1　X 会社の代表取締役 A には長男 B 及び二男 Y がおり，いずれも X の取締役であった。A は，昭和 33 年 12 月頃，本件土地上に 2 階建ての本件建物を建築して Y に取得させるとともに，本件土地を本件建物の敷地として Y に無償で使用させた。ここに X と Y の間で本件建物所有を目的とする使用貸借契約が黙示

→ *55*

に締結された（「本件使用貸借」）。その後，A 夫婦と Y は本件建物で同居していたが，A は昭和 47 年 2 月 26 日に死亡した。

A の死後，X の経営をめぐって B と Y が対立し，Y から株主総会決議不存在確認訴訟が提起され，仮処分により代表取締役職務代行者が選任された。右訴訟は Y の勝訴で確定したが，X の営業実務は右職務代行者選任中から B が担当してきた。なお，Y は，平成 4 年 1 月 23 日以降，X の取締役の地位を喪失している。

2　本件建物をめぐっては，次のような事情が認定されている。

⑴　本件建物は，いまだ朽廃には至っていない。

⑵　B は，X の所有地のうち本件土地に隣接する部分に自宅及びマンションを建築しているが，Y には，本件建物以外に居住すべきところがない。

⑶　X には，本件土地の使用を必要とする特別の事情が生じてはいない。

3　以上のような事実関係の下で，X が Y に対し，本件土地の所有権に基づいて，地上の Y 所有の建物を収去して本件土地を明け渡すこと及び賃料相当損害金の支払を求めた。

原審は，2 の事情を理由に，本件使用貸借は，いまだ旧 597 条 2 項ただし書（新 598 条 1 項）所定の使用収益をするのに足りるべき期間を経過したものとはいえないと判断した。X から上告。

【判決理由】　破棄差戻　「土地の使用貸借において，民法 597 条 2 項ただし書所定の使用収益をするのに足りるべき期間が経過したかどうかは，経過した年月，土地が無償で貸借されるに至った特殊な事情，その後の当事者間の人的つながり，土地使用の目的，方法，程度，貸主の土地使用を必要とする緊要度など双方の諸事情を比較衡量して判断すべきものである（最(二)判昭和 45 年 10 月 16 日裁判集民事 101 号 77 頁参照)。

本件使用貸借の目的は本件建物の所有にあるが，Y が昭和 33 年 12 月ころ本件使用貸借に基づいて本件土地の使用を始めてから原審口頭弁論終結の日である平成 9 年 9 月 12 日までに約 38 年 8 箇月の長年月を経過し，この間に，本件建物で Y と同居していた A は死亡し，その後，X の経営をめぐって B と Y の利害が対立し，Y は，X の取締役の地位を失い，本件使用貸借成立時と比べて貸主である X と借主である Y の間の人的つながりの状況は著しく変化しており，これらは，使用収益をするのに足りるべき期間の経過を肯定するのに役立つ事情というべきである。他方，原判決が挙げる事情のうち，本件建物がいまだ朽廃していないことは考慮すべき事情であるとはいえない。そして，前

→ 56

記長年月の経過等の事情が認められる本件においては，Ｙには本件建物以外に居住するところがなく，また，Ｘには本件土地を使用する必要等特別の事情が生じていないというだけでは使用収益をするのに足りるべき期間の経過を否定する事情としては不十分であるといわざるを得ない。

そうすると，その他の事情を認定することなく，本件使用貸借において使用収益をするのに足りるべき期間の経過を否定した原審の判断は，民法 597 条 2 項ただし書の解釈適用を誤ったものというべきであり，その違法は原判決の結論に影響を及ぼすことが明らかである。

したがって，論旨は理由があり，原判決は，その余の点について判断するまでもなく，破棄を免れない。そして，前記その他の事情の有無等について更に審理判断させるため，本件を原審に差し戻すこととする。」（裁判長裁判官 大出峻郎　裁判官 小野幹雄　遠藤光男　井嶋一友　藤井正雄）

56 遺産建物の使用貸借

最(三)判平成 8 年 12 月 17 日民集 50 巻 10 号 2778 頁（曹時 50 巻 6 号 129 頁，百選Ⅲ〈第 2 版〉144 頁）

【事実】 Ａの死後，Y_1，Y_2 および X_2〜X_6 が相続人となった。また，Ａは遺産の 16 分の 2 を X_1 に包括遺贈していた。遺産である本件土地と同地上の建物には Y_1Y_2（Ｙら）がＡの生前からＡと同居し，Ａの死後も占有使用している。そこで，X_1〜X_6（Ｘら）は，Ｙらに対し，本件土地建物の賃料相当額のうち，Ｙらの共有持分に相当する部分を超える金額につき，不当利得として返還を求めた。原審がＸらの請求を認めたので，Ｙらから上告。

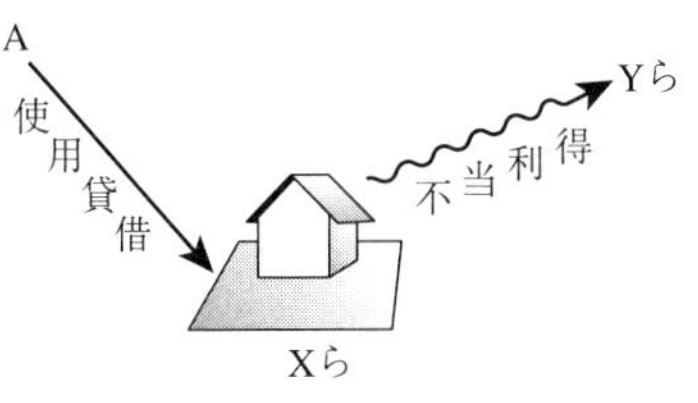

【判決理由】 破棄差戻 「共同相続人の一人が相続開始前から被相続人の許諾を得て遺産である建物において被相続人と同居してきたときは，特段の事情のない限り，被相続人と右同居の相続人との間において，被相続人が死亡し相続が開始した後も，遺産分割により右建物の所有関係が最終的に確定するまでの間は，引き続き右同居の相続人にこれを無償で使用させる旨の合意があったものと推認されるのであって，被相続人が死亡した場合は，この時から少なくと

も遺産分割終了までの間は，被相続人の地位を承継した他の相続人等が貸主となり，右同居の相続人を借主とする右建物の使用貸借契約関係が存続することになるものというべきである。けだし，建物が右同居の相続人の居住の場であり，同人の居住が被相続人の許諾に基づくものであったことからすると，遺産分割までは同居の相続人に建物全部の使用権原を与えて相続開始前と同一の態様における無償による使用を認めることが，被相続人及び同居の相続人の通常の意思に合致するといえるからである。

本件についてこれを見るのに，Ｙらは，Ａの相続人であり，本件不動産においてＡの家族として同人と同居生活をしてきたというのであるから，特段の事情のない限り，ＡとＹらの間には本件建物について右の趣旨の使用貸借契約が成立していたものと推認するのが相当であり，Ｙらの本件建物の占有，使用が右使用貸借契約に基づくものであるならば，これによりＹらが得る利益に法律上の原因がないということはできないから，Ｘらの不当利得返還請求は理由がないものというべきである。」（裁判長裁判官 千種秀夫　裁判官 園部逸夫　可部恒雄　大野正男　尾崎行信）

解　説

親族間の不動産利用関係は使用貸借とされることが多い。この場合に，どのような要件で使用貸借関係を解消できるかについては，旧597条（新597条，598条）が適用されるが，同条は柔軟に運用されている。*55*は旧2項ただし書（新598条1項）の適用を肯定した事例である。*56*は，被相続人と同居していた相続人が相続開始後も遺産の建物に居住している場合に，他の共同相続人との関係でどのような利用権限があるのかについて判示したものである。遺産分割までは相続開始時の利用状態を変更せず，共同相続人間の利害の調整は遺産分割で図る，という最高裁の態度を見て取ることができよう。

第7節　賃 貸 借

[1]　賃貸不動産の譲渡

57　借地権の対抗要件 (1)

最(二)判昭和38年5月24日民集17巻5号639頁

(曹時15巻9号133頁，法協82巻3号422頁，民商50巻2号235頁，百選Ⅱ〈第4版〉124頁)

【事実】 Yは本件土地をA（砂畑耕吉）から賃借し建物を所有していたが，借地権の登記も建物の登記もなかった。土地はAからB（砂畑実）を経てX会社（有限会社砂畑製罐工業所）に譲渡され，X会社からYに対して土地の明渡を請求した。原審がXの請求を棄却したので，Xから上告。

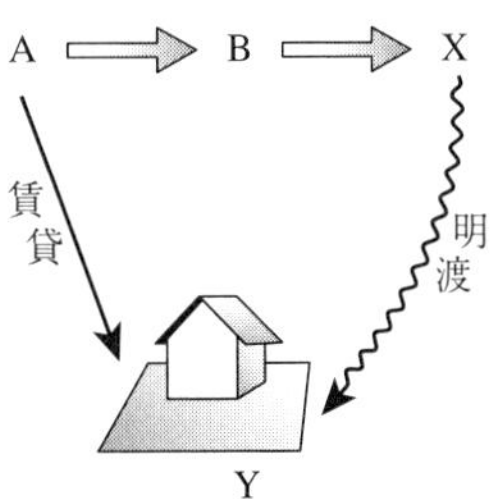

【判決理由】 上告棄却「なる程，原審確定の事実によれば，Yが訴外Aより本件土地を賃借した後，本件土地はAからBに売り渡され，次いでBからX会社に売り渡されて，それぞれその旨の登記がなされているところ，Yの右賃借権につき登記がなく，またX会社の右登記のときまでに，その地上建物につき登記がなされていなかったというのであるから，Yは右賃借権をもって，X会社に対抗しえないもののようであるが，しかしながら，他方，原審は挙示の証拠により，BはAの実子であって，A個人の経営する製缶工業に従事していたものであるが，X会社はAB及びその血族ないし姻族関係に在る者の同族会社であって，その営業所及び工場設備はAの個人企業のそれをその儘移行したものであり，営業の実態は会社組織に変更された後においても変っていないこと，Bも，X会社も，Yの右賃借権の存在を知悉しながら，Yを立ち退かせることを企図して本件土地を買い受けたものであること，Yが本件建物の保存登記をする前提として昭和33年2月12日建物の申告書を敷地所有者であるAの証明印のないまま鹿児島地方法務局阿久根出張所に提出したため，同出張所が右訴外人に証明欄の押印を求めたところ，A（Aは，Bその他同族会社であるX会社の社員等の一団の中心的存在である）は右申告書

➡ *58*

に記載されている建物がAの承諾のもとに建築されたものであるにも拘らず，右の押印をすればYを立ち退かせることができなくなると考え，「印鑑を司法書士のところに預けてあるから申告書を一時貸してくれ」といって右出張所より申告書を持ち帰ったまま遂にこれを返還せず，Yの本件建物の保存登記を妨げるような行為をしている（なお，本件土地は，同年3月20日AよりBに売り渡されて同年4月18日その登記がなされ，更に同年5月9日BよりX会社に売り渡されて同月10日その登記がなされている）こと等の事実を適法に認定しているのであって，右事実にその他原審認定の一切の事実関係を合せ考えれば，原審が，X会社が冒頭記載のような理由によりYの前記賃借権の対抗力を否定し本件建物の収去を求めることは権利の濫用として許されないとした判断も正当として是認しえられる。」（裁判長裁判官 池田　克　裁判官 河村大助　奥野健一　山田作之助　草鹿浅之介）

58 借地権の対抗要件 (2)

最(大)判昭和41年4月27日民集20巻4号870頁

（曹時18巻7号136頁，法協84巻4号579頁，民商55巻6号1025頁，百選Ⅱ〈第8版〉118頁，昭41重判32頁）

【事実】 Aの所有する土地をYが賃借し，Yの長男B名義で建物を所有していた。自己名義で登記しなかったのは，当時Yは胃を害して手術することになっており，或いは長く生きられないかもしれないと考え，後々の面倒を避けるために，当時15，6歳であった長男B名義で登記をしたという経緯がある。Aから土地の譲渡を受けたX会社（来島船渠株式会社）が，Yの借地権はX会社に対抗できないとして土地明渡を請求した。原審がX会社の請求を退けたので，X会社から上告。

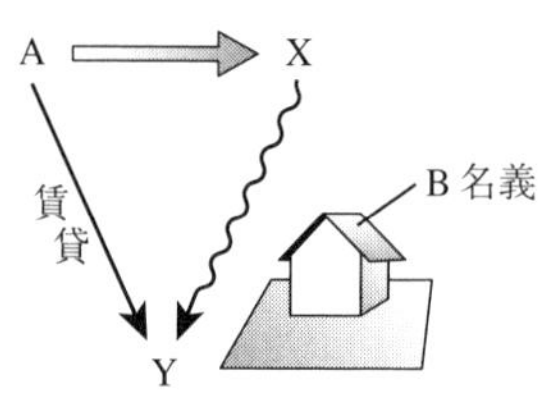

【判決理由】 破棄自判　（横田・入江・山田・長部・柏原・田中裁判官の反対意見がある）

「建物保護に関する法律（以下建物保護法と略称する。）1条は，建物の所有を目的とする土地の賃借権により賃借人がその土地の上に登記した建物を所有するときは，土地の賃貸借につき登記がなくとも，これを以って第三者に対抗

➡ 58

することができる旨を規定している。このように，賃借人が地上に登記した建物を所有することを以って土地賃借権の登記に代わる対抗事由としている所以のものは，当該土地の取引をなす者は，地上建物の登記名義により，その名義者が地上に建物を所有し得る土地賃借権を有することを推知し得るが故である。

従って，地上建物を所有する賃借権者は，自己の名義で登記した建物を有することにより，始めて右賃借権を第三者に対抗し得るものと解すべく，地上建物を所有する賃借権者が，自らの意思に基づき，他人名義で建物の保存登記をしたような場合には，当該賃借権者はその賃借権を第三者に対抗することはできないものといわなければならない。けだし，他人名義の建物の登記によっては，自己の建物の所有権さえ第三者に対抗できないものであり，自己の建物の所有権を対抗し得る登記あることを前提として，これを以って賃借権の登記に代えんとする建物保護法１条の法意に照し，かかる場合は，同法の保護を受けるに値しないからである。

原判決の確定した事実関係によれば，Ｙは，自らの意思により，長男Ｂに無断でその名義を以って建物の保存登記をしたものであるというのであって，たとえＢがＹと氏を同じくする未成年の長男であって，自己と共同で右建物を利用する関係にあり，また，その登記をした動機が原判示の如きものであったとしても，これを以てＹ名義の保存登記とはいい得ないこと明らかであるから，Ｙが登記ある建物を有するものとして，右建物保護法により土地賃借権を第三者に対抗することは許されないものである。

元来登記制度は，物権変動の公示方法であり，またこれにより取引上の第三者の利益を保護せんとするものである。すなわち，取引上の第三者は登記簿の記載によりその権利者を推知するのが原則であるから，本件の如くＢ名義の登記簿の記載によっては，到底Ｙが建物所有者であることを推知するに由ないのであって，かかる場合まで，Ｙ名義の登記と同視して建物保護法による土地賃借権の対抗力を認めることは，取引上の第三者の利益を害するものとして，是認することはできない。また，登記が対抗力をもつためには，その登記が少くとも現在の実質上の権利状態と符合するものでなければならないのであり，実質上の権利者でない他人名義の登記は，実質上の権利と符合しないものであるから，無効の登記であって対抗力を生じない。そして本件事実関係にお

➡ *58*

いては，Bを名義人とする登記と真実の権利者であるYの登記とは，同一性を認められないのであるから，更正登記によりその瑕疵を治癒せしめることも許されないのである。叙上の理由によれば，本件において，Yは，B名義の建物の保存登記を以って，建物保護法により自己の賃借権をX会社に対抗することはできないものといわねばならない。

なお原判決引用の判例（大判昭和15年7月11日）は，相続人が地上建物について相続登記をしなくても，建物保護法1条の立法の精神から対抗力を与えられる旨判示しているのであるが，被相続人名義の登記が初めから無効の登記でなかった事案であり，しかも家督相続人の相続登記未了の場合であって，本件の如き初めから無効な登記の場合と事情を異にし，これを類推適用することは許されない。

然らば，本件上告は理由があり，原判決には建物保護法1条の解釈を誤った違法があり，右違法は判決に影響を及ぼすこと明らかであるから，原判決は破棄を，第1審判決は取消しを免れない。

原判決の確定した事実によれば，本件土地がX会社の所有であり，Yがその地上に本件建物を所有し，本件土地を占有しているというのであり，Yの主張する本件土地の賃借権はX会社に対抗することができないことは前説示のとおりであるから，YはX会社に対し，本件土地を地上の本件建物を収去して明け渡すべき義務あるものといわねばならない。」

田中二郎裁判官の反対意見

「建物保護法の明文は，一応，原則として，借地権者がその土地の上に自己名義で登記した建物を有することを第三者に対抗するための要件としているが，同法の立法の趣旨目的に照らして考えれば，同法にいう建物の登記は，土地の第三取得者に不測の損害を生ぜしめる虞れのないかぎり，形式上，常に借地権者自身の名義のものでなければならないということを，文字どおりにしかく厳格に解さなければならない理由はない。

一般的にいえば，一面において，居住権を含む借地権の保護の要請に応じ，これを保護するだけの合理的根拠があり，しかも，他面において，土地の取引の安全を害することなく，新たに土地所有権を取得しようとする者が容易に当該土地の上に登記した建物が存在することを推知することができ，従って，土

➡ *58*

地の新たな取得者に不測の損害を生ぜしめる虞れがないような場合には，借地権者に同法の保護を与えることが同法の立法趣旨にそうゆえんである。このような見地から，私は，その建物の登記の瑕疵が更正登記の許される程度のものであればもちろん（昭和 40 年 3 月 17 日最高裁大法廷判決民集 19 巻 2 号 453 頁参照），更正登記の許されない場合であっても，例えば建物の登記が借地権者自身の名義でなく，現実にそこで共同生活を営んでいる家族の名義になっているようなときは，登記した建物がある場合に該当するものとして，その対抗力を認めるべきであると考える。

このような考え方をするときは，土地を新たに取得しようとする者は，土地の上に建物があるかどうかを実地検分し，さらに建物に登記があるかどうかを調査するだけでなく，土地の上の建物の登記名義人と借地権者との身分関係についても調査する労を免れず，そのかぎりにおいて，土地の取引にいくらかの障害を生ずることにはなるが，それが不当な障害とまではいえず，借地権保護の立法趣旨を達成させるために，この程度の負担を課しても，決して酷とはいいがたく，従って，土地の新たな取得者に不測の損害を生ぜしめるものとはいえないと思う。」

「本件家屋の登記は，長男 B 名義になっており，形式的にみるかぎり，借地権者たる Y 名義にはなっていないから，建物保護法 1 条の要件を完全にそなえているとはいえない。しかし，Y と長男 B とは，本件家屋において，一体的に家族的共同生活を営んでいる，いわゆる家団の構成メンバーにほかならず，建物保護法の趣旨は，このような一体的な家団構成メンバーの居住権を含む借地権を保護するにあるとみるべきであるから，建物保護法 1 条の定める対抗要件に関するかぎり，形式上は家団の構成メンバーの一員である長男 B 名義の登記になっていても，Y 名義の登記があるのと同様に，その対抗力を認めるのが，立法の趣旨に合する解釈というべきである。これを他の一面である土地の取引の保護とか第三取得者の保護という観点からいっても，本件土地の上に Y によって代表される家団の構成メンバーの一員である長男 B 名義で登記した建物の存在することは，格別の労を用いることなく，容易に推知することができるのであるから，これに対抗力を認めたからといって，土地の取引の安全を乱すことはなく，当該土地の第三取得者に不測の損害を生ぜしめるものとは

➡ *59*

いえない。

私は，同じ氏を称する家団の構成メンバーであれば，その登記名義が，仮りに父名義であれ，妻名義であれ，子供の名義であれ，建物保護法1条にいう有効な登記として，その対抗力を認めるを妨げないと考えるのであるが，少なくとも，本件の具体的事情のもとに，長男B名義の登記の対抗力を肯定した原判決の判断は，正当として維持されるべきであり，本件上告は理由がなく，棄却すべきものと考える。」（裁判長裁判官 横田喜三郎 裁判官 入江俊郎 奥野健一 山田作之助 五鬼上堅磐 横田正俊 草鹿浅之介 長部謹吾 城戸芳彦 石田和外 柏原語六 田中二郎 松田二郎 岩田 誠 下村三郎）

［関連裁判例］

59 地番表示の相違と建物保護法

最(大)判昭和40年3月17日民集19巻2号453頁

（曹時17巻5号121頁，法協82巻6号841頁，民商53巻5号32頁，不動産取引百選〈第3版〉108頁）

【事実】 Xは，A所有の家屋を代物弁済で取得し，その敷地をAから賃借した。本件家屋は，登記簿上，「東京都江東区亀戸町8丁目80番地家屋番号同町80番」と表示されていたが，実際には同町79番地の宅地106坪のうちの31坪余の上にあった。その後，79番地の宅地をAから買い受けたYがXの借地権を争ったため，XがYに対し，借地権の確認とXが賃借した土地上のYの建物の収去を請求した。原審が建物保護法によるXの借地権の対抗力を認めなかったので，Xから上告。

【判決理由】 破棄差戻 （奥野裁判官の補足意見・石坂・横田・松田裁判官の反対意見がある）

「『建物保護に関する法律』は，建物の所有を目的とする土地の借地権者（地上権者および賃借人を含む。）がその土地の上に登記した建物を有するときは，当該借地権（地上権および賃借権を含む。）の登記なくして，その借地権を第三者に対抗することができるものとすることによって，借地権者を保護しようとするものである。この立法趣旨に照らせば，借地権のある土地の上の建物についてなされた登記が，錯誤または遺漏により，建物所在の地番の表示において実際と多少相違していても，建物の種類，構造，床面積等の記載と相まち，その登記の表示全体において，当該建物の同一性を認識し得る程度の軽微な誤りであり，殊にたやすく更正登記ができるような場合には，同法1条1項にいう『登記したる建物を有する』場合にあたるものというべく，当該借地権は対抗力を有するものと解するのが相当である。もともと土地を買い受けようとする第三者は現地を検分して建物の所在を知り，ひいて賃借権等の土地使用権原の存在を推知することができるのが通例であるから，右のように解しても，借地権者と敷地の第三取得者との利益の調整において，必ずしも後者の利益を不当に害するものとはいえず，また，取引の安全を不当にそこなうものとも認められないからである。

本件の場合，原審は，Xにおいて東京都江東区亀戸町8丁目79番宅地106坪1合8勺中の31坪7合5勺を訴外Aから賃借し，同地上に本件居宅を所有している事実を確定しながら，右居宅が登記簿上は同所80番宅地の上に存するものとして登記されている一事をもって，Xはその賃借権を有する右79番宅地上に登記した建物を有するものということはできないとし，よって右賃借権は前記『建物保護に関する法律』の保護を受けることはできないとしている。

したがって，前段に説示したところよりして，原判決は，同法1条1項の解釈を誤り，ひいて登記と実際との同一性の存否につき審理を尽さなかった違法があるものといわなければならない。この点で論旨は理由があるものというべく，原判決は破棄を免れない。」

奥野健一裁判官の補足意見

「『建物保護に関する法律』(以下建物保護法という）は建物の所有を目的とする賃借権者（地上権者を含む。以下同じ）がその土地の上に登記したる建物を有するときは，賃借権（地上権を含む。以下同じ）の登記なくして賃借権を第三者に対抗することができるものとして，賃借権者を保護せんとするものである。同法の『登記したる建物』の登記については何等特別の規定を設けていないのであるから，普通一般の建物の所有権の登記を意味するものと解するの外なく，建物の保存登記の場合であれば，不動産登記法91条以下の規定に従い登記すれば，本法により賃借権の対抗力が付与されるものと解すべきである。そして建物の表示の登記としてなされる建物所在の地番の表示は，建物の種類，構造，床面積等と同じく，当該建物を特定するためのものであって，建物所在

➡ 59

の地番の土地についての権利関係を公示するものではなく，建物の登記はこれによって借地権の種類，内容の公示方法となるものではない。従って，建物保護法の適用の関係に限って，建物所在の地番の表示が特別の意義を有するものと解すべき根拠はないものと言わねばならない。要は，借地権者がその借地の上に有効な登記ある建物を有しておれば，同法の保護を受けることができるのである。これは恰も建物の賃借人が賃借権の登記なくとも，建物の引渡さえあれば，賃貸借を第三者に対抗し得るのと同様であって，引渡は賃借権の内容を公示するものではないのである。そして普通一般の建物の登記について，建物所在の地番の表示に錯誤，遺漏があるときでも，種類，構造，床面積等の表示に錯誤，遺漏のある場合と同じく，当該登記が社会通念上，当該建物を表示するにつき同一性を認識し得る限り，更正登記により遡及してこれを是正し得るものであって，かかる場合は，未だ更正登記前でも，その登記を無効とすべきではない。

換言すれば，建物登記において，その所在の地番の表示に誤謬があっても，その登記が登記事項全体から見て当該建物の表示として同一性が認められる程度の軽微の誤謬である限り，これが更正登記が許されない理由がなく，また，建物保護法の適用の場合に限って更正登記を否定すべき根拠もなく，その誤謬が当事者の申請によると，登記官吏の過誤に出でたるとを問うところではない。そして，更正登記は附記により登記され，附記登記の順位は主登記の順位によるのであるから，遡及して更正の効力を有することになる。従って，更正登記によって遡及的に是正できるような軽微な誤謬がある場合には，未だ更正登記の前と雖も，その登記は有効なものと解すべきである。」

横田正俊裁判官の反対意見

「甲地番の土地につき権利を取得しようとする第三者は，土地登記簿のほか，甲地番の土地を敷地とする建物の登記があるかどうかを調査すれば足りるのであって，甲地番の土地に所在する建物が過って他のいずれかの地番の土地を敷地として登記されているかどうかまで調査することを要求される筋合はないのである。多数意見の同一性認識論は，第三者に対し右の後段の調査要求をなしうることを前提としてはじめて成り立つものと考えられるが，その前提においてすでに過っているものと言うべきである。また，敷地の地番の表示が過っていても，その登記が更正可能のものであるときは，更正登記前に土地につき権利を取得した第三者に対しても借地権の対抗力を認むべきであるとするＸの所論，ならびに，更正登記がなされた後は右第三者に対しても借地権をもって対抗しうるに至るとの見解は，前述の建物保護法の趣旨ならびに登記制度の本質に照らし，とうてい肯認することをえない。

以上のように解するときは借地権者の保護に欠けるようでもあるが，そのこうむる不利益は，過誤のある登記を申請し又は過誤のある登記を是正することを怠った借地権者自らが招いたところというべきであろう。」（裁判長裁判官 横田喜三郎　裁判官 入江俊郎　奥野健一　石坂修一　山田作之助　五鬼上堅磐　横田正俊　斎藤朔郎　草鹿浅之介　長部謹吾　城戸芳彦　石田和外　柏原語六　田中二郎　松田二郎）

60　賃貸人の地位の留保

最(一)判平成11年3月25日判時1674号61頁（百選Ⅱ〈第6版〉68頁）

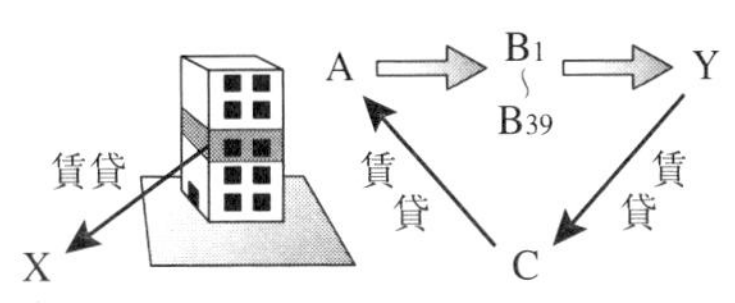

【事実】 1　Ｘ（日本人材サービス株式会社）は，本件ビル（鉄骨・鉄骨鉄筋コンクリート造地下2階地上10階建事務所兼店舗）を所有していたＡ（アーバネット株式会社）から，本件ビルのうちの6～8階部分（「本件建物部分」）を賃借し（「本件賃貸借契約」），Ａに対して敷金の性質を有する保証金を交付した。

2　その後，平成2年3月にＹ，Ａ，ＢらおよびＣの間で，以下のような契約が結ばれた。

(1)売主をＡ，買主をB_1～B_{39}（「持分権者ら」）とする本件ビルの売買契約

(2)譲渡人を持分権者ら，譲受人をＹ（安田信託銀行株式会社）とする信託譲渡契約

(3)賃貸人をＹ，賃借人をＣ（芙蓉総合リース株式会社）とする賃貸借契約

(4)賃貸人をＣ，賃借人をＡとする賃貸借契約

(5)上記売買契約および信託譲渡契約の締結に際し，ＡＸ間の本件賃貸借契約における賃貸人の地位をＡに留保する旨合意された。

3　Ｘは，平成3年9月にＡが破産宣告を受けるまで，前記2の契約が締結された

➡ *60*

ことを知らずにＡに対して賃料を支払い，この間，Ａ以外の者がＸに対して賃貸人としての権利を主張したことはなかった。Ｘは，前記２の契約が締結されたことを知った後，本件賃貸借契約における賃貸人の地位がＹに移転したと主張したが，Ｙがこれを認めなかったことから，本件賃貸借契約における信頼関係が破壊されたとして，本件賃貸借契約を解除して本件建物部分から退去し，Ｙに対し保証金の名称でＡに交付していた敷金の返還を求めた。原審がＸの請求を認めたため，Ｙから上告。

【判決理由】 上告棄却（藤井裁判官の反対意見がある）

「自己の所有建物を他に賃貸して引き渡した者が右建物を第三者に譲渡して所有権を移転した場合には，特段の事情のない限り，賃貸人の地位もこれに伴って当然に右第三者に移転し，賃借人から交付されていた敷金に関する権利義務関係も右第三者に承継されると解すべきであり（最(二)判昭和39年8月28日民集18巻7号1354頁，最(一)判昭和44年7月17日民集23巻8号1610頁参照），右の場合に，新旧所有者間において，従前からの賃貸借契約における賃貸人の地位を旧所有者に留保する旨を合意したとしても，これをもって直ちに前記特段の事情があるものということはできない。けだし，右の新旧所有者間の合意に従った法律関係が生ずることを認めると，賃借人は，建物所有者との間で賃貸借契約を締結したにもかかわらず，新旧所有者間の合意のみによって，建物所有権を有しない転貸人との間の転貸借契約における転借人と同様の地位に立たされることとなり，旧所有者がその責めに帰すべき事由によって右建物を使用管理する等の権原を失い，右建物を賃借人に賃貸することができなくなった場合には，その地位を失うに至ることもあり得るなど，不測の損害を被るおそれがあるからである。もっとも，新所有者のみが敷金返還債務を履行すべきものとすると，新所有者が無資力となった場合などには，賃借人が不利益を被ることになりかねないが，右のような場合に旧所有者に対して敷金返還債務の履行を請求することができるかどうかは，右の賃貸人の地位の移転とは別に検討されるべき問題である。」

「前記説示のとおり，〔**【事実】**2〕の合意をもって直ちに前記特段の事情があるものと解することはできない。そして，他に前記特段の事情のあることがうかがわれない本件においては，本件賃貸借契約における賃貸人の地位は，本件

➡ *60*

ビルの所有権の移転に伴ってAから持分権者らを経てYに移転したものと解すべきである。以上によれば，XのYに対する本件保証金返還請求を認容すべきものとした原審の判断は，正当として是認することができる。原判決に所論の違法はなく，論旨は採用することができない。」

藤井正雄裁判官の反対意見

「甲が，その所有の建物を乙に賃貸して引き渡し，賃貸借継続中に，右建物を丙に譲渡してその所有権を移転したときは，特段の事情のない限り，賃貸人の地位も丙に移転し，丙が乙に対する賃貸人としての権利義務を承継するものと解されていることは，法廷意見の説くとおりである。」

「しかし，甲が，丙に建物を譲渡すると同時に，丙からこれを賃借し，引き続き乙に使用させることの承諾を得て，賃貸（転貸）権能を保持しているという場合には，甲は，乙に対する賃貸借契約上の義務を履行するにつき何の支障もなく，乙は，建物賃貸借の対抗力を主張する必要がないのであり，甲乙間の賃貸借は，建物の新所有者となった丙との関係では適法な転貸借となるだけで，もとのまま存続するものと解すべきである。賃貸人の地位の丙への移転を観念することは無用である。賃貸人の地位が移転するか否かが乙の選択によって決まるというものでもない。もしそうではなくて，この場合にも新旧所有者間に賃貸借関係の承継が起こるとすると，甲の意思にも丙の意思にも反するばかりでなく，丙は甲と乙に対して二重の賃貸借関係に立つという不自然なことになる（もっとも，乙の立場から見ると，当初は所有者との間の直接の賃貸借であったものが，自己の関与しない甲丙間の取引行為により転貸借に転化する結果となり，乙は民法613条の適用を受け，丙に対して直接に義務を負うなど，その法律上の地位に影響を受けることは避けられない。特に問題となるのは，丙甲間の賃貸借が甲の債務不履行により契約解除されたときの乙の地位であり，乙は丙に対して原則として占有権限を失うと解されているが，乙の賃貸借が本来対抗力を備えていたような場合にはそれが顕在化し，丙は少なくとも乙に対しても履行の催告をした上でなければ，甲との契約を解除することができないと解さなければならないであろう。）。」

「本件は『不動産小口化商品』として開発された契約形態の一つであって，本件ビルの全体について，所有者Aから39名の持分権者らへの売買，持分権

→ *60*

者らからＹへの信託，ＹとＣとの間の転貸を目的とする一括賃貸借，ＣとＡとの間の同様の一括転貸借（かかる一括賃貸借を原審はサブリース契約と呼んでいる。）が連結して同時に締結されたものであることは，原審の確定するところである。これによれば，本件ビルの所有権はＡから持分権者らを経てＹに移転したが，Ｙ，Ｃ，Ａの間の順次の合意により，Ａは本件ビルの賃貸（右事実関係の下では転々貸）権能を引き続き保有し，Ｘとの間の本件賃貸借契約に基づく賃貸人（転々貸人）としての義務を履行するのに何の妨げもなく，現にＸはＡを賃貸人として遇し，ＡはＸに対する賃貸人として行動してきたのであり，賃貸借関係を旧所有者から新所有者に移転させる必要は全くない。すなわち，本件の場合には，Ｙが賃貸人の地位を承継しない特段の事情があるというべきである。そして，この法律関係は，Ａが破産宣告を受けたからといって，直ちに変動を来すものではない。

賃貸借関係の移転がない以上，Ｘの預託した本件保証金（敷金の性質を有する。）の返還の関係についても何の変更もないのであり，賃貸借の終了に当たり，Ｘに対し本件保証金の返還義務を負うのはＡであって，Ｙではないということになる。Ｘとしては，Ａが破産しているため，実際上保証金返還請求権の満足を得ることが困難になるが，それはやむをえない。もし法廷意見のように解すると，小口化された不動産共有持分を取得した持分権者らが信託会社を経由しないで直接にサブリース契約を締結するいわゆる非信託型……の契約形態をとった場合には，持分権者らが末端の賃借人に対する賃貸人の地位に立たなければならないことになるが，これは，不動産小口化商品に投資した持分権者らの思惑に反するばかりでなく，多数当事者間の複雑な権利関係を招来することにもなりかねない。また，本件のような信託型にあっても，仮に本件とは逆に新所有者が破産したという場合を想定したとき，関係者はすべて旧所有者を賃貸人と認識し行動してきたにもかかわらず，旧所有者に対して法律上保証金返還請求権はなく，新所有者からは事実上保証金の返還を受けられないことになるが，この結論が不合理であることは明白であろう。」

「以上の理由により，私は，ＸのＹに対する保証金返還請求を認めることはできず，原判決を破棄し，第１審判決を取消して，Ｘの請求を棄却すべきものと考える。」（裁判長裁判官 大出峻郎　裁判官 小野幹雄　遠藤光男　井嶋一友　藤

井正雄）

解　説

借地権が賃貸借による場合は，借地人には借地権についての登記請求権がないとされている（大判大正10年7月11日民録27輯1378頁）。この不都合を解決するために，建物保護法1条（現在では借地借家法10条）は，借地人が借地上に登記された建物を所有することを要件として借地権に対抗力を与えた。しかし，この要件をめぐっては，建物保護法の趣旨をどう理解するかの違いに由来する解釈の対立がある。建物の地番が異なっていた場合に*59*は12対3で対抗力を認めたが，建物が借地人の長男名義であった場合に*58*は9対6で対抗力を否定した。その後，妻名義，子供名義の事案で僅少差で対抗力を否定する判決が続いたが，義母名義の事案で最(一)判昭和58年4月14日判時1077号62頁は，5裁判官全員一致で対抗力を否定した。最高裁の態度がほぼ固まったと見てよいだろう。なお，たとえ対抗要件がなくても，権利濫用の法理で土地明渡請求が否定される場合がある（*57*）。

*60*は賃貸ビルに対する投資商品として開発された契約関係が争点となった。投資家に賃貸人としての負担が生じないように，賃貸人の地位をもとの賃貸人に留保することが可能かどうかが争われ，法廷意見はそれを否定する結論を導いた。しかし，藤井裁判官の反対意見の指摘するように，法廷意見に従うと当事者の意図に反する複雑な権利関係が生じかねない。そこで，2017年改正の際にこれに対応する規定を置くこととなり，新605条の2は，賃貸人の地位の留保を認めたうえで，事後処理のルールを明らかにした。

61　賃借権に基づく妨害排除請求

最(二)判昭和28年12月18日民集7巻12号1515頁・向島須崎町罹災地明渡事件

(百選Ⅱ〈第8版〉116頁)

【事実】 Xは，以前よりA所有の本件土地を賃借し建物を所有していた。その建物が戦災で焼失した後に，Yがこの土地をAから賃借して建物を建てたので，Xは借地権に基づいて建物の収去と土地の明渡しを請求した。1，2審ともX勝訴。

➡ *61*

Yは上告して，Xは債権たる賃借権を有するだけだから，賃貸人に賃借地の引渡しを求めうるにとどまり，第三者Yに侵害排除を要求できないと主張した。

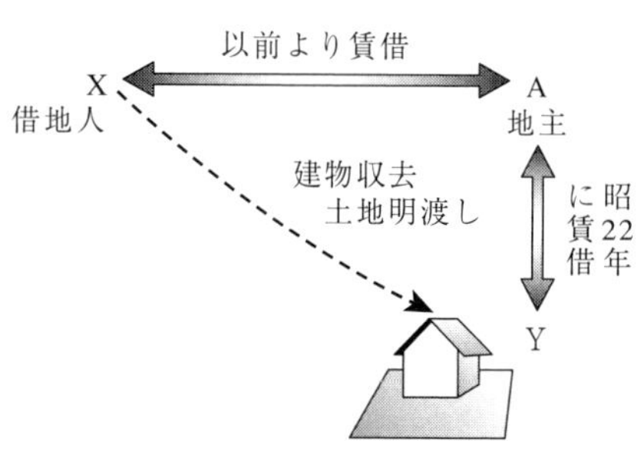

【判決理由】 上告棄却 「民法605条は不動産の賃貸借は之を登記したときは爾後その不動産につき物権を取得した者に対してもその効力を生ずる旨を規定し，建物保護に関する法律では建物の所有を目的とする土地の賃借権により土地の賃借人がその土地の上に登記した建物を有するときは土地の賃貸借の登記がなくても賃借権をもって第三者に対抗できる旨を規定しており，更に罹災都市借地借家臨時処理法10条によると罹災建物が滅失した当時から引き続きその建物の敷地又はその換地に借地権を有する者はその借地権の登記及びその土地にある建物の登記がなくてもその借地権をもって昭和21年7月1日から5箇年以内にその土地について権利を取得した第三者に対抗できる旨を規定しているのであって，これらの規定により土地の賃借権をもってその土地につき権利を取得した第三者に対抗できる場合にはその賃借権はいわゆる物権的効力を有し，その土地につき物権を取得した第三者に対抗できるのみならずその土地につき賃借権を取得した者にも対抗できるのである。従って第三者に対抗できる賃借権を有する者は爾後その土地につき賃借権を取得しこれにより地上に建物を建てて土地を使用する第三者に対し直接にその建物の収去，土地の明渡を請求することができるわけである。」

「……Xが右借地上に所有していた家屋は昭和20年3月戦災に罹り焼失したがXの借地権は当然に消滅するものでなく罹災都市借地借家臨時処理法の規定によって昭和21年7月1日から5箇年内に右借地について権利を取得した者に対し右借地権を対抗できるわけであるところ，Yは本件土地に主文掲記の建物を建築所有して右土地を占有しているのであるがその理由はYは土地所有者のAから昭和22年6月に賃借したというのであるからYはXの借地権をもって対抗される立場にありYはXの借地権に基く本訴請求を拒否できない」（裁判長裁判官 霜山精一 裁判官 栗山 茂 藤田八郎 谷村唯一郎）

解　説

賃借権の行使が妨げられたとき，賃借人はどのような主張ができるか。占有訴権や債権者代位権の転用（『民法判例集　担保物権・債権総論（第3版）』95事件参照）のほか，61は不動産賃借権に基づく妨害排除請求権を認めた。対抗力のある場合に限っているのは，そうしないと，二重賃貸借の場合に両方からの妨害排除請求権が認められることになって決着がつかないからであろう。新605条の4はこの判例を明文化した。

［2］　賃借権の譲渡・転貸

62 無断転貸による解除

最(二)判昭和28年9月25日民集7巻9号979頁
（民商30巻1号66頁，百選Ⅱ〈第4版〉130頁）

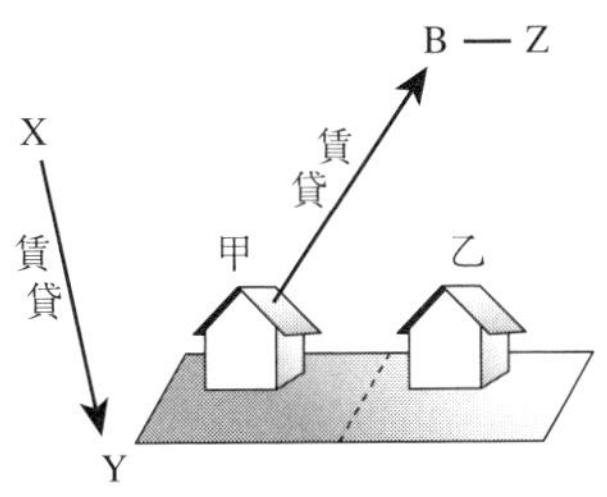

【事実】 Xは本件宅地をYに賃貸し，Yは甲乙2棟の建物を所有していた。Zの父Bは，甲建物を賃借していたが，甲乙建物は戦災で焼失した。Bは，罹災都市借地借家臨時処理法の規定に基づいて甲建物の敷地の借地権を合法的にYから譲り受けた。ところがBは，隣接する敷地をもYから転借し，その土地に跨がった建物をZ名義で建てた。そこで，Xは無断転貸を理由にYとの借地契約を解除し，YZに土地の明渡を請求した。原審がXの請求を棄却したので，Xから上告。

【判決理由】 上告棄却　（藤田・霜山裁判官の反対意見，谷村裁判官の補足意見がある）

「元来民法612条は，賃貸借が当事者の個人的信頼を基礎とする継続的法律関係であることにかんがみ，賃借人は賃貸人の承諾がなければ第三者に賃借権を譲渡し又は転貸することを得ないものとすると同時に，賃借人がもし賃貸人の承諾なくして第三者をして賃借物の使用収益を為さしめたときは，賃貸借関係を継続するに堪えない背信的所為があったものとして，賃貸人において一方的に賃貸借関係を終止せしめ得ることを規定したものと解すべきである。した

➡ 63

がって，賃借人が賃貸人の承諾なく第三者をして賃借物の使用収益を為さしめた場合においても，賃借人の当該行為が賃貸人に対する背信的行為と認めるに足らない特段の事情がある場合においては，同条の解除権は発生しないものと解するを相当とする。

然らば，本件において，ＹがＢに係争土地の使用を許した事情が前記原判示の通りである以上，Ｙの右行為を以て賃貸借関係を継続するに堪えない著しい背信的行為となすに足らないことはもちろんであるから，Ｘの同条に基く解除は無効というの外はなく，これと同趣旨に出でた原判決は相当であって，所論は理由がない。」

霜山精一裁判官の反対意見

「もとより民法612条が賃借権の譲渡，転貸を禁止し，賃借人が賃貸人の承諾を得ないで第三者をして賃借物の使用収益をさせた場合に賃貸人に契約の解除権を与えているのは，賃貸借は継続的契約関係で当事者間の信頼関係を基調とするものであるからであって民法は賃貸人の承諾を得ない賃借権の譲渡，転貸それ自体をもって賃借人の背信的行為とみて規定をしているのである。それゆえ賃貸人の承諾を得ない賃借権の譲渡，転貸のうちに背信的行為になるものと背信的行為にならないものとを区別し，背信的行為になるものにのみ民法612条が適用され，背信的行為にならないものには右規定の適用がないという趣旨で立法されたものでないことは疑を容れないところである。」（裁判長裁判官 霜山精一　裁判官 栗山　茂　小谷勝重　藤田八郎　谷村唯一郎）

［関連裁判例］

63 無断転貸による解除

最(二)判平成21年11月27日判時2066号45頁（民商142巻2号226頁）

【事実】 Ｘの父Ｂは，昭和21年頃，その所有する本件土地（東京都豊島区の宅地）をY_1の父Ａに賃貸し，Ａは同地上に建物（「旧建物」）を建築し，そこに居住して畳製造販売業を営んでいた。その後，Ａの死亡に伴い旧建物を相続により取得したY_1は，Ｂの死亡に伴い本件土地を相続により取得したＸとの間で，昭和62年3月に，本件土地の賃貸借契約を更新する旨合意した（合意更新後の賃貸借

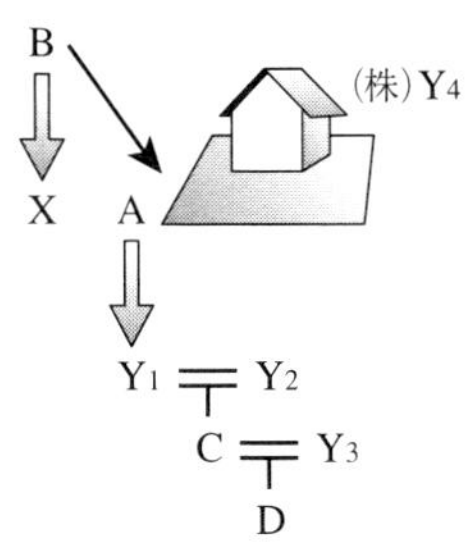

契約を「本件賃貸借契約」という)。本件賃貸借契約には，賃借人が本件土地上の建物をほかに譲渡するときは，あらかじめ賃貸人の承諾を受けなければならない旨の特約がある。

Y_1 は，旧建物に妻 Y_2 および子Cと共に居住するとともに，旧建物を本店所在地として，株式会社 Y_4 を設立し，その代表取締役に就任し，引き続き旧建物において畳製造販売業を営んできたが，Cが Y_3 と婚姻し，Cと Y_3 の間にDが出生し，Y_3 およびDも旧建物に同居するようになった。

Cと Y_2 は，平成9年頃，旧建物の建て替えに反対していた Y_1 の了解を得ずに，Xとの間で，建て替え後の建物の持分を Y_1 およびCにつき各2分の1とすることを前提として，建物の建て替えの承諾条件につき交渉を行なった。Xは，Cとの間で，旧建物の建て替えおよび本件土地の転貸の承諾料を400万円とすることを合意した。

その後，Cは，Xに対し，金融機関から融資を受ける都合上，建て替え後の建物の共有者に Y_2 を加え，各人の持分を Y_1 につき10分の1，Cにつき10分の7，Y_2 につき10分の2にしたいとの申入れをした。Xは，先に合意した承諾料の額を変更することなく，これを承諾した。

旧建物を建て替えた本件建物（軽量鉄骨造陸屋根3階建）は平成10年3月に完成したが，上記申入れの内容とは異なり，Cの持分を10分の7，Y_2 の持分を10分の3としてCおよび Y_2 が共有する旨の所有権保存登記がされた。Cおよび Y_2 は，Y_1 が持分を取得しないことをXに説明すると，旧建物の建て替えについて承諾が得られず，承諾を得られるとしても承諾料その他の条件が不利なものになる可能性があると考えて，上記の事実をXに説明しなかった。

Y_1 は，最終的に，Cおよび Y_2 が本件建物を建築し，上記の持分割合でこれを共有することを容認し，これにより本件土地が Y_1 からCおよび Y_2 に転貸されることになった（「第1転貸」）。本件建物には，旧建物と同様に，Y_1，Y_2，C，Y_3 およびDの5名が居住するとともに，株式会社 Y_4 の本店が置かれてきた。

平成17年2月，Cは Y_3 との離婚の届出をし，財産分与として本件建物の持分10分の7を Y_3 に譲渡した。この財産分与に伴い，本件建物の敷地である本件土地につきCが有していた持分10分の7の転借権も Y_3 に移転した。Y_1 は，上記財産分与が行なわれたことを容認し，これにより本件土地が Y_1 から Y_3 に転貸されることになった（「第2転貸」）。

Cは，同年6月に破産手続開始の決定を受け本件建物から退去したが，Y_3 およよ

➡ *63*

びDは，その後もY_1Y_2と共に本件建物に居住している。

Xは，同年6月頃，本件建物の登記事項証明書を取寄せて前記事実を知り，同年8月，Y_1に対し，第1，第2転貸がXに無断で行なわれたことを理由に本件賃貸借契約を解除する旨の意思表示をし，$Y_1Y_2Y_3$に対し本件建物を収去して本件土地を明け渡すことを，株式会社Y_4に対し本件建物から退去して本件土地を明け渡すこと等を求めた。

原審は，第1転貸および第2転貸について，転借人からY_1やCが抜けることを明らかにせずXに無断で行なわれたことにつき背信行為と認めるに足りない特段の事情があるとはいえないと判断して，XのYらに対する請求を認容した。Yらから上告。

【判決理由】 破棄自判 「⑴ 前記事実関係によれば，第1転貸は，本件土地の賃借人であるY_1が，賃貸人であるXの承諾を得て本件土地上のY_1所有の旧建物を建て替えるに当たり，新築された本件建物につき，C及びY_2の共有とすることを容認し，これに伴い本件土地を転貸したものであるところ，第1転貸による転借人らであるC及びY_2は，Y_1の子及び妻であって，建て替えの前後を通じて借地上の建物においてY_1と同居しており，第1転貸によって本件土地の利用状況に変化が生じたわけではない上，Xは，Y_1の持分を10分の1，Cの持分を10分の7，Y_2の持分を10分の2として，建物を建て替えることを承諾しており，Y_1の持分とされるはずであった本件建物の持分10分の1がY_2の持分とされたことに伴う限度でXの承諾を得ることなく本件土地が転貸されることになったにとどまるというのである。そして，Xは，Y_1とCが各2分の1の持分を取得することを前提として合意した承諾料につき，これを増額することなく，Y_1，C及びY_2の各持分を上記割合として建物を建て替えることを承諾し，上記の限度で無断転貸となる第1転貸がされた事実を知った後も当初はこれを本件解除の理由とはしなかったというのであって，Xにおいて，Y_1が本件建物の持分10分の1を取得することにつき重大な関心を有していたとは解されない。

そうすると，Y_1は本件建物の持分を取得しない旨の説明を受けていた場合にXにおいて承諾料の増額を要求していたことが推認されるとしても，第1転貸が上記の限度でXに無断で行われたことにつき，賃貸人であるXに対する背信行為と認めるに足りない特段の事情があるというべきである。

(2) また，前記事実関係によれば，第2転貸は，本件土地の賃借人であるY_1が，本件土地上の本件建物の共有者であるCにおいてその持分をY_3に譲渡することを容認し，これに伴いY_3に本件土地を転貸したものであるところ，上記の持分譲渡は，Y_1の子であるCから，その妻であるY_3に対し，離婚に伴う財産分与として行われたものである上，Y_3は離婚前から本件土地にY_1らと共に居住しており，離婚後にCが本件建物から退去したほかは，本件土地の利用状況には変化が生じていないというのであって，第2転貸により賃貸人であるXが何らかの不利益を被ったことは全くうかがわれない。

そうすると，第2転貸がXに無断で行われたことについても，上記の特段の事情があるというべきである。

(3) 以上によれば，第1転貸及び第2転貸がXに無断で行われたことを理由とする本件解除は効力を生じないものといわなければならず，XのYらに対する請求はいずれも理由がない。

これと異なる原審の判断には，判決に影響を及ぼすことが明らかな法令の違反がある。論旨は理由があり，原判決中Yらに関する部分は破棄を免れない。そして，XのYらに対する請求をいずれも棄却した第1審判決は正当であるから，上記部分につきXの控訴を棄却すべきである。」（裁判長裁判官 中川了滋　裁判官 今井　功　古田佑紀　竹内行夫）

64 賃借権の譲渡――賃借人が会社の場合

最(二)判平成8年10月14日民集50巻9号2431頁

（*曹時50巻11号179頁，法協118巻3号466頁，民商116巻6号961頁，百選Ⅱ〈第8版〉122頁*）

【事実】 Y会社（旧商号高秋運送有限会社）はXの所有する土地を賃借し，同地上に所有する建物を車庫として使用して運送業を営んでいた。Yの持分は，設立以来の代表取締役であるAとその家族が所有し，役員も同人らとその親族で占められていた。その後，A及びその家族は，Yの持分全部を，個人で運送業を営んでいたBに売り渡し，Yの役員も全員退任して，新たにBが代表取締役に，B

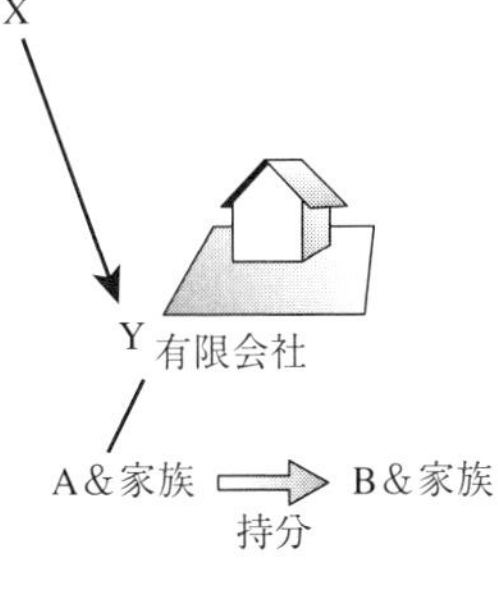

➡ *64*

の家族がその他の役員に就任した。Yの経営はBが中心となって行ない，Yは，従前からの自動車及び従業員にB個人が運送業に使用していた自動車及び従業員を加え，本件土地建物を使用して従前と同様の運送業を営んでいる。XはYに対して，賃借権の無断譲渡を理由として賃貸借契約を解除し，建物収去土地明渡を求めた。原審が，小規模な個人会社における経営者の交代は賃借権の譲渡に当たるとしてXの請求を認容したので，Yから上告。

【判決理由】 破棄差戻 「民法612条は，賃借人は賃貸人の承諾がなければ賃借権を譲渡することができず，賃借人がこれに反して賃借物を第三者に使用又は収益させたときは，賃貸人は賃貸借契約を解除することができる旨を定めている。右にいう賃借権の譲渡が賃借人から第三者への賃借権の譲渡を意味することは同条の文理からも明らかであるところ，賃借人が法人である場合において，右法人の構成員や機関に変動が生じても，法人格の同一性が失われるものではないから，賃借権の譲渡には当たらないと解すべきである。そして，右の理は，特定の個人が経営の実権を握り，社員や役員が右個人及びその家族，知人等によって占められているような小規模で閉鎖的な有限会社が賃借人である場合についても基本的に変わるところはないのであり，右のような小規模で閉鎖的な有限会社において，持分の譲渡及び役員の交代により実質的な経営者が交代しても，同条にいう賃借権の譲渡には当たらないと解するのが相当である。賃借人に有限会社としての活動の実体がなく，その法人格が全く形骸化しているような場合はともかくとして，そのような事情が認められないのに右のような経営者の交代の事実をとらえて賃借権の譲渡に当たるとすることは，賃借人の法人格を無視するものであり，正当ではない。賃借人である有限会社の経営者の交代の事実が，賃貸借契約における賃貸人・賃借人間の信頼関係を悪化させるものと評価され，その他の事情と相まって賃貸借契約解除の事由となり得るかどうかは，右事実が賃借権の譲渡に当たるかどうかとは別の問題である。賃貸人としては，有限会社の経営者である個人の資力，信用や同人との信頼関係を重視する場合には，右個人を相手方として賃貸借契約を締結し，あるいは，会社との間で賃貸借契約を締結する際に，賃借人が賃貸人の承諾を得ずに役員や資本構成を変動させたときは契約を解除することができる旨の特約をするなどの措置を講ずることができるのであり，賃借権の譲渡の有無につき右のように解しても，賃貸人の利益を不当に損なうものとはいえない。」（裁判長裁判官 根岸重治　裁判官 大西勝也　河合伸一　福田　博）

65 賃借権の譲渡——譲渡担保権設定

最(一)判平成9年7月17日民集51巻6号2882頁（曹時51巻10号159頁，平9重判77頁）

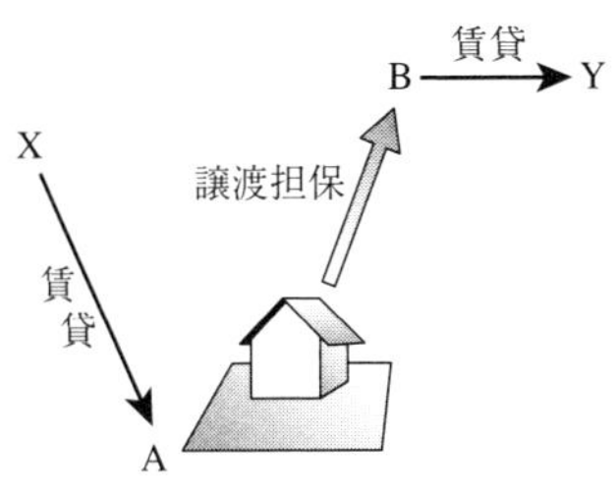

【事実】 Xは本件土地をAに賃貸し，Aは同地上に本件建物を所有していた。Aは同建物を譲渡担保としてBに譲渡する旨の契約をし，Bの妻に売買を原因とする移転登記がなされた（その後この登記はBにより錯誤を原因として抹消されている）。本件建物にはBからの賃借人Yが居住している。Xは，借地権の無断譲渡を理由に本件土地の賃貸借契約を解除する旨の意思表示を行ない，Yに対して建物からの退去と土地の明渡しを求めた。原審は，譲渡担保権が実行された証拠はなく，本件建物の所有権が確定的に譲渡されたとはいえないとして解除を認めなかったので，Xから上告。

【判決理由】 破棄自判「1　借地人が借地上に所有する建物につき譲渡担保権を設定した場合には，建物所有権の移転は債権担保の趣旨でされたものであって，譲渡担保権者によって担保権が実行されるまでの間は，譲渡担保権設定者は受戻権を行使して建物所有権を回復することができるのであり，譲渡担保権設定者が引き続き建物を使用している限り，右建物の敷地について民法612条にいう賃借権の譲渡又は転貸がされたと解することはできない（最(二)判昭和40年12月17日民集19巻9号2159頁参照）。しかし，地上建物につき譲渡担保権が設定された場合であっても，譲渡担保権者が建物の引渡しを受けて使用又は収益をするときは，いまだ譲渡担保権が実行されておらず，譲渡担保権設定者による受戻権の行使が可能であるとしても，建物の敷地について民法612条にいう賃借権の譲渡又は転貸がされたものと解するのが相当であり，他に賃貸人に対する信頼関係を破壊すると認めるに足りない特段の事情のない限り，賃貸人は同条2項により土地賃貸借契約を解除することができるものというべきである。けだし，(1)民法612条は，賃貸借契約における当事者間の信頼関係

➡ *65*

を重視して，賃借人が第三者に賃借物の使用又は収益をさせるためには賃貸人の承諾を要するものとしているのであって，賃借人が賃借物を無断で第三者に現実に使用又は収益させることが，正に契約当事者間の信頼関係を破壊する行為となるものと解するのが相当であり，⑵譲渡担保権設定者が従前どおり建物を使用している場合には，賃借物たる敷地の現実の使用方法，占有状態に変更はないから，当事者間の信頼関係が破壊されるということはできないが，⑶譲渡担保権者が建物の使用収益をする場合には，敷地の使用主体が替わることによって，その使用方法，占有状態に変更を来し，当事者間の信頼関係が破壊されるものといわざるを得ないからである。

2　これを本件についてみるに，原審の前記認定事実によれば，Bは，Aから譲渡担保として譲渡を受けた本件建物をYに賃貸することによりこれの使用収益をしているものと解されるから，AのBに対する同建物の譲渡に伴い，その敷地である本件土地について民法612条にいう賃借権の譲渡又は転貸がされたものと認めるのが相当である。本件において，仮に，Bがいまだ譲渡担保権を実行しておらず，Aが本件建物につき受戻権を行使することが可能であるとしても，右の判断は左右されない。

3　そうすると，特段の事情の認められない本件においては，Xの本件賃貸借契約解除の意思表示は効力を生じたものというべきであり，これと異なる見解に立って，本件土地の賃貸借について民法612条所定の解除原因があるとはいえないとして，Xによる契約解除の効力を否定した原審の判断には，法令の解釈適用を誤った違法があり，この違法は原判決の結論に影響を及ぼすことが明らかである。論旨は理由があり，その余の上告理由について判断するまでもなく，原判決は破棄を免れない。そして，前に説示したところによれば，Xの再抗弁〔612条に基づく本件土地賃貸借契約の解除〕は理由があるから，Xの本件請求は，これを認容すべきである。」（裁判長裁判官 藤井正雄　裁判官 小野幹雄　高橋久子　遠藤光男　井嶋一友）

66 借地契約の解除と地上建物の賃借人の地位

最(一)判昭和38年2月21日民集17巻1号219頁（曹時15巻4号93頁，法協82巻1号143頁，民商49巻4号579頁）

【事実】 AはXから本件土地を賃借して建物を建て，これをYに賃貸していた。AX間で借地権の存続期間をめぐって紛争が生じ，結局，調停で借地契約は合意解除された。そこで，XはYに対して建物からの退去と土地の明渡を請求した。原審がXの請求を棄却したのでXから上告。

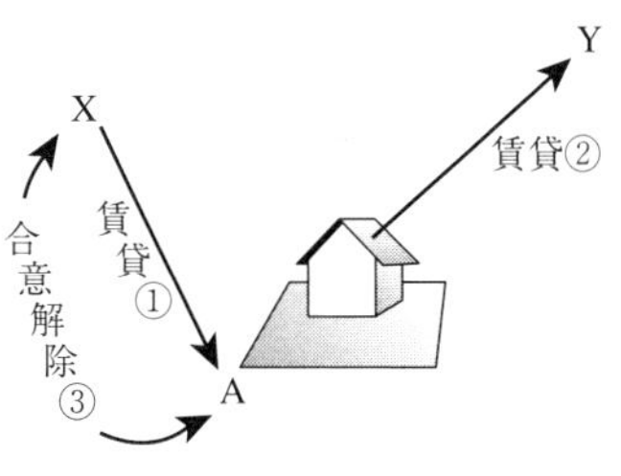

【判決理由】 上告棄却 「本件借地契約は，右の如く，調停により地主たるXと借地人たるAとの合意によって解除され，消滅に至ったものではあるが，原判決によれば，前叙の如く，Aは右借地の上に建物を所有しており，昭和30年3月からは，Yがこれを賃借して同建物に居住し，家具製造業を営んで今日に至っているというのであるから，かかる場合においては，たとえXとAとの間で，右借地契約を合意解除し，これを消滅せしめても，特段の事情がない限りは，Xは，右合意解除の効果を，Yに対抗し得ないものと解するのが相当である。

なぜなら，XとYとの間には直接に契約上の法律関係がないにもせよ，建物所有を目的とする土地の賃貸借においては，土地賃貸人は，土地賃借人が，その借地上に建物を建築所有して自らこれに居住することばかりでなく，反対の特約がないかぎりは，他にこれを賃貸し，建物賃借人をしてその敷地を占有使用せしめることをも当然に予想し，かつ認容しているものとみるべきであるから，建物賃借人は，当該建物の使用に必要な範囲において，その敷地の使用収益をなす権利を有するとともに，この権利を土地賃貸人に対し主張し得るものというべく，右権利は土地賃借人がその有する借地権を抛棄することによって勝手に消滅せしめ得ないものと解するのを相当とするところ，土地賃貸人とその賃借人との合意をもって賃貸借契約を解除した本件のような場合には賃借人において自らその借地権を抛棄したことになるのであるから，これをもって第三者たるYに対抗し得ないものと解すべきであり，このことは民法398条，

538 条の法理からも推論することができるし，信義誠実の原則に照しても当然のことだからである。（大判昭和 9 年 3 月 7 日民集 13 巻 278 頁，最(一)判昭和 37 年 2 月 1 日集民 58 巻 441 頁参照)。」（裁判長裁判官 高木常七　裁判官 入江俊郎　下飯坂潤夫　斎藤朔郎）

67 サブリースの終了と転借人の地位

最(一)判平成 14 年 3 月 28 日民集 56 巻 3 号 662 頁（曹時 57 巻 3 号 199 頁，百選 I〈第 8 版〉8 頁，平 14 重判 71 頁）

【事実】 1　X（有限会社太郎ビル）は，昭和 50 年初めころ，ビルの賃貸，管理を業とするN会社（日本ビルプロヂェクト株式会社）の勧めにより，当時のXの代表者が所有していた土地の上にビルを建築してN会社に一括して賃貸し，N会社から第三者に対し店舗又は事務所として転貸させ，これにより安定的に収入を得ることを計画し，昭和 51 年 11 月 30 日までに本件ビルを建築した。

2　本件ビルの敷地のうち，小田急線下北沢駅に面する角地に相当する部分 51.20 平方メートルは，もとAの所有地であったが，X代表者は，これを本件ビル敷地に取り込むため，N会社を通じて買収交渉を行い，N会社がAに対し，ビル建築後 1 階のA所有地にほぼ該当する部分を転貸することを約束したので，Aは，その旨の念書を取得して，上記土地をXに売却した。

3　Xは，昭和 51 年 11 月 30 日，N会社との間で，本件ビルにつき，期間を 20 年（ただし，X又はN会社が期間満了の 6 箇月前までに更新をしない旨の通知又は条件を変更しなければ更新をしない旨の通知をしなかったときは，更新される。）とする本件賃貸借を締結した。Xは，本件賃貸借において，N会社が本件ビルを一括又は分割して店舗又は事務所として第三者に転貸することをあらかじめ承諾した。

4　N会社は，昭和 51 年 11 月 30 日，Aとの間で，本件ビルのうちAの従前の所有地にほぼ照合する部分につき，期間を 20 年，使用目的を店舗とする転貸借契約を締結した。

5　Aは，昭和 51 年 11 月 30 日にX及びN会社の承諾を得て，K（株式会社京樽）との間で，本件転貸部分の一部（判決中で「本件転貸部分二」と表記されている）につき，期間を同年 12 月 1 日から 5 年間とする再転貸借契約を締結し，Kはこれに基づきその再転貸部分を占有している。Kについては平成 9 年 3 月 31 日に会社更生手続開始の決定がされ，Yが管財人に選任された。

6　N会社は，転貸方式による本件ビルの経営が採算に合わないとして経営から撤退することとし，平成6年2月21日，Xに対して，本件賃貸借を更新しない旨の通知をした。そこで，Xは，平成7年12月ころ，A及びKに対し，本件賃貸借が平成8年11月30日に期間の満了によって終了する旨の通知をした。

7　Xは，本件賃貸借終了後も，自ら本件ビルを使用する予定はなく，A以外の相当数の転借人との間では直接賃貸借契約を締結したが，Aとの間では，XがAに対しKとの間の再転貸借を解消することを求めたため，協議が調わず賃貸借契約の締結に至らなかった。

8　以上の事実関係の下で，XはYに対し所有権に基づいて本件再転貸部分の明渡しと賃料相当損害金の支払を求めた。これに対してYは，信義則上，本件賃貸借の終了をもって承諾を得た再転借人であるKに対抗することができないと主張した。

9　原審は，上記事実関係の下で，Xのした転貸及び再転貸の承諾は，A及びKに対してN会社の有する賃借権の範囲内で本件再転貸部分を使用収益する権限を付与したものにすぎないから，転貸や再転貸を理由として本件賃貸借を解除することができないという意義を有するにとどまり，それを超えて本件賃貸借が終了した後も本件転貸借及び本件再転貸借を存続させるという意義を有しないことなどを理由として，Xが信義則上本件賃貸借の終了をA及びKに対抗し得ないということはできないと判断した。Yから上告受理申立て。

【判決理由】　破棄自判　「Xは，建物の建築，賃貸，管理に必要な知識，経験，資力を有するN会社と共同して事業用ビルの賃貸による収益を得る目的の下に，N会社から建設協力金の拠出を得て本件ビルを建築し，その全体を一括してN会社に貸し渡したものであって，本件賃貸借は，N会社がXの承諾を得て本件ビルの各室を第三者に店舗又は事務所として転貸することを当初から予定して締結されたものであり，Xによる転貸の承諾は，賃借人においてすることを予定された賃貸物件の使用を転借人が賃借人に代わってすることを容認するというものではなく，自らは使用することを予定していないN会社にその知識，経験等を活用して本件ビルを第三者に転貸し収益を上げさせるとともに，Xも，各室を個別に賃貸することに伴う煩わしさを免れ，かつ，N会社から安定的に賃料収入を得るためにされたものというべきである。他方，Kも，N会社の業種，本件ビルの種類や構造などから，上記のような趣旨，目的の下に本件賃貸借が締結され，Xによる転貸の承諾並びにX及びN会社による再転貸の承諾がされることを前提として本件再転貸借を締結したものと解

➡ 68

される。そして，K は現に本件転貸部分二を占有している。

このような事実関係の下においては，本件再転貸借は，本件賃貸借の存在を前提とするものであるが，本件賃貸借に際し予定され，前記のような趣旨，目的を達成するために行われたものであって，X は，本件再転貸借を承諾したにとどまらず，本件再転貸借の締結に加功し，K による本件転貸部分二の占有の原因を作出したものというべきであるから，N 会社が更新拒絶の通知をして本件賃貸借が期間満了により終了しても，X は，信義則上，本件賃貸借の終了をもって K に対抗することはできず，K は，本件再転貸借に基づく本件転貸部分二の使用収益を継続することができると解すべきである。このことは，本件賃貸借及び本件転貸借の期間が前記のとおりであることや N 会社の更新拒絶の通知に X の意思が介入する余地がないことによって直ちに左右されるものではない。

これと異なり，X が本件賃貸借の終了をもって K に対抗し得るとした原審の判断には法令の解釈適用を誤った違法があり，この違法は判決に影響を及ぼすことが明らかである。論旨は，この趣旨をいうものとして理由があり，原判決中，Y らに関する部分は破棄を免れない。そして，以上に説示したところによれば，X の請求を棄却した第 1 審判決の結論は正当であるから，上記部分についての X の控訴を棄却すべきである。」（裁判長裁判官 町田　顯　裁判官 井嶋一友　藤井正雄　深澤武久　横尾和子）

68 原賃貸借の解除と転貸借

最(三)判平成 9 年 2 月 25 日民集 51 巻 2 号 398 頁・キング・スイミング事件

(曹時 51 巻 1 号 316 頁，法協 135 巻 7 号 1809 頁，百選〈第 8 版〉130 頁，平 9 重判 75 頁)

【事実】 X（キング株式会社）は，本件建物を所有者である A（有限会社田中一商事）から賃借し，同会社の承諾を得て，これを Y_2（キング・スイミング株式会社）に転貸していた。Y_1（株式会社コマスポーツ）は，Y_2 と共同して本件建物でスイミングスクールを営業していたが，その後，Y_2 と実質的に一体化して本件建物の転借人となった。

X が賃料の支払を怠ったため，A は X に対し昭和 62 年 1 月 31 日までに未払賃料を支払うよう催告するとともに，同日までに支払のないときは賃貸借契約を解除

➡ 68

する旨の意思表示をした。X が同日までに未払賃料を支払わなかったので，賃貸借契約は同日限り解除により終了した。昭和 62 年 2 月 25 日，A は Y らおよび X に対して本件建物の明渡し等を求める訴訟を提起した。平成 3 年 6 月 12 日，前記訴訟で A の明渡請求を認容する判決が言い渡され，Y らに関する部分は控訴がなく確定した。A は平成 3 年 10 月 15 日，本確定判決に基づく強制執行により Y らから本件建物の明渡しを受けた。

ところで，Y らは，昭和 63 年 12 月 1 日以降，X に対して本件建物の転借料の支払をしなかったので，X は，Y らに対し昭和 63 年 12 月 1 日から平成 3 年 10 月 15 日までの転借料合計 1 億 3110 万円の支払を求めて本訴を提起した。

原審は，A と X との間の賃貸借契約が X の債務不履行により解除されても，X と Y らとの間の転貸借は終了せず，Y らは現に本件建物の使用収益を継続している限り転借料の支払義務を免れないとして X の請求を認めたので，Y らから上告。

【判決理由】 破棄自判 「賃貸人の承諾のある転貸借においては，転借人が目的物の使用収益につき賃貸人に対抗し得る権原（転借権）を有することが重要であり，転貸人が，自らの債務不履行により賃貸借契約を解除され，転借人が転借権を賃貸人に対抗し得ない事態を招くことは，転借人に対して目的物を使用収益させる債務の履行を怠るものにほかならない。そして，賃貸借契約が転貸人の債務不履行を理由とする解除により終了した場合において，賃貸人が転借人に対して直接目的物の返還を請求したときは，転借人は賃貸人に対し，目的物の返還義務を負うとともに，遅くとも右返還請求を受けた時点から返還義務を履行するまでの間の目的物の使用収益について，不法行為による損害賠償義務又は不当利得返還義務を免れないこととなる。他方，賃貸人が転借人に直接目的物の返還を請求するに至った以上，転貸人が賃貸人との間で再び賃貸借契約を締結するなどして，転借人が賃貸人に転借権を対抗し得る状態を回復することは，もはや期待し得ないものというほかはなく，転貸人の転借人に対する債務は，社会通念及び取引観念に照らして履行不能というべきである。したがって，賃貸借契約が転貸人の債務不履行を理由とする解除により終了した場合，賃貸人の承諾のある転貸借は，原則として，賃貸人が転借人に対して目的物の返還を請求した時に，転貸人の転借人に対する債務の履行不能により終了すると解するのが相当である。

これを本件についてみると，前記事実関係によれば，A と X との間の賃貸借契約は昭和62年1月31日，Xの債務不履行を理由とする解除により終了し，Aは同年2月25日，訴訟を提起してYらに対して本件建物の明渡しを請求したというのであるから，XとYらとの間の転貸借は，昭和63年12月1日の時点では，既にXの債務の履行不能により終了していたことが明らかであり，同日以降の転借料の支払を求めるXの主位的請求は，Yらの相殺の抗弁につき判断するまでもなく，失当というべきである。右と異なる原審の判断には，賃貸借契約が転貸人の債務不履行を理由とする解除により終了した場合の転貸借の帰趨につき法律の解釈適用を誤った違法があり，右違法は原判決の結論に影響を及ぼすことが明らかである。この点をいう論旨は理由があり，原判決中，Yら敗訴の部分は破棄を免れず，右部分につき第1審判決を取消して，Xの主位的請求を棄却すべきである。」（裁判長裁判官 可部恒雄　裁判官 園部逸夫　大野正男　千種秀夫　尾崎行信）

解　説

*62*は，612条による解除を「背信的行為と認めるに足らない特段の事情がある場合」には認めないとの法理を確立した。同判決は3対2の僅少差で，戦前の判例の立場を代表する反対意見が付されており，まさに時期を画する判決であったことを窺わせる。特段の事情の立証責任は賃借人側にある。比較的最近の事例である*63*は，最高裁が，利用の実態を踏まえて背信性の有無を判断していることを示している。

*64*は，借地人が小規模で閉鎖的な有限会社である場合に，経営陣が交代したことが賃借権の譲渡に当たるかを扱ったものである。原審は実質を重視して譲渡に当たるとしたが，法人格が同一である以上，最高裁の言うように原審の論理には無理がある。

*65*は，借地上の建物への譲渡担保権の設定が，どのような場合に無断譲渡となるかについて判示したものである。譲渡担保に関する裁判例といえるが，612条の趣旨から説き起こしており，同条の適用範囲を理解するうえで参考になる。

有効に転貸借がなされた場合に，転貸人（賃借人）が賃貸人との合意で賃貸借契約を解除しても，転借人に対抗できない（大判昭和9年3月7日民集13巻

278頁)。*66*は，この法理が，借地上の建物の賃借人との関係でも妥当することを判示した。*67*は，期間満了により賃貸借契約が終了した場合に関するが，サブリースという特殊な事案のもとで，転借人の地位について興味深い判断を下した。

*68*は原賃貸借が解除されたときに，転貸借がいつ終了するかについて初めて判示した判例である。

[3] 修繕義務

解　説

最(二)判平成21年1月19日民集63巻1号97頁(『民法判例集　担保物権・債権総論(第3版)』*90*事件)は，賃貸人が修繕義務を果たさない場合に，それによって賃借人が賃借建物を利用できず，その結果生じた営業利益の喪失を理由とする損害賠償請求を認めたが，同時に，賃借人には損害の発生を回避し，あるいは減少させる措置を執る義務があることを判示した。損害賠償の範囲についての重要判例であるが，賃貸人の修繕義務との関係でも参照していただきたい。

[4] 賃貸借の終了

69 解約・更新拒絶における立退料の提供

最(一)判昭和46年11月25日民集25巻8号1343頁

(*曹時24巻9号187頁，民商67巻2号280頁，百選Ⅱ〈第3版〉140頁，民事訴訟法百選〈第5版〉160頁，昭46重判46頁*)

【事実】 YはX会社(大善株式会社)から本件建物(店舗)を賃借し果物小売商を営んでいた。しかし，京都市内屈指の繁華街のなかにありながら建物が老朽化していたので，建物を取り壊して敷地にX会社の親会社である大沢商会のビルを建築することが計画された。そこでX会社はYに賃貸借契約の解約申入れを行ない，移転先のあっせん等を申し出たが，Yが応じなかったので，提訴に及んだ。1審は，無条件の解約には正当事由がないとしたが，Xが提供を申し出ている300万円の立退料を考慮すれば正当事由があるとした。これに対して原審は，立退料が解約申入れの「補強条件」であるとしたうえで，「特に反対の意思がうかがわれない限り，解約申入をする者はその主張する金額に必ずしもこだわることなく，一定の範囲内

➡ *70*

で裁判所にその決定を任せていると考えるべき」であるとし，「補強条件を満たすに足りる立退料は500万円をもって相当」だとした。Yから上告。

【判決理由】 上告棄却 「原審の確定した諸般の事情のもとにおいては，XがYに対して立退料として300万円もしくはこれと格段の相違のない一定の範囲内で裁判所の決定する金員を支払う旨の意思を表明し，かつその支払と引き換えに本件係争店舗の明渡を求めていることをもって，Xの右解約申入につき正当事由を具備したとする原審の判断は相当である。所論は右金額が過少であるというが，右金員の提供は，それのみで正当事由の根拠となるものではなく，他の諸般の事情と綜合考慮され，相互に補充しあって正当事由の判断の基礎となるものであるから，解約の申入が金員の提供を伴うことによりはじめて正当事由を有することになるものと判断される場合であっても，右金員が，明渡によって借家人の被るべき損失のすべてを補償するに足りるものでなければならない理由はないし，また，それがいかにして損失を補償しうるかを具体的に説示しなければならないものでもない。原審が，右の趣旨において500万円と引き換えに本件店舗の明渡請求を認容していることは，原判示に照らして明らかであるから，この点に関する原審の判断は相当であって，原判決に所論の違法は存しない。」（裁判長裁判官 藤林益三 裁判官 岩田 誠 大隅健一郎 下田武三 岸 盛一）

70 正当事由

最(一)判昭和58年1月20日民集37巻1号1頁

（*曹時37巻8号224頁，法協103巻7号1455頁，民商91巻3号379頁，百選Ⅱ〈第8版〉124頁，昭58重判73頁*）

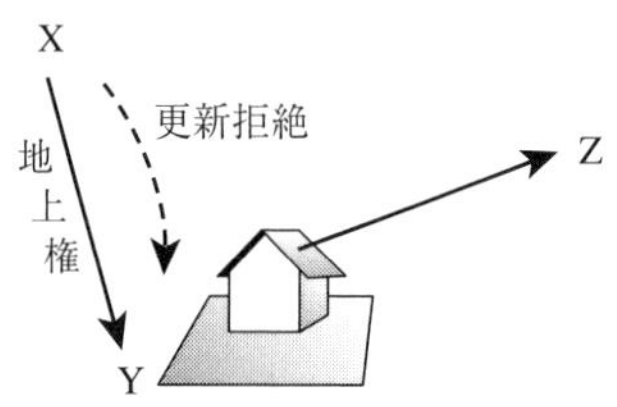

【事実】 Xは本件土地について，期間20年地上建物の無断賃貸禁止特約付でYに地上権を設定した。Yは地上建物を店舗兼住居として使用するとともに，Zらに賃貸していた。地上権の期間満了時にXは自己使用の必要を理由に更新を拒絶し，土地の明渡を請求した。原審は，「以上の事実関係を総合検討するとき，X側の土地の必要性は肯定できるが，借地上建物の賃借人を含めた借地人側の事情にも軽視できないものがあり，本件更

新拒絶につき正当事由が備わったものと認めるに足りない。」と述べてXの請求を退けた。Xから上告（実際はXは土地所有者の相続人であり，3名である）。

【判決理由】 破棄差戻 「建物所有を目的とする借地契約の更新拒絶につき借地法4条1項所定の正当の事由があるかどうかを判断するにあたっては，土地所有者側の事情と借地人側の事情を比較考量してこれを決すべきものであるが（最大判昭和37年6月6日民集16巻7号1265頁），右判断に際し，借地人側の事情として借地上にある建物賃借人の事情をも斟酌することの許されることがあるのは，借地契約が当初から建物賃借人の存在を容認したものであるとか又は実質上建物賃借人を借地人と同一視することができるなどの特段の事情の存する場合であり，そのような事情の存しない場合には，借地人側の事情として建物賃借人の事情を斟酌することは許されないものと解するのが相当である（最(三)判昭和56年6月16日裁判集民事133号47頁参照)。しかるに，原審は，Xらがした本件借地契約の更新拒絶につき正当の事由があるかどうかを判断するにあたり，本件土地の共有者の1人であるX_1と借地人であるYの土地建物の所有関係及び営業の種類，内容のほか，Yから本件土地上の建物を賃借しているZ_1，Z_2の営業の種類，内容などを確定したうえ，X側の本件土地の必要性は肯定できるとしながら，他方，借地人側の事情として，なんら前記特段の事情の存在に触れることなく，漫然と本件土地上の建物賃借人の事情をも考慮すべきものとし，これを含めて借地人側の事情にも軽視することができないものがあり，前記更新拒絶につき正当の事由が備わったものとは認められないと判断しているのであって，右判断には，前述したところに照らし，借地法4条1項の解釈適用を誤り，ひいて審理不尽，理由不備の違法があるといわなければなら」ない。（裁判長裁判官 谷口正孝　裁判官 団藤重光　藤﨑萬里　中村治朗　和田誠一）

71 解約申入れ後の立退料の増額

最(二)判平成3年3月22日民集45巻3号293頁

（*曹時46巻1号157頁，法協113巻6号991頁，百選II〈第4版〉140頁，平3重判74頁*）

【事実】 YはXから本件建物を昭和10年頃から期間の定めなく賃借していたが，

➡ *71*

Xは昭和62年5月11日に立退料100万円の申出とともに解約の申し入れをし，その後，裁判所が相当と認める額まで立退料を増額する用意がある旨述べ，さらに平成元年7月21日に立退料を300万円に増額する旨の申し出を行なった。原審は，立退料300万円で正当事由が具備されると判断した上で，立退料の増額申出の時点で正当事由が備わったとして，その6か月後の明渡しをYに命じた。Yは，正当事由は解約申入れ期間である6か月の満了まで存続しなければならないのに，解約申入れ期間が満了する前に正当事由の具備を肯定したと主張して上告。

【判決理由】 上告棄却「建物の賃貸人が解約の申入れをした場合において，その申入時に借家法1条ノ2に規定する正当事由が存するときは，申入後6か月を経過することにより当該建物の賃貸借契約は終了するところ，賃貸人が解約申入後に立退料等の金員の提供を申し出た場合又は解約申入時に申し出ていた右金員の増額を申し出た場合においても，右の提供又は増額に係る金員を参酌して当初の解約申入れの正当事由を判断することができると解するのが相当である。けだし，立退料等の金員は，解約申入時における賃貸人及び賃借人双方の事情を比較衡量した結果，建物の明渡しに伴う利害得失を調整するために支払われるものである上，賃貸人は，解約の申入れをするに当たって，無条件に明渡しを求め得るものと考えている場合も少なくないこと，右金員の提供を申し出る場合にも，その額を具体的に判断して申し出ることも困難であること，裁判所が相当とする額の金員の支払により正当事由が具備されるならばこれを提供する用意がある旨の申出も認められていること，立退料等の金員として相当な額が具体的に判明するのは建物明渡請求訴訟の審理を通じてであること，さらに，右金員によって建物の明渡しに伴う賃貸人及び賃借人双方の利害得失が実際に調整されるのは，賃貸人が右金員の提供を申し出た時ではなく，建物の明渡しと引換えに賃借人が右金員の支払を受ける時であることなどにかんがみれば，解約申入後にされた立退料等の金員の提供又は増額の申出であっても，これを当初の解約の申入れの正当事由を判断するに当たって参酌するのが合理的であるからである。

これを本件についてみると，記録によれば，Xは，昭和62年5月11日，第1審の第7回口頭弁論期日において，Yとの間の本件賃貸借契約の解約を申し入れ，同時に立退料100万円の支払を申し出ていたところ，原審の第1回口頭弁論期日において，裁判所が相当と認める範囲内で立退料を増額する用意があることを明らかにした上，平成元年7月21日，原審の最終口頭弁論期日において，立退料を300万円に増額する旨を申し出ていることが明らかである。そして，原審の適法に確定した事実関係によれば，Xが昭和62年5月11日にした解約の申入れは，立退料300万円によって正当事由を具備するものと認めるのが相当であるから，本件賃貸借契約は，右解約申入れから6か月後の昭和62年11月11日の経過によって終了したものといわなければならない。したがって，これと異なり，Xが平成元年7月21日に立退料の増額を申し出た時から6か月後の平成2年1月21日の経過をもって本件賃貸借契約が終了するとした原判決には，借家法1条ノ2にいう解約申入れの効力の解釈を誤った違法があるが，平成2年1月22日以後の建物の明渡し及び賃料相当損害金の支払等を命じた原判決を変更して昭和62年11月12日以後の建物の明渡し及び賃料相当損害金の支払等を命ずることは，いわゆる不利益変更禁止の原則により許されない。論旨は，結局，原判決の結論に影響しない部分の違法をいうに帰し，採用することができない。」（裁判長裁判官 香川保一 裁判官 藤島 昭 中島敏次郎 木崎良平）

72 原状回復の内容――通常損耗

最(二)判平成17年12月16日判時1921号61頁・大阪府住宅供給公社事件

（*消費者法百選56頁，平17重判86頁*）

【事実】 1 XはY（大阪府住宅供給公社）から共同住宅（共同住宅旭エルフ団地1棟）の住宅部分を賃料月額11万7900円で賃借する旨の賃貸借契約を締結し，その引渡しを受ける一方，同日，Yに対し，本件契約における敷金約定に基づき，敷金35万3700円を交付した。

2 契約書22条2項は，賃借人が住宅を明け渡すときは，住宅内外に存する賃借人又は同居者の所有するすべての物件を撤去してこれを原状に復するものとし，別紙「大阪府特定優良賃貸住宅and・youシステム住宅修繕費負担区分表（一）」の「5.退去跡補修費等負担基準」（「本件負担区分表」）に基づいて補修費用をYの指示により負担しなければならない旨を定めている（「本件補修約定」）。

3 本件負担区分表は，「襖紙・障子紙」の項目についての要補修状況は「汚損（手

➡ *72*

垢の汚れ，タバコの煤けなど生活することによる変色を含む）・汚れ」，「各種床仕上材」の項目についての要補修状況は「生活することによる変色・汚損・破損と認められるもの」，「各種壁・天井等仕上材」の項目についての要補修状況は「生活することによる変色・汚損・破損」というものであり，いずれも退去者が補修費用を負担するものとしている。また，本件負担区分表には，「破損」とは「こわれていたむこと。また，こわしていためること。」，「汚損」とは「よごれていること。または，よごして傷つけること。」であるとの説明がされている。

4　契約に先立ってＹは，本件共同住宅の入居説明会を開催し，賃貸借契約書，補修費用の負担基準等についての説明が記載された「すまいのしおり」と題する書面等が配布され，約1時間半の時間をかけて，Ｙの担当者から，契約内容のうち重要なものについての説明がされたほか，退去時の補修費用については，本件負担区分表に基づいて負担することになる旨の説明がされたが，本件負担区分表の個々の項目についての説明はされなかった。

5　Ｘは，本件契約を締結した際，本件負担区分表の内容を理解している旨を記載した書面を提出している。

6　Ｘは，契約の約3年後，本件契約を解約して本件住宅を明け渡した。Ｙは，Ｘに対し，敷金から補修費用として通常の使用に伴う損耗（「通常損耗」）についての補修費用を含む30万2547円を差し引いた残額5万1153円を返還した。

これに対しＸは，Ｙに対し，敷金のうち未返還分30万2547円およびこれに対する遅延損害金の支払を求めた。

7　原審は，〔1〕本件補修約定が，Ｘが本件住宅の通常損耗に係る補修費用を負担する内容のものであることを肯定し，〔2〕その約定の有効性を肯定して，Ｘの請求を棄却した。Ｘから上告。

【判決理由】　破棄差戻　「3　……原審の判断のうち，……〔1〕の点に関する判断の概要は，次のとおりである。

⑴賃借人が賃貸借契約終了により負担する賃借物件の原状回復義務には，特約のない限り，通常損耗に係るものは含まれず，その補修費用は，賃貸人が負担すべきであるが，これと異なる特約を設けることは，契約自由の原則から認められる。

⑵本件負担区分表は，本件契約書の一部を成すものであり，その内容は明確であること，本件負担区分表は，……〔**【事実】**3〕の補修の対象物について，通常損耗ということができる損耗に係る補修費用も退去者が負担するものとし

➡ 72

ていること，Xは，本件負担区分表の内容を理解した旨の書面を提出して本件契約を締結していることなどからすると，本件補修約定は，本件住宅の通常損耗に係る補修費用の一部について，本件負担区分表に従ってXが負担することを定めたものであり，XとYとの間には，これを内容とする本件契約が成立している。

4　しかしながら，……〔1〕の点に関する原審の上記判断のうち(2)は是認することができない。その理由は，次のとおりである。

(1)賃借人は，賃貸借契約が終了した場合には，賃借物件を原状に回復して賃貸人に返還する義務があるところ，賃貸借契約は，賃借人による賃借物件の使用とその対価としての賃料の支払を内容とするものであり，賃借物件の損耗の発生は，賃貸借という契約の本質上当然に予定されているものである。それゆえ，建物の賃貸借においては，賃借人が社会通念上通常の使用をした場合に生ずる賃借物件の劣化又は価値の減少を意味する通常損耗に係る投下資本の減価の回収は，通常，減価償却費や修繕費等の必要経費分を賃料の中に含ませてその支払を受けることにより行われている。そうすると，建物の賃借人にその賃貸借において生ずる通常損耗についての原状回復義務を負わせるのは，賃借人に予期しない特別の負担を課すことになるから，賃借人に同義務が認められるためには，少なくとも，賃借人が補修費用を負担することになる通常損耗の範囲が賃貸借契約書の条項自体に具体的に明記されているか，仮に賃貸借契約書では明らかでない場合には，賃貸人が口頭により説明し，賃借人がその旨を明確に認識し，それを合意の内容としたものと認められるなど，その旨の特約（以下「通常損耗補修特約」という。）が明確に合意されていることが必要であると解するのが相当である。

(2)これを本件についてみると，本件契約における原状回復に関する約定を定めているのは本件契約書22条2項であるが，その内容は……〔**【事実】**2〕に記載のとおりであるというのであり，同項自体において通常損耗補修特約の内容が具体的に明記されているということはできない。また，同項において引用されている本件負担区分表についても，その内容は……〔**【事実】**3〕に記載のとおりであるというのであり，要補修状況を記載した「基準になる状況」欄の文言自体からは，通常損耗を含む趣旨であることが一義的に明白であるとはいえない。したがって，本件契約書には，通常損耗補修特約の成立が認められるために必要なその内容を具体的に明記した条項はないといわざるを得ない。Yは，本件契約を締結する前に，本件共同住宅の入居説明会を行っているが，その際の原状回復に関する説明内容は……〔**【事実】** 4〕に記載のとおりであったというのであるから，上記説明会においても，通常損耗補修特約の内容を明らかにする説明はなかったといわざるを得ない。そうすると，Xは，本件契約を締結するに当たり，通常損耗補修特約を認識し，これを合意の内容としたものということはできないから，本件契約において通常損耗補修特約の合意が成立しているということはできないというべきである。

(3)以上によれば，原審の上記3(2)の判断には，判決に影響を及ぼすことが明らかな法令の違反がある。論旨は，この趣旨をいうものとして理由があり，原判決は破棄を免れない。そして，通常損耗に係るものを除く本件補修約定に基づく補修費用の額について更に審理をさせるため，本件を原審に差し戻すこととする。」（裁判長裁判官 中川了滋　裁判官 滝井繁男　津野　修　今井　功　古田佑紀）

解　説

借地借家法の適用される賃貸借が解約申入れまたは更新拒絶によって終了するには，「正当の事由」が必要とされる（同法6条，28条）。

借家契約の解約申入れの正当事由を判断するに際して，賃貸人の申し出た立退料が考慮されるというのが裁判例の実務である。*69* はこれを明らかにするとともに，賃貸人の申し出た額を超える立退料の支払いと引換えに明渡請求を認容することを認めた。さらに *71* は，事後的に申し出た立退料を参酌して当初の解約申入れの正当事由を判断することを認めた。正当事由は，解約申入れ後6か月間存続することを要するというのが通説であり，判例もそれを前提としているが，立退料の特殊性からこのような判断がなされたものである。

なお，借地借家法28条は，更新拒絶・解約申入れに際して要求される正当事由の判断において賃貸人が申し出ている「財産上の給付」を考慮することを明記したが（借地については6条），これは右のような実務の明文化という性格を有する。

借地権の更新拒絶に際して，地上建物の借家人の事情を考慮できるかについて，*70* は，判旨引用の最(三)判昭和 56 年 6 月 16 日に引き続き，原則として考慮すべきではないとしたが，「特段の事情」がある場合に考慮される余地を認めた。判旨は特段の事情が認められる場合を例示している。

有効に賃貸借契約が終了すると，賃借人は原状回復義務を負う。しかし，*72* は，通常損耗について賃借人は原則として原状回復義務を負わないこと，賃借人にその義務を負わせるには，その旨の特約が明確に合意されていることが必要であると判示した。新 621 条はこれを明文化したものである。

[5]　不動産賃貸借契約の解除

73　信頼関係破壊理論

最(三)判昭和 39 年 7 月 28 日民集 18 巻 6 号 1220 頁

(曹時 16 巻 9 号 116 頁，法協 92 巻 3 号 365 頁，民商 52 巻 3 号 453 頁，百選 I〈初版〉10 頁)

【事実】 Y は X から本件家屋を賃料月 1200 円で賃借していたが，X は昭和 32 年に家賃を 1500 円に値上げすることを要求した。Y がこれに応ぜず，1200 円を提供したが，受領を拒絶されたので，以後月 1200 円の割合で数か月ごとに供託した。昭和 34 年には，7 月に 1～4 月分を供託し，5～10 月分は 11 月に供託した。ところが X は，昭和 34 年 9 月に突如として同年 1～8 月分の賃料の支払を月額 1200 円で計算して催告し，不払いを停止条件とする解除の意思表示を行なった。Y が 5～10 月分の賃料を支払ったのは催告期間経過後であったため，5～8 月分についての賃料不払いによる解除の効果が発生し，X から Y に対して明渡請求がなされた。なお，本件家屋には地代家賃統制令（昭和 21 年に地代・家賃の統制を行なうために制定され，昭和 61 年末に失効した法律）の適用があったが，同法による本件家屋の昭和 34 年の適正家賃は月 750 円であったから，Y が値上げを拒んだのにも理由があった。原審が X の解除を認めなかったため，X から上告。

【判決理由】 上告棄却「所論は，相当の期間を定めて延滞賃料の催告をなし，その不履行による賃貸借契約の解除を認めなかった原判決を違法と非難する。しかし，原判決（及びその引用する第 1 審判決）は，X が Y に対し所論延滞賃料につき昭和 34 年 9 月 21 日付同月 22 日到達の書面をもって同年 1 月分から同年 8 月分まで月額 1200 円合計 9600 円を同年 9 月 25 日までに支払うべく，

➡ 73

もし支払わないときは同日かぎり賃貸借契約を解除する旨の催告ならびに停止条件付契約解除の意思表示をなしたこと，右催告当時同年1月分から同年4月分までの賃料合計4800円はすでに適法に弁済供託がなされており，延滞賃料は同年5月分から同年8月分までのみであったこと，Xは本訴提起前から賃料月額1500円の請求をなし，また訴訟上も同額の請求をなしていたのに，その後訴訟進行中に突如として月額1200円の割合による前記催告をなし，Yとしても少なからず当惑したであろうこと，本件家屋の地代家賃統制令による統制賃料額は月額750円程度であり，従って延滞賃料額は合計3000円程度にすぎなかったこと，Yは昭和16年3月X先代から本件家屋賃借以来これに居住しているもので，前記催告に至るまで前記延滞額を除いて賃料延滞の事実がなかったこと，昭和25年の台風で本件家屋が破損した際Yの修繕要求にも拘らずX側で修繕をしなかったので昭和29年頃2万9000円を支出して屋根のふきかえをしたが，右修繕費について本訴が提起されるまで償還を求めなかったこと，Yは右修繕費の償還を受けるまでは延滞賃料債務の支払を拒むことができ，従って昭和34年5月分から同年8月分までの延滞賃料を催告期間内に支払わなくても解除の効果は生じないものと考えていたので，催告期間経過後の同年11月9日に右延滞賃料弁済のためとして4800円の供託をしたことを確定したうえ，右催告に不当違法の点があったし，Yが右催告につき延滞賃料の支払もしくは前記修繕費償還請求権をもってする相殺をなす等の措置をとらなかったことは遺憾であるが，右事情のもとでは法律的知識に乏しいYが右措置に出なかったことも一応無理からぬところであり，右事実関係に照らせば，Yにはいまだ本件賃貸借の基調である相互の信頼関係を破壊するに至る程度の不誠意があると断定することはできないとして，Xの本件解除権の行使を信義則に反し許されないと判断しているのであって，右判断は正当として是認するに足りる。」（裁判長裁判官 田中二郎　裁判官 石坂修一　横田正俊　柏原語六）

74 増改築禁止特約違反による解除

最(一)判昭和41年4月21日民集20巻4号720頁
(曹時18巻6号112頁,法協84巻4号520頁,民商55巻6号957頁,百選Ⅱ〈第5版補正版〉128頁)

【事実】 YはAから普通建物所有目的で土地を借り,2階建て木造住宅を所有していたが,この借地契約には特約があり,建物の増改築または大修繕をするときは賃貸人の承諾を受けることとし,これに違反した場合は催告なしに解除できると定められていた。ところがYは無断で判旨掲記のような増改築を行なったため,Aの承継人であるXが賃貸借契約を解除してYに建物収去土地明渡を請求した。原審がXの請求を棄却したので,Xから上告。

【判決理由】 上告棄却「一般に,建物所有を目的とする土地の賃貸借契約中に,賃借人が賃貸人の承諾をえないで賃借地内の建物を増改築するときは,賃貸人は催告を要しないで,賃貸借契約を解除することができる旨の特約(以下で単に建物増改築禁止の特約という。)があるにかかわらず,賃借人が賃貸人の承諾を得ないで増改築をした場合においても,この増改築が借地人の土地の通常の利用上相当であり,土地賃貸人に著しい影響を及ぼさないため,賃貸人に対する信頼関係を破壊するおそれがあると認めるに足りないときは,賃貸人が前記特約に基づき解除権を行使することは,信義誠実の原則上,許されないものというべきである。

以上の見地に立って,本件を見るに,原判決の認定するところによれば,XはYに対し建物所有の目的のため土地を賃貸し,両者間に建物増改築禁止の特約が存在し,Yが該地上に建設所有する本件建物(2階建住宅)は昭和7年の建築にかかり,従来Yの家族のみの居住の用に供していたところ,今回Yはその一部の根太および2本の柱を取りかえて本件建物の2階部分(6坪)を拡張して総2階造り(14坪)にし,2階居宅をいずれも壁で仕切った独立室とし,各室ごとに入口および押入を設置し,電気計量器を取り付けたうえ,新たに2階に炊事場,便所を設け,かつ,2階より直接外部への出入口としての階段を附設し,結局2階の居室全部をアパートとして他人に賃貸するように改造したが,住宅用普通建物であることは前後同一であり,建物の同一性をそこなわないというのであって,右事実は挙示の証拠に照らし,肯認することができる。

そして，右の事実関係のもとでは，借地人たるＹのした本件建物の増改築は，その土地の通常の利用上相当というべきであり，いまだもって賃貸人たるＸの地位に著しい影響を及ぼさないため，賃貸借契約における信頼関係を破壊するおそれがあると認めるに足りない事由が主張立証されたものというべく，従って，前記無断増改築禁止の特約違反を理由とするＸの解除権の行使はその効力がないものというべきである。」（裁判長裁判官 松田二郎　裁判官 入江俊郎　長部謹吾　岩田　誠）

75 無催告解除が許容される場合

最(一)判昭和50年2月20日民集29巻2号99頁（曹時27巻12号104頁，法協94巻3号403頁，民商73巻5号637頁）

【事実】 Ｘ会社（大洋不動産株式会社）は，その所有建物を区分して青物，果物等の店舗に賃貸し，魚神ショッピングセンターとしていたが，その一区画をＹに青物商営業のため賃貸した。賃貸借契約には次のような特約が付された。すなわち，Ｙに以下のいずれかにあたる行為があるときは，Ｘは無催告で賃貸借契約を解除できる。①粗暴な言動を用い，又は濫りに他人と抗争したとき。②策略を用い，または他人を煽動して，本ショッピングセンターの秩序を紊し，あるいは運営を阻害しようとする等不穏の言動をしたと認められたとき。③多数共謀して賃貸人に対して強談威迫をしたとき。

ＸはＹに判旨記載のような行為があったとして契約を解除し明渡を請求した。原審がＸの請求を認めたのでＹから上告。

【判決理由】 上告棄却 「Ｙは，昭和45年2月10日頃から本件建物部分で青物商を営んでいたが，同人には次の(1)ないし(4)の行為があった。

(1) 右ショッピングセンター内で当初ショッピングセンターの奥の場所に店舗を構えていた青物商を営む山田青物店がＹの店舗と並ぶ表側に場所を変えたので，Ｙは，Ｘ会社代表者Ａに対し，山田青物店を奥の場所に移すことを求め，その要求が容れられないとなると，Ａに対し，『若い者を来させる。どんな目にあうかわからん。』等と述べ，また，Ｙが山田青物店の前にはみ出して自己の商品を並べたため，同店よりＡに苦情があったので同人においてＹに注意をしたが，改めなかった。

➡ *75*

(2) Ｙの店は青物商であり，その販売品目もおのずから限定されているのに，同人は隣の池田果物店と同じく果物の販売を始めたため，池田果物店からＡに苦情があり，同人がＹに果物の販売をやめるよう申し入れたが，これに応じなかった。

(3) 昭和45年7月27日Ｙが山田青物店の前にはみ出して自己の商品を並べたのでＡがＹにこれを注意したところ，Ｙはその従業員らとともに，Ａに殴るなどの暴行を加え，頭部顔面項部挫傷，左腰部左膝関節部打撲傷，歯破損，口内裂傷，眼球結膜下出血等約3週間の治療を要する傷害を被らせ，Ｙは罰金刑に処せられた。

(4) Ｙは，ごみ処理が悪かったり，ショッピングセンターの定休日にルールを無視して自己の店舗だけ営業したりしてショッピングセンターの正常な運営を阻害していた。

二1　ところで，前述の特約は，賃借人の前記(1)ないし(3)の行為を禁止することを趣旨とするものであると解されるところ，本件賃貸借は，ショッピングセンターを構成する商店の一つを営業するため，同センター用の一棟の建物の一区分についてされるものであるから，その賃貸借契約に関して，賃貸人が賃借人の右のような行為を禁止することは，多数の店舗賃借人によって共同してショッピングセンターを運営，維持して行くために必要不可欠なことであり，その禁止事項も通常の賃借人であれば容易にこれを遵守できるものであって，賃借人に不当に重い負担を課したり，その賃借権の行使を制限するものでもない。したがって，右のような賃貸借契約の締結にあたって，賃貸人と賃借人との間の特約によって賃借人に前記のような行為を禁止することには合理的な理由があり，これを借家法6条により無効とすることはできない。

2　ただ，賃借人の右特約違反が解除理由となるのは，それが賃料債務のような賃借人固有の債務の債務不履行となるからではなく，特約に違反することによって賃貸借契約の基礎となる賃貸人，賃借人間の信頼関係が破壊されるからであると考えられる。そうすると，賃貸人が右特約違反を理由に賃貸借契約を解除できるのは，賃借人が特約に違反し，そのため，右信頼関係が破壊されるにいたったときに限ると解すべきであり，その解除に

➡ 76

あたってはすでに信頼関係が破壊されているので，催告を要しないというべきである（最(一)判昭和41年4月21日民集20巻4号720頁，最(一)判昭和47年11月16日民集26巻9号1603頁参照）。

3　これを本件についてみるに，前述のとおり，Yはショッピングセンター内で，他の賃借人に迷惑をかける商売方法をとって他の賃借人と争い，そのため，賃貸人であるX会社が他の賃借人から苦情を言われて困却し，X会社代表者がそのことにつきYに注意しても，Yはかえって右代表者に対して，暴言を吐き，あるいは他の者とともに暴行を加える有様であって，それは，共同店舗賃借人に要請される最少限度のルールや商業道徳を無視するものであり，ショッピングセンターの正常な運営を阻害し，賃貸人に著しい損害を加えるにいたるものである。したがって，Yの右のような行為は単に前記特約に違反するのみではなく，そのため本件賃貸借契約についてのXとYとの間の信頼関係は破壊されるにいたったといわなければならない。

4　そうすると，Yの前記のような行為を理由に本件賃貸借契約の無催告解除を認めた原審の認定判断は正当として是認すべきであり，論旨は採用することができない。」（裁判長裁判官　藤林益三　裁判官　下田武三　岸　盛一　岸上康夫　団藤重光）

76 無催告解除特約の効力

最(一)判昭和43年11月21日民集22巻12号2741頁
（曹時21巻6号115頁，法協87巻4号525頁，民商61巻3号461頁）

【事実】 XはYに対して本件家屋を賃貸したが，賃貸借契約書（市販のもの）には，賃料の支払を1か月でも遅滞すると催告なしに解除できる旨の条項があった。Yの賃料不払いに対してXが契約を解除し建物の明渡を求めたが，無催告解除特約の効力が問題となった。原審がXの請求を認めたのでYから上告。

【判決理由】 上告棄却「家屋の賃貸借契約において，一般に，賃借人が賃料を1箇月分でも滞納したときは催告を要せず契約を解除することができる旨を定めた特約条項は，賃貸借契約が当事者間の信頼関係を基礎とする継続的債権関係であることにかんがみれば，賃料が約定の期日に支払われず，これがため契約を解除するに当たり催告をしなくてもあながち不合理とは認められないような事情が存する場合には，無催告で解除権を行使することが許される旨を定めた約定であると解するのが相当である。

したがって，原判示の特約条項は，右説示のごとき趣旨において無催告解除を認めたものと解すべきであり，この限度においてその効力を肯定すべきものである。そして，原審の確定する事実によれば，Ｙは，昭和38年11月分から同39年3月分までの約定の賃料を支払わないというのであるから，他に特段の事情の認められない本件においては，右特約に基づき無催告で解除権を行使することも不合理であるとは認められない。それゆえ，前記特約の存在及びその効力を肯認し，その前提に立って，昭和39年3月14日，前記特約に基づきＹに対しなされた本件契約解除の意思表示の効力を認めた原審の判断は正当であり，原判決に所論のごとき違法はなく，論旨は理由がない。」（裁判長裁判官 大隅健一郎　裁判官 入江俊郎　長部謹吾　松田二郎　岩田　誠）

解　説

不動産賃貸借契約の解除は，債務不履行があったからといって当然に認められるわけではない。賃借人の中心的な債務である賃料債務の履行遅滞が生じた場合でも，信頼関係の破壊があったかどうかが判断基準とされる（*73*）。借地契約については，増改築禁止特約の違反が解除事由としてよく問題となる。そもそもこの特約の効力そのものについて見解が分かれていたが，*74* は特約の有効性を前提としつつ，やはり解除に同様な絞りをかける法理を展開した。

ただし，信頼関係の破壊の程度が著しいときは，無催告の解除が認められることもある。*75* はその例であるが，公式判例集の判示事項欄では，「付随的義務の不履行」について無催告解除が認められた事例とされている。なお，賃貸借契約書に無催告解除特約が入っていることも少なくないが（*75* もそのような事案），その効力について争われたのが *76* で，解釈により制約を課したうえで有効性が認められた。

➡ 77

[6] 敷金・権利金・更新料

77 敷金返還請求権の発生

最(二)判昭和48年2月2日民集27巻1号80頁
(法協92巻2号161頁，民商69巻3号548頁，百選Ⅱ〈第7版〉124頁，昭48重判60頁)

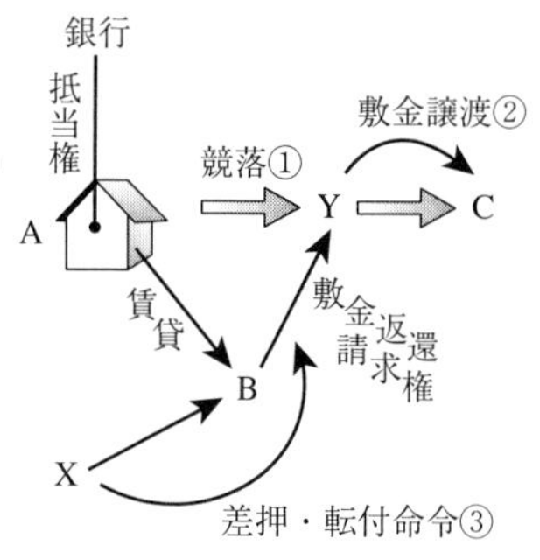

【事実】 Aはその所有する本件建物に訴外金融機関のために抵当権を設定したが，Bはこの建物を期間3年の約定で賃借し敷金を支払った。抵当権が実行されてY（扶桑相互銀行）が競落し，賃貸人の地位を承継した。YのもとでBの賃貸借契約は終了したが，そのままBが占有を続けている状態で，Yは建物をCに譲渡した。その際，Bの明渡義務不履行によって生ずる過去及び将来の損害賠償債権の担保として敷金をCに譲渡し，その旨Bに通知がなされた。他方，Bに対する債権者Xは，BのYに対する敷金返還請求権につき差押および転付命令を得た。原審は，判旨が要約するような理由でYを勝たせたので，Xから上告。

【判決理由】 上告棄却「原判決は，以上の事実関係に基づき，本件賃貸借における敷金は，賃貸借存続中の賃料債権のみならず，賃貸借契約終了後の家屋明渡義務不履行に基づく損害賠償債権をも担保するものであり，家屋の譲渡によってただちにこのような敷金の担保的効力が奪われるべきではないから，賃貸借終了後に賃貸家屋の所有権が譲渡された場合においても，少なくとも旧所有者と新所有者との間の合意があれば，賃借人の承諾の有無を問わず，新所有者において敷金を承継することができるものと解すべきであり，したがって，YがCに本件敷金を譲渡したことにより，Cにおいて右敷金の担保的効力とその条件付返還債務とをYから承継し，その後，右敷金は，前記の1か月2万4947円の割合により遅くとも昭和38年9月末日までに生じた賃料相当の損害金に当然に充当されて，全部消滅したものであって，Xはその後に得た差押転付命令によって敷金返還請求権を取得するに由ないものというべきであり，なお，右転付命令はすでに敷金をCに譲渡した後のYを第三債務者とした点においても有効たりえない，と判断したのである。

➡ 77

思うに，家屋賃貸借における敷金は，賃貸借存続中の賃料債権のみならず，賃貸借終了後家屋明渡義務履行までに生ずる賃料相当損害金の債権その他賃貸借契約により賃貸人が賃借人に対して取得することのあるべき一切の債権を担保し，賃貸借終了後，家屋明渡がなされた時において，それまでに生じた右の一切の被担保債権を控除しなお残額があることを条件として，その残額につき敷金返還請求権が発生するものと解すべきであり，本件賃貸借契約における前記条項もその趣旨を確認したものと解される。しかしながら，ただちに，原判決の右の見解を是認することはできない。すなわち，敷金は，右のような賃貸人にとっての担保としての権利と条件付返還債務とを含むそれ自体一個の契約関係であって，敷金の譲渡ないし承継とは，このような契約上の地位の移転にほかならないとともに，このような敷金に関する法律関係は，賃貸借契約に付随従属するのであって，これを離れて独立の意義を有するものではなく，賃貸借の当事者として，賃貸借契約に関係のない第三者が取得することがあるかも知れない債権までも敷金によって担保することを予定していると解する余地はないのである。したがって，賃貸借継続中に賃貸家屋の所有権が譲渡され，新所有者が賃貸人の地位を承継する場合には，賃貸借の従たる法律関係である敷金に関する権利義務も，これに伴い当然に新賃貸人に承継されるが，賃貸借終了後に家屋所有権が移転し，したがって，賃貸借契約自体が新所有者に承継されたものでない場合には，敷金に関する権利義務の関係のみが新所有者に当然に承継されるものではなく，また，旧所有者と新所有者との間の特別の合意によっても，これのみを譲渡することはできないものと解するのが相当である。このような場合に，家屋の所有権を取得し，賃貸借契約を承継しない第三者が，とくに敷金に関する契約上の地位の譲渡を受け，自己の取得すべき賃借人に対する不法占有に基づく損害賠償などの債権に敷金を充当することを主張しうるためには，賃貸人であった前所有者との間にその旨の合意をし，かつ，賃借人に譲渡の事実を通知するだけでは足りず，賃借人の承諾を得ることを必要とするものといわなければならない。しかるに，本件においては，ＹからＣへの敷金の譲渡につき，Ｘの差押前にＢが承諾を与えた事実は認定されていないのであるから，ＹおよびＣは，右譲渡が有効になされ敷金に関する権利義務がＣに移転した旨，およびＣの取得した損害賠償債権に敷金が充当された旨を，BおよびXに対して主張することはできないものと解すべきである。したがって，これと異なる趣旨の原判決の前記判断は違法であって，この点を非難する論旨は，その限度において理由がある。

しかし，さらに検討するに，前述のとおり，敷金は，賃貸借終了後家屋明渡までの損害金等の債権をも担保し，その返還請求権は，明渡の時に，右債権をも含めた賃貸人としての一切の債権を控除し，なお残額があることを条件として，その残額につき発生するものと解されるのであるから，賃貸借終了後であっても明渡前においては，敷金返還請求権は，その発生および金額の不確定な権利であって，券面額のある債権にあたらず，転付命令の対象となる適格のないものと解するのが相当である。そして，本件のように，明渡前に賃貸人が目的家屋の所有権を他へ譲渡した場合でも，賃借人は，賃貸借終了により賃貸人に家屋を返還すべき契約上の債務を負い，占有を継続するかぎり右債務につき遅滞の責を免れないのであり，賃貸人において，賃借人の右債務の不履行により受くべき損害の賠償請求権をも敷金によって担保しうべきものであるから，このような場合においても，家屋明渡前には，敷金返還請求権は未確定な債権というべきである。したがって，Xが本件転付命令を得た当時Bがいまだ本件各家屋の明渡を了していなかった本件においては，本件敷金返還請求権に対する右転付命令は無効であり，Xは，これにより右請求権を取得しえなかったものと解すべきであって，原判決中これと同趣旨の部分は，正当として是認することができる。

したがって，本件敷金の支払を求めるXの請求を排斥した原判決は，結局相当であって，本件上告は棄却を免れない。」（裁判長裁判官 色川幸太郎　裁判官 村上朝一　岡原昌男　小川信雄）

78 敷金の賃料への充当

最(一)判平成14年3月28日民集56巻3号689頁（*曹時55巻9号197頁，民商130巻3号530頁，平14重判65頁*）

【事実】 X（三菱信託銀行株式会社）は，株式会社A（株式会社ワールド・ベル）との間の銀行取引等に基づく債権を担保するため同社所有の建物につき根抵当権の設定を受けていたが，Aから上記建物を賃借し，Y（社団法人公開経営指導協会）

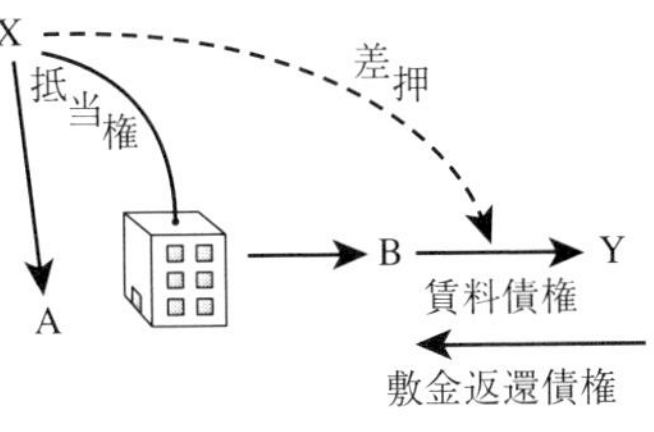

に転貸している株式会社B（株式会社ベル・アンド・ウイング）がYに対して有する賃料債権につき，物上代位による差押えを申し立て，差押命令送達の日以降に弁済期が到来するものから4億6000万円に満つるまでの部分についてこれを差し押さえる旨の差押命令が平成10年6月29日にYに送達された。次いで，Xは，同年7月分から同年9月分までの各賃料合計270万2229円及びこれに対する訴状送達の日の翌日である平成10年11月10日から支払済みまでの商事法定利率年6分の割合による遅延損害金について，支払うことを求める取立訴訟を提起した。

これに対しYは，上記転貸借契約において転貸人に預け渡している保証金1000万円の返還請求権を自働債権とする相殺ないし相殺予約の合意により賃料支払義務はないと主張して争った。なお，この保証金が敷金の性質を有するものであることは当事者間に争いがない。

第1審はXの請求を認めたが，原審は，Xが請求する賃料債権は，Yが本件賃貸借契約を解約し，本件建物部分から退去したことにより，本件保証金から当然に控除され消滅したとし，Xの請求を棄却した。

Xから上告受理申立て。

【判決理由】 上告棄却 「賃貸借契約における敷金契約は，授受された敷金をもって，賃料債権，賃貸借終了後の目的物の明渡しまでに生ずる賃料相当の損害金債権，その他賃貸借契約により賃貸人が賃借人に対して取得することとなるべき一切の債権を担保することを目的とする賃貸借契約に付随する契約であり，敷金を交付した者の有する敷金返還請求権は，目的物の返還時において，上記の被担保債権を控除し，なお残額があることを条件として，残額につき発生することになる（最(二)判昭和48年2月2日民集27巻1号80頁参照）。これを賃料債権等の面からみれば，目的物の返還時に残存する賃料債権等は敷金が存在する限度において敷金の充当により当然に消滅することになる。このような敷金の充当による未払賃料等の消滅は，敷金契約から発生する効果であって，相殺のように当事者の意思表示を必要とするものではないから，民法511条によって上記当然消滅の効果が妨げられないことは明らかである。

また，抵当権者は，物上代位権を行使して賃料債権を差し押さえる前は，原則として抵当不動産の用益関係に介入できないのであるから，抵当不動産の所有者等は，賃貸借契約に付随する契約として敷金契約を締結するか否かを自由に決定することができる。したがって，敷金契約が締結された場合は，賃料債権は敷金の充当を予定した債権になり，このことを抵当権者に主張することができるというべきである。

以上によれば，敷金が授受された賃貸借契約に係る賃料債権につき抵当権者が物上代位権を行使してこれを差し押さえた場合においても，当該賃貸借契約が終了し，目的物が明け渡されたときは，賃料債権は，敷金の充当によりその限度で消滅するというべきであり，これと同旨の見解に基づき，Xの請求を棄却した原審の判断は，正当として是認することができ，原判決に所論の違法はない。」（裁判長裁判官 井嶋一友　裁判官 藤井正雄　町田　顯　深澤武久）

79 敷金返還請求権の承継

最(二)判昭和53年12月22日民集32巻9号1768頁

（曹時34巻5号85頁，民商82巻3号119頁，百選Ⅱ〈第8版〉134頁，昭53重判73頁）

【事実】 AはYから土地を借り，敷金として3000万円を支払った。その後Aが国税を滞納したので，X（国）は国税徴収法に基づきAがYに対して有する将来の敷金返還請求権を差し押さえた。翌年，Aが本件土地上に所有する建物に設定されていた抵当権が実行されて競売され，Bが競落してYはBへの借地権の譲渡を承諾した。そこで，Xは，YAの賃貸借が終了したから，Yの敷金返還債務の履行期が到来したとして，Yに3000万円の支払を求めた（Aには敷金によって担保されるべき債務がなかった）。ところが，賃借権の譲渡をYが承諾する際，敷金の承継を前提に，Bがさらに1900万円を追加して支払うという合意がYB間で成立し，現に支払われていた。そこで，Yは，Aの差し入れた敷金はそのままBに引き継がれており，Bの借地権が終了するまでは敷金返還債務の履行期は到来しないと主張した。原審がXの請求を認めたので，Yから上告。

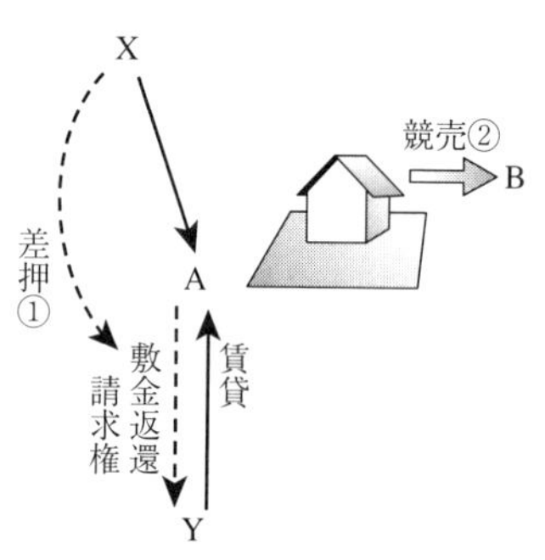

【判決理由】 上告棄却 「土地賃貸借における敷金契約は，賃借人又は第三者

➡ 79

が賃貸人に交付した敷金をもって，賃料債務，賃貸借終了後土地明渡義務履行までに生ずる賃料額相当の損害金債務，その他賃貸借契約により賃借人が賃貸人に対して負担することとなる一切の債務を担保することを目的とするものであって，賃貸借に従たる契約ではあるが，賃貸借とは別個の契約である。そして，賃借権が旧賃借人から新賃借人に移転され賃貸人がこれを承諾したことにより旧賃借人が賃貸借関係から離脱した場合においては，敷金交付者が，賃貸人との間で敷金をもって新賃借人の債務不履行の担保とすることを約し，又は新賃借人に対して敷金返還請求権を譲渡するなど特段の事情のない限り，右敷金をもって将来新賃借人が新たに負担することとなる債務についてまでこれを担保しなければならないものと解することは，敷金交付者にその予期に反して不利益を被らせる結果となって相当でなく，敷金に関する敷金交付者の権利義務関係は新賃借人に承継されるものではないと解すべきである。なお，右のように敷金交付者が敷金をもって新賃借人の債務不履行の担保とすることを約し，又は敷金返還請求権を譲渡したときであっても，それより以前に敷金返還請求権が国税の徴収のため国税徴収法に基づいてすでに差し押えられている場合には，右合意又は譲渡の効力をもって右差押をした国に対抗することはできない。」

「右事実関係のもとにおいて，YはBの賃借権取得を承諾した日にAに対し本件敷金3000万円を返還すべき義務を負うに至ったものであるとし，Yが右承諾をした際にBとの間で，敷金に関する権利義務関係が同会社に承継されることを前提として，賃借権移転の承諾料1900万円を敷金の追加とする旨合意し，Aがこれを承諾したとしても，右合意及び承諾をもってXに対抗することはできないとして，これに関するYの主張を排斥し，XのYに対する右3000万円の支払請求を認容した原審の判断は，前記説示と同趣旨にでたものであって，正当として是認することができ」る。（裁判長裁判官 吉田　豊　裁判官 大塚喜一郎　本林　譲　栗本一夫）

80 権利金

最(一)判昭和43年6月27日民集22巻6号1427頁
(*曹時20巻10号155頁，法協86巻8号983頁，民商60巻2号297頁，百選Ⅱ〈初版〉142頁*)

【事実】 XはY（株式会社相生市場）から店舗として建物の一部を期間の定めなく賃借し，権利金として15万円を支払った。2年9か月後にXYは賃貸借契約を合意解除し，XからYに権利金の返還を求めた。原審が，本件の権利金は「場所的利益に対する対価」であって賃料としての性質を有しないとして，返還を認めなかったので，Xから上告。

【判決理由】 上告棄却 「原判決の確定したところによれば，本件の権利金名義の金員は，Xが賃借した建物部分の公衆市場内における店舗として有する特殊の場所的利益の対価として支払われたものであるが，賃料の一時払としての性質を包含するものでなく，かつ，本件賃貸借契約には期間の定めがなかったというのであり，賃貸借契約の締結またはその終了にさいし右金員の返還について特段の合意がされた事実は原審で主張も認定もされていないところであるから，このような場合には，X主張のように賃貸借契約がその成立後約2年9ケ月で合意解除され，賃借建物部分がYに返還されたとしても，Xは，それだけの理由で，Yに対し右金員の全部または一部の返還を請求することができるものではないと解すべきである。論旨引用の当裁判所昭和26年(オ)第146号同29年3月11日第一小法廷判決，民集8巻3号672頁も，右のような場合に常に権利金名義の金員の返還請求を認めなければならないという趣旨を含むものとは解しがたい。したがって，Xの権利金返還請求を排斥した原審の判断に違法はなく，論旨は採用することができない。」（裁判長裁判官 長部謹吾　裁判官 入江俊郎　松田二郎　大隅健一郎）

81 敷引特約の有効性

最(三)判平成23年7月12日判時2128号43頁・京都敷引特約事件 (*民商149巻6号640頁*)

【事実】 Xは，A（三井不動産販売株式会社）との間で，京都市左京区所在のマンションの一室（「本件建物」）を賃借期間2年，賃料1か月17万5000円の約定で賃借する旨の賃貸借契約を締結し，本件建物の引渡しを受けた。

Xと A との間で作成された契約書には，次のような条項があった。

「賃借人は，本件契約締結時に保証金（「本件保証金」）として 100 万円（預託分 40 万円，敷引分 60 万円）を賃貸人に預託する。」

「本件契約が終了して賃借人が本件建物の明渡しを完了し，かつ，本件契約に基づく賃借人の賃貸人に対する債務を完済したときは，賃貸人は本件保証金のうち預託分の 40 万円を賃借人に返還する（以下，本件保証金のうち敷引分 60 万円を控除してこれを賃貸人が取得することとなるこの約定を「本件特約」といい，本件特約により賃貸人が取得する金員を「本件敷引金」という）。

X は，本件契約の締結に際し，保証金 100 万円を A に差し入れた。

Y（株式会社八新）は，A から本件契約における賃貸人の地位を承継し，その後，X との間で，本件契約を更新するに当たり，賃料の額を 1 か月 17 万円とすることを合意した。

約 6 年後に本件契約は終了し，X は Y に対し本件建物を明け渡した。

X が Y に対し，保証金 100 万円を返還するよう求めたところ，Y は，本件保証金から敷引金 60 万円を控除した上，X が本件契約に基づき Y に対して負担すべき原状回復費用等として更に 20 万円余を控除し，その残額である 19 万円余を X に返還したので，X は本件保証金との差額の支払を求めて本訴を提起した。

原審は，本件特約は信義則に反して X の利益を一方的に害するものとして消費者契約法 10 条により無効であると判断したので，Y から上告。

【判決理由】 一部破棄自判，一部棄却（田原・寺田裁判官の補足意見，岡部裁判官の反対意見がある）

「本件特約は，本件保証金のうち一定額（いわゆる敷引金）を控除し，これを賃貸借契約終了時に賃貸人が取得する旨のいわゆる敷引特約である。賃貸借契約においては，本件特約のように，賃料のほかに，賃借人が賃貸人に権利金，礼金等様々な一時金を支払う旨の特約がされることが多いが，賃貸人は，通常，賃料のほか種々の名目で授受される金員を含め，これらを総合的に考慮して契約条件を定め，また，賃借人も，賃料のほかに賃借人が支払うべき一時金の額や，その全部ないし一部が建物の明渡し後も返還されない旨の契約条件が契約書に明記されていれば，賃貸借契約の締結に当たって，当該契約によって自らが負うこととなる金銭的な負担を明確に認識した上，複数の賃貸物件の契約条件を比較検討して，自らにとってより有利な物件を選択することができるもの

➡ *81*

と考えられる。そうすると，賃貸人が契約条件の一つとしていわゆる敷引特約を定め，賃借人がこれを明確に認識した上で賃貸借契約の締結に至ったのであれば，それは賃貸人，賃借人双方の経済的合理性を有する行為と評価すべきものであるから，消費者契約である居住用建物の賃貸借契約に付された敷引特約は，敷引金の額が賃料の額等に照らし高額に過ぎるなどの事情があれば格別，そうでない限り，これが信義則に反して消費者である賃借人の利益を一方的に害するものということはできない（最(一)判平成23年3月24日民集65巻2号903頁)。

これを本件についてみると，前記事実関係によれば，本件契約書には，1か月の賃料の額のほかに，Xが本件保証金100万円を契約締結時に支払う義務を負うこと，そのうち本件敷引金60万円は本件建物の明渡し後もXに返還されないことが明確に読み取れる条項が置かれていたのであるから，Xは，本件契約によって自らが負うこととなる金銭的な負担を明確に認識した上で本件契約の締結に及んだものというべきである。そして，本件契約における賃料は，契約当初は月額17万5000円，更新後は17万円であって，本件敷引金の額はその3.5倍程度にとどまっており，高額に過ぎるとはいい難く，本件敷引金の額が，近傍同種の建物に係る賃貸借契約に付された敷引特約における敷引金の相場に比して，大幅に高額であることもうかがわれない。

以上の事情を総合考慮すると，本件特約は，信義則に反してXの利益を一方的に害するものということはできず，消費者契約法10条により無効であるということはできない。」

田原睦夫裁判官の補足意見

「如何なる費目の金銭が授受されるかは各地域における慣行に著しい差異がある。国土交通省が公表している調査資料によれば，例えば，敷金あるいは保証金名下で賃貸借契約締結時に賃貸人に差し入れられた金員のうち，明渡し時に一定額（あるいは一定割合）を差し引く旨のいわゆる敷引特約（以下，単に『敷引特約』という。なお，この差引き部分は，上記の本来の敷金としての性質を有するものではないから，『敷引特約』という用語は誤解を招く表現であるが，一般にかかる用語が用いられているところから，それに従う。）は，京都，兵庫，福岡では半数から大多数の賃貸借契約において定められているのに

➡ *81*

対し，大阪では約30パーセント，東京では約5パーセントに止まっており，また更新料については，かかる条項が設けられている契約事例が，東京や神奈川では半数以上を占めるのに対し，大阪や兵庫では，その定めがあるとの回答は零であったなど，首都圏とそれ以外の地域で著しい差異があり，また，近畿圏でも，京都，大阪，兵庫の間で顕著な差異が見られるのであって，賃貸借契約における賃料以外の金銭の授受に係る条項の解釈においては，当該地域の実情を十分に認識した上でそれを踏まえて法的判断をする必要がある（なお，このような各地域の実情は，地裁レベルでは裁判所に顕著な事実というべきものである。)。

岡部裁判官は，その反対意見において，賃貸人は敷引特約の条項を定めるに当たっては，その敷引部分に通常損耗費が含まれるか否か，礼金や権利金の性質を有するか否か等その具体的内容を明示するべきであると主張されるが，そこで述べられる礼金や権利金についても，それに通常損耗費の補塡の趣旨が含まれているか否かをも含めて必ずしも明確な概念ではなく，また，上記のとおり賃貸借契約の締結ないし更新に伴って授受される一時金については各地域毎の慣行に著しい差異が存することからすれば，敷引特約の法的性質を一概に論じることは困難であり，いわんや賃貸人にその具体的内容を明示することを求めることは相当とは言えない。」

「本件では，賃貸借契約締結後，最初の更新時に賃借人であるXは賃料値下げを賃貸人であるYに了解させているのであるから，XがYに比して弱い立場にあったものとは認められない。また，本件契約においては，契約締結時に権利金や礼金の授受はなく，敷引特約は賃貸借契約締結時に明示されているのであって，Xはそれを十分に認識して本件契約を締結したものと窺える。そして，本件敷引特約に定める敷引金額は60万円であって，賃料の約3.5ヶ月分と一見高額かのごとくであるが，賃貸借契約が更新されても敷引金額は当初に定められた金額のままなのであるから，賃貸借期間が長期に亘るほどその敷引金額の賃料に対する比率は低下することになるところ，Xは本件契約の解約迄6年余本件建物に居住していたものであるから，敷引金額を居住期間の1ヶ月当たりにすると8,333円で，当初の1ヶ月の賃料（共益費込み）の4.76パーセント，更新により改定後の賃料（共益費込み）の4.90パーセントにす

➡ *81*

ぎないのである。

かかる敷引金を賃貸人が取得することをもって，消費者契約法10条に該当するとは到底認められない。」

寺田逸郎裁判官の補足意見

「消費者契約法の立法趣旨に鑑みると，同条の規定は，契約条件の実質のみならずその形式にも着目し，それによってもたらされる問題をも対象としているのではないかと考えることができるように思われる。民法等に定める典型契約の規定は，パターン化によって契約における権利義務の関係を一般人にも理解しやすくする機能を有するものとなっているところ，ある契約条件が典型契約としてのパターンから外れた形で消費者に義務を課するものとなっているときは，一般人が通常観念する契約で頭に浮かぶパターンから外れた部分としてその合理性をただちに理解できないおそれがあるのであって，同条の規定の意義は，このように組み立てられた条項によって受けるおそれのある不利益から消費者を救済しようとするところにも広がると考えられるからである。典型契約のパターンから形式的に離れた契約条項が定められる場合には，消費者にとって理解が十分でないまま契約に至るなど契約の自由を基礎づける要素にゆがみが生じるおそれが生じやすいとみて，信義則を通して当該条項の合理性につきより立ち入って審査するという趣旨をみて取るわけである（その意味で，岡部裁判官の反対意見の示す問題意識にも共感できるところがなくはない。このような状況の中には，消費者契約法4条などが対象とする契約締結の手続上の瑕疵としてとらえることができる場合もあるかもしれないが，定型的に条項の在りよう自体の問題としてとらえることを妨げる理由もないように思われる。)。

このような理解に立って本件をみると，本件の敷引特約は，賃料の実質を有するものの賃料としてではない形で支払義務を負わせるもので，民法の定める賃貸借の規定から形式的に離れた契約条件であるから，上記のような特約の実質的な意義を賃借人が理解していることが明らかであるなど特段の事情がない限りは，消費者契約法10条の『公の秩序に関しない規定の適用による場合に比し，消費者の権利を制限し，又は消費者の義務を加重する消費者契約の条項』の対象として扱って差し支えないと解することが相当であろう。」

「そして，次の段階として，信義則との関係では，……それが高額あるいは

➡ 81

賃料との関係で高率であるということだけで契約条件としての有効性が疑われることはないとしても，広く地域にみられる約定に基づくものであるとはいえ，いわゆる相場からみて高額あるいは高率に過ぎるなど内容面での特異な事情がうかがわれるのであれば，これを契約の自由を基礎づける要素にゆがみが生じているおそれの徴表とみて，当該契約条件を付すことが許されるかどうかにつき，他の契約条件を含めた事情を勘案し，より立ち入った検討を行う過程へと進むことが求められるということになる（相場の高止まりというような競争環境の不十分さまでも考慮に入れて契約内容の不当性を判断する役割を担うことをこの規定に期待すべきではあるまい。）。ただ，本件においては，広く見られる敷引特約の例として，敷引額が高額・高率に過ぎるなど内容的に特異な事情があると認めるべきところがないため，上記のような徴表を欠くものとみて，結局，多数意見の結論に落ち着くこととなると考えるわけである。」

岡部喜代子裁判官の反対意見

「私は，多数意見と異なり，本件特約は消費者契約法 10 条により無効であると考える。その理由は，以下のとおりである。」

「多数意見は，要するに，敷引金の総額が契約書に明記され，賃借人がこれを明確に認識した上で賃貸借契約を締結したのであれば，原則として敷引特約が信義則に反して賃借人の利益を一方的に害するものとはいえないというのである。

しかしながら，敷引金は個々の契約ごとに様々な性質を有するものであるのに，消費者たる賃借人がその性質を認識することができないまま賃貸借契約を締結していることが問題なのであり，敷引金の総額を明確に認識していることで足りるものではないと考える。」

「本件特約の消費者契約法 10 条該当性についてみると，次のようにいうことができる。

まず，前段該当性についてみると，賃貸借契約においては，賃借人は賃料以外の金銭的負担を負うべき義務を負っていないところ（民法 601 条），本件特約は，本件敷引金の具体的内容を明示しないまま，その支払義務を賃借人であるＸに負わせているのであるから，任意規定の適用の場合に比し，消費者である賃借人の義務を加重するものといえる。

➡ 82

そして，後段該当性についてみると，原審認定によれば，本件敷引金の額は本件契約書に明示されていたものの，これがいかなる性質を有するものであるのかについて，その具体的内容は本件契約書に何ら明示されていないのであり，また，ＹとＸとの間では，本件契約を締結するに当たって，本件建物の付加価値を取得する対価の趣旨で礼金を授受する旨の合意がなされたとも，改装費用の一部をＸに負担させる趣旨で本件敷引金の合意がなされたとも認められないというのであって，かかる認定は記録に徴して十分首肯できるところである。したがって，賃貸人たるＹは，本件敷引金の性質についてその具体的内容を明示する信義則上の義務に反しているというべきである。加えて，本件敷引金の額は，月額賃料の約3.5倍に達するのであって，これを一時に支払うＸの負担は決して軽いものではないのであるから，本件特約は高額な本件敷引金の支払義務をＸに負わせるものであって，Ｘの利益を一方的に害するものである。

以上のとおりであるから，本件特約は消費者契約法10条により無効と解すべきである。

なお，Ｙは，建物賃貸借関係の分野では自己責任の範囲が拡大されてきている，本件特約を無効とすることにより種々の弊害が生ずるなどと述べるが，賃借人に自己責任を求めるには，賃借人が十分な情報を与えられていることが前提となるのであって，私が以上述べたところは，賃借人の自己責任と矛盾するものではなく，かつ，敷引特約を一律に無効と解するものでもないから，Ｙの上記非難は当たらない。」（裁判長裁判官 田原睦夫　裁判官 那須弘平　岡部喜代子　大谷剛彦　寺田逸郎）

82 更新料条項の有効性

最(二)判平成23年7月15日民集65巻5号2269頁・京都更新料特約事件

(曹時66巻3号770頁，法協130巻2号546頁，民商146巻1号92頁，百選Ⅱ〈第8版〉128頁，平23重判66頁)

【事実】 ⑴京都の大学に入学した学生ＸはＹ（株式会社長栄）との間で，京都市内の共同住宅の一室（「本件建物」）について期間1年，賃料を月額3万8000円，更新料を賃料の2か月分，定額補修分担金を12万円とする賃貸借契約を締結し，

➡ 82

本件建物の引渡しを受けた。また，ZはYとの間で，本件賃貸借契約に係るXの債務を連帯保証する旨の契約を締結した。本件賃貸借契約および上記の保証契約は，いずれも消費者契約法10条にいう「消費者契約」に当たる。

本件賃貸借契約書には，Xは，契約締結時に，Yに対し，本件建物退去後の原状回復費用の一部として12万円の定額補修分担金を支払う旨の条項があり，また，本件賃貸借契約の更新につき，〔1〕Xは，期間満了の60日前までに申し出ることにより，本件賃貸借契約の更新をすることができる，〔2〕Xは，本件賃貸借契約を更新するときは，これが法定更新であるか，合意更新であるかにかかわりなく，1年経過するごとに，Yに対し，更新料として賃料の2か月分を支払わなければならない，〔3〕Yは，Xの入居期間にかかわりなく，更新料の返還，精算等には応じない旨の条項がある（以下，この更新料の支払を約する条項を「本件条項」という）。

XはYとの間で3回にわたり本件賃貸借契約を1年間更新する旨の合意をし，その都度，Yに対し，更新料として7万6000円を支払った。しかしその次の更新（法定更新）の際に更新料7万6000円の支払をせず，更新料の支払を約する条項（「更新料条項」）が消費者契約法10条又は借地借家法30条により無効であり，定額補修分担金に関する特約も消費者契約法10条により無効であるとして，支払済みの更新料22万8000円および定額補修分担金12万円の返還を求めた。これに対しYは，Xに対し，未払更新料7万6000円の支払を求める反訴を提起するとともに，連帯保証人であるZに対し，上記未払更新料につき保証債務の履行を求める訴えを提起し，この訴えは，前記の本訴および反訴と併合審理された。

原審は，本件条項および定額補修分担金に関する特約は消費者契約法10条により無効であるとして，Xの請求を認容したので，Yから上告。

【判決理由】 一部破棄自判，一部却下 「(1)更新料は，期間が満了し，賃貸借契約を更新する際に，賃借人と賃貸人との間で授受される金員である。これがいかなる性質を有するかは，賃貸借契約成立前後の当事者双方の事情，更新料条項が成立するに至った経緯その他諸般の事情を総合考量し，具体的事実関係に即して判断されるべきであるが（最(二)判昭和59年4月20日民集38巻6号610頁参照)，更新料は，賃料と共に賃貸人の事業の収益の一部を構成するのが通常であり，その支払により賃借人は円満に物件の使用を継続することができることからすると，更新料は，一般に，賃料の補充ないし前払，賃貸借契約を継続するための対価等の趣旨を含む複合的な性質を有するものと解するのが相当である。

➡ *82*

⑵そこで，更新料条項が，消費者契約法10条により無効とされるか否かについて検討する。

ア　消費者契約法10条は，消費者契約の条項を無効とする要件として，当該条項が，民法等の法律の公の秩序に関しない規定，すなわち任意規定の適用による場合に比し，消費者の権利を制限し，又は消費者の義務を加重するものであることを定めるところ，ここにいう任意規定には，明文の規定のみならず，一般的な法理等も含まれると解するのが相当である。そして，賃貸借契約は，賃貸人が物件を賃借人に使用させることを約し，賃借人がこれに対して賃料を支払うことを約することによって効力を生ずる（民法601条）のであるから，更新料条項は，一般的には賃貸借契約の要素を構成しない債務を特約により賃借人に負わせるという意味において，任意規定の適用による場合に比し，消費者である賃借人の義務を加重するものに当たるというべきである。

イ　また，消費者契約法10条は，消費者契約の条項を無効とする要件として，当該条項が，民法1条2項に規定する基本原則，すなわち信義則に反して消費者の利益を一方的に害するものであることをも定めるところ，当該条項が信義則に反して消費者の利益を一方的に害するものであるか否かは，消費者契約法の趣旨，目的（同法1条参照）に照らし，当該条項の性質，契約が成立するに至った経緯，消費者と事業者との間に存する情報の質及び量並びに交渉力の格差その他諸般の事情を総合考量して判断されるべきである。

更新料条項についてみると，更新料が，一般に，賃料の補充ないし前払，賃貸借契約を継続するための対価等の趣旨を含む複合的な性質を有することは，前記⑴に説示したとおりであり，更新料の支払にはおよそ経済的合理性がないなどということはできない。また，一定の地域において，期間満了の際，賃借人が賃貸人に対し更新料の支払をする例が少なからず存することは公知であることや，従前，裁判上の和解手続等においても，更新料条項は公序良俗に反するなどとして，これを当然に無効とする取扱いがされてこなかったことは裁判所に顕著であることからすると，更新料条項が賃貸借契約書に一義的かつ具体的に記載され，賃借人と賃貸人との間に更新料の支払に関する明確な合意が成立している場合に，賃借人と賃貸人との間に，更新料条項に関する情報の質及び量並びに交渉力について，看過し得ないほどの格差が存するとみることもできない。

そうすると，賃貸借契約書に一義的かつ具体的に記載された更新料条項は，更新料の額が賃料の額，賃貸借契約が更新される期間等に照らし高額に過ぎるなどの特段の事情がない限り，消費者契約法10条にいう『民法第1条第2項に規定する基本原則に反して消費者の利益を一方的に害するもの』には当たらないと解するのが相当である。

⑶これを本件についてみると，前記認定事実によれば，本件条項は本件契約書に一義的かつ明確に記載されているところ，その内容は，更新料の額を賃料の2か月分とし，本件賃貸借契約が更新される期間を1年間とするものであって，上記特段の事情が存するとはいえず，これを消費者契約法10条により無効とすることはできない。また，これまで説示したところによれば，本件条項を，借地借家法30条にいう同法第3章第1節の規定に反する特約で建物の賃借人に不利なものということもできない。」

「以上説示したところによれば，原判決中，Xの定額補修分担金の返還請求に関する部分を除く部分は破棄を免れない。そして，前記認定事実及び前記〔⑴～⑶〕に説示したところによれば，更新料の返還を求めるXの請求は理由がないから，これを棄却すべきであり，また，未払更新料7万6000円及びこれに対する催告後である平成19年9月19日から支払済みまで民法所定の年5分の割合による遅延損害金の支払を求めるYの請求には理由があるから，これを認容すべきである。」（裁判長裁判官 古田佑紀　裁判官 竹内行夫　須藤正彦　千葉勝美）

（定額補修分担金の返還請求に関する部分についても，Yは上告受理の申立てをしたが，その理由を記載した書面を提出しなかったため，Yの上告は却下された。）

解　説

敷金は，賃貸借契約の継続中は新賃貸人に引き継がれるが，*77*は，賃貸借契約終了後の建物譲受人には，当然には承継されないことを判示した。同判決は，敷金返還請求権が確定するのは明渡時であるから，それまでは転付命令の対象とならないことも判示している。他方，*79*は，賃借人が替った場合の敷金返還請求権の承継を扱ったもので，当然には承継されないとした。新622条の2第1項はこれらの判例を踏まえたものである。また，同条2項は，敷金の充当に関する従来の確立した理解を明文化したが，賃借人の債務への敷金の充当が，賃貸人の相殺の意思表示なのかどうかが争われたのが*78*である。同判決は，賃貸借終了時の未払賃料と敷金の充当関係につき，意思表示を要しないとする重要な判示を行なった。改正法の解釈に際しても判例として機能する。

*80*は，場所的利益の対価としての権利金につき，賃貸借の合意解除後の返還を認めなかった。原審の認定によると，「朝鮮動乱の後で佐世保市内は活況を呈しており，Y市場の店舗賃借には70数名の申込希望者中42名しか賃借を認められなかったほど競争が激しく，申込者らは賃料以外の金員を支出してでも店舗を得たいと希望する情勢にあった」とされている。従って，営業上の利益の対価としての権利金と見ることができよう。

主として関西地方の慣行である，いわゆる敷引特約の有効性については，最(一)判平成23年3月24日民集65巻2号903頁が判断基準を示した。同じ問題を扱った*81*は，第一小法廷が示した基準を踏襲した判決であるが，第三小法廷においては岡部裁判官の反対意見が付されたため，法廷意見を補足する意見が2つ付けられ，より踏み込んだ議論が展開されていて興味深い。

なお，新622条の2は敷金についてのこれまでの判例の理解を明文化する規定であるが，担保目的で交付される金銭を対象としているから，敷引特約については直接触れるものではないという説明が可能である。その限りで従来の判例は維持されている。しかし，寺田補足意見が指摘するように，通常のパターンから外れた，敷金類似の賃料的敷引金が消費者にとって分かりにくいことは否定できず，しかも，狭い国土で人的移動が頻繁になっているときに，田原補足意見の地域的慣行という説明がどこまで説得的かも議論の余地がある。従って，民法が任意規定として敷金の返還義務を明示したことは，敷引特約に対する消費者契約法10条の適用において，無効と判断する方向に作用する可能性もある。

更新の際に更新料を支払う条項の有効性をめぐっては下級審が分かれていたが，*82*は，高額に過ぎるなどの特段の事情のない限り消費者契約法10条によって無効とはならないと判示した。*82*が先例として引用している最(二)判昭和59年4月20日は，借地人の無断増改築その他の不信行為を不問に付す条件として調停で支払が約束された更新料の不払が問題となった事案である。最高裁は，本件で更新料の支払は賃料の支払と同様，更新後の賃貸借契約の重要な要素として組み込まれ，当事者の信頼関係を維持する基盤をなしているとし，その不払は著しい背信行為として賃貸借契約の解除原因となると判断した。

［7］賃　　料

83 地代自動改定特約の効力

最(一)判平成15年6月12日民集57巻6号595頁（曹時57巻1号229頁，民商130巻1号114頁，平15重判78頁）

【事実】 1 ⑴ X（安田生命保険相互会社）は，大規模小売店舗用建物を建設してD（株式会社ダイエー）の店舗を誘致することを計画し，昭和62年7月1日，その敷地の一部として，Y（株式会社曠淳開発）との間において，Yの所有する本件各土地を賃借期間を同月20日から35年間として借り受ける旨の本件賃貸借契約を締結した。

⑵ Y及びXは，本件賃貸借契約を締結するに際し，Yの税務上の負担を考慮して，権利金や敷金の授受をせず，本件各土地の地代については，昭和62年7月20日からXが本件各土地上に建築する建物をDに賃貸してその賃料を受領するまでの間は月額249万2900円とし，それ以降本件賃貸借契約の期間が満了するまでの間は月額633万1666円（本件各土地の価格を1坪当たり500万円と評価し，その8% 相当額の12分の1に当たる金額）とすることを合意するとともに,「但し，本賃料は3年毎に見直すこととし，第1回目の見直し時は当初賃料の15% 増，次回以降は3年毎に10% 増額する。」という内容の本件増額特約を合意し，さらに，これらの合意につき,「但し，物価の変動，土地，建物に対する公租公課の増減，その他経済状態の変化により甲（Y）・乙（X）が別途協議するものとする。」という内容の本件別途協議条項を加えた。

⑶ 本件賃貸借契約が締結された昭和62年7月当時は，いわゆるバブル経済の崩壊前であって，本件各土地を含む東京都23区内の土地の価格は急激な上昇を続けていた。したがって，当事者双方は，本件賃貸借契約とともに本件増額特約を締結した際，本件増額特約によって，その後の地代の上昇を一定の割合に固定して，地代をめぐる紛争の発生を防止し，企業としての経済活動に資するものにしようとしたものであった。

⑷ ところが，本件各土地の1平方メートル当たりの価格は，昭和62年7月1日には345万円であったところ，平成3年7月1日には367万円に上昇したものの，

平成6年7月1日には202万円に下落し，さらに，平成9年7月1日には126万円に下落した。

(5) Xは，Yに対し，前記約定に従って，昭和62年7月20日から昭和63年6月30日までの間は，月額249万2900円の地代を支払い，XがDより建物賃料を受領した同年7月1日以降は，月額633万1666円の地代を支払った。

(6) その後，本件各土地の地代月額は，本件増額特約に従って，3年後の平成3年7月1日には15% 増額して728万1416円に改定され，さらに，3年後の平成6年7月1日には10% 増額して800万9557円に改定され，Xは，これらの地代をYに対して支払った。

しかし，その3年後の平成9年7月1日には，Xは，地価の下落を考慮すると地代を更に10% 増額するのはもはや不合理であると判断し，同日以降も，Yに対し，従前どおりの地代（月額800万9557円）の支払を続け，Yも特段の異議を述べなかった。

(7) さらに，Xは，Yに対し，平成9年12月24日，本件各土地の地代を20% 減額して月額640万7646円とするよう請求した。しかし，Yは，これを拒否した。

(8) 他方，Yは，Xに対し，平成10年10月12日ころ，平成9年7月1日以降の本件各土地の地代は従前の地代である月額800万9557円を10% 増額した月額881万0512円になったので，その差額分（15か月分で合計1201万4325円）を至急支払うよう催告した。しかし，Xは，これを拒否し，かえって，平成10年12月分からは，従前の地代を20% 減額した額を本件各土地の地代としてYに支払うようになった。

2 そこでXは，Yに対し，本件各土地の地代が平成9年12月25日以降月額640万7646円であることの確認を求め，他方，Yは，Xに対し，本件各土地の地代が平成9年7月1日以降月額881万0512円であることの確認を求めた。

3 第1審は，Xの請求を一部認容し，Yの請求を棄却したので，Yが控訴し，Xが附帯控訴した。原審は，次のような理由を述べて，Xの請求を棄却した。すなわち，本件増額特約のような地代自動増額改定特約については，借地借家法11条1項所定の諸事由，請求の当時の経済事情及び従来の賃貸借関係その他諸般の事情に照らし著しく不相当ということができない限り，有効として扱うのが相当であるところ，その反面として，同項に基づく地代増減請求をすることはできず，その限度で，当事者双方の意思表示によって成立した合意の効力が同項に基づく当事者の一方の意思表示の効力に優先すると解すべきである。そして，平成9年12月24日の時点において，いまだ，本件増額特約そのものをもって著しく不相当ということはできないし，これを適用すると著しく不相当ということもできない（したがっ

➡ 83

て，本件別途協議条項を適用する余地もない。）から，X は，本件各土地につき，借地借家法 11 条 1 項に基づく地代減額請求をすることはできない。

X から上告受理申立て。

【判決理由】 破棄差戻「⑴ 建物の所有を目的とする土地の賃貸借契約の当事者は，従前の地代等が，土地に対する租税その他の公課の増減により，土地の価格の上昇若しくは低下その他の経済事情の変動により，又は近傍類似の土地の地代等に比較して不相当となったときは，借地借家法 11 条 1 項の定めるところにより，地代等の増減請求権を行使することができる。これは，長期的，継続的な借地関係では，一度約定された地代等が経済事情の変動等により不相当となることも予想されるので，公平の観点から，当事者がその変化に応じて地代等の増減を請求できるようにしたものと解するのが相当である。この規定は，地代等不増額の特約がある場合を除き，契約の条件にかかわらず，地代等増減請求権を行使できるとしているのであるから，強行法規としての実質を持つものである（最(三)判昭和 31 年 5 月 15 日民集 10 巻 5 号 496 頁，最(二)判昭和 56 年 4 月 20 日民集 35 巻 3 号 656 頁参照）。

⑵ 他方，地代等の額の決定は，本来当事者の自由な合意にゆだねられているのであるから，当事者は，将来の地代等の額をあらかじめ定める内容の特約を締結することもできるというべきである。そして，地代等改定をめぐる協議の煩わしさを避けて紛争の発生を未然に防止するため，一定の基準に基づいて将来の地代等を自動的に決定していくという地代等自動改定特約についても，基本的には同様に考えることができる。

⑶ そして，地代等自動改定特約は，その地代等改定基準が借地借家法 11 条 1 項の規定する経済事情の変動等を示す指標に基づく相当なものである場合には，その効力を認めることができる。

しかし，当初は効力が認められるべきであった地代等自動改定特約であっても，その地代等改定基準を定めるに当たって基礎となっていた事情が失われることにより，同特約によって地代等の額を定めることが借地借家法 11 条 1 項の規定の趣旨に照らして不相当なものとなった場合には，同特約の適用を争う当事者はもはや同特約に拘束されず，これを適用して地代等改定の効果が生ずるとすることはできない。また，このような事情の下においては，当事者は，

➡ *83*

同項に基づく地代等増減請求権の行使を同特約によって妨げられるものではない。

(4) これを本件についてみると，本件各土地の地代がもともと本件各土地の価格の8% 相当額の12分の1として定められたこと，また，本件賃貸借契約が締結された昭和62年7月当時は，いわゆるバブル経済の崩壊前であって，本件各土地を含む東京都23区内の土地の価格は急激な上昇を続けていたことを併せて考えると，土地の価格が将来的にも大幅な上昇を続けると見込まれるような経済情勢の下で，時の経過に従って地代の額が上昇していくことを前提として，3年ごとに地代を10% 増額するなどの内容を定めた本件増額特約は，そのような経済情勢の下においては，相当な地代改定基準を定めたものとして，その効力を否定することはできない。しかし，土地の価格の動向が下落に転じた後の時点においては，上記の地代改定基準を定めるに当たって基礎となっていた事情が失われることにより，本件増額特約によって地代の額を定めることは，借地借家法11条1項の規定の趣旨に照らして不相当なものとなったというべきである。したがって，土地の価格の動向が既に下落に転じ，当初の半額以下になった平成9年7月1日の時点においては，本件増額特約の適用を争うXは，もはや同特約に拘束されず，これを適用して地代増額の効果が生じたということはできない。また，このような事情の下では，同年12月24日の時点において，Xは，借地借家法11条1項に基づく地代減額請求権を行使することに妨げはないものというべきである。」

「以上のとおり，平成9年7月1日の時点で本件増額特約が適用されることによって増額された地代の額の確認を求めるYのXに対する請求は理由がなく，また，同年12月24日の時点で本件増額特約が適用されるべきものであることを理由にXの地代減額請求権の行使が制限されるということはできず，論旨は理由がある。これと異なる原審の前記判断には，判決に影響を及ぼすことが明らかな法令の違反がある。そこで，原判決を破棄し，YのXに対する請求についての本件控訴を棄却するとともに，XのYに対する請求について，Xが地代減額請求をした平成9年12月24日の時点における本件各土地の相当な地代の額について，更に審理を尽くさせるため，本件を原審に差し戻すこととする。」（裁判長裁判官 甲斐中辰夫　裁判官 深澤武久　横尾和子　泉　德治　島

田仁郎)

84 サブリース

最(三)判平成15年10月21日民集57巻9号1213頁・センチュリータワー事件

(曹時58巻4号1353頁，法協121巻12号2145頁，百選Ⅱ〈第8版〉136頁，平15重判80頁)

【事実】 1 ⑴ 不動産賃貸等を目的とするX（センチュリータワー株式会社）は，昭和61年ころ，A会社（三井不動産株式会社）からの勧めもあって，東京都文京区に所有する土地上に賃貸用高層ビルを建築することを計画し，同年11月ころ，著名な建築家であるBに建物の設計を依頼し，同年12月ころ，B設計事務所（フォスター設計事務所）との間で覚書を交わした。Xは，昭和62年6月，Y（住友不動産株式会社）から，上記の土地上にXが建築したビルでYが転貸事業を営み，Xに対して長期にわたって安定した収入を得させるという内容の提案を受け，AYを比較検討した結果，Yと交渉を進めることとして，昭和63年12月13日，Yとの間で，本件建物の一部（地上21階地下3階のビルの約半分の面積に相当する）を下記⑶の内容でYに賃貸する旨の予約をした。

⑵ Xは，同月14日，上記予約で約定した敷金額49億4350万円のうち16億5500万円の預託を受けた。Xは，D会社（株式会社大林組）との間で本件建物の建築請負契約を締結し，同社に対し請負代金等合計212億円余を支払い，また，B設計事務所に対しても設計料18億円余を支払ったが，これらの支払のうち上記の敷金で賄いきれなかった181億円余については，銀行融資を受けた。

⑶ 本件建物は，平成3年4月15日に完成し，Xは，同月16日，上記予約に基づき，Yとの間で，次の内容の契約を締結し，本件賃貸部分をYに引渡した。

ア Xは，Yに対し，本件賃貸部分を一括して賃貸し，Yは，これを賃借し，自己の責任と負担において第三者に転貸し，賃貸用オフィスビルとして運用する。Yは，転借人を決定するには，事前にXの書面による承諾を得る。

イ 賃貸期間は，本件建物竣工時から15年間とし，期間満了時には，双方協議の上，更に15年間契約を更新する。賃貸期間中は，不可抗力による建物損壊又は一方当事者の重大な契約違反が生じた場合のほかは，中途解約できない。

ウ 賃料は，年額19億7740万円，共益費は，年額3億1640万円とし，Yは，毎月末日，賃料の12分の1（当月分）を支払う。

エ 賃料は，本件建物竣工時から3年を経過するごとに，その直前の賃料の10％相当額の値上げをする（「本件賃料自動増額特約」）。急激なインフレ，その他経済事情に著しい変動があった結果，値上げ率及び敷金が不相当になったときは，XとYの協議の上，値上げ率を変更することができる（「本件調整条項」）。

オ　Yは，Xに対し，敷金として，総額49億4350万円を預託する。

カ　Yが賃料等の支払を延滞したときは，Xは，通知催告なしに敷金をもって弁済に充当することができ，この場合，Yは，Xから補充請求を受けた日から10日以内に敷金を補充しなければならない。

(4)　Yは，Xに対し，本件賃貸部分の賃料について，平成6年2月9日に，同年4月1日から年額13億8194万4000円に減額すべき旨の意思表示をしたのを最初として，同年10月28日に，同年11月1日から年額8億6863万2000円に減額すべき旨の意思表示を，平成9年2月7日に，同年3月1日から年額7億8967万2000円に減額すべき旨の意思表示を，平成11年2月24日に，同年3月1日から年額5億3393万9035円に減額すべき旨の意思表示を，それぞれ行なった。

なお，Yがテナントから受け取る本件賃貸部分の転貸料の合計は，平成6年4月当時，平成9年6月当時のいずれも月額1億1516万2000円であり，平成11年3月当時は約4581万円となり，同年4月以降は6000万円前後で推移している。

2　Yが約定賃料の一部しか支払わなかったので，Xは，主位的に，本件賃料自動増額特約に従って賃料が増額したと主張して，平成6年4月分から平成9年12月分までの約定賃料等と支払賃料等との差額分及びこれに対する遅延損害金を敷金から充当することとし，Yに対し，上記敷金の不足分と平成10年1月分から平成11年10月分までの未払賃料との合計52億6899万5795円とこれに対する年6%の割合による遅延損害金の支払を求め，予備的に，Yの賃料減額請求の意思表示により賃料が減額されたことを前提として，借地借家法32条1項の規定により賃料が減額される可能性があることについてYに説明義務違反があるなどと主張して，不法行為又は債務不履行に基づき上記金額と同額の損害賠償を求めた。

これに対してYは，Xに対し，借地借家法32条1項の規定に基づきYの賃料減額請求の意思表示により賃料が減額されたことを主張して，その確認を求める反訴を提起した。

3　原審は，次のとおり判断して，Xの主位的請求を，35億2323万2445円とこれに対する年6%の割合による遅延損害金の支払を求める限度で認容し，その余の主位的請求及び予備的請求を棄却し，Yの反訴請求を棄却すべきものとした。

(1)　本件契約は，建物賃貸借契約の法形式を利用しているから，建物賃貸借契約の一種がその組成要素となっていることは否定できないが，典型的な賃貸借契約とはかなり異なった性質のものと認められ，その実質的機能や契約内容にかんがみると，建物賃貸借契約とは異なる性質を有する事業委託的無名契約の性質を持ったも

➡ 84

のと解すべきである。したがって，本件契約について，借地借家法の全面的適用があると解するのは相当ではなく，本件契約の目的，機能及び性質に反しない限度においてのみ同法の適用があるものと解すべきである。

本件契約は，その内容や交渉経過に照らせば，取引行為者として経済的に対等な当事者双方が，不動産からの収益を共同目的とし，それぞれがより多額の収益を確保するために，不動産の転貸から得られる収益の分配を対立的要素として調整合意したものであり，Xは，収益についての定額化による安定化と将来にわたる確実な賃料増額を図るために，本件賃料自動増額特約を付し，本件賃貸部分を一括して賃貸することとして本件契約を締結したのであるから，その限りにおいて，本件契約においては賃料保証がされているものと解される。そして，本件契約においては，本件賃料自動増額特約による賃料と現実の転貸料とのかい離が著しく不合理となったときに対処するために，本件調整条項が設けられているのであるから，本件契約にあっては，借地借家法32条1項所定の賃料増減額請求権の制度は，本件調整条項によって修正され，上記規定は，その手続や請求権の行使の効果など限定された範囲でのみ適用があると解するのが相当である。

⑵　Yが平成6年2月9日及び平成9年2月7日にした賃料減額請求は，賃料自動増額の時期の到来に対抗してされたものであり，本件調整条項に基づく値上げ率を変更する旨の意思表示を含むものと解するのが相当である。そして，不動産市場や賃貸ビル市場の著しいマイナス変動により，賃料と転貸料との間に不合理な著しいかい離が生じていると認められるから，Yが平成6年2月9日及び平成9年2月7日に本件調整条項に基づいて行なった賃料の減額請求により，それぞれの時期の値上げ率が0%に変更されたものと認めるのが相当である。

以上によれば，本件契約の賃料は，平成6年4月以降も従前どおりの金額であるから，Xの主位的請求に係る敷金の不足額と未払賃料との合計は，35億2323万2445円となる。

⑶　Xの予備的請求については，Yに説明義務違反等があるとは認められない。

4　XY双方から上告受理申立て。

【判決理由】　破棄差戻（藤田裁判官の補足意見がある）

「⑴　前記確定事実によれば，本件契約における合意の内容は，XがYに対して本件賃貸部分を使用収益させ，YがXに対してその対価として賃料を支払うというものであり，本件契約は，建物の賃貸借契約であることが明らかであるから，本件契約には，借地借家法が適用され，同法32条の規定も適用されるものというべきである。

➡ *84*

本件契約には本件賃料自動増額特約が存するが，借地借家法32条1項の規定は，強行法規であって，本件賃料自動増額特約によってもその適用を排除することができないものであるから（最(三)判昭和31年5月15日民集10巻5号496頁，最(二)判昭和56年4月20日民集35巻3号656頁参照），本件契約の当事者は，本件賃料自動増額特約が存するとしても，そのことにより直ちに上記規定に基づく賃料増減額請求権の行使が妨げられるものではない。

なお，前記の事実関係によれば，本件契約は，不動産賃貸等を目的とする会社であるYが，Xの建築した建物で転貸事業を行うために締結したものであり，あらかじめ，YとXとの間において賃貸期間，当初賃料及び賃料の改定等についての協議を調え，Xが，その協議の結果を前提とした収支予測の下に，建築資金としてYから約50億円の敷金の預託を受けるとともに，金融機関から約180億円の融資を受けて，Xの所有する土地上に本件建物を建築することを内容とするものであり，いわゆるサブリース契約と称されるものの1つであると認められる。そして，本件契約は，Yの転貸事業の一部を構成するものであり，本件契約における賃料額及び本件賃料自動増額特約等に係る約定は，XがYの転貸事業のために多額の資本を投下する前提となったものであって，本件契約における重要な要素であったということができる。これらの事情は，本件契約の当事者が，前記の当初賃料額を決定する際の重要な要素となった事情であるから，衡平の見地に照らし，借地借家法32条1項の規定に基づく賃料減額請求の当否（同項所定の賃料増減額請求権行使の要件充足の有無）及び相当賃料額を判断する場合に，重要な事情として十分に考慮されるべきである。

以上により，Yは，借地借家法32条1項の規定により，本件賃貸部分の賃料の減額を求めることができる。そして，上記のとおり，この減額請求の当否及び相当賃料額を判断するに当たっては，賃貸借契約の当事者が賃料額決定の要素とした事情その他諸般の事情を総合的に考慮すべきであり，本件契約において賃料額が決定されるに至った経緯や賃料自動増額特約が付されるに至った事情，とりわけ，当該約定賃料額と当時の近傍同種の建物の賃料相場との関係（賃料相場とのかい離の有無，程度等），Yの転貸事業における収支予測にかかわる事情（賃料の転貸収入に占める割合の推移の見通しについての当事者の

➡ *84*

認識等），Xの敷金及び銀行借入金の返済の予定にかかわる事情等をも十分に考慮すべきである。

(2) 以上によれば，本件契約への借地借家法32条1項の規定の適用を極めて制限的に解し，Xの主位的請求の一部を認容し，Yの反訴請求を棄却した原審の判断には，判決に影響を及ぼすことが明らかな法令の違反がある。論旨は理由があり，原判決中Y敗訴部分は破棄を免れない。そして，Yの賃料減額請求の当否等について更に審理を尽くさせるため，上記部分につき，本件を原審に差し戻すこととする。」

「前記のとおり，上記規定〈借地借家法32条〉に基づく減額請求の当否等について審理しないままXの主位的請求の一部を棄却した原審の判断には，判決に影響を及ぼすことが明らかな法令の違反があるから，原判決中X敗訴部分は破棄を免れない。そして，Yの賃料減額請求の当否等について更に審理を尽くさせるため，上記部分についても，本件を原審に差し戻すこととする。」

藤田宙靖裁判官の補足意見

「私は，法廷意見に賛成するものであるが，本件契約につき借地借家法32条が適用されるとする理由につき，若干の補足をしておきたい。

本件契約のようないわゆるサブリース契約については，これまで，当事者間における合意の内容，すなわち締結された契約の法的内容はどのようなものであったかという，意思解釈上の問題がしばしば争われており，本件においても同様である。そして，その際，サブリース契約については借地借家法32条の適用はないと主張する見解（以下「否定説」という。本件におけるXの主張）は，おおむね，両当事者間に残されている契約書上の「賃貸借契約」との表示は単に形式的・表面的なものであるにすぎず，両当事者間における合意の内容は，単なる建物賃貸借契約にとどまるものではない旨を強調する。

しかし，当事者間における契約上の合意の内容について争いがあるとき，これを判断するに際し採られるべき手順は，何よりもまず，契約書として残された文書が存在するか，存在する場合にはその記載内容は何かを確認することであり，その際，まずは契約書の文言が手掛りとなるべきものであることは，疑いを入れないところである。本件の場合，明確に残されているのは，「賃貸借契約書」と称する契約文書であり，そこに盛られた契約条項にも，通常の建物

➡ *84*

賃貸借契約の場合と取り立てて性格を異にするものは無い。そうであるとすれば，まずは，ここでの契約は通常の（典型契約としての）建物賃貸借契約であると推認するところから出発すべきであるのであって，そうでないとするならば，何故に，どこが（法的に）異なるのかについて，明確な説明がされるのでなければならない。

この点，否定説は，いわゆるサブリース契約は，①典型契約としての賃貸借契約ではなく，「不動産賃貸権あるいは経営権を委譲して共同事業を営む無名契約」である，あるいは，②「ビルの所有権及び不動産管理のノウハウを基礎として共同事業を営む旨を約する無名契約」と解すべきである，等々の理論構成を試みるが，そこで挙げられているサブリース契約の特殊性なるものは，いずれも，①契約を締結するに当たっての経済的動機等，同契約を締結するに至る背景の説明にとどまり，必ずしも充分な法的説明とはいえないものであるか，あるいは，②同契約の性質を建物賃貸借契約（ないし，建物賃貸借契約をその一部に含んだ複合契約）であるとみても，そのことと両立し得る事柄であって，出発点としての上記の推認を覆し得るものではない。

もっとも，否定説の背景には，サブリース契約に借地借家法32条を適用したのでは，当事者間に実質的公平を保つことができないとの危惧があることが見て取れる。しかし，上記の契約締結の背景における個々的事情により，実際に不公平が生じ，建物の賃貸人に何らかの救済を与える必要が認められるとしても，それに対処する道は，否定説を採る以外に無いわけではないのであって，法廷意見が，借地借家法32条1項による賃料減額請求の当否（同項所定の賃料増減額請求権行使の要件充足の有無）及び相当賃料額の判断に当たり賃料額決定の要素とされた事情等を十分考慮すべき旨を判示していることからも明らかなように，民法及び借地借家法によって形成されている賃貸借契約の法システムの中においても，しかるべき解決法を見いだすことが十分にできるのである。そして，さらに，事案によっては，借地借家法の枠外での民法の一般法理，すなわち，信義誠実の原則あるいは不法行為法等々の適用を，個別的に考えて行く可能性も残されている。

いずれにせよ，否定説によらずとも，実質的公平を実現するための法的可能性は，上記のとおり，現行法上様々に残されているのであって，むしろ，個々の事案に応じた賃貸借契約の法システムの中での解決法や，その他の上記可能性を様々に活用することが可能であることを考慮するならば，一口にサブリース契約といっても，その内容や締結に至る背景が様々に異なり，また，その契約内容も必ずしも一律であるとはいえない契約を，いまだ必ずしもその法的な意味につき精密な理論構成が確立しているようには思えない一種の無名契約等として，通常の賃貸借契約とは異なるカテゴリーに当てはめるよりも，法廷意見のような考え方に立つ方が，一方で，法的安定性の要請に沿うものであるとともに，他方で，より柔軟かつ合理的な問題の処理を可能にする道であると考える。」（裁判長裁判官 藤田宙靖　裁判官 金谷利廣　濱田邦夫　上田豊三）

85 オーダーメイド賃貸の場合

最(一)判平成17年3月10日判時1894号14頁（民商133巻1号198頁）

【事実】 1 ⑴ Y（株式会社オザム）は，食料品類，衣料，日用品雑貨の販売等を目的とする会社であり，X（佐久間建設株式会社）は，土木建築請負業を目的とする会社である。

⑵ XとYとは，平成4年2月ころから，Xが，その所有する本件土地を敷地として，Yの要望に沿った建物を建築し，Yがこれを長期間にわたって賃借することを計画し，交渉を進めてきた。Yは，Xに対し，平成5年11月1日及び平成6年2月28日，各8000万円を，建築協力金の名目で無利息で預託した。Xは，Yから建物の位置，規模，構造等のすべてにわたり詳細な指示，要望を受け，Yとの協議を重ねて建物を建築し，同年7月19日，本件建物が完成した。本件建物は，大型スーパーストアの店舗として使用する目的の建物であり，これを他の用途に転用することは困難である。

⑶ Xは，Yに対し，平成6年7月26日，次の約定で，本件建物及びこれに付属する駐車場を賃貸した（「本件賃貸借契約」）。

ア　賃貸期間は，同月29日から平成26年7月28日までとする。

イ　賃料は，649万7800円とし，毎月末日限り翌月分を支払う。

ウ　賃料は3年ごとに改定するものとし，初回改定時は前項記載の賃料の7%を増額する。その後3年ごとの賃料改定時は最低5%以上を増額するものとし，7%以上をめどに本件土地に対する公租公課，経済情勢の変動等を考慮し，双方協議の上定める（「本件特約」）。

➡ *85*

エ　ＹはＸに対し敷金2000万円を差し入れる。

⑷　Ｙは，Ｘに対し，平成9年8月20日付け書面をもって，本件賃貸借契約に基づく賃料を649万7800円に据え置くべき旨を申入れることにより，賃料減額の意思表示をした。

⑸　Ｙは，Ｘに対し，平成12年10月26日，本件賃貸借契約に基づく賃料を555万5343円に減額すべき旨の意思表示をした。

2　Ｘは，Ｙに対し，本件特約に従い賃料の増額改定がされたと主張して，平成9年8月分から平成13年3月分までの未払賃料及び遅延損害金の支払を求めた。これに対してＹは，ＹがＸに対し，借地借家法32条1項の規定に基づくＹの賃料減額請求権の行使により賃料が減額されたこと等を主張して，賃料額の確認を求めるとともに，不当利得返還請求として，過払金の返還等を求めた。

3　原審は，次のとおり判断して，Ｘの請求を認容し，Ｙの反訴を棄却した。

本件賃貸借契約は，本件建物をＹのスーパーストア経営事業のための利用に供し，これによりＹが事業による収益を得るとともに，Ｘも将来にわたり安定した賃料収入を得るという共同事業の一環として締結されたものというべきであることなど，借地借家法が想定している賃貸借契約の形態とは大きく趣を異にする。このような賃貸借契約において賃借人から賃料減額請求がされた場合に，一般的な賃料相場や不動産価格の下落をそのまま取り入れ，これに連動して賃料減額を認めるのは著しく合理性を欠くことになり相当ではない。借地借家法に基づく賃料減額請求権の行使が認められるかどうかについては，契約の特殊性を踏まえた上で，賃借人の経営状態に照らして当初の合意を維持することが著しく合理性を欠く状態となり，合意賃料を維持することが当該賃貸借契約の趣旨，目的に照らして公平を失し，信義に反するというような特段の事情があるかどうかによって判断するのが相当である。これを本件についてみると，本件土地の公租公課は平成6年度と比較して平成9年度，平成12年度のいずれにおいても上昇していること，他方，Ｙの経営状況の悪化をうかがわせるに足りる資料はなく，かえって，Ｙは平成6年度から平成12年度にかけて順調に業績を伸ばしていること等が認められるのであり，本件賃貸借契約において賃料を減額すべき事由を見いだすことは困難である。

Ｙから上告受理申立て。

【判決理由】　破棄差戻「借地借家法32条1項の規定は，強行法規であり，賃料自動改定特約等の特約によってその適用を排除することはできないものである（最㈢判昭和31年5月15日民集10巻5号496頁，最㈡判昭和56年4月20日民集35巻3号656頁，最㈠判平成15年6月12日民集57巻6号

595頁，最(三)判平成15年10月21日民集57巻9号1213頁，最(一)判平成15年10月23日集民211号253頁参照)。そして，同項の規定に基づく賃料減額請求の当否及び相当賃料額を判断するに当たっては，同項所定の諸事情（租税等の負担の増減，土地建物価格の変動その他の経済事情の変動，近傍同種の建物の賃料相場）のほか，賃貸借契約の当事者が賃料額決定の要素とした事情その他諸般の事情を総合的に考慮すべきである（最(一)判昭和44年9月25日集民96号625頁，上記最(三)判平成15年10月21日，上記最(一)判平成15年10月23日参照)。

前記事実関係によれば，本件建物は，Ｙの要望に沿って建築され，これを大型スーパーストアの店舗以外の用途に転用することが困難であるというのであって，本件賃貸借契約においては，Ｘが将来にわたり安定した賃料収入を得ること等を目的として本件特約が付され，このような事情も考慮されて賃料額が定められたものであることがうかがわれる。しかしながら，本件賃貸借契約が締結された経緯や賃料額が決定された経緯が上記のようなものであったとしても，本件賃貸借契約の基本的な内容は，ＸがＹに対して本件建物を使用収益させ，ＹがＸに対してその対価として賃料を支払うというもので，通常の建物賃貸借契約と異なるものではない。したがって，本件賃貸借契約について賃料減額請求の当否を判断するに当たっては，前記のとおり諸般の事情を総合的に考慮すべきであり，賃借人の経営状態など特定の要素を基にした上で，当初の合意賃料を維持することが公平を失し信義に反するというような特段の事情があるか否かをみるなどの独自の基準を設けて，これを判断することは許されないものというべきである。

原審は，上記特段の事情の有無で賃料減額請求の当否を判断すべきものとし，専ら公租公課の上昇及びＹの経営状態のみを参酌し，土地建物の価格等の変動，近傍同種の建物の賃料相場等賃料減額請求の当否の判断に際して総合考慮すべき他の重要な事情を参酌しないまま，上記特段の事情が認められないとして賃料減額請求権の行使を否定したものであって，その判断は借地借家法32条1項の解釈適用を誤ったものというべきである。」

「以上によれば，原審の前記判断には，判決に影響を及ぼすことが明らかな法令の違反がある。論旨は理由があり，原判決は破棄を免れない。そして，Ｙ

の賃料減額請求の当否，相当賃料額等について更に審理を尽くさせるため，本件を原審に差し戻すこととする。」（裁判長裁判官 甲斐中辰夫　裁判官 横尾和子　泉　徳治　島田仁郎　才口千晴）

解　説

83〜*85*は，バブル経済の崩壊後に頻発した，賃料の自動増額条項のある賃貸借における賃料減額請求の可否をめぐる紛争である。*84*は典型的な「サブリース」に関するリーディングケースである。これに対して借地契約で同種の特約条項と地代減額請求の関係が争われた*83*は，やや異なる論理を用いて同様の結論に達している。*83*の方が論理的に見えるが，「基礎となっていた事情」が失われることによる特約の効力の否定という一種の「事情変更の原則」が援用されており，*84*はこのような論理を回避した。その後，サブリースの事案で*84*を踏襲する判決が続いたが，*85*は「オーダーメイド賃貸」と呼ばれるタイプの賃貸借においても踏襲することを明らかにした。

賃料減額請求権については，その後，経済事情の変動を考慮すべき期間が争点となった（最(二)判平成20年2月29日判時2003号51頁)。賃借人の指定した仕様により賃貸人が所有地上に建築したレジャー施設等の賃貸借契約に賃料自動増額特約が置かれていた事案で，特約に従って賃料が増額されたあとで賃借人が借地借家法32条の賃料減額請求権を行使した。原審が，自動増額された時点以降の経済事情の変動等を考慮して減額請求時の賃料が不相当になったとはいえないと判断したのに対し，最高裁は，当事者が現実に合意した直近の賃料（自動増額される前の賃料）を基準に，その後の経済事情の変動等を総合的に考慮すべきだとして，破棄差戻の判決をした。このように考えれば，賃料の減額を認めやすくなる。

バブル経済崩壊後の賃料減額請求事件の上告審では破棄判決が多く，経済主体の自己責任を重視する高裁と比較して，最高裁の減額請求に対する柔軟さが際立っている。

➡ 86

［8］　借家権の承継

86　内縁の妻

最(三)判昭和 42 年 2 月 21 日民集 21 巻 1 号 155 頁
（曹時 19 巻 5 号 107 頁，法協 85 巻 2 号 273 頁，民商 57 巻 2 号 133 頁，百選Ⅱ〈第 5 版補正版〉140 頁）

【事実】 X の先代 A が B に本件家屋を賃貸していたが，B が死亡した。B には，内縁の妻 Y_1 と BY_1 の子 Y_2CDE がいたが，A は賃料不払いを理由とする解除の意思表示を Y_1 と長男 Y_2 のみに行ない，建物の明渡を請求した。原審は，Y_1 も賃借人の地位にあるとの前提のもとに，CDE が相続した賃借権については Y_1 と Y_2 に代理権が与えられていたとして解除を認めたので，Y_1Y_2 から上告。

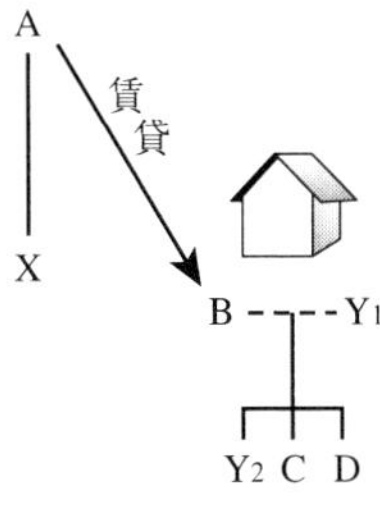

【判決理由】 一部棄却，一部破棄自判「原判決（引用の第 1 審判決を含む。以下同じ。）が確定した事実関係のもとにおいては，Y_1 は亡 B の内縁の妻であって同人の相続人ではないから，B の死亡後はその相続人である Y_2 ら 4 名の賃借権を援用して X に対し本件家屋に居住する権利を主張することができると解すべきである（最(三)判昭和 37 年 12 月 25 日民集 16 巻 12 号 2455 頁参照）。しかし，それであるからといって，Y_1 が前記 4 名の共同相続人らと並んで本件家屋の共同賃借人となるわけではない。したがって，B の死亡後にあっては Y_1 もまた Y_2 ら 4 名とともに本件家屋の賃借人の地位にあるものというべきであるとした所論原判示には，法令の解釈適用を誤った違法があるといわなければならない。

原判決には右のような違法があるが，本件家屋の賃貸借関係について他の共同賃借人 3 名の代理権を有していた Y_1Y_2 両名に対して X の先代 A がした該賃貸借契約解除の意思表示が有効であること後記〔Y_1Y_2 は CDE の代理人として A のなした催告及び解除の意思表示を受領したとの原審判断を正当と判示している〕のとおりであるから，右の違法は Y らに対して本件家屋の明渡を命じた原判決になんら影響を及ぼすものでないことは明らかである。また，原審確定の事実によれば，右賃貸借の終了後は Y らはいずれも本件家屋を法律上の権限なくして占有し賃料相当額の損害を加えつつあるというのであるから，Y らに対してその不法占有期間について右損害金の連帯支払を命じた原判決にも影響がないものというべきである（Xの損害金の請求は，債務不履行に基づくものと不法行為に基づくものとが選択的になされているものと解される。)。

しかしながら，Yは，前記のとおり，Bの死亡後本件家屋の賃借人となったのではなく，したがって，昭和33年1月1日から本件賃貸借の終了した昭和35年8月2日までの間の賃料の支払債務を負わないものというべきであるから，原判決中Y_1に対して右賃料の支払を命じた部分は失当として破棄を免れず，右部分についてのXの本訴請求は棄却すべきものである。」（裁判長裁判官 横田正俊　裁判官 柏原語六　田中二郎　下村三郎）

解　説

判旨引用の最(三)判昭和37年12月25日は，事実上の養子が相続人の賃借権を援用して賃借家屋に引き続き居住できることを認めた。*86*は，内縁の妻についても同様に相続人の賃借権の援用を認めたが，同時に，賃借人となるわけではないこと，従って賃料債務を負わないことを判示した。判例の論理では内縁の配偶者や事実上の養子の保護として十分ではないため，同居の親族に相続とは別に借家権の承継を認めるべきことが借地借家法の改正に際して検討されたが，相続法との調整が難しく，借地借家法改正の中での立法化は見送られた。

相続法の2018年改正に際しては，遺産に属する建物についての配偶者の居住を保護する改正がされたが，内縁の配偶者や事実上の養子についての借家権の承継は改正対象とはならなかった。

[9]　借地借家法の適用範囲

87　一時使用目的の賃貸借

最(三)判昭和36年10月10日民集15巻9号2294頁
（曹時13巻13号107頁，法協81巻5号572頁，民商46巻4号703頁）

【事実】 Xは，Xの所有する本件建物の前の賃借人Aから無断で転貸をうけて不法占拠するYとの間で和解契約を締結し，Xが1年後に学校を卒業し2年間の商業見習いを終えて本件建物で店舗を構えるまでの3年間に限ってYに賃貸すること，3年以内でも，Yが適当な代替建物を得た場合には明け渡すべきこととし，そのかわり賃料は相場より安く定めた。Yが借家法を楯に期間満了後も明け渡さないので，Xは本件賃貸借契約は一時使用のための賃貸借であることを主張した。原審がXの主張を認めたのでYから上告して，一時使用のための賃貸借であるためには期間はせいぜい1年未満でなければならない等と主張した。

【判決理由】 上告棄却「借家法8条にいわゆる一時使用のための賃貸借といえるためには必ずしもその期間の長短だけを標準として決せられるべきものではなく，賃貸借の目的，動機，その他諸般の事情から，該賃貸借契約を短期間内に限り存続させる趣旨のものであることが，客観的に判断される場合であればよいのであって，その期間が1年未満の場合でなければならないものではない。」（裁判長裁判官 河村又介　裁判官 垂水克己　高橋　潔　石坂修一）

解　説

借地借家法は一時使用のための賃貸借には適用されない（同法25条，40条）。一時使用目的であるか否かの判断について，*87*は一つの基準を示している。借地の事例では，10年の期間を定めたものを一時使用のための賃貸借と認めたものがある（最(一)判昭和36年7月6日民集15巻7号1777頁）。

第8節　雇　　用　（取り上げる裁判例はない）

第9節　請　　負

[1]　建物所有権の帰属

88 特約の認定

最(二)判昭和46年3月5日判時628号48頁
（百選Ⅱ〈第3版〉146頁）

【事実】 X会社（岡建工事株式会社）は，本件分譲住宅6棟の建設をA会社（株式会社三伸）から請け負い，自ら材料を提供して建設した。また，A会社の代理

➡ *88*

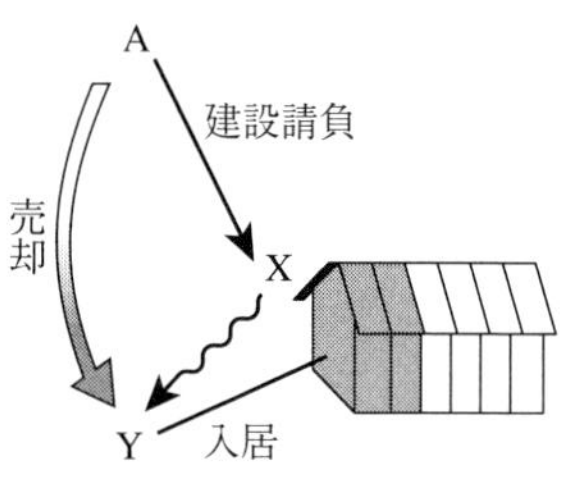

人として建築確認申請を行ない，確認通知書を受領して保管していた。その後，A 会社から請負代金として手形が交付されたので確認通知書を A 会社に交付し，建物の入居者への引渡を順次行なった。しかし，A 会社の手形が不渡りになったので，本件 2 棟について引渡を拒否したところ，A 会社から買い受けたと主張する Y らが強引に入居した。そこで X 会社は，Y らに対して，所有権確認，建物明渡等を請求した。原審が所有権に基づく請求を認めず，占有権に基づく明渡請求のみを認容したので，X から上告。

【判決理由】 上告棄却 「建物建築の請負契約において，注文者の所有または使用する土地の上に請負人が材料全部を提供して建築した建物の所有権は，建物引渡の時に請負人から注文者に移転するのを原則とするが，これと異なる特約が許されないものではなく，明示または黙示の合意により，引渡および請負代金完済の前においても，建物の完成と同時に注文者が建物所有権を取得するものと認めることは，なんら妨げられるものではないと解されるところ，本件請負契約は分譲を目的とする建物 6 棟の建築につき一括してなされたものであって，その内 3 棟については，X 会社は A 会社ないしこれから分譲を受けた入居者らに異議なくその引渡を了しており，本件建物を完成後ただちに引き渡さなかったのも，右 3 棟と別異に取り扱う趣旨ではなく，いまだ入居者がなかったためにすぎなかったこと，X 会社は請負代金の全額につきその支払のための手形を受領しており，それについての A 会社の支払能力に疑いを抱いていなかったこと，X 会社は，右手形全部の交付を受けた機会に，さきに A 会社の代理人として受領していた右 6 棟の建物についての建築確認通知書を A 会社に交付したことなど，原判決の確定した事実関係のもとにおいては，右確認通知書交付にあたり，本件各建物を含む 6 棟の建物につきその完成と同時に A 会社にその所有権を帰属させる旨の合意がなされたものと認められ，したがって，本件建物はその完成と同時に A 会社の所有に帰したものであるとする趣旨の原判決の認定・判断は，正当として是認することができないものではない。」（裁判長裁判官 村上朝一　裁判官 色川幸太郎　岡原昌男　小川信雄）

89 請負契約における建前および建物の所有権

最(三)判平成5年10月19日民集47巻8号5061頁
(曹時47巻9号2307頁，法協112巻4号553頁，百選Ⅱ〈第8版〉140頁，平5重判88頁)

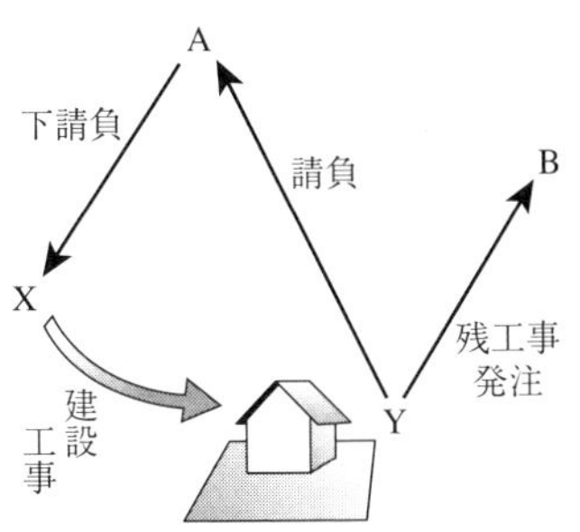

【事実】 YはA建設株式会社との間で，Y所有の宅地上に建物を建築する請負契約を締結したが，この契約には，注文者は工事中契約を解除することができ，その場合の工事の出来形部分は注文者の所有とする旨の条項があった。Aは工事をX建設に一括して請け負わせたが，この下請契約についてYの承諾を得ていなかった（建設業法上は発注者の書面による承諾を得ない一括下請は禁止されている。同法22条）。下請契約には完成建物や出来形部分の所有権帰属についての明示の約定はなかった。Xは自ら材料を提供して本件建物の建築工事を行なったが，工事全体の26.4%（「本件建前」という）が完成した時点で，Aが破産した。この時点までにAにはYから工事代金の約56%が支払われていたが，AからXには請負代金の支払はなされていなかった。YはAとの元請契約を解除するとともにXの工事を中止させ，Bに残りの工事を発注し，建物完成後に所有権保存登記を経由した。そこでXは，①完成建物の所有権が自己に帰属すること，②仮にそうでなくても，本件建前はXの所有に属するから，Yは民法248条，704条によりXが支出した金額の償還義務がある，と主張した。原審が加工の規定を適用して，建物となる前の本件建前の所有権がXに帰属すること，加工により完成建物の所有権をYが得たことを前提に，Yは本件建前の価格（下請代金の26.4%）をXに支払う義務があると判示した。Yから上告。

【判決理由】 破棄自判（可部裁判官の補足意見がある）

「建物建築工事請負契約において，注文者と元請負人との間に，契約が中途で解除された際の出来形部分の所有権は注文者に帰属する旨の約定がある場合に，当該契約が中途で解除されたときは，元請負人から一括して当該工事を請け負った下請負人が自ら材料を提供して出来形部分を築造したとしても，注文者と下請負人との間に格別の合意があるなど特段の事情のない限り，当該出来形部分の所有権は注文者に帰属すると解するのが相当である。けだし，建物建

➡ *89*

築工事を元請負人から一括下請負の形で請け負う下請契約は，その性質上元請契約の存在及び内容を前提とし，元請負人の債務を履行することを目的とするものであるから，下請負人は，注文者との関係では，元請負人のいわば履行補助者的立場に立つものにすぎず，注文者のためにする建物建築工事に関して，元請負人と異なる権利関係を主張し得る立場にはないからである。」

可部恒雄裁判官の補足意見

「本件の法律関係に登場する当事者は，まず注文者たる甲及び元請負人乙であり，次いで乙から一括下請負をした丙であるが，この甲，乙，丙の３者は平等並立の関係にあるものではない。基本となるのは甲乙間の元請契約であり，元請契約の存在及び内容を前提として，乙丙間に下請契約が成立する。比喩的にいえば，元請契約は親亀であり，下請契約は親亀の背に乗る子亀である。丙は乙との間で契約を締結した者で，乙に対する関係での丙の権利義務は下請契約によって定まるが，その締結が甲の関与しないものである限り，丙は右契約上の権利をもって甲に直接対抗することはできず（下請契約上の乙，丙の権利義務関係は，注文者甲に対する関係においては，請負人側の内部的事情にすぎない），丙のする下請工事の施工も，甲乙間の元請契約の存在と内容を前提とし，元請契約上の乙の債務の履行としてのみ許容され得るのである。

このように，注文者甲に対する関係において，下請負人丙はいわば元請負人乙の履行補助者的立場にあるものにすぎず，下請契約が元請契約の存在と内容を前提として初めて成立し得るものである以上，特段の事情のない限り，丙は，契約が中途解除された場合の出来形部分の所有権帰属に関する甲乙間の約定の効力をそのまま承認するほかはない。甲に対する関係において丙は独立平等の第三者ではなく，基本となる甲乙間の約定の効力は，原則として下請負人丙にも及ぶものとされなければならない。子亀は親亀の行先を知ってその背に乗ったものであるからである。ただし，甲が乙丙間の下請契約を知り，甲にとって不利益な契約内容を承認したような場合（法廷意見にいう特段の事情―甲と丙との間の格別の合意―の存する場合）は別であるが，このような例外的事情は通常は認められ難いであろう（甲丙間に格別の合意がない限り，甲が丙の存在を知っていたか否かによって結論が左右されることはない。法廷意見中に，Ｙは本件下請契約の存在さえ知らなかったものである旨言及されているのは，単

なる背景的事情の説明にほかならない)。」(裁判長裁判官 可部恒雄　裁判官 園部逸夫　佐藤庄市郎　大野正男)

解　説

建設請負における建物所有権の帰属をめぐって，判例は，材料の供給が注文者，請負人のいずれであるかを基準に判断し（大判昭和7年5月9民集11巻824頁），材料を請負人が提供していても，代金が支払われていれば所有権は注文者に原始的に帰属するとしていた（最(二)判昭和44年9月12日判時572号25頁)。これに対して学説では，請負人に所有権帰属をみとめることが必ずしも保護にならないとして，注文者帰属説が有力になっている。*88*は，伝統的な理論枠組に沿いながらも，代金未払いの事例で特約を認定して注文者への所有権帰属を肯定した点が注目される。また，*89*は，一括下請負契約の事案で，注文者と元請人との間に，請負契約が中途で解除された際の出来形部分の所有権は注文者に帰属するという約定があったときは，たとえ下請負人が自らの材料を提供して出来形部分を築造したとしても，特段の事情がない限り出来形部分の所有権は注文者に帰属するとした。注文者への所有権帰属を広く認める流れの中に位置づけうる判決であり，判決に付された可部補足意見が，比喩的表現を交えながら判決の趣旨を明快に述べている。

［2］　請負人の担保責任

90　瑕疵の判定／損害賠償債権による相殺

最(二)判平成15年10月10日判時1840号18頁・神戸マンション主柱事件

(民商130巻3号582頁，不動産取引百選〈第3版〉156頁，消費者法百選152頁)

【事実】 Yは，平成7年11月，建築等を業とするXに対し，神戸市灘区内において，学生，特に神戸大学の学生向けのマンション(「本件建物」)を新築する工事を請け負わせた(「本件請負契約」)。

Yは，建築予定の本件建物が多数の者が居住する建物であり，特に，本件請負契約締結の時期が，同年1月17日に発生した阪神・淡路大震災により，神戸大学の学生がその下宿で倒壊した建物の下敷きになるなどして多数死亡した直後であっただけに，本件建物の安全性の確保に神経質となっており，本件請負契約を締結す

➡ 90

るに際し，Xに対し，重量負荷を考慮して，特に南棟の主柱については，耐震性を高めるため，当初の設計内容を変更し，その断面の寸法 300 mm×300 mm の太い鉄骨を使用することを求め，Xはこれを承諾した。

ところが，Xは，上記の約定に反し，Yの了解を得ないで，構造計算上安全であることを理由に，同 250 mm×250 mm の鉄骨を南棟の主柱に使用し，施工をした。

本件工事は，平成8年3月上旬，外構工事等を残して完成し，本件建物は，同月26日，Yに引き渡された。XがYに対し，請負残代金の支払を求めたのに対し，Yは，建築された建物の南棟の主柱に係る工事に瑕疵があること等を主張し，瑕疵の修補に代わる損害賠償債権等を自働債権とし，上記請負残代金債権を受働債権として対当額で相殺する旨の意思表示をしたなどと主張して，Xの上記請負残代金の請求を争った。

原審は，上記事実関係の下において，Xには，南棟の主柱に約定のものと異なり，断面の寸法 250 mm×250 mm の鉄骨を使用したという契約の違反があるが，使用された鉄骨であっても，構造計算上，居住用建物としての本件建物の安全性に問題はないから，南棟の主柱に係る本件工事に瑕疵があるということはできないとした。

Yから上告受理申立て。

【判決理由】 破棄差戻 1「前記事実関係によれば，本件請負契約においては，Y及びX間で，本件建物の耐震性を高め，耐震性の面でより安全性の高い建物にするため，南棟の主柱につき断面の寸法 300 mm×300 mm の鉄骨を使用することが，特に約定され，これが契約の重要な内容になっていたものというべきである。そうすると，この約定に違反して，同 250 mm×250 mm の鉄骨を使用して施工された南棟の主柱の工事には，瑕疵があるものというべきである。これと異なる原審の判断には，判決に影響を及ぼすことが明らかな法令の違反がある。」

2「(1) 記録によれば，Yは，Xに対し，平成11年7月5日の第1審第3回弁論準備手続期日において，本件建物の瑕疵の修補に代わる損害賠償債権2404万2940円を有すると主張して（なお，Yは，原審において，その主張額を増額している。），この債権及び慰謝料債権を自働債権とし，X請求の請負残代金債権を受働債権として，対当額で相殺する旨の意思表示をした。

(2) 原審は，上記相殺の結果として，Yに対し，Yの請負残代金債務1893

万2900円（ただし，ローテーションキー2個との引換給付が命じられた1万7510円を除いた金額である。）から瑕疵の修補に代わる損害の賠償額1112万7240円及び慰謝料額100万円の合計1212万7240円を控除した残額680万5660円及びこれに対するXがYに送付した催告状による支払期限の翌日である平成8年7月24日から支払済みまで商事法定利率年6分の割合による遅延損害金の支払を命じた。

(3) しかしながら，原審の遅延損害金の起算点に係る上記判断は是認することができない。その理由は，次のとおりである。

請負人の報酬債権に対し，注文者がこれと同時履行の関係にある目的物の瑕疵の修補に代わる損害賠償債権を自働債権とする相殺の意思表示をした場合，注文者は，請負人に対する相殺後の報酬残債務について，相殺の意思表示をした日の翌日から履行遅滞による責任を負うものと解すべきである（最(三)判平成9年7月15日民集51巻6号2581頁)。

そうすると，本件において，Yは上記相殺の意思表示をした日の翌日である平成11年7月6日から請負残代金について履行遅滞による責任を負うものというべきである。これと異なる原審の判断には，判決に影響を及ぼすことが明らかな法令の違反がある。」

3 「以上によれば，論旨は，上記の各趣旨をいうものとして理由があり，原判決は破棄を免れない。そして，瑕疵の修補に代わる損害賠償債権額について更に審理を尽くさせるため，本件を原審に差し戻すこととする。」（裁判長裁判官 北川弘治　裁判官 福田　博　亀山継夫　梶谷　玄　滝井繁男）

91 建替え費用の賠償

最(三)判平成14年9月24日判時1801号77頁（民商131巻2号315頁，不動産取引百選〈第3版〉158頁，消費者法百選150頁）

【事実】 Xから注文を受けてYが建築した本件建物は，その全体にわたって極めて多数の欠陥箇所がある上，主要な構造部分について本件建物の安全性及び耐久性に重大な影響を及ぼす欠陥が存するものであった。すなわち，基礎自体ぜい弱であり，基礎と土台等の接合の仕方も稚拙かつ粗雑極まりない上，不良な材料が多数使用されていることもあいまって，建物全体の強度や安全性に著しく欠け，地震や台

➡ 92

風などの振動や衝撃を契機として倒壊しかねない危険性があった。このため，本件建物については，個々の継ぎはぎ的な補修によっては根本的な欠陥を除去することはできず，これを除去するためには，土台を取り除いて基礎を解体し，木構造についても全体をやり直す必要があり，結局，技術的，経済的にみても，本件建物を建て替えるほかはないものであった。そこで，XがYに対して建替えに要する費用相当額の損害賠償を請求した。これに対し，Yは，そのような請求は民法635条但書の趣旨に反して許されないと主張した。原審がXの請求を認めたので，Yから上告受理申立て。

【判決理由】 上告棄却 「請負契約の目的物が建物その他土地の工作物である場合に，目的物の瑕疵により契約の目的を達成することができないからといって契約の解除を認めるときは，何らかの利用価値があっても請負人は土地からその工作物を除去しなければならず，請負人にとって過酷で，かつ，社会経済的な損失も大きいことから，民法635条は，そのただし書において，建物その他土地の工作物を目的とする請負契約については目的物の瑕疵によって契約を解除することができないとした。しかし，請負人が建築した建物に重大な瑕疵があって建て替えるほかはない場合に，当該建物を収去することは社会経済的に大きな損失をもたらすものではなく，また，そのような建物を建て替えてこれに要する費用を請負人に負担させることは，契約の履行責任に応じた損害賠償責任を負担させるものであって，請負人にとって過酷であるともいえないのであるから，建て替えに要する費用相当額の損害賠償請求をすることを認めても，同条ただし書の規定の趣旨に反するものとはいえない。したがって，建築請負の仕事の目的物である建物に重大な瑕疵があるためにこれを建て替えざるを得ない場合には，注文者は，請負人に対し，建物の建て替えに要する費用相当額を損害としてその賠償を請求することができるというべきである。」（裁判長裁判官 濱田邦夫　裁判官 金谷利廣　奥田昌道　上田豊三）

92 損害賠償債権と報酬債権の関係

最(三)判平成9年2月14日民集51巻2号337頁（曹時50巻4号150頁，百選II〈第8版〉142頁，平9重判79頁）

【事実】 X（株式会社丸共）はYと，Y所有の納屋を解体して住居を建築する請

➡ *92*

負契約を締結した。Xは工事を完成させて建物を引き渡したほか，追加工事も行なった結果，既払分を控除した工事残代金は1184万4147円である。他方，この工事の目的物である建物には10箇所の瑕疵が存在し，その修補に要する費用は合計132万1300円である。Xからの工事代金請求に対し，Yは瑕疵の修補に代わる損害賠償債権との同時履行を主張した。原審がYの主張を認めたので，Xは，同時履行を主張しうるのは損害賠償額の範囲内に限られると主張して上告。

【判決理由】 上告棄却「請負契約において，仕事の目的物に瑕疵があり，注文者が請負人に対して瑕疵の修補に代わる損害の賠償を求めたが，契約当事者のいずれからも右損害賠償債権と報酬債権とを相殺する旨の意思表示が行われなかった場合又はその意思表示の効果が生じないとされた場合には，民法634条2項により右両債権は同時履行の関係に立ち，契約当事者の一方は，相手方から債務の履行を受けるまでは，自己の債務の履行を拒むことができ，履行遅滞による責任も負わないものと解するのが相当である。しかしながら，瑕疵の程度や各契約当事者の交渉態度等に鑑み，右瑕疵の修補に代わる損害賠償債権をもって報酬残債権全額の支払を拒むことが信義則に反すると認められるときは，この限りではない。そして，同条1項但書は「瑕疵カ重要ナラサル場合ニ於テ其修補カ過分ノ費用ヲ要スルトキ」は瑕疵の修補請求はできず損害賠償請求のみをなし得ると規定しているところ，右のように瑕疵の内容が契約の目的や仕事の目的物の性質等に照らして重要でなく，かつ，その修補に要する費用が修補によって生ずる利益と比較して過分であると認められる場合においても，必ずしも前記同時履行の抗弁が肯定されるとは限らず，他の事情をも併せ考慮して，瑕疵の修補に代わる損害賠償債権をもって報酬残債権全額との同時履行を主張することが信義則に反するとして否定されることもあり得るものというべきである。けだし，右のように解さなければ，注文者が同条1項に基づいて瑕疵の修補の請求を行った場合と均衡を失し，瑕疵ある目的物しか得られなかった注文者の保護に欠ける一方，瑕疵が軽微な場合においても報酬残債権全額について支払が受けられないとすると請負人に不公平な結果となるからである（なお，契約が幾つかの目的の異なる仕事を含み，瑕疵がそのうちの一部の仕事の目的物についてのみ存在する場合には，信義則上，同時履行関係は，瑕疵の存在する仕事部分に相当する報酬額についてのみ認められ，その瑕疵の内容の重要性等につき，当該仕事部分に関して，同様の検討が必要となる)。

これを本件についてみるのに，原審の適法に確定した事実関係によれば，本件の請負契約は，住居の新築を契約の目的とするものであるところ，右工事の10 箇所に及ぶ瑕疵には，(1)二階和室の床の中央部分が盛り上がって水平になっておらず，障子やアルミサッシ戸の開閉が困難になっていること，(2)納屋の床にはコンクリートを張ることとされていたところ，X は，Y に無断で，右床についてコンクリートよりも強度の乏しいモルタルを用いて施工し，しかも，その塗りの厚さが不足しているため亀裂が生じていること，(3)設置予定とされていた差掛け小屋が設置されていないこと等が含まれ，その修補に要する費用は，(1)が 35 万 8000 円，(2)が 30 万 8000 円，(3)が 18 万 2000 円であるというのであり，また，Y は，昭和 62 年 11 月 30 日までに建物の引渡しを受けた後，右のような瑕疵の処理について X と協議を重ね，X から翌 63 年 1 月 25 日ころ右瑕疵については工事代金を減額することによって処理したいとの申出を受けた後は，瑕疵の修補に要する費用を工事残代金の約 1 割とみて 1000 万円を支払って解決することを提案し，右金額を代理人である弁護士に預けて X との交渉に当たらせたが，X は，Y の右提案を拒否する旨回答したのみで，他に工事残代金から差し引くべき額について具体的な対案を提示せず，結局，右交渉は決裂してしまったというのである。そして，記録によれば，X はその後間もない同年 4 月 15 日に，本件の訴えを提起している。

そうすると，本件の請負契約の目的及び目的物の性質等に照らし，本件の瑕疵の内容は重要でないとまではいえず，また，その修補に過分の費用を要するともいえない上，X 及び Y の前記のような交渉経緯及び交渉態度をも勘案すれば，Y が瑕疵の修補に代わる損害賠償債権をもって工事残代金債権全額との同時履行を主張することが信義則に反するものとは言い難い。」(裁判長裁判官 可部恒雄　裁判官 園部逸夫　大野正男　千種秀夫　尾崎行信)

解　説

請負人の担保責任についての旧 634 条は改正で削除されたが，*90* は仕事の目的物が品質に関して契約の内容に適合しているかどうかを判断するうえで，先例として機能する。

同判決は，請負代金債権と損害賠償債権の関係についても判示している。この問題については，まず*92*が，瑕疵修補に代わる損害賠償債権が，原則として，建設請負契約の報酬債権の全額と同時履行の関係に立つことを明らかにした。瑕疵修補に代わる損害賠償の額を確定することは容易ではない場合もあるが，この判例法理により，損害賠償額について合意が成立する前に注文者が報酬債務の一部について遅滞の責めを負うことを避けることができる。この判決を受けて，最高裁は，注文者が瑕疵修補に代わる損害賠償債権を自働債権として相殺の意思表示を行なった場合に，注文者が相殺後の報酬残債務につき履行遅滞の責任を負うのは，相殺の意思表示をした日の翌日からである旨を判示した（最(三)判平成 9 年 7 月 15 日民集 51 巻 6 号 2581 頁）。*90*の判示はこれを適用したものである。

これらの判例の前提となる旧 634 条 2 項後段は，改正で削除され，新 533 条の括弧書（「債務の履行に代わる損害賠償の債務の履行を含む。」）に吸収された。しかし，同じ規範が妥当しているから，判例は改正後も意味を持つ。

瑕疵を理由とする請負契約の解除に関する旧 635 条も削除され，債務不履行の一般原則に委ねられた。旧 635 条ただし書は建物その他の土地の工作物について瑕疵を理由とする解除権を排除していたが，*91*は建替え費用の賠償を認めることで，事実上ただし書を骨抜きにしていた。改正では，批判の強かったただし書は，本文とともに削除された。

［3］　建設請負契約約款

93　資料・民間連合協定工事請負契約約款

平成 29 年(2017 年)12 月改正

第 21 条　不可抗力による損害

(1)　天災その他自然的又は人為的な事象であって，発注者と受注者のいずれの責めにも帰することのできない事由（以下「不可抗力」という。）によって，この工事の出来形部分，工事仮設物，工事現場に搬入した工事材料，建築設備の機器（有償支給材料を含む。）又は施工用機器について損害が生じたときは，受注者は，事実発生後速やかにその状況を発注者に通知する。

➡ *93*

⑵　本条⑴の損害について，発注者及び受注者が協議して重大なものと認め，かつ，受注者が善良な管理者としての注意をしたと認められるものは，発注者がこれを負担する。

⑶　火災保険，建設工事保険その他損害をてん補するものがあるときは，それらの額を本条⑵の発注者の負担額から控除する。

第 27 条　瑕疵の担保

⑴　この契約の目的物に施工上の瑕疵があるときは，発注者は，受注者に対して，相当の期間を定めて，その瑕疵の修補を求め，又は修補に代えもしくは修補とともに損害の賠償を求めることができる。ただし，瑕疵が重要でなく，かつ，その修補に過分の費用を要するときは，発注者は修補を求めることができない。

⑵　本条⑴による瑕疵担保期間は，第 25 条および第 26 条の引渡の日から，木造の建物については 1 年間，石造，金属造，コンクリート造及びこれらに類する建物，その他土地の工作物もしくは地盤については 2 年間とする。ただし，その瑕疵が受注者の故意又は重大な過失によって生じたものであるときは 1 年を 5 年とし，2 年を 10 年とする。

⑶　建築設備の機器，室内装飾，家具などの瑕疵については，引渡しの時，発注者又は監理者が検査して直ちにその修補又は取替えを求めなければ，受注者は，その責任を負わない。ただし，かくれた瑕疵については，引渡しの日から 1 年間担保の責任を負う。

⑷　発注者は，この契約の目的物の引渡しの時に，本条⑴の瑕疵があることを知ったときは，遅滞なく書面をもってその旨を受任者に通知しなければ，本条⑴の規定にかかわらず当該瑕疵の修補又は損害の賠償を求めることができない。ただし，受任者がその瑕疵があることを知っていたときはこの限りでない。

⑸　本条⑴の瑕疵によるこの契約の目的物の滅失又は損傷については，発注者は，本条⑵に定める期間内で，かつ，その滅失または損傷の日から 6 か月以内でなければ，本条⑴の権利を行使することができない。

⑹　本条⑴，⑵，⑶，⑷又は⑸の規定は，第 17 条⑸の各号によって生じたこの契約の目的物の瑕疵又は滅失もしくは損傷については適用しない。ただし，

第 17 条⑹にあたるときはこの限りでない。

第 27 条の 2　新築住宅の瑕疵の担保

⑴　この契約が住宅の品質確保の促進等に関する法律第 94 条第 1 項に定める住宅を新築する建設工事の請負契約に該当する場合，第 27 条の規定に代えて，本条⑵以下の規定を適用する。

⑵　住宅のうち構造耐力上主要な部分又は雨水の浸入を防止する部分として同法施行令第 5 条第 1 項及び第 2 項に定めるものの瑕疵（構造耐力又は雨水の浸入に影響のないものを除く。）があるときは，発注者は，受注者に対して，相当の期間を定めて，その瑕疵の修補を求め，又は修補に代えもしくは修補とともに損害の賠償を求めることができる。ただし，暇庇が重要でなく，かつ，その修補に過分の費用を要するときは，発注者は，修補を求めることができない。

⑶　本条⑵による暇庇担保期間は，第 25 条又は第 26 条の引渡しの日から 10 年間とする。

⑷　本条⑵の瑕疵によるこの契約の目的物の滅失又は損傷については，発注者は，本条⑶に定める期間内で，かつ，その滅失又は損傷の日から 6 か月以内でなければ，本条⑵の権利を行使することができない。

⑸　本条⑵，⑶又は⑷の規定は，第 17 条⑸の各号（ただし，c 号は除く。）によって生じたこの契約の目的物の瑕疵又は滅失もしくは損傷については適用しない。ただし，第 17 条⑹にあたるときはこの限りでない。

⑹　本条⑵で定める瑕疵以外のこの契約の目的物の瑕疵については，第 27 条⑴，⑵，⑶，⑷，⑸，⑹を適用する。

第 29 条　請負代金額の変更

⑴　次の各号の一にあたるときは，発注者又は受注者は，相手方に対して，その理由を明示して必要と認められる請負代金額の変更を求めることができる。

a　この工事の追加又は変更があったとき。

b　工期の変更があったとき。

c　第 3 条の関連工事の調整に従ったために増加費用が生じたとき。

d　支給材料，貸与品について，品目，数量，受渡し時期，受渡し場所又は返還場所の変更があったとき。

➡ 解説・94

e　契約期間内に予期することのできない法令の制定もしくは改廃又は経済事情の激変などによって，請負代金額が明らかに適当でないと認められるとき。

f　長期にわたる契約で，法令の制定もしくは改廃又は物価，賃金などの変動によって，この契約を締結した時から1年を経過したのちの工事部分に対する請負代金相当額が適当でないと認められるとき。

g　中止した工事又は災害を受けた工事を続行する場合，請負代金額が明らかに適当でないと認められるとき。

⑵　請負代金額を変更するときは，原則として，この工事の減少部分については監理者の確認を受けた請負代金内訳書の単価により，増加部分については変更時の時価による。

解　説

大型の民間建設請負工事で広く用いられてきた四会連合協定工事請負契約約款は，1997（平成9）年9月に，作成者が1981年の改正以来，4会（日本建築学会・日本建築家協会・日本建築協会・全国建設業協会）から7会（建築業協会・日本建築士会連合会・日本建築士事務所協会連合会が加わった）に拡大したことを反映した名称に変更された。資料として掲げたのは，2017年12月の改訂版であるが，2020年4月に改正民法に対応した改訂版が公表される予定である。

［4］下　　請

94　資料・下請代金支払遅延等防止法

（親事業者の遵守事項）

第4条①　親事業者は，下請事業者に対し製造委託等をした場合は，次の各号（役務提供委託をした場合にあっては，第1号及び第4号を除く。）に掲げる行為をしてはならない。

一　下請事業者の責に帰すべき理由がないのに，下請事業者の給付の受領を拒むこと。

二　下請代金をその支払期日の経過後なお支払わないこと。

三　下請事業者の責に帰すべき理由がないのに，下請代金の額を減ずること。

➡ 94

四　下請事業者の責に帰すべき理由がないのに，下請事業者の給付を受領した後，下請事業者にその給付に係る物を引き取らせること。

五　下請事業者の給付の内容と同種又は類似の内容の給付に対し通常支払われる対価に比し著しく低い下請代金の額を不当に定めること。

六　下請事業者の給付の内容を均質にし又はその改善を図るため必要がある場合その他正当な理由がある場合を除き，自己の指定する物を強制して購入させ，又は役務を強制して利用させること。

七　親事業者が第1号若しくは第2号に掲げる行為をしている場合若しくは第3号から前号に掲げる行為をした場合又は親事業者について次項各号の一に該当する事実があると認められる場合に下請事業者が公正取引委員会又は中小企業庁長官に対しその事実を知らせたことを理由として，取引の数量を減じ，取引を停止し，その他不利益な取扱いをすること。〔2項略〕

（勧告）

第7条①　公正取引委員会は，親事業者が第4条第1項第1号，第2号又は第7号に掲げる行為をしていると認めるときは，その親事業者に対し，速やかにその下請事業者の給付を受領し，その下請代金若しくはその下請代金及び第4条の2の規定による遅延利息を支払い，又はその不利益な取扱いをやめるべきことその他必要な措置をとるべきことを勧告するものとする。

②　公正取引委員会は，親事業者が第4条第1項第3号から第6号までに掲げる行為をしたと認めるときは，その親事業者に対し，速やかにその減じた額を支払い，その下請事業者の給付に係る物を再び引き取り，その下請代金の額を引き上げ，又はその購入させた物を引き取るべきことその他必要な措置をとるべきことを勧告するものとする。

③　公正取引委員会は，親事業者について第4条第2項各号のいずれかに該当する事実があると認めるときは，その親事業者に対し，速やかにその下請事業者の利益を保護するため必要な措置をとるべきことを勧告するものとする。

➡ *95*

95 製品単価の引下げ

東京地判昭和63年7月6日判時1309号109頁（平元重判227頁）

【事実】 X会社（日本モールド株式会社）はY会社（東洋電装株式会社）から自動車用プラスチック製部品などの製造委託を受けて製品を納入する事業者で，Y会社は下請法にいう親事業者，X会社はその下請事業者にあたる。X会社はY会社に対し，受注した製品を納入したが，生産が軌道に乗るにつれ，Y会社から次第に単価の引下げを求められた。そこで，X会社は，単価の差額の支払を求める本訴を提起した。すなわち，主位的には単価引下げについてX会社の同意がないことを理由に合意単価との差額の支払を，予備的には単価引下げが下請法4条1項3号，4号に違反し無効であることを理由に正常単価との差額の支払を求めた（*94*に掲げた法文は判決後に改正されたものであるが，3号，4号は変わっていない）。

【判決理由】 一部容認 「下請法4条1項3号（不当な値引き）に関し，親事業者が合意された下請代金の額を一方的に減額する場合には，請負契約に基づき，下請事業者が親事業者に対して合意金額と支払金額との差額金を請求しうることは明らかであるが，不当値引きの例示として挙げている単価引下げについて合意が成立した場合に当該合意の成立前に既に発注されている給付に新単価を遡及適用して下請代金の額を減ずる場合には，右新単価を遡及適用するにつき合意がなければ，前段に述べたことと同じこととなるが，遡及適用につき合意が成立している場合には，遡及適用の期間，新単価との差額等を勘案して同法4条1項3号の趣旨に照らして不当性の強い場合には右遡及適用の合意が公序良俗に違反して無効となる場合があり得るとしても，そうでない場合には下請法4条1項3号に抵触するということだけで右合意が無効となることはないと解するのが相当である。また，同条1項5号（不当な買いたたき）に関し，親事業者がその優越的地位を濫用して下請事業者に対し，運用基準にいう市価に比して著しく低い下請代金を合意のもとに定めた場合にも同法4条1項5号の趣旨に照らして不当性の強い場合には右合意が公序良俗に違反して無効となる場合があり得るとしても，そうでない場合には同条1項5号に抵触するということだけで右合意が無効となることはないと解するのが相当である。したがって，値引きや代金の決定につき合意がある場合には，親事業者の行為が下請法4条1項3号，5号に該当することから直ちに親事業者に運用基準にいう市価との差額金の支払義務が生じると解することは相当でなく，また，不当性が強く，合意の効力が否定されるなどの特段の事情のない限り，右条項違反を理由に不法行為による損害賠償義務が生じると解することも相当でない。」

そして，X 会社の単価引下げについての合意を認定したうえで，次のように述べる。「なお，X の右主張は右の各製品につき数次にわたる単価引下げの合意があったとしても右合意は下請法 4 条 1 項 3，5 号に違反して無効であるとの主張をも含んでいるものと善解してさらに検討を進めると，別表㈣ A，C，F，G 欄記載のとおり順次単価が引き下げられ，これにつき X と Y との間に一応の合意があったと認められることは前記のとおりであるが，前記二で認定した単価引下げの経緯及び引下げ幅，X の Y に対する経済的依存度に照らすと，……X，Y 協議し，Y が X の意見を十分聞いたうえで（代金決定や値下げの際は下請法の趣旨から親事業者に下請事業者の意見を十分聞くことが要求される），双方納得のうえで合意されたとは認め難く，むしろ親事業者たる Y がその経済的優越的地位を利用して経済的劣位にある下請事業者たる X に対し，半ば一方的に Y に有利な取引条件の承諾を迫り，X はその従属的立場から右条件を不本意ながら承諾したものと推認される。

しかしながら，《証拠略》によると，いずれも Y の下請業者である精工エンジニアリング株式会社に製造委託しているライティング・ノブ M4576 の単価，有限会社吉田精密に製造委託しているライティング・レバー M7155（M4577 と印刷の部分だけがちがうもの）の単価，日本ネームプレート工業株式会社に製造委託しているワイパーレバー M4609—02 の単価と比較して X が合意した前記各製品の単価は格別安いとは認められないことは別表㈣C 欄記載の単価への大幅な引下げは X の量産体制が軌道に乗ったことに伴うものであって，右の単価引下が格別不合理であるともいえない事情があることなどを考え併せると，数次にわたる単価引下げが，下請法 4 条 1 項 5 号にいう，下請事業者の給付の内容と同種又は類似の内容の給付に対し通常支払われる対価に比し著しく低い下請代金の額を不当に定めたということはできず，他にこれを認めるに足る証拠はない。そうすると，別表㈣の A，C，F，G 欄記載のとおりの単価の合意の効力は X が不本意ながら単価の引下げを飲まざるを得なかったことによっても何ら消長を来さないというべきである。」（裁判官 松本史郎）

➡ 解説・96

そして，単価引下げの遡及適用については，その一部の合意がなかったとして差額の支払を認めたが，他の部分については合意を認定し，また合意が公序良俗に反するとはいえないとした。

解　説

下請代金支払遅延等防止法（*94*）（「下請法」と略称）にいう，いわゆる「下請」の法律関係は，民法上の下請負に限らず，売買や製作物供給契約の場合もある。*95* は製作物供給契約の事例であるが，なかなか訴訟には現れないわが国の下請関係の紛争が判決にまで至った珍しい事例である。

第10節　委　　任

［1］　受任者の注意義務

96 登記手続の委託を受けた司法書士の義務

最(一)判昭和53年7月10日民集32巻5号868頁
（曹時33巻12号311頁，民商80巻6号750頁，不動産取引百選〈第3版〉180頁，昭53重判76頁）

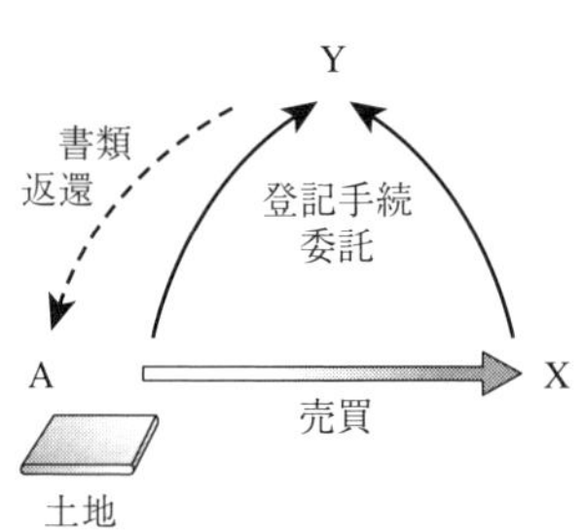

【事実】 Xらは，A会社（株式会社入江工務店）から本件土地を購入する契約を結んで手附金を支払うとともに，A会社とともに司法書士であるYに対して本件土地の所有権移転仮登記手続を委託し，必要書類を交付した。ところが，数日後，YはA会社からの求めに応じて登記手続に必要な書類をA会社に返還した。間もなくA会社は倒産し，本件土地の所有権は第三者に渡ってXらは所有権を取得できなくなり，さらに手附金も一部しか返還を受けられなかった。そこでXらからYに対して，委任契約上の債務不履行があったとして被った損害の賠償を求めた。原審が次のように述べてXらの請求を認めなかったので，Xらから上告。「委任者であるA会社はいつでも受任者たるYに対し登記手続の委任を解除できるのであるから，このような解除権を有する者から後日の差換えを理由に登記に必要な書類の返還を求められた場合には，受任者はこれを拒みうる理由がないといわなければならない。」

➡ 96

【判決理由】 破棄差戻 「思うに，不動産の売買契約においては，当事者は，代金の授受，目的物の引渡し，所有権移転等の登記の経由等が障害なく行われ，最終的に目的物の所有権が完全に移転することを期待して契約を締結するものであり，法律も当事者の右期待にそい，その権利を保護すべく機能しているというべきである。そして，不動産の買主は，登記を経由しない限り，第三者に対抗しうる完全な所有権を取得することができないのであるから，登記手続の履行は，売買契約の当事者が行うべき最も重要な行為の一つであるということができるが，登記所に対して登記申請をするには，ある程度の専門的知識を必要とするから，現今の社会では，右のような登記手続は，司法書士に委託して行われるのが一般であるといってよく，この場合に，売買契約の当事者双方がいったん右手続を同一の司法書士に委託した以上，特段の事情がない限り，右当事者は，登記手続が支障なく行われることによって右契約が履行され，所有権が完全に移転することを期待しているものであり，登記手続の委託を受けることを業とする司法書士としても，そのことを十分に認識しているものということができる。このことは，所有権移転登記手続に限らず，その前段階ともいえる所有権移転の仮登記手続の場合も同様である。そうすると，売主である登記義務者と司法書士との間の登記手続の委託に関する委任契約と買主である登記権利者と司法書士との間の登記手続の委託に関する委任契約とは，売買契約に起因し，相互に関連づけられ，前者は，登記権利者の利益をも目的としているというべきであり，司法書士が受任に際し，登記義務者から交付を受けた登記手続に必要な書類は，同時に登記権利者のためにも保管すべきものというべきである。したがって，このような場合には，登記義務者と司法書士との間の委任契約は，契約の性質上，民法 651 条 1 項の規定にもかかわらず，登記権利者の同意等特段の事情のない限り，解除することができないものと解するのが相当である。このように，登記義務者は，登記権利者の同意等がない限り，司法書士との間の登記手続に関する委任契約を解除することができないのであるから，受任者である司法書士としては，登記義務者から登記手続に必要な書類の返還を求められても，それを拒むことができるのである。また，それと同時に，前記のように，司法書士としては，登記権利者との関係では，登記義務者から交付を受けた登記手続に必要な書類は，登記権利者のためにも保管すべき

➡ 97

義務を負担しているのであるから，登記義務者からその書類の返還を求められても，それを拒むべき義務があるものというべきである。したがって，それを拒まずに右書類を返還した結果，登記権利者への登記手続が不能となれば，登記権利者との委任契約は，履行不能となり，その履行不能は，受任者である司法書士の責めに帰すべき事由によるものというべきであるから，同人は，債務不履行の責めを負わなければならない。

そうすると，……Ｙに委任契約の債務不履行又は善管注意義務違反はないとしてＸらの損害賠償請求を排斥した原審の判断は，法令の解釈適用を誤ったものであり，その誤りは，判決に影響を及ぼすことが明らかであるから，この点に関する論旨は，理由があり，その余の点について判断するまでもなく，原判決は破棄を免れず，更に，審理を尽くさせるため，本件を原審に差し戻すこととする。」（裁判長裁判官 岸 盛一 裁判官 岸上康夫 団藤重光 藤崎萬里 本山 亨）

97 専門家の説明義務

最(三)判平成25年4月16日民集67巻4号1049頁・時効待ち方針事件

（曹時68巻9号2233頁，法協132巻3号523頁，民商149巻2号180頁，平25重判83頁）

【事実】 ⑴鹿児島県の公設事務所の弁護士であるＹは，Ａから，消費者金融業者に合計約250万円の債務があるとして，その債務整理について相談を受けた。Ｙは，過払金が生じている消費者金融業者から過払金を回収した上，これを原資として他の債権者に一括払による和解を提案して債務整理をすることなどを説明し，ＹとＡは債務整理を目的とする委任契約を締結した。

⑵Ｙが，Ａが債権者に弁済した元利金の充当計算をしたところ，Ｂ（楽天KC）およびＣ（プロミス）に対してはまだ元本債務が残っているが，Ｄ（アイフル），Ｅ（アコム），Ｆ（武富士）に対しては過払金が発生していることが判明した。

そこで，Ｙは，Ａの訴訟代理人として，DEFに対して過払金返還請求訴訟を提起し，それぞれ和解をして，合計159万円余の過払金を回収した。

⑶Ｙは，回収した過払金により，BCに対する支払原資を確保できたものと判断し，BCに対し，「ご連絡（和解のご提案）」と題する文書を送付して，元本債務の8割に当たる金額を一括して支払うという和解案を提示した。上記文書には，「御

社がこの和解に応じていただけない場合，預った金は返してしまい，5年の消滅時効を待ちたいと思います。」,「訴訟等の債権回収行為をしていただいても構いませんが，かかった費用を回収できない可能性を考慮のうえ，ご判断ください。」などと記載されていた。

Bは和解に応じたがCは応じなかった。

(4) Yは，Aに電話をかけ，回収した過払金の額やCに対する残元本債務の額について説明したほか，Cについてはそのまま放置して当該債務に係る債権の消滅時効の完成を待つ方針（「時効待ち方針」）を採るつもりであり，裁判所やCから連絡があった場合にはYに伝えてくれれば対処すること，回収した過払金に係る預り金を返還するがCとの交渉に際して必要になるかもしれないので保管しておいた方が良いことなどを説明した。

また，Yは，その頃，Aに対し「債務整理終了のお知らせ」と記載された文書を送付した。同文書には，Cに対する未払分として29万円余が残ったが消滅時効の完成を待とうと考えているなどと記載されていた。

(5) Yは，回収した過払金から過払金回収の報酬および債務整理費用，Bに支払った和解金等を差し引く経理処理を行い，残額の48万円余をAに送金した。

(6)約2年8ヶ月余りのち，すでに静岡県の事務所に移っていたYは，Aに対し，消費者金融業者の経営が厳しくなったため以前よりも提訴される可能性が高くなっており，12万円程度の資金を用意できればそれを基に一括して支払う内容での和解交渉ができるなどと説明した。しかし，Yが依頼者から債務整理を放置したことを理由とする損害賠償請求訴訟を提起されたとの報道に接していたAは，Yによる債務整理に不安を抱き，Yに対する前記の損害賠償訴訟の代理人であったZに相談して，間もなくYを解任した。

Aは，改めてZに債務整理を委任した。ZはCと交渉し，Cが遅延損害金について譲歩しなかったため，AがCに対して和解金50万円を分割して支払う内容の和解を成立させた（Aは一部を支払ったあと死亡したのでCは残債務を免除している）。

(7)そこでAは，Yに対し，債務整理の方針についての説明義務違反があったことなどを理由として，債務不履行に基づき慰謝料等を求める本件訴訟を提起した。1審係属中に死亡したため，その妻Xが本件訴訟に係るAの権利を承継した。

1審は慰謝料20万円と弁護士費用2万円の賠償責任を認めたが，原審は，AがYから前記(1)(4)の説明を受け，Yのとる債務整理の方針に異議を述べず，その方針を黙示に承諾したと認められることなどを理由にYの説明義務違反を否定し，Xの請求を棄却した。Xから上告。

➡ *97*

【判決理由】 破棄差戻（田原・大橋裁判官の補足意見がある）

「本件においてYが採った時効待ち方針は，CがAに対して何らの措置も採らないことを一方的に期待して残債権の消滅時効の完成を待つというものであり，債務整理の最終的な解決が遅延するという不利益があるばかりか，当時の状況に鑑みてCがAに対する残債権の回収を断念し，消滅時効が完成することを期待し得る合理的な根拠があったことはうかがえないのであるから，Cから提訴される可能性を残し，一旦提訴されると法定利率を超える高い利率による遅延損害金も含めた敗訴判決を受ける公算が高いというリスクをも伴うものであった。

また，Yは，Aに対し，Cに対する未払分として29万7840円が残ったと通知していたところ，回収した過払金からYの報酬等を控除してもなお48万円を超える残金があったのであるから，これを用いてCに対する残債務を弁済するという一般的に採られている債務整理の方法によって最終的な解決を図ることも現実的な選択肢として十分に考えられたといえる。

このような事情の下においては，債務整理に係る法律事務を受任したYは，委任契約に基づく善管注意義務の一環として，時効待ち方針を採るのであれば，Aに対し，時効待ち方針に伴う上記の不利益やリスクを説明するとともに，回収した過払金をもってCに対する債務を弁済するという選択肢があることも説明すべき義務を負っていたというべきである。

しかるに，Yは，平成18年7月31日頃，Aに対し，裁判所やCから連絡があった場合にはYに伝えてくれれば対処すること，Cとの交渉に際して必要になるかもしれないので返還する預り金は保管しておいた方が良いことなどは説明しているものの，時効待ち方針を採ることによる上記の不利益やリスクをAに理解させるに足りる説明をしたとは認め難く，また，Cに対する債務を弁済するという選択肢について説明したことはうかがわれないのであるから，上記の説明義務を尽くしたということはできない。そうである以上，仮に，Aが時効待ち方針を承諾していたとしても，それによって説明義務違反の責任を免れるものではない。」

「以上によれば，原審の上記判断には，判決に影響を及ぼすことが明らかな法令の違反がある。論旨は理由があり，原判決は破棄を免れない。そこで，損害の点等について更に審理を尽くさせるため，本件を原審に差し戻すこととする。」

田原睦夫裁判官の補足意見

「債務整理の依頼を受けた弁護士の説明・報告義務」および，「受任事務の遂行にかかる善管注意義務」についての一般論を述べたあと，「本件における『時効待ち』手法の選択と善管注意義務について」と題して，以下のように述べる。

「(1)債務整理における『時効待ち』手法の選択の可否について

ア　債務整理における債権者に対する誠実義務

債務整理を受任した弁護士が，その対象となる債権者に受任通知及び債務整理についての協力依頼の旨を通知した場合には，債権者は，正当な理由のない限りこれに誠実に対応し，合理的な期間は強制執行等の行動に出ることを自制すべき注意義務を負担し，それに違反する場合には不法行為責任を負うものと解されている（東京高判平成 9 年 6 月 10 日高民集 50 巻 2 号 231 頁）こととの対応上，かかる通知を発した弁護士は，その対象となる債権者に対して，誠実に且つ衡平に対応すべき信義則上の義務を負うものというべきである。

そして，受任弁護士の債権者に対する不誠実な対応の結果，債権者との関係が悪化し通常の対応がなされていれば適宜の解決が図れたのにも拘ずその解決が遅れ，その結果，依頼者がその遅延に伴い過分な負担を負うこととなった場合には，当該弁護士は依頼者に対して債務不履行責任を負うことがあり得るといえる。

上記で述べたところからすれば，受任した弁護士が一部の債権者と示談を進め乍ら，他の債権者との交渉をすることなく『時効待ち』を行ったり，債権者と誠実な交渉を行うことなく一方的に示談条件を提示し，その条件以外では示談に応じることを拒み，他の債権者とのみ交渉を行うようなことは許容されないと言わねばならない。

イ　債務整理における『時効待ち』の手法と債務者の地位

弁護士が債務整理につき受任する場合，債務者の経済的再生の環境を整えることがその最大の責務であり，専門家としてそれに最も適した債務整理の手法を選択して，それを債務者に助言すべき義務を善管注意義務の内容として負っ

➡ 97

ているものというべきである。

債務者が経済的再生を図るには，債権者からの取立ての不安を払拭し，安心して自らの再生への途を踏む態勢を整えることが肝要であり，債務整理に徒に時間を費やすべきではない。

かかる観点からすれば，債務整理の手段として『時効待ち』の手法を採ることは，対象債権者との関係では，時効期間満了迄債務者を不安定な状態に置くこととなり，その間に訴訟提起された場合には，多額の約定遅延損害金が生じ，又債権者が既に債務名義を取得している場合には，給与債権やその他の財産に対する差押えを受ける可能性がある等，債務者の再生に支障を来しかねないのであって，原則として適切な債務整理の手法とは言えない。かかる手法は，債権者と連絡がとれず交渉が困難であったり，債権者が強硬で示談の成立が困難であり且つ当該債権者の債権額や交渉対応からして訴の提起や差押え等債務者の再生の支障となり得る手段を採ることが通常予測されない等，特段の事情があると認められる場合に限られるべきである。

そして，債権者が上場企業等一定の債権管理体制を備えている企業の場合には，一般に，債権の時効管理は厳格に行われており，超小口債権で回収費用との関係から法的手続を断念することが予想されるような場合を除き，時効まで放置することは通常あり得ないのであって，かかる債権者に対して『時効待ち』の手法を採ることは，弁護士としての善管注意義務違反に該るということができる。

なお，債務整理に関する一部の文献に，債務整理の手法として『時効待ち』の手法が紹介されていることをもってＹはその主張の根拠としているが，法的な正当性を欠くそのような文献の存在をもって，安易に『時効待ち』の手法を採用することを合理化する理由とはならず，上記の善管注意義務を免除すべき理由とはなり得ないというべきである。

また，一部の債権者と和解し，一部の債権者に対して『時効待ち』の対応をし，その後破産手続に移行した場合には，当該債権者との和解それ自体が否認の対象となる可能性が生じるのであって，却って全体の解決を遅らせる危険も存する点についても配慮すべきである。

ウ　本件における『時効待ち』の手法の選択の適否

本件では，Ｙは，Ｃの残債権額についてＣとの間での確認作業を十分に行わず，Ｙが算定した計算結果（記録によれば，過去の取引履歴からして，取引が二口に岐れ，一口については過払金返還請求権が時効にかかっている可能性があるのにそれを無視して一連計算した結果）に基づいて一方的に示談条件を提示し，Ｃがそれに応じないからとの理由で『時効待ち』の方針を採用したことがうかがわれるが，かかる方針の採用自体，上述の受任弁護士としての債権者に対する誠実義務に反するものであり，又，Ｃが上場企業であって，企業としてシステム的に時効管理を行っていることが当然に予測される以上，『時効待ち』によってその債権が時効消滅することは通常予測し得ないのであるから，『時効待ち』の方針を採用すること自体，受任弁護士としての裁量権の逸脱が認められて然るべきである。

⑵『時効待ち』手法の選択と説明義務について

本件において，Ｙが『時効待ち』の手法の選択をＡに薦めるに当っては，Ｃの債権額についてＣの主張する金額とＹが算定した金額との差異について，その理由を含めて詳細にＡに対して説明し，訴訟を提起される場合に負担することとなる最大額，及び時効の成立まで相当期間掛りその間不安定な状態におかれることについて具体的に説明すべきであり，また，Ｃが上場企業であって，時効管理について一定のシステムを構築していることが想定されるところから，『時効待ち』が奏功しない可能性が高いことについても説明すべき義務が存したというべきである。

ところが，Ｙは，法廷意見に指摘するとおり，裁判所やＣから連絡があった場合には，Ｙに伝えてくれれば対処すること，Ｃとの交渉に際して必要になるかもしれないので返還する預り金は保管しておいた方がよいことなどの説明はしたものの，記録によれば『時効待ち』方針を採る場合の不利益やリスクについて具体的に説明していないばかりか，仮に裁判所やＣから通知があった場合に，Ｙが具体的にどのように対処するのか，その際にＹに対して新たな弁護士報酬が発生するのか否か，Ｙが対処することによってＡは最大幾何程の経済的負担を負うことになるのか，またそれにどの程度の期間を要するのか等について，説明をしていないのであって，Ｙの説明義務違反は明らかである。」

➡ *97*

大橋正春裁判官の補足意見

「法律事務を受任した弁護士には，法律の専門家として当該事務の処理について一定の裁量が認められ，その範囲は委任契約によって定まるものであるが，特段の事情がない限り，依頼者の権利義務に重大な影響を及ぼす方針を決定し実行するに際しては，あらかじめ依頼者の承諾を得ることが必要であり，その前提として，当該方針の内容，当該方針が具体的な不利益やリスクを伴うものである場合にはそのリスク等の内容，また，他に考えられる現実的な選択肢がある場合にはその選択肢について，依頼者に説明すべき義務を負うと解される。さらに，受任した法律事務の進行状況についての報告が求められる場合もあるというべきであり，例えば，訴訟を提起して過払金を回収したような場合には，特段の事情がない限り，速やかにその内容及び結果を依頼者に報告すべき義務を負うものと解される。こうした弁護士の依頼者に対する説明義務が委任契約に基づく善管注意義務の一環として認められるものであることは，法廷意見の述べるとおりであり，上記の報告義務についても同様に解すべきであろう。

本件においてＹが採用した時効待ち方針には，法廷意見が指摘する不利益やリスクがあり，また，他に考えられる現実的な選択肢があったのであるから，これらを説明しなかったＹは説明義務違反を免れないものである。更に，弁護士からの受任通知及び協力依頼に対しては，正当な理由のない限り，これに誠実に対応し，合理的な期間は強制執行等の行動に出ることを自制している貸金業者との関係においても，時効待ち方針は，債務整理を受任した弁護士が積極的に採用するものとしてはその適切性に疑問があり，こうした方針を採用する場合は弁護士には依頼者に対しその内容等を説明することがより強く要求される。

弁護士職務基本規程（平成16年日本弁護士連合会会規第70号。以下『基本規程』という。）36条は，『弁護士は，必要に応じ，依頼者に対して，事件の経過及び事件の帰趨に影響を及ぼす事項を報告し，依頼者と協議しながら事件の処理を進めなければならない。』と弁護士の依頼者に対する報告及び説明義務を定めているが，同条はその違反が懲戒の対象となり得る行為規範・義務規定として定められたものであり（基本規程82条2項参照），弁護士と依頼者との間の委任契約の解釈適用に当たって当然に参照されるべきものである。弁護士の依頼者に対する報告及び説明義務については，自治団体である弁護士会が基本規程36条の解釈適用を通じてその内容を明確にしていくことが期待される。」（裁判長裁判官 大橋正春　裁判官 田原睦夫　岡部喜代子　大谷剛彦　寺田逸郎）

解　説

所有権移転の登記手続の委託を受ける司法書士は，売買契約の両当事者から委託を受ける。このため，受任者としての義務の内容も，そのことを踏まえて判断する必要がある。*96* はこのような特殊性をふまえて651条1項（改正後も同じ）の解釈を行なった。

97 は弁護士の依頼者に対する説明義務が争われた事件である。原審と最高裁の判断が異なったことに加えて，弁護士出身の2人の裁判官が詳細な補足意見を述べている点でも興味深い。差戻審ではYの控訴が棄却され，1審判決の内容で決着がついた。

［2］　報酬請求権

98　弁護士報酬

最(一)判昭和37年2月1日民集16巻2号157頁（曹時14巻4号85頁，民商47巻3号67頁）

【事実】 XはY会社（株式会社三嶋商会）の顧問弁護士であったが，ある訴訟事件の委任に関して，報酬について争いが生じ，XからY会社に対して報酬の支払を求める本訴を提起した。原審は，報酬額についての合意は成立していなかったと認定したうえで，「弁護士に対し訴訟を委任した場合に当事者間においてその報酬額について別段の定めをしなかったときは，当該事件の難易，訴額の程度，手数の煩簡，訴訟期間の長短その他当事者間に存する一切の事情を斟酌し適正妥当な報酬額を判定しなければならない。」と述べて報酬額を定め，Y会社に支払を命じたので，Y会社が上告し，「凡そ弁護士，医師，看護婦，助産婦等の業務に従事しおるものは，金銭を対価としてその業務を執行すべきに非ざることは，古来より今日迄国民の一般観念である。即ち，『医は仁術なり』『武士は喰わねど高楊枝』との古言があるの事実から見て明らかである。依て弁護士のみ金銭を以て職務執行の対価となすの理由はなく，此の点に関し原判決は弁護士職務を対価を以て決定したるの不当あるものなり。」などと主張した。

➡ 解説

【判決理由】 上告棄却「弁護士の報酬額につき当事者間に別段の定めのなかった場合において，裁判所がその額を認定するには，事件の難易，訴願(ママ)及び労力の程度だけからこれに応ずる額を定むべきではなく，当事者間の諸般の状況を審査し，当事者の意思を推定して相当報酬額を定むべきであることは所論のとおりであり，その旨の大審院判例の存することも所論のとおりである。しかしながら，原判文を通読すれば判明するように，原判決は，挙示の証拠により本件は当事者に意思表示を以て報酬額につき別段の定めのなかった場合であると認定した上，Xが予てY会社から月5,000円の顧問料をうけていた法律顧問であったことと……，本件訴訟事件委任の際のいきさつ，事件の進行状況，難易の程度，事件終結当時のてんまつ等を顧慮し，更にX所属の福岡県弁護士会所定の報酬規程にも鑑み，その他判示のような諸般の情況をも斟酌して，Y会社はXに着手金として訴願(ママ)の5分に当たる金32万2988円，成功報酬金として和解による受益金の5分に当る金30万4000円，計62万6988円を支払うべきものと判断しているのであるから，右は前示判例に一致こそすれ，これに抵触するものでないことは勿論右判断の過程に所論法令違反等違法のかどあるを発見できない。従って，この点に関する所論は原判決を正解していないものという外なく，採用できない。」（裁判長裁判官 下飯坂潤夫　裁判官 斎藤悠輔 入江俊郎　高木常七）

解　説

伝統的には，委任契約は無償が原則とされた。651条1項の解除権も，無償委任においては合理性を有する。しかし，今日では有償が普通であり，*98*は，弁護士の委任契約について，報酬についての合意が認定できなくても，合理的な報酬額を請求することを認めた。

［3］ 解 除 権

［関連裁判例］

99 受任者の利益をも目的とする委任

最(二)判昭和56年1月19日民集35巻1号1頁
（曹時36巻9号145頁，法協99巻12号1909頁，民商85巻4号657頁，百選Ⅱ〈第8版〉144頁，昭56重判79頁）

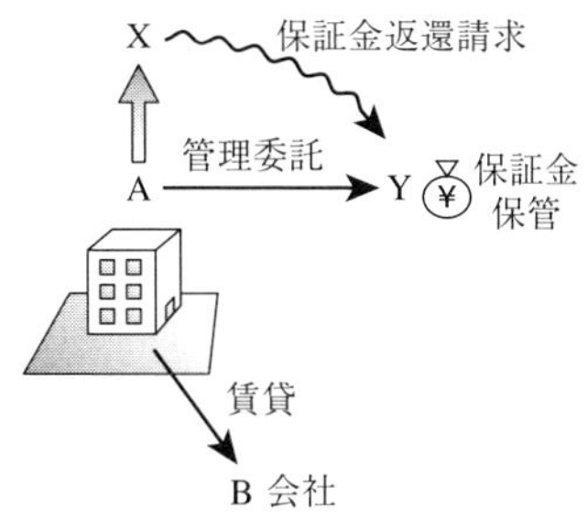

【事実】 Aは，その所有する共同住宅を一括してB会社（菱造船不動産株式会社）に賃貸し，Y会社（富士産業株式会社）に本件建物の管理を委託した。AはY会社代表者の父親とかねて知合いで，本件建物を建築したのもY会社であり，B会社への賃貸を斡旋したのもY会社である。なお，B会社は三菱造船株式会社（後の三菱重工株式会社）の子会社であって不動産管理を担当する会社であり，本件建物は三菱造船株式会社の社宅として用いることとされている。管理契約においては，Y会社は，賃借人からの賃料の徴収，本件建物の公租公課の支払，修理等本件建物の賃貸に関する事務の一切を任され，さらに賃借人がAに差し入れる保証金880万円の保管も委ねられた。そして，Y会社は右の管理を無償で行ない，保証金を保管をしている間，月1分の利子をAに支払うが，その代わりY会社は保証金を自己の事業資金として自由に利用できることとした。このような管理契約の背景には，Aが不動産賃貸の経験のない鳶職であったため，B会社が，保証金の返還を確保する等のために，賃貸人が法人であることを希望し，このためにY会社が管理一切を引き受けることになったという経緯がある。本件建物の賃貸借契約の期間は2年であったが，賃料据置き期間としての意味しか持たず，管理契約の期間も5年と定められたが，約11年の間更新されてきた。ところが，賃貸借契約の条件をめぐる紛争からAY間の関係が悪化し（Y会社がAの依頼でB会社に賃料値上げの請求をしたのに対して，B会社がAとの直接交渉を求め，Aがこれに応じたため），AからY会社に対して管理契約解除の意思表示がなされ，Aから保証金返還請求権を譲り受けたXから保証金の返還を求める本訴が提起された。1審および原審はXの請求をみとめなかったので，Xから上告。

【判決理由】 破棄差戻 「本件管理契約は，委任契約の範ちゅうに属するものと解すべきところ，本件管理契約の如く単に委任者の利益のみならず受任者の利益のためにも委任がなされた場合であっても，委任契約が当事者間の信頼関係を基礎とする契約であることに徴すれば，受任者が著しく不誠実な行動に出る等やむをえない事由があるときは，委任者において委任契約を解除することができるものと解すべきことはもちろんであるが（最(二)判昭和 40 年 12 月 17 日集民 81 号 561 頁，最(二)判昭和 43 年 9 月 20 日集民 92 号 329 頁参照），さらに，かかるやむをえない事由がない場合であっても，委任者が委任契約の解除権自体を放棄したものとは解されない事情があるときは，該委任契約が受任者の利益のためにもなされていることを理由として，委任者の意思に反して事務処理を継続させることは，委任者の利益を阻害し委任契約の本旨に反することになるから，委任者は，民法 651 条に則り委任契約を解除することができ，ただ，受任者がこれによって不利益を受けるときは，委任者から損害の賠償を受けることによって，その不利益を塡補されれば足りるものと解するのが相当である。

しかるに原審が，受任者である Y の利益のためにも委任がなされた以上，委任者である A はやむをえない事由があるのでない限り，本件管理契約を解除できないものと解し，A が解除権自体を放棄したものとは解されない事情があるか否かを認定しないで，同人のした本件管理契約の解除の効力を否定したのは，委任の解除に関する法令の解釈適用を誤り，ひいては，審理不尽，理由不備の違法をおかしたものというべく，右違法が判決に影響を及ぼすことは明らかである。この点に関する論旨は，結局理由があり，その余の論旨について判断するまでもなく，原判決は破棄を免れない。そして，本件についてはさらに審理を尽くさせるのが相当であるから，これを原審に差し戻すこととする。」（裁判長裁判官 宮﨑梧一　裁判官 栗本一夫　木下忠良　塚本重頼　鹽野宜慶）

解　説

651 条 1 項の解除権については，大判大正 9 年 4 月 24 日民録 26 輯 562 頁が取立委任の事案で，「同条は受任者が委任者の利益の為めにのみ事務を処理する場合に適用あるものにして，その事務の処理が委任者の為めのみならず受任者の利益をも目的とするときは，委任者は同条により委任を解除することを得ざるものと解するを相当とす」と判示して条文の文言にない制約を加え，最

(二)判昭和43年9月20日判時536号51頁は，委任事務の処理が受任者の利益でもある場合であっても，「委任が当事者双方の対人的信用関係を基礎とする契約であることに徴すれば，」「受任者が著しく不誠実な行動に出た等やむを得ない事由があるときは，委任者は民法651条に則り委任契約を解除することができる」と述べて，解釈を精緻化した。これに対して*99*は，解除権そのものを制限するのではなく，損害賠償で処理する方向に軌道修正した。

新651条は，この判例を取り込む方向で2項を大幅に改正し，「委任者が受任者の利益……をも目的とする委任を解除したとき」（2号）には，委任契約を解除した者は「相手方の損害を賠償しなければならない」と定めた。なお，同項2号の括弧書で，単に有償であるだけでは「受任者の利益をも目的とする委任」に当たらないとしているが，これはその旨を判示した最(三)判昭和43年9月3日裁判所ウェブサイトを明文化したものである。

第11節　寄　　託　（取り上げる裁判例はない）

第12節　組　　合

［1］　組合契約の認定

100　店舗の共同経営の事例

東京高判昭和51年5月27日判時827号58頁

【事実】 Aは時計商を営んでおり，一時，三男のBが手伝いをしていたが，後に独立して別個に時計店を開店したので，その後はAの次女Y_1が夫Y_2とともにAと同居して家業に関与し，次第に経営の実権はY夫婦に移行した。本件訴訟は，Aの死後に生じた遺産争いで，

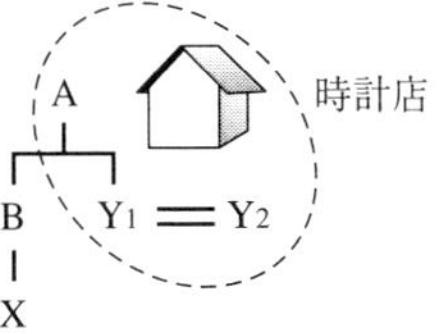

Bの相続人Xらが，Aが遺産の大部分をYらに遺贈したとして遺留分減殺を主張したものである。しかし，その前提として，時計店の営業用財産のうちどれだけが遺産の範囲に入るかが問題となった。

【判決理由】 控訴棄却 「被相続人が営んでいた商店の営業を実質上その子夫

➡ *100*

婦に承継させ，爾後営業名義は被相続人としているが，実際にはもっぱら子夫婦の経営努力によって営業が維持され，その利益によってその建物所有権及び敷地の借地権等を取得し，建物を増築し店の商品等の在庫量が増大するなどその商店に造成された財産は，その一部の所有名義が被相続人になっていても，実質的に被相続人及び子夫婦がその商店を営むことを目的として一種の組合契約をし子夫婦が組合の事業執行として店舗の経営をした結果えられた財産とみられるから，被相続人が死亡し他に共同相続人がいる場合には，組合の解散に準じ，その出資の割合に応じて残余財産を清算し，その清算の結果子夫婦の各取得する分はその財産形成の寄与分として遺産から除外し，被相続人の取得分のみ遺産として取扱うべきものと解するのが相当である。本件において，被相続人Ａは，借家である本件建物でしていた時計店の販売修理業を事実上Ｙら夫婦に承継させ，営業名義はＡに残したもののＡは営業に関与せず，Ｙらが経営し努力した結果，本件建物を取得した上増築し，本件借地権も取得したほか，店舗の商品在庫量も増大し，相続開始の時までに，右のほか本件商品類，その余の動産類等を取得し財産を形成するにいたったものであり，その営業名義，本件建物の所有名義がＡであるとしても，その財産は，Ａ及びＹら３名の組合財産とみるべきであるから，Ａが死亡し他にＢなど４名の共同相続人も居るので，右説示のように，清算することを要するにいたったものというべく，この場合，組合財産中Ｙらの各取得分を除外したＡの取得分のみを遺産として扱うべきものである。

そこで，財産形成の寄与割合についてみるのに，Ａは，本件建物での営業権（本件では，得意先，のれん，場所的利益，対外的な信用等）を出資し，Ｙらはそれぞれ時計店経営に関する諸労務の出資をしており，前記のようにその財産形成はほとんど右労務に負うものであり，これらの事情その他前記認定の各事情を総合して考慮すると，Ａの出資に対応する財産取得割合はその３分の１であり，その余はＹら夫婦の取得（各３分の１宛）分であるとみるのが相当である。したがって，残余財産の３分の２はＹらの取得分，すなわち，財産形成の寄与分として遺産から除外され，３分の１がＡの遺産として相続の対象となる。」（裁判長裁判官 浅沼　武　裁判官 蕪山　厳　高木積夫）

解　説

100は下級審ながら，組合契約とはどのようなものかについて具体的イメージを得るのに有益な事例である。このような事案は，現実にはよくあると思われ，参考になる。

［2］　組合の財産関係

［関連裁判例］

101　組合債務

大判昭和11年2月25日民集15巻281頁（法協54巻7号1405頁，百選Ⅱ〈第8版〉152頁）

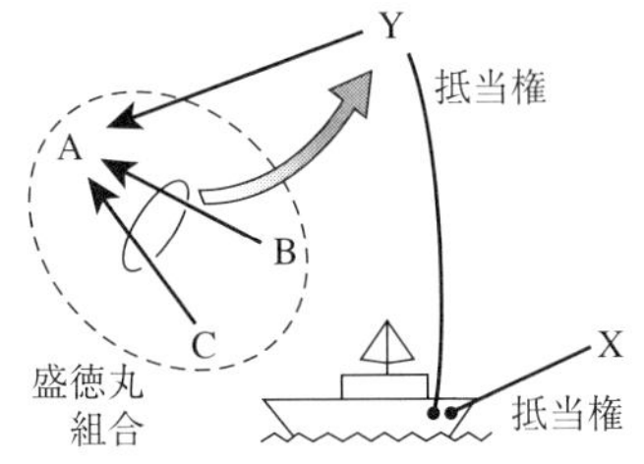

【事実】 Aは，帆船を建造し組合組織で漁業を営むことを計画し，Y会社（波津製材株式会社）から木材を，Bから機械金物類を供給させ，Cには建造を請け負わせて帆船を完成させた。その頃，ABCらを組合員とする盛徳丸組合（民法上の組合）が成立したので，船の所有権は組合に移され，YBCに対するAの債務は組合が引き受けた。その後BCの組合に対する債権はY会社に譲渡され，これを担保するためにY会社のために船に抵当権が設定された。後順位抵当権者であるXは，Y会社の抵当権の被担保債権のうち，少なくともBCから譲渡された部分は，組合が債務を引き受けた時点で混同により消滅していると主張した。原審がXの主張を認めなかったのでXより上告。

【判決理由】 上告棄却 「組合若は組合財産が法人格を有せざることは固より所論の如し。然れども組合財産は特定の目的（組合の事業経営）の為めに各組合員個人の他の財産（私有財産）と離れ別に一団を為して存する特別財産（目的財産）にして，其の結果此の目的の範囲に於ては或程度の独立性を有し組合員の私有財産と混同せらるることなし（民法第676条同第677条等皆此の趣旨に出でたるに外ならず）。されば組合財産より生ずる果実若は組合の業務執行によりて取得さるる財産の如きは，総て組合財産中に帰属し直接組合員の分割所有となることなし。又之と同く組合財産による債務（例へば民法第717条同第718条等によりて組合の負担する債務）其の他組合事業の経営によりて生ずる債務（所謂「組合債務」にして広義の「組合財産」の消極部分）は総て組合財産によりて弁済せらるるを本筋とし，組合員の私有財産より支弁せらるるは常態に非ず。此は組合員の１人が債権者たる場合に於ても異るべき理由なきが故に，例へば組合員の１人が組合の為立替金を為し若は組合に対する第三者の債権を譲受けたる如き場合に於ても，其の弁済は組合財産より為さるるものと云ふべく，此の場合に於ては債権者は其の立替へたる金額若は譲受けたる債権の全額に付弁済を受け得ざるべからず。蓋し組合財産は各組合員の共有なるが故に組合財産より弁済を受くるは即ち自己の共有財産中より之を受くるに外ならず。従て債権全額の弁済を受くるも尚実質的利益としては受領額より自己の持分額を控除したる残額を得るに過ぎず。而して組合財産（積極部分）に対する持分と債務（消極部分）の負担部分とは相対応するものなるが故に之を以て合理的の結果と做すべく，若反之初より負担部分を控除したる額のみの弁済を受くるものとせば実質上の利益は其の受けたる額より更に其の額に対する自己の持分を控除したるものに過ぎず，従て其の組合員は計算上不当に不利益を受くる結果となるべきが故なり。以上説示の如く組合財産が一の特別財産として存する結果，組合と組合員との間には相互に債権関係成立し得るものと云ふべく（物権関係に於て各組合員は個々の組合財産に対し自己固有の他物権を有し得ると同様なり）而して此の場合債権者は当該組合員の持分（組合が債権者なる場合）又は負担部分（組合員が債権者なる場合）を控除することなく全額に付て弁済を受け得るものと為さざるべからず。従て組合員が組合に対する債権を取得したる場合，其の組合員の負担部分に付債権者と債務者との混同を生じ債権消滅するものとなす所論は妥当なりと云ひ難く，此の点に関する原審の見解は相当なるを以て論旨は之を採用するに由なきものとす。」

解　説

組合財産の性質について民法は「総組合員の共有に属する」（668条）と規定するが，性質は物権法上の共有と同じではなく，団体的な拘束がある。これを「合有」と呼ぶこともある。組合の債権は各組合員に分割された債権となるわけではないし，組合の債務も各組合員の分割債務になるわけではない。前者について，2017年改正前は組合の債務者が組合員に対する債権と相殺できないと規定する旧677条が間接的に定めていたが，改正後の新676条2項は，組合員が組合財産である債権について，その持分についての権利を単独で行使できないと定めることで明示した。後者については，改正前に規定はなく *101* が判示していたが，新675条は，組合の債権者が組合財産について権利を行使する場合（1項）と組合員の個人財産に対して権利を行使する場合（2項）について分けて定めることで，明確にした。

［3］脱　　退

102 任意脱退を許さない約定

最(三)判平成11年2月23日民集53巻2号193頁・閉鎖的ヨットクラブ事件

（*曹時53巻12号3563頁，民商122巻1号109頁，百選Ⅰ〈第8版〉36頁，平11重判85頁*）

【事実】 X_1X_2 及び Y_1〜Y_5 は，共同出資でヨットを購入し，これを利用して航海を楽しむことなどを目的とするヨットクラブを結成する旨の組合契約を締結した。本件クラブは，存続期間についての定めはなく，その規約には，会員の権利の譲渡及び退会に関して，「オーナー会議で承認された相手方に対して譲渡することができる。譲渡した月の月末をもって退会とする。（これは不良なオーナーをふせぐ為である。）」との規定（本件規定）があったが，それ以外の方法による脱退を認める規定はなかった。その理由は，本件クラブが，資産として本件ヨットを有するだけで資金的・財政的余裕がなく，出資金の払い戻しをする財源を有しないこと，会員数が減ると会費や作業の負担が増えるので，会員数を減らさないようにする必要があることによる（以上の理由を α と表記する）。X らは，費用の負担をめぐるトラブルから，Y らに対して本件クラブから脱退する旨の意思表示をし，持分の払い戻しを求めた。原審が X らの請求を認めなかったので，X らから上告。

【判決理由】 破棄差戻「1　民法678条は，組合員は，やむを得ない事由がある場合には，組合の存続期間の定めの有無にかかわらず，常に組合から任意に脱退することができる旨を規定しているものと解されるところ，同条のうち右の旨を規定する部分は，強行法規であり，これに反する組合契約における約定は効力を有しないものと解するのが相当である。けだし，やむを得ない事由があっても任意の脱退を許さない旨の組合契約は，組合員の自由を著しく制限するものであり，公の秩序に反するものというべきだからである。

➡ 解説

2　本件規定は，これを〈会員の権利の譲渡以外の方法による任意の脱退を認めないという〉趣旨に解釈するとすれば，やむを得ない事由があっても任意の脱退を許さないものとしていることになるから，その限度において，民法678条に違反し，効力を有しないものというべきである。このことは，本件規定が設けられたことについて〔α〕のとおりの理由があり，本件クラブの会員は，会員の権利を譲渡し，又は解散請求をすることができるという事情があっても，異なるものではない。

五　右と異なる見解に立って，やむを得ない事由の存否について判断するまでもなくＸらのＹらに対する脱退の意思表示が効力を生じないものとした原審の判断には，法令の解釈適用を誤った違法があるといわざるを得ず，この違法は原判決の結論に影響を及ぼすことが明らかである。これと同旨の論旨は理由があり，原判決中，Ｘらの組合持分払戻金及びこれに対する遅延損害金の支払請求を棄却した部分は，その余の論旨について判断するまでもなく，破棄を免れず，やむを得ない事由の存否等につき更に審理を尽くさせる必要があるから，右部分を原審に差し戻すこととする。」（裁判長裁判官 尾崎行信　裁判官 園部逸夫　千種秀夫　元原利文　金谷利廣）

解　説

678条は組合からの任意脱退を認める規定を置いているが，やむを得ない事由があっても会員の権利の譲渡以外の方法による脱退を認めない約定が有効かどうか争われたのが *102* である。原審は，組合の存続という団体の利益を重視したが，最高裁は組合員個人の自由を重視し，当該約定を無効とした。2017年改正ではこの判例の明文化が検討されたが（「民法（債権関係）の改正に関する中間試案」第44，7(1)），678条1項についてだけ強行規定であることを明示すると，不適切な反対解釈を生む恐れがあるとされ，明文化は断念された。

第13節　終身定期金　（取り上げる裁判例はない）

第14節　和　　解

103　和解と錯誤

大判大正6年9月18日民録23輯1342頁

【事実】 債権者Ｙによる債権の差押えと転付命令の送達がなされるより先に，債務者Ａはその債権を第三者Ｂに譲渡し，確定日付のある通知を第三債務者Ｘに対して行なった。その結果，Ｙは債権を取得しなかったが，それにもかかわらずＸはＹが取得したものと誤信し，債務の弁済方法についてＹと訴訟上の和解をした。その後Ｘは，この和解は要素に錯誤があり無効であるとして，Ｙの強制執行に対して異議を申し立てた。原審がＸの異議を認めなかったので，Ｘから上告。

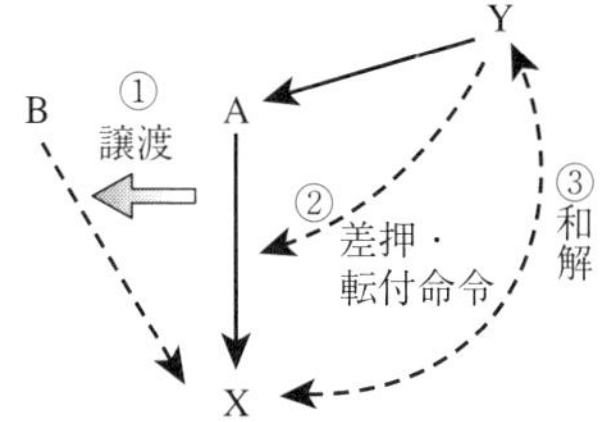

【判決理由】 破棄差戻　「民事訴訟法上の和解が当事者の意思表示の瑕疵に因りて無効なるや又は取消すことを得べきや否やに付ては，民法の規定に従て之を定むべきものなること言を竢たざる所なれば，本件の和解が法律行為の要素の錯誤に因りて無効なるや否やは，民法の規定に従ひて之を断ぜざるべからず。而して民法第696条の規定は当事者が和解に依りて止むることを約したる争の目的たる権利に付き錯誤ありたる場合に限り適用あるに止まり，斯る争の目的と為らざりし事項にして和解の要素を為すものに付き錯誤ありたる場合に適用なきこと明文上疑なく，従て此場合には総則たる民法第95条の規定の適用ある筋合なるを以て，若しＸが本件の差押命令及び転付命令の無効なるを有効なりと誤信し之を争の目的と為すことなくして本件の和解を為したるものなるときは，此和解の効力の有無は民法第95条の規定に則りて之を断ぜざるべからず。然るに原裁判所は事茲に出でずして漫然『Ｘは，右債権差押及び転付命令送達前大正4年1月24日Ａは其差押及び転付の目的物たる債権をＢ外5

➡ 104

名に譲渡し即日確定日附ある証書を以て之をＸに通知したるものなれば，Ｙは該命令に依り此債権を取得せざりしものなるに，ＸはＹが此債権を有すと誤信して本件和解を為したるものなれば其意思表示は要素に錯誤ありて和解は無効なりと主張すれども，訴訟上の和解の効力の有無は民法の規定に従ふべきものなること前説明の如くにして，民法第696条に依れば和解契約に於て当事者の一方が争の目的たる権利を有するものと認められたる場合に於ては，後に至り其者が従来之を有せざりしこと明確となりたるときと雖も，該権利は和解契約に因り其者に移転したるものと看做さるべきものにして，是に由りて観れば仮令和解の当時当事者の一方が錯誤に因り相手方が争の目的たる権利を有せざるに拘はらず有するものと信じ之を有するものと認むる旨の和解契約を締結したりとするも，斯の如き錯誤は和解契約を無効たらしむることなきものとす。果して然らばＸの此点に於ける異議は其主張自体理由なきものと云はざるべからず』と判示しＸ敗訴の判決を言渡したるは所論の如く違法にして破毀を免れざるものとす。」

104 和解の効果

最(二)判昭和43年3月15日民集22巻3号587頁
(*曹時20巻6号168頁，法協86巻6号699頁，民商59巻5号795頁，百選Ⅱ〈第8版〉210頁*)

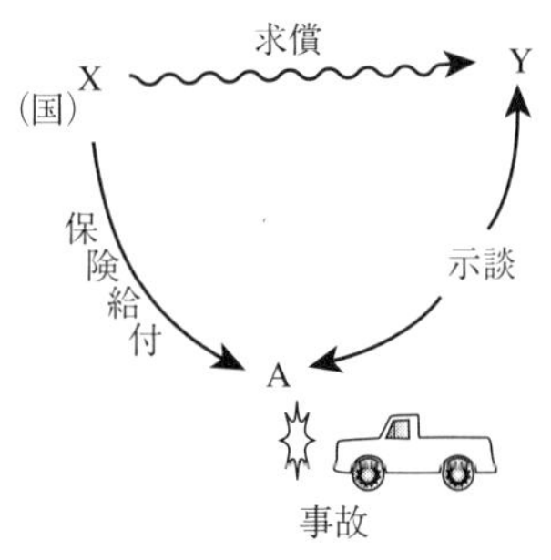

【事実】 Ｙ会社（江洲運輸株式会社）の自動車による事故によってＡは負傷し入院したが，事故後９日目でまだ入院中のＡのもとにＹ会社の社員が訪れ，「爾後本件に関しては双方何等の異議要求を申立てない」旨の約定を記載した示談書による示談を行なった。ところが，その後，傷が当初の予想よりはるかに重いことが判明したため，これに対して労災法に基づく保険給付を行なったＸ（国）がＹ会社に求償したのが本件である。原審は，本件示談契約には，著しい事態の変化が生じたときは権利放棄の約定は効力を失うという解除条件が付いているものと認定して，Ｘの請求を認めたため，Ｙ会社から上告。

【判決理由】 上告棄却「本件において原判決の確定した事実によれば，被害者Aは昭和32年4月16日左前腕骨複雑骨折の傷害をうけ，事故直後における医師の診断は全治15週間の見込みであったので，Aも，右傷は比較的軽微なものであり，治療費等は自動車損害賠償保険金で賄えると考えていたので，事故後10日を出でず，まだ入院中の同月25日に，AとY会社間において，Y会社が自動車損害賠償保険金（10万円）をAに支払い，Aは今後本件事故による治療費その他慰藉料等の一切の要求を申し立てない旨の示談契約が成立し，Aは右10万円を受領したところ，事故後1か月以上経ってから右傷は予期に反する重症であることが判明し，Aは再手術を余儀なくされ，手術後も左前腕関節の用を廃する程度の機能傷害が残り，よって77万余円の損害を受けたというのである。

このように全損害を正確に把握し難い状況のもとにおいて，早急に小額の賠償金をもって満足する旨の示談がされた場合においては，示談によって被害者が放棄した損害賠償請求権は，示談当時予想していた損害についてのもののみと解すべきであって，その当時予想できなかった不測の再手術や後遺症がその後発生した場合その損害についてまで，賠償請求権を放棄した趣旨と解するのは，当事者の合理的意思に合致するものとはいえない。これと結局同趣旨に帰する原判決の本件示談契約の解釈は相当であって，これに所論の違法は認められない。」（裁判長裁判官 奥野健一　裁判官 草鹿浅之介　城戸芳彦　石田和外　色川幸太郎）

105 和解の解釈

最(三)決平成23年3月9日民集65巻2号723頁・幻の違憲判決事件 （曹時65巻9号2345頁）

【事実】 A女が死亡し，その遺産分割が未了の間に，Aとその夫である故B男との間の子の1人であるCが死亡したため，Aの遺産甲およびCの遺産乙につき，AとBとの間の子であるYが，Aとその夫ではない者との間の子であるXに対し，遺産分割の審判を申し立てた。この審判に対し，Xは，Aの遺産相続およびCの遺産相続につき適用される，（2013年改正前の）民法900条4号ただし書の規定は憲法14条1項等に違反するとして，抗告を申し立てたが，原審が認めなかったので，特別抗告を申し立てた。

➡ *105*

本件は，第三小法廷から大法廷に回付された。大法廷の弁論期日を指定するために，裁判所がＹと連絡を取ったところ，Ｙは，本件抗告がされた後に，Ｘとの間でＡの遺産相続およびＣの遺産相続に関する紛争を全面的に解決する旨の和解が成立しており，本件抗告事件は終了しているはずであると申し立てた。裁判所は，その趣旨が本件抗告の適法性を争うものと理解したうえで，以下の通り，特別抗告を却下した。

【決定理由】 却下 「3　職権により調査したところによれば，本件抗告以降の事実経過は，以下のとおりである。

⑴Ｘは，抗告代理人弁護士に委任して本件抗告を申し立てたものの，争いを続けるよりも本件を早期に解決した方がよいと考え，抗告代理人弁護士に相談することなく，Ｙとの間で直接和解交渉を行い，平成22年6月頃，Ｙが支払う代償金の額を原決定が定めた867万0499円から増額し，1050万円とするなどの合意をし（以下「本件和解」という。），Ｙは，同月7日頃，Ｘに対し，本件和解の履行として，原々審判別紙遺産目録2，2〔2〕記載の定期預金につき，所要の手続を執った上，その預金通帳（預金額1000万円）を交付するとともに，現金50万円を交付した。本件和解に際し，Ｘは，これが成立しても本件抗告を維持するなどの発言をすることはなく，Ｙは，本件和解によって本件抗告事件は終了するものと考えていた。

⑵Ｘは，平成22年7月，抗告代理人弁護士から本件が大法廷に回付された旨の連絡を受けた際，同弁護士に対し，初めて，Ｙとの間で和解が成立し，和解の履行として代償金も既に受領した旨を告げたが，本件抗告が取り下げられることはなかった。本件和解が成立したにもかかわらず本件抗告を維持することにつき，合理的な理由があることはうかがわれない。

4　以上によれば，本件和解は，Ａの遺産相続及びＣの遺産相続に関する紛争につき，原決定を前提とした上，Ｙが支払う代償金を増額することなどを合意してこれを全面的に解決する趣旨に出たものであることは明らかであって，Ｘにおいて本件抗告事件を終了させることをその合意内容に含むものであったというべきである。仮に，Ｘが，本件抗告の結果，自らの主張が容れられる可能性の程度につき見通しを誤っていたとしても，本件和解が錯誤により無効になる余地はない。

そして，ＸとＹとの間において，抗告後に，抗告事件を終了させることを合意内容に含む裁判外の和解が成立した場合には，当該抗告は，抗告の利益を欠くに至るものというべきであるから，本件抗告は，本件和解が成立したことによって，その利益を欠き，不適法として却下を免れない。

よって，大法廷から本件の回付を受け，裁判官全員一致の意見で，主文のとおり決定する。」（裁判長裁判官 那須弘平　裁判官 田原睦夫　岡部喜代子　大谷剛彦）

解　説

696条は，いわゆる和解の確定効を定めているが，その関連で，和解の錯誤無効（2017年改正後は錯誤取消し）がどのような場合に認められるのかが問題となった。*103*は，当事者が和解の前提として争いの対象としなかった事項についての錯誤は主張できるとした。また，最(一)判昭和33年6月14日民集12巻9号1492頁（本書第3版*40*「金菊印苺ジャム事件」）では，金銭債権の支払をめぐる紛争において，和解の結果，商品を代物弁済として給付することになったが，その品質が粗悪であった場合に，瑕疵担保責任と錯誤のいずれが適用されるかが争われた。最高裁は当事者の主張をいれて錯誤無効を認めた。2017年改正法のもとにおいては，契約への不適合が錯誤の要件を満たす場合に，債務不履行責任と並んで錯誤取消しの主張が可能なのは，異論のないところだろう。

関連する問題として，交通事故等における示談と後遺症等の扱いが問題となる。*104*は，契約の解釈のテクニックを用いて，示談当時予想していた損害についてのみ賠償請求権の放棄が及ぶとの判示を行なった。

*105*は，非嫡出子の相続分についての民法の規定が憲法に反すると争っていた当事者が裁判外で行なった和解について，上訴取り下げの合意を含むと解釈し，和解の錯誤無効の主張も認めなかった。和解がなければ違憲判決が出ていたと思われる。最高裁はその後，最大決平成25年9月4日民集67巻6号1320頁で違憲の判断を行ない，同年民法900条は改正された。

第15節　特殊の契約

1　預貯金契約

[1]　振込み

106　誤振込

最(二)判平成8年4月26日民集50巻5号1267頁（曹時51巻3号203頁，百選Ⅱ〈第8版〉146頁，平8重判73頁）

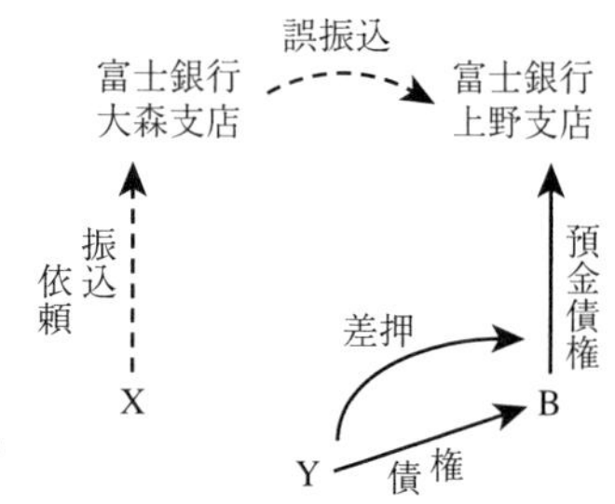

【事実】　XはA（株式会社東辰（トウシン））から東京都大田区所在の建物を賃借し，毎月末に翌月分賃料をAの第一勧業銀行大森支店の当座預金口座に振り込んでいた。Xは，Aに対して平成元年5月分の賃料，光熱費等の合計558万円余を支払うため，平成元年4月に富士銀行大森支店に振込依頼をしたが，誤って，振込先をかつて取引のあったB（株式会社透信（トウシン））の富士銀行上野支店の普通預金口座と指定したため，同口座に入金記帳がなされた。Bに対する債権者Yは，平成元年7月にBが富士銀行に対して有する普通預金債権572万円余を差し押さえたが，そのうち558万円余は本件振込によるものである。XがYに対し，本件誤振込による金額については預金債権は成立しないとして，第三者異議の訴えを提起したところ，原審がXの請求を認めたので，Yから上告。

【判決理由】　破棄自判　「1　振込依頼人から受取人の銀行の普通預金口座に振込みがあったときは，振込依頼人と受取人との間に振込みの原因となる法律関係が存在するか否かにかかわらず，受取人と銀行との間に振込金額相当の普通預金契約が成立し，受取人が銀行に対して右金額相当の普通預金債権を取得するものと解するのが相当である。けだし，前記普通預金規定には，振込みがあった場合にはこれを預金口座に受け入れるという趣旨の定めがあるだけで，受取人と銀行との間の普通預金契約の成否を振込依頼人と受取人との間の振込みの原因となる法律関係の有無に懸からせていることをうかがわせる定めは置かれていないし，振込みは，銀行間及び銀行店舗間の送金手続を通して安全，安価，迅速に資金を移動する手段であって，多数かつ多額の資金移動を円滑に処理するため，その仲介に当たる銀行が各資金移動の原因となる法律関係の存否，内容等を関知することなくこれを遂行する仕組みが採られているからである。

2　また，振込依頼人と受取人との間に振込みの原因となる法律関係が存在しないにかかわらず，振込みによって受取人が振込金額相当の預金債権を取得したときは，振込依頼人は，受取人に対し，右同額の不当利得返還請求権を有することがあるにとどまり，右預金債権の譲渡を妨げる権利を取得するわけではないから，受取人の債権者がした右預金債権に対する強制執行の不許を求めることはできないというべきである。

3　これを本件についてみるに，前記事実関係の下では，Bは，富士銀行に対し，本件振込みに係る普通預金債権を取得したものというべきである。そして，振込依頼人であるXと受取人であるBとの間に本件振込みの原因となる法律関係は何ら存在しなかったとしても，Xは，Bに対し，右同額の不当利得返還請求権を取得し得るにとどまり，本件預金債権の譲渡を妨げる権利を有するとはいえないから，本件預金債権に対してされた強制執行の不許を求めることはできない。」（裁判長裁判官 河合伸一　裁判官 大西勝也　根岸重治　福田　博）

107　盗難通帳による振込み

最(二)判平成20年10月10日民集62巻9号2361頁・盗難通帳振込事件

（曹時63巻5号1184頁，法協128巻2号532頁，民商141巻1号92頁，平20重判75頁）

【事実】 Xは，さくら銀行多摩支店において，普通預金口座（「本件普通預金口座」。この口座に係る預金を「本件普通預金」という）を開設し，また，Xの夫であるAは，住友信託銀行新宿支店において，預金元本額を1100万円とする定期預金口座を開設していた。

平成12年6月6日午前4時ころ，Bおよび氏名不詳の男性1名（「本件窃取者ら」）がXの自宅に侵入し，本件普通預金および夫の定期預金の各預金通帳および各銀行届出印を窃取した。

同月7日午後1時50分ころ，本件窃取者らから依頼を受けたCDEは，住友信託銀行新宿支店において，夫の定期預金の預金通帳等を提示して夫の定期預金の口

➡ *107*

座を解約するとともに，解約金1100万7404円（元本1100万円，利息7404円）を本件普通預金口座に振り込むよう依頼し，これに基づいて本件普通預金口座に上記同額の入金がされた（「本件振込み」）。これにより，本件普通預金口座の残高は1100万8255円となった。

さらに同日午後2時29分ころ，本件窃取者らから依頼を受けたCDは，さくら銀行新宿西支店において，本件普通預金の預金通帳等を提示して，本件普通預金口座から1100万円の払戻しを求めた。同銀行は，この払戻請求に応じて，CおよびDに対し，1100万円を交付した（「本件払戻し」）。

その後，Xは，さくら銀行の権利義務を承継したY銀行（三井住友銀行）に対し，本件振込みに係る預金の一部である1100万円の払戻しを求めて本訴を提起した。これに対しY銀行は，Xが払戻しを求める金額に相当する預金は，原因となる法律関係の存在しない振込みによって生じたものであるとして，Xの払戻請求は権利の濫用に当たると主張するとともに，Y銀行が行なった前記払戻しは債権の準占有者に対する弁済として有効であるなどと主張した。原審がXの請求を棄却したので，Xから上告。

【判決理由】 破棄差戻 「3　原審は，上記事実関係の下において，次のとおり判断して，Xの請求を棄却した。

⑴本件振込みに係る金員は，本件振込みにより，本件普通預金の一部としてXに帰属したと解するのが相当である。

⑵本件振込みに係る預金は，Xにおいて振込みによる利得を保持する法律上の原因を欠き，Xは，この利得により損失を受けた者へ，当該利得を返還すべきものである。すなわち，Xとしては，本件振込みに係る預金につき自己のために払戻しを請求する固有の利益を有せず，これを振込者（不当利得関係の巻戻し）又は最終損失者へ返還すべきものとして保持し得るにとどまり，その権利行使もこの返還義務の履行に必要な範囲にとどまるものと解すべきである。この権利行使は，特段の事情がない限り，自己への払戻請求ではなく，原状回復のための措置を執る方法によるべきである。

そして，本件振込み後にされたCらに対する本件払戻しにより，これに全く関知しないXの利得は消滅したから，Xには不当利得返還義務の履行のために保持し得る利得も存在しない。このことは，本件払戻しにつきさくら銀行に過失がある場合でも変わるところがない。

そうすると，Xの払戻請求は，X固有の利益に基づくものではなく，また，不当利得返還義務の履行手段としてのものでもないから，Xにおいて払戻しを受けるべき正当な利益を欠き，権利の濫用として許されないものと解すべきである。

4　しかしながら，原審の上記3(1)の判断は是認することができるが，同(2)の判断は是認することができない。その理由は，次のとおりである。

振込依頼人から受取人として指定された者（以下「受取人」という。）の銀行の普通預金口座に振込みがあったときは，振込依頼人と受取人との間に振込みの原因となる法律関係が存在するか否かにかかわらず，受取人と銀行との間に振込金額相当の普通預金契約が成立し，受取人において銀行に対し上記金額相当の普通預金債権を取得するものと解するのが相当であり（最(二)判平成8年4月26日民集50巻5号1267頁〔*106*〕参照），上記法律関係が存在しないために受取人が振込依頼人に対して不当利得返還義務を負う場合であっても，受取人が上記普通預金債権を有する以上，その行使が不当利得返還義務の履行手段としてのものなどに限定される理由はないというべきである。そうすると，受取人の普通預金口座への振込みを依頼した振込依頼人と受取人との間に振込みの原因となる法律関係が存在しない場合において，受取人が当該振込みに係る預金の払戻しを請求することについては，払戻しを受けることが当該振込みに係る金員を不正に取得するための行為であって，詐欺罪等の犯行の一環を成す場合であるなど，これを認めることが著しく正義に反するような特段の事情があるときは，権利の濫用に当たるとしても，受取人が振込依頼人に対して不当利得返還義務を負担しているというだけでは，権利の濫用に当たるということはできないものというべきである。

これを本件についてみると，前記事実関係によれば，本件振込みは，本件窃取者らがCらに依頼して，Xの自宅から窃取した預金通帳等を用いて夫の定期預金の口座を解約し，その解約金をXの本件普通預金口座に振り込んだものであるというのであるから，本件振込みにはその原因となる法律関係が存在しないことは明らかであるが，上記のような本件振込みの経緯に照らせば，Xが本件振込みに係る預金について払戻しを請求することが権利の濫用となるような特段の事情があることはうかがわれない。Y銀行において本件窃取者らから依頼を受けたCらに対して本件振込みに係る預金の一部の払戻しをしたことが上記特段の事情となるものでもない。したがって，Xが本件普通預金について本件振込みに係る預金の払戻しを請求することが権利の濫用に当たるということはできない。

5　そうすると，以上と異なる見解の下に，Xの払戻請求が権利の濫用に当たるとした原審の判断には，法令の解釈適用を誤った違法があり，この違法は判決に影響を及ぼすことが明らかである。論旨はこの趣旨をいうものとして理由があり，原判決中，主文第2項の部分は破棄を免れない。そして，本件払戻しが債権の準占有者に対する弁済として有効であるか等について更に審理を尽くさせるため，同部分につき本件を原審に差し戻すこととする。」（裁判長裁判官 中川了滋　裁判官 津野　修　今井　功　古田佑紀）

解　説

預貯金については固有の論点や法理があり，金融機関と顧客との間の預貯金契約は，独自の契約類型として論ずべき点が多い。2017年以降の民法改正においても，預貯金の特殊性に鑑みて，特別の規定が置かれている（466条の5，466条の6，477条，666条，909条の2，1014条）。そこで本書でも，独立の契約類型として取り上げることとした。

銀行による資金移動の法律関係は，今日では一般に，準委任契約の結合として理解されている。振込みも同様であるが，そこに生ずる法律問題の処理のためには，資金移動に特有の性質を契約の解釈に反映させる必要がある。*106*は振込みが原因関係なしになされたとき（誤振込みという），預金債権が成立するのか否かが争われた事件であるが，原審は，振込みが振込依頼人と受取人との原因関係を決済するための支払手段であることを重視し，預金債権は成立しないと判断した。しかし，最高裁は，原因関係から切り離された安全・安価・迅速な資金移動手段としての側面を重視し，預金債権の成立を認めた。

さらに*107*は，この判例を前提に，著しく正義に反するような特段の事情のあるときは，受取人が払戻しを請求することは権利の濫用になるが，そうでなければ，受取人が預金の払戻しを請求できるとした。本件では受取人と振込依頼人（名義を利用された被害者）は夫婦であったが，仮に無関係の他人であれ

➡ 108

ば，振込依頼人は受取人に不当利得の返還請求をすることになる。なお，本件事案は，差戻し後，和解で解決された。

[2] 銀行の権利・義務

108 取引経過開示義務

最(一)判平成21年1月22日民集63巻1号228頁・城南信用金庫取引記録事件

(曹時64巻6号1357頁，法協128巻1号252頁，民商143巻1号72頁，百選Ⅱ〈第8版〉150頁，平21重判95頁)

【事実】 Aは平成17年11月9日に，その妻であるBは平成18年5月28日に，それぞれ死亡した。平成17年11月9日当時，AはY信金（城南信用金庫）a支店において1口の普通預金口座と11口の定期預金口座を有しており，Bは同支店において1口の普通預金口座と2口の定期預金口座を有していた。ABの子であり，AおよびBの共同相続人の一人であるXは，Y信金に対し，A名義の上記各預金口座につき平成17年11月8日および同月9日における取引経過の開示を，B名義の上記各預金口座につき同日から平成18年2月15日までの取引経過の開示を，それぞれ求めたが，Y信金は，他の共同相続人全員の同意がないとしてこれに応じなかったため，XがYに対して取引記録の開示を求めて本訴を提起した。1審は開示を強制する法令上の根拠がないとしてXの請求を棄却したが，原審は請求を認容した。Yから上告。

【判決理由】 上告棄却 「預金契約は，預金者が金融機関に金銭の保管を委託し，金融機関は預金者に同種，同額の金銭を返還する義務を負うことを内容とするものであるから，消費寄託の性質を有するものである。しかし，預金契約に基づいて金融機関の処理すべき事務には，預金の返還だけでなく，振込入金の受入れ，各種料金の自動支払，利息の入金，定期預金の自動継続処理等，委任事務ないし準委任事務（以下「委任事務等」という。）の性質を有するものも多く含まれている。委任契約や準委任契約においては，受任者は委任者の求めに応じて委任事務等の処理の状況を報告すべき義務を負うが（民法645条，656条），これは，委任者にとって，委任事務等の処理状況を正確に把握するとともに，受任者の事務処理の適切さについて判断するためには，受任者から適宜上記報告を受けることが必要不可欠であるためと解される。このことは預金契約において金融機関が処理すべき事務についても同様であり，預金口座の

➡ 解説

取引経過は，預金契約に基づく金融機関の事務処理を反映したものであるから，預金者にとって，その開示を受けることが，預金の増減とその原因等について正確に把握するとともに，金融機関の事務処理の適切さについて判断するために必要不可欠であるということができる。

したがって，金融機関は，預金契約に基づき，預金者の求めに応じて預金口座の取引経過を開示すべき義務を負うと解するのが相当である。

そして，預金者が死亡した場合，その共同相続人の一人は，預金債権の一部を相続により取得するにとどまるが，これとは別に，共同相続人全員に帰属する預金契約上の地位に基づき，被相続人名義の預金口座についてその取引経過の開示を求める権利を単独で行使することができる（同法 264 条，252 条ただし書）というべきであり，他の共同相続人全員の同意がないことは上記権利行使を妨げる理由となるものではない。

Y 信金は，共同相続人の一人に被相続人名義の預金口座の取引経過を開示することが預金者のプライバシーを侵害し，金融機関の守秘義務に違反すると主張するが，開示の相手方が共同相続人にとどまる限り，そのような問題が生ずる余地はないというべきである。なお，開示請求の態様，開示を求める対象ないし範囲等によっては，預金口座の取引経過の開示請求が権利の濫用に当たり許されない場合があると考えられるが，X の本訴請求について権利の濫用に当たるような事情はうかがわれない。」（裁判長裁判官 涌井紀夫　裁判官 甲斐中辰夫　泉　德治　宮川光治　櫻井龍子）

解　説

預金の取引経過の開示請求については，そもそも預金者にそのような権利があるのかどうか，仮にあるとして共同相続人の一人から行使できるか，のいずれについても，下級審裁判例が分かれていた。*108* は最高裁として初めてこの点について判示した。

預金をめぐっては，預金の帰属という著名な論点もある。これについては，『民法判例集　担保物権・債権総論（第 3 版）』*159〜163* 事件を参照されたい。

民事執行法上の問題であるが，預金債権の差押えをめぐっても興味深い判決がある。最(三)決平成 24 年 7 月 24 日判時 2170 号 30 頁は，債権者が債務者の普通預金債権を差し押さえた事案であるが，差押えの範囲について，「差押命令送達時に現に存する部分」に加えて，「同送達時後同送達の日から起算して1年が経過するまでの入金によって生ずることとなる部分」を対象とし，「当該入金時期の早いものから差押債権目録記載の金額に満つるまで」の差押命令を申し立てた。最高裁は，現存する預金についての差押えは認めたが，将来の預金については，「差押えの効力が上記送達の時点で生ずることにそぐわない事態とならない程度に速やかに，かつ，確実に，差し押さえられた債権を識別することができるもの」とはいえないとして，差押債権の特定を欠き，不適法であるとした。

2　フランチャイズ

［関連裁判例］

109　フランチャイズ契約と情報提供義務

京都地判平成3年10月1日判時1413号102頁・進々堂製パン事件

【事実】 XはパンⅩの製造販売に関するフランチャイズチェーンの本部であるY（進々堂製パン株式会社）との間で同チェーンへの加盟契約をしたが，開店後3か月も経たないうちに経営に行き詰まって閉店した。そこでXはYに対し，経営破綻の原因は店舗の立地条件が備わっていなかったにもかかわらず，Yが誤った需要予測調査に基づいてXに開店を勧めたためであるとして，店舗内装工事費用等総額2370万円余の損害賠償を請求した。

【判決理由】 一部認容，一部棄却「契約締結上の過失責任について

フランチャイズ契約は，フランチャイズチェーンの本部機能を有する事業者（フランチャイザー）が，他の事業者（フランチャイジー）に，一定の地域内で，自己の商標，サービス・マーク，トレード・ネームその他の営業の象徴となる標識，及び経営のノウハウを用いて事業を行う権利を付与することを内容とする契約であるが，フランチャイザーにとっては，フランチャイジーの資金や人材を利用して事業を拡大することができ，フランチャイザーがフランチャイジーを指導，援助することが，フランチャイズ契約の重要な要素の一つとなっている。本件契約においても，YがXに対して契約店舗の経営に必要な指

➡ 109

導を行うことが契約の目的として定められ，Ｙが加盟店となろうとする事業者のために作成したパンフレットにも，本部は加盟店を強力にバックアップするので危険性は少ないこと，Ｙが店舗の経営に必要な知識を基礎から指導するので初めて事業を経営する人でも安心して取り組めること等が記載されている。

このように，フランチャイズシステムにおいて，店舗経営の知識や経験に乏しく，資金力も十分でない個人が，本部による指導や援助を期待してフランチャイズ契約を締結することが予定されていることに鑑みると，フランチャイザーは，フランチャイジーの募集に当たって，契約締結に当たっての客観的な判断材料になる正確な情報を提供する信義則上の義務を負っていると解すべきである。

Ｙは，Ｙが本件契約の締結前に，Ｙの調査結果やＹの有する企業上のノウハウその他をオープンに開示したから，信義則上要求される注意義務を尽くした旨主張する。しかしながら，中小小売商業振興法 11 条は，必要最小限の情報の開示義務を定めたものであると解されるから，同法所定の書面を開示しさえすれば，信義則上の保護義務違反の問題は生じないと解することは相当ではない。また，チェーン店の出店の成否は，大方は立地条件によって決まるものであり，フランチャイズ契約に加盟しようとする個人等にとって，最大の関心事は，通常，加盟後にどの程度の収益を得ることができるかどうかという点であるから，フランチャイザーが，事前に行った市場調査の報告書や経営計画書を開示する場合には，これらの書類が，加盟店となろうとする個人等にとって，契約締結の可否を判断するための極めて重要な資料となることが多い。しかも，フランチャイザーは，蓄積したノウハウ及び専門的知識を用いて市場調査を行っているから，加盟店となろうとする個人等が，その結果を分析し，批判することは容易ではない。これらの点に鑑みれば，フランチャイザーが，加盟店の募集に際して市場調査を実施し，これを加盟店となろうとする個人等に開示する場合には，フランチャイザーは，加盟店となろうとする個人等に対して適正な情報を提供する信義則上の義務を負っていると解すべきであり，市場調査の内容が客観性を欠き，加盟店となろうとする個人等にフランチャイズ契約への加入に関する判断を誤らせるおそれの大きいものである場合には，フランチャイザーは，前記信義則上の保護義務違反により，契約加入者が被った損害を賠償する責任を負うと解すべきである。」（裁判官 孝橋　宏）

110 本部の報告義務

最(二)判平成20年7月4日判時2028号32頁・セブンイレブン報告請求事件
（民商140巻1号89頁，平20重判85頁）

【事実】 (1) Y（株式会社セブン‐イレブン・ジャパン）は，「セブン‐イレブン・システム」と称する方式によるコンビニエンス・ストアのフランチャイズ・チェーンの運営等をしている。X_1は，Yとの間で，本件フランチャイズ・チェーンの加盟店基本契約を締結した上で，「岩槻B店」を経営しており，同じくX_2は「沼田C店」を経営している。加盟店基本契約は，本件フランチャイズ・チェーンの加盟店を経営しようとする者がYとの間で必ず締結しなければならない統一的内容を有する基本契約（「本件基本契約」）である。

Xらは Y に対し，Y が前記加盟店基本契約に基づき X らの仕入れた商品の代金を X らに代わって支払ってきたことに関し，支払先，支払日，支払金額，商品名とその単価・個数，値引きの有無等，具体的な支払内容について報告を求めたが，拒否されたため，本訴を提起した。

(2)本件基本契約において，加盟店における商品の仕入れおよびその代金の支払については，次のように定められている。

ア　Yは，加盟店の仕入れを援助するため，信用ある仕入先および仕入品の推薦をし（「推薦仕入先」），加盟店経営者の発注の簡易化，仕入れの効率化を図るための発注システム（「本件発注システム」）を提供するが，加盟店経営者は推薦仕入先から商品を仕入れる必要はないし，Yの推薦した商品のみを仕入れる必要もない。

イ　加盟店経営者が推薦仕入先から本件発注システムによって商品を仕入れた場合は，加盟店経営者に代わってYが商品の仕入代金を支払い，加盟店経営者とYとの間の決済はオープンアカウントによって行われる。

ウ　オープンアカウントとは，各加盟店ごとに，開業日から本件基本契約に基づく加盟店経営者とYとの間の一切の債権債務の清算に至るまでの間の貸借の内容・経過および加盟店経営者の義務に属する負担を逐次記帳して明らかにし，一括して借方，貸方の各科目を差引計算して決済していく継続的計算関係をいい，商品の仕入代金は，本件発注システムによってYが加盟店経営者に代わ

→ 110

って支払ったものも含め，オープンアカウントの借方に計上される。借方には加盟店経営者がＹに対して売上利益に応じて支払義務を負う加盟店経営に関する対価（A・チャージ）なども計上される。貸方には加盟店経営者がＹの銀行預金口座に振込送金する販売受取高（毎日の総売上金および加盟店経営者の受け取った値引金・仕入報奨金並びに雑収入）のほか，加盟店経営者が現金で支払った商品の仕入代金なども計上される。

エ　加盟店経営者は，各会計期間（毎月初日から末日までの１暦月間）ごとに，借方残額（加盟店経営者のＹに対する債務に相当する）が存在するときは，その会計期間について，その期首借方残額に対する利息を負担するものとし，その額は，その会計期間の期末にオープンアカウントの借方に計上される。

⑶本件発注システムの内容は，次のようなものである。

ア　加盟店経営者は，商品を発注するときは，各自のコンピュータからＹに商品の発注データを送信する。Ｙは，上記発注データを集約し，整理した上で，これを推薦仕入先に送信する。

イ　推薦仕入先から商品の配送を受けた加盟店経営者は，これを検品した上で，推薦仕入先に商品名，商品の数量，仕入価格等が記載された仕入伝票を提出するとともに，各自のコンピュータからＹに検品データを送信する。

ウ　Ｙは，上記検品データを推薦仕入先に送信し，推薦仕入先は，これに基づき，Ｙに請求データを送信する。Ｙは，上記請求データに基づき，加盟店経営者が仕入れた商品の代金を推薦仕入先に支払い，これをオープンアカウントの借方に計上する。

⑷本件基本契約には，〔1〕Ｙは加盟店の計数管理情報を保持するために作成，保管している経営記録，会計帳簿（オープンアカウントが記帳されている）等に反映される範囲で加盟店経営者の経営に係る税の申告のため加盟店経営者に資料を提供する旨の定めや，〔2〕Ｙは加盟店の各月，各年ごとの損益計算書，貸借対照表および各月ごとの商品報告書を作成して加盟店経営者に提供する旨の定めがある（以下，上記〔1〕〔2〕の定めを併せて「本件資料等提供条項」という）が，本件発注システムによる仕入代金の支払に関するＹから加盟店経営者への報告については何らの定めもない。本件資料等提供条項によって提供される資料等からは，Ｙが加盟店経営者であるＸらに代わって仕入代金を支払ったことに関してＸらが本件訴訟において報告を求めているような具体的な支払内容は明らかにならない。

⑸原審は，本件基本契約にはＹと推薦仕入先との取引内容について報告をする義務に関する明文の定めはないから，Ｙは，Ｘらに対し，報告の義務を負わないとしてＸらの請求を棄却した。Ｘらから上告。

➡ 110

【判決理由】 破棄差戻 「前記事実関係によれば，加盟店経営者が本件発注システムによって商品を仕入れる場合，仕入商品の売買契約は加盟店経営者と推薦仕入先との間に成立し，その代金の支払に関する事務を加盟店経営者がＹに委託する（以下，これを『本件委託』という。）という法律関係にあるものと解される。したがって，本件委託は，準委任（民法656条）の性質を有するものというべきである。

もっとも，本件委託は本件基本契約の一部を成すものであるところ，前記事実関係によれば，本件基本契約においてはＹの支払った仕入代金がオープンアカウントにより決済されることから，Ｙは，仕入代金相当額の費用の前払（民法649条参照）を受けることなく委託を受けた事務を処理することになり，しかも，支出した費用について支出の日以降オープンアカウントによる決済の時までの利息の償還（同法650条参照）を請求し得ず，本件委託に基づく仕入代金の支払について報酬請求権（商法512条参照）も有しないなど，本件委託に通常の準委任とは異なる点（以下，これを『本件特性』という。）が存することは明らかである。

そこで，以上の本件委託の性質を踏まえて，本件基本契約上，Ｙが加盟店経営者であるＸらに対して仕入代金の具体的な支払内容について報告義務を負うか否かを検討する。

本件基本契約には，本件発注システムによる仕入代金の支払に関するＹから加盟店経営者への報告については何らの定めがないことは前記確定事実のとおりである。しかし，コンビニエンス・ストアは，商品を仕入れてこれを販売することによって成り立っているのであり，商品の仕入れは，加盟店の経営の根幹を成すものということができるところ，加盟店経営者は，Ｙとは独立の事業者であって，自らが支払義務を負う仕入先に対する代金の支払をＹに委託しているのであるから，仕入代金の支払についてその具体的内容を知りたいと考えるのは当然のことというべきである。また，前記事実関係によれば，Ｙは，加盟店経営者から商品の発注データ及び検品データの送信を受け，推薦仕入先から検品データに基づく請求データの送信を受けているというのであるから，Ｙに集約された情報の範囲内で，本件資料等提供条項によって提供される資料等からは明らかにならない具体的な支払内容を加盟店経営者に報告すること（以下，この報告を『本件報告』という。）に大きな困難があるとも考えられない。そうすると，本件発注システムによる仕入代金の支払に関するＹから加盟店経営者への報告について何らの定めがないからといって，委託者である加盟店経営者から請求があった場合に，準委任の性質を有する本件委託について，民法の規定する受任者の報告義務（民法656条，645条）が認められない理由はなく，本件基本契約の合理的解釈としては，本件特性があるためにＹは本件報告をする義務を負わないものと解されない限り，Ｙは本件報告をする義務を免れないものと解するのが相当である。そして，本件特性については，これのみに注目すると，通常の準委任と比較してＹにとって不利益であり，Ｙの加盟店経営者に対する一方的な援助のようにも見えるが，このことは，仕入代金が前記のようにＹにおいて加盟店の売上金の管理等をするオープンアカウントにより決済されることに伴う結果であるし，前記事実関係によれば，Ｙには，オープンアカウントによる決済の方法を提供することにより，仕入代金の支払に必要な資金を準備できないような者との間でも本件基本契約を締結して加盟店を増やすことができるという利益があり，また，加盟店経営者がオープンアカウントによる決済の方法を利用して仕入商品を増やせば，売上げも増えることが見込まれ，売上利益に応じた加盟店経営に関する対価を取得するＹの利益につながるのであるから，本件特性があるためにＹは本件報告をする義務を負わないものと解することはできない。

したがって，Ｙは，本件基本契約に基づき，Ｘらの求めに応じて本件報告をする義務を負うものというべきである。」

「Ｙが，本件基本契約に基づきＸらに対して報告義務を負うべき本件報告の具体的内容について，更に審理を尽くさせるために，原判決中，Ｙに関する部分につき，本件を原審に差し戻すこととする。」（裁判長裁判官 古田佑紀　裁判官 今井　功　中川了滋）

解　説

フランチャイズ契約も独自の契約類型として論ずべき点が少なくない。契約締結過程での情報提供義務の法理は，当初，不動産売買契約と並んでフランチャイズ契約で展開した。*109*はその代表例である。

➡ *111*

フランチャイズ契約は取引の仕組を詳細な契約書で規定する点に特色があるが，そこに書かれていない本部の義務を，民法の原則から導いたのが *110* である。

3 ファイナンス・リース

111 ファイナンス・リースの法的性質

東京高判昭和 61 年 10 月 30 日金判 768 号 26 頁・シャープファイナンス事件

【事実】 X（シャープファイナンス株式会社）は昭和 57 年 9 月 20 日，A（東京興商株式会社）との間で，本件物件（一）（二）（三）を，以下の約定でで賃貸（リース）する旨の契約を締結し，同年 9 月 30 日，A にこれらを引き渡した。

（ア）期間　昭和 57 年 9 月 30 日から昭和 62 年 9 月 29 日まで

（イ）リース料（賃料）およびその支払方法　月額金 10 万 8000 円毎月 7 日支払

（ウ）契約解除　賃借人がリース料の支払を一回でも遅滞したときは，賃貸人は催告を要しないで本件賃貸借契約を解除することができる。その場合，賃借人は，残存リース料相当額の損害金の支払義務を負担する。

（エ）遅延損害金　日歩 4 銭

A は昭和 58 年 2 月 7 日の期日に約定のリース料の支払を怠ったので，X は A に対し，同年 3 月 9 日到達の書面をもって前記の特約に基づき本件賃貸借契約を解除する旨の意思表示をした。

他方，本件物件の販売業者である訴外 B（アイコー産業株式会社）は本件賃貸借契約につき，X から代行権限を授与されていたが，昭和 58 年 2 月 3，4 日頃 A から（一）の物件を引き揚げた。また，X は同月 4 日頃，（二）（三）の物件を，A からこれらを借り受け使用中の C（YS トレーディング）の事務所内から引き揚げ，また同月 10 日頃には B から本件（一）の物件の引渡しを受けた。

Y らは昭和 57 年 9 月 20 日，本件各物件にかかる賃貸借契約に基づき A が X に対し負担する債務を連帯保証した。そこで X が Y らに対し，損害額の支払を求めた。

【判決理由】 原判決変更 「Y らは，右のとおり賃借物件が引揚げられその使用ができない以上，賃借人には賃料支払の義務はなく，したがって債務不履行を生ずるいわれはない旨主張する。しかしながら，本件契約は前掲甲第一号証

➡ *111*

によって認められる契約内容に照らし，いわゆるファイナンス・リース契約であると認められるところ，右契約においては賃貸借契約の形式を採ってはいるものの，物件の購入使用を希望するユーザー（A）に代わって，リース業者（X）が販売業者（B）から物件を購入のうえ，ユーザーに長期間これを使用収益させ，右購入代金に金利等の諸経費を加えたものをリース料として回収する制度であるから，その実体はユーザーに対する金融上の便宜を付与するものにほかならない。右の点に着目すれば，リース料の支払債務は契約の締結と同時に全額につき発生しているが，ただそれが月々のリース料（賃料）支払という方式で期限の猶予が与えられているにすぎないものと考えられる。そうすると，ユーザーのリース料支払はリース物件の使用収益とは対価関係にあるものとは言えないのであるから，特段の事情（例えば，引揚げを相当とする理由がないのに一方的にリース物件の引揚げがなされるなど信義則上リース料の支払を求めるのがユーザーに酷と考えられる場合）のない限り，リース料の支払に対応する期間物件の使用ができない場合でも，ユーザーは所定のリース料を支払うべき義務を免れないものと解せられる。〈証拠〉によれば，X及びBは昭和58年2月2日頃にAが手形不渡りを出し事実上倒産したことを知ったので，物件の保全と債権回収のため本件各物件を引き揚げたことが認められ，右事実関係の下では本件各物件の引揚げには相当の理由があるものということができ，本件では右にいう特段の事情があるものとはいえない。」

「本件賃貸借契約が賃借人の債務不履行により解除された場合，賃借人は賃貸人に対し，残存リース料相当の損害金を支払う義務を負担すべきことは前記のとおりであり，《証拠略》によれば，右解除当時における残存リース料は604万8000円であることが認められる。ところで，《証拠略》によれば，本件契約には，解除後にユーザーからリース物件の返還があった場合には，右の損害額から物件返還時におけるその評価額が控除されるべき旨の定めがある（第21条）ところ，《証拠略》によれば，物件返還時における本件物件の評価額は合計で15万円程度であったものと認められ（本件各物件は，オフィスコンピューター，複写機及びタイプライターであって，いわゆる汎用性に乏しく，かつ技術革新による経済的陳腐性の高い性格上，右のような評価となるのもやむを得ない。），したがってその損害額は，589万8000円とするのが相当である。」

「以上の次第であるから，Ｙらは X に対し，連帯保証人として本件賃貸借契約の解除に基づく損害賠償金 589 万 8000 円及びこれに対する弁済期後の昭和 58 年 3 月 15 日から完済まで約定の日歩 4 銭の割合による遅延損害金を連帯して支払うべき義務がある。」（裁判長裁判官 西山俊彦　裁判官 朝岡智幸　武藤冬士己）

112 資料・ファイナンス・リース取引に関する標準約款

リース事業協会「リース契約書(参考)」(平成 9 年(1997)年 3 月改訂，平成 12(2000)年一部改訂)

（甲は，賃貸人，乙は賃借人）

（リース契約の趣旨）

第 1 条① 甲は，乙が指定する別表(1)記載の売主（以下「売主」という。）から，乙が指定する別表(2)記載の物件（ソフトウェア付きの場合はソフトウェアを含む。以下同じ。以下「物件」という。）を買受けて乙にリース（賃貸）し，乙はこれを借受けます。

② この契約は，この契約に定める場合を除き解除することはできません。

（物件の引渡し）

第 2 条① 物件は，売主から別表(3)記載の場所に搬入されるものとし，乙は，物件が搬入されたときから引渡しのときまで善良な管理者の注意をもって，乙の負担で売主のために物件を保管します。

② 乙は，搬入された物件について直ちに乙の負担で検査を行い，瑕疵のないことを確認したとき，借受日を記載した物件借受証〔注 1〕を甲に発行するものとし，この借受日をもって甲から乙に物件が引渡されたものとします。

〔注 1〕物件受領書，物件受取書，検収完了証書の用語も使用されているが，ここでは「物件借受証」とした。

③ 物件の規格，仕様，品質，性能その他に瑕疵があったときは，乙は，直ちにこれを甲に書面で通知し，売主との間でこれを解決した後，物件借受証〔注 1〕を甲に発行するものとします。

④ 乙が物件の引渡しを不当に拒んだり，遅らせたりしたときは，甲からの催告を要しないで通知のみで，この契約を解除されても，乙は異議がないものとします。この場合，売主から請求があったときは，乙は，その請求の当否について売主との間で解決します。

（物件の使用・保存）

第 3 条① 乙は，前条による物件の引渡しを受けたときから別表(3)記載の場所において物件を使用できます。この場合，乙は，法令等を遵守し善良な管理者の注意をもって，業務のために通常の用法に従って使用します。

② 乙は，物件が常時正常な使用状態及び十分に機能する状態を保つように保守，点検及び整備を行うものとし，物件が損傷したときは，その原因のいかんを問わず修繕し修復を行い，その一切の費用を負担します。この場合，甲は何らの責任も負いません。

（リース期間）

第 4 条 （略）

➡ *112*

（リース料）
第5条　（略）
（前払リース料）
第6条　（略）
（物件の所有権標識）
第7条　（略）
（物件の所有権侵害の禁止等）
第8条　（略）
（物件の点検等）
第9条　（略）
（営業状況の報告）
第10条　（略）
（通知事項）
第11条　（略）
（費用負担等）
第12条　（略）
（相殺禁止）
第13条　（略）
（物件の保険）
第14条　（略）
（物件の瑕疵等）

第15条①　天災地変，戦争その他の不可抗力，運送中の事故，労働争議，法令等の改廃，売主の都合及び甲の故意または重大な過失が認められない事由によって，物件の引渡しが遅延し，また不能になったときは，甲は，一切の責任を負いません。

②　物件の規格，仕様，品質，性能その他に隠れた瑕疵があった場合並びに物件の選択または決定に際して乙に錯誤があった場合においても，甲は，一切の責任を負いません。

③　前二項の場合，乙は売主に対し直接請求を行い，売主との間で解決するものとします。また，乙が甲に対し書面で請求し，甲が譲渡可能であると認めてこれを承諾するときは，甲の売主に対する請求権を乙に譲渡する手続をとるなどにより，甲は，乙の売主への直接請求に協力するものとします。

④　第2項の隠れた瑕疵並びに錯誤があった場合において，乙が，甲に対してリース料の全部〔注3〕その他この契約に基づく一切の債務を履行したときは，甲は売主に対する買主の地位を譲渡する手続をとるものとします。ただし，前項及び本項の場合，甲は，売主の履行能力並びに請求権の譲渡に係る諸権利の存否を担保しません。

〔注3〕ここでは「リース料の全部（A方式）としたが，B方式採用の場合には「規定損害金」，C方式採用の場合には「損害賠償として残存リース料相当額」となる。

⑤　乙は，第3項に基づいて，売主に対して権利を行使する場合においても，リース料の支払いその他この契約に基づく債務の弁済を免れることはできません。

（物件使用に起因する損害）

第16条①　物件自体または物件の設置，保管及び使用によって，第三者が損害を受けたときは，その原因のいかんを問わず，乙の責任と負担で解決します。また，乙及び乙の従業員が損害を受けた場合も同様とします。

②　前項において，甲が損害の賠償をした場合，乙は甲が支払った賠償額を甲に支払います。

③　物件が第三者の特許権，実用新案権，商標権，意匠権または著作権その他知的財産権に抵触することによって生じた損害及び紛争について，甲は一切の責任を負いません。

（物件の滅失・毀損）

第17条①　物件の引渡しからその返還までに，盗難，火災，風水害，地震その他甲乙いずれの責任にもよらない事由により生じた物件の滅失，毀損その他一切の危険はすべて乙の負担とし，物件が修復不能となったときは，乙は直ちに別表(8)記載の損害賠償金を甲に支払います。

➡ *112*

② 前項の支払いがなされたとき，この契約は終了します。

（権利の移転等）

第 18 条 （略）

〔A 方式〕

（契約違反・期限の失効）

第 19 条① 乙が，次の各号の一つにでも該当したときは，甲は，催告を要しないで通知のみで，A リース料及びその他費用の全部または一部の即時弁済の請求，B 物件の引揚げまたは返還の請求，C リース契約の解除と損害賠償の請求，の行為の全部または一部を行うことができます。

1. リース料の支払いを 1 回でも怠ったとき。
2. この契約の条項の一つにでも違反したとき。
3. 小切手若しくは手形の不渡りを 1 回でも発生させたときその他支払いを停止したとき。
4. 仮差押え，仮処分，強制執行，競売の申立て若しくは諸税の滞納処分または保全差押えを受け，または再生，破産，会社更生若しくは特別清算の手続開始の申立てがあったとき。
5. 事業を廃止または解散し，若しくは官公庁からの業務停止等業務継続不能の処分を受けたとき。
6. 経営が悪化し，若しくはそのおそれがあると認められる相当の理由があるとき。
7. 連帯保証人が第 3 号から第 5 号までの一つにでも該当した場合において，甲が相当と認める保証人を追加しなかったとき。

② 甲によって前項 A，B の行為がとられた場合でも，乙は，この契約に基づくその他の義務を免れることはできません。

〔B 方式〕

（契約違反）

第 19 条① 乙が，次の各号の一つにでも該当したときは，甲は，催告を要しないで通知のみで，この契約を解除できます。

1. リース料の支払いを 1 回でも怠ったとき。
2. この契約の条項の一つにでも違反したとき。
3. 小切手若しくは手形の不渡りを 1 回でも発生させたときその他支払いを停止したとき。
4. 仮差押え，仮処分，強制執行，競売の申立て若しくは諸税の滞納処分または保全差押えを受け，または再生，破産，会社更生若しくは特別清算の手続開始の申立てがあったとき。
5. 事業を廃止または解散し，若しくは官公庁からの業務停止等業務継続不能の処分を受けたとき。
6. 経営が悪化し，若しくはそのおそれがあると認められる相当の理由があるとき。
7. 連帯保証人が第 3 号から第 5 号までの一つにでも該当した場合において，甲が相当と認める保証人を追加しなかったとき。

② 前項の規定によりこの契約が解除されたときは，乙は第 22 条第 1 項の規定に基づき，直ちに物件を甲に返還するとともに，別表(9)記載の規定損害金を甲に支払います。

〔C 方式〕

（契約違反・期限の失効）

第 19 条① 乙が，次の各号の一つにでも該当したときは，乙は，甲からの通知及び催告を要しないで，当然にこの契約に基づく期限の利益を失うものとし，残存リース料全額を直ちに甲に支払います。

1. リース料の支払いを 1 回でも怠ったとき。
2. この契約の条項の一つにでも違反したとき。

➡ 112

3. 小切手若しくは手形の不渡りを1回でも発生させたときその他支払いを停止したとき。
4. 仮差押え，仮処分，強制執行，競売の申立て若しくは諸税の滞納処分または保全差押えを受け，または再生，破産，会社更生若しくは特別清算の手続開始の申立てがあったとき。
5. 事業を廃止または解散し，若しくは官公庁からの業務停止等業務継続不能の処分を受けたとき。
6. 経営が悪化し，若しくはそのおそれがあると認められる相当の理由があるとき。
7. 連帯保証人が第3号から第5号までの一つにでも該当した場合において，甲が相当と認める保証人を追加しなかったとき。

② 乙が甲に対して直ちに前項の支払いをしないときは，甲は，催告を要しないで通知のみで，この契約を解除することができます。

③ 前項の規定に基づき，甲がこの契約を解除したときは，乙は，第22条第1項の規定に基づいて物件を甲に返還するとともに，損害賠償として残存リース料相当額を直ちに甲に支払います。

④ 前項の場合，甲が物件の返還を不能と判断したときは，乙は甲の請求により損害賠償として，別表(9)記載の損害賠償金を直ちに甲に支払います。

(遅延損害金)

第20条 (略)

〔第1案〕

(再リース)

第21条 (略)

〔第2案〕

(再リース)

第21条 (略)

(物件の返還・清算)

第22条① この契約がリース期間の満了または解除により終了したとき，若しくは第19条第1項によって甲から物件の返還の請求があったときは〔注5〕，乙は，物件の通常の損耗及び第8条第3項によって甲が認めたものを除き，直ちに乙の負担で物件を原状に回復したうえ，甲の指定する場所に返還します。

〔注5〕ここではA方式を示しているが，B，C方式の場合には，「若しくは第19条第1項によって甲から物件の返還の請求があったときは」を削除する。

② 物件の返還が遅延した場合に，甲から要求があったときは，乙は返還完了まで，遅延日数に応じてリース料相当額の損害金を甲に支払うとともに，この契約の定めに従います。

③ 乙が物件の返還を遅延した場合において，甲または甲の指定する者による所在場所からの物件の引揚げについて，乙は，これを妨害したり拒んだりしません。

④ リース期間の満了以外の事由により，物件が返還され，かつ，第19条第1項Aのリース料及びその他費用の全部〔注6〕が支払われたときは，その金額を限度として，甲の選択により，物件を相当の基準に従って甲が評価した金額または相当の基準に従って処分した金額から，その評価または処分に要した一切の費用及び甲が相当の基準に従って評価した満了時の見込残存価額を差引いた金額を乙に返還します。

〔注6〕ここでは，A方式を示しているが，B方式の場合には「第19条第2項の規定損害金」，C方式の場合には「第19条第3項の損害賠償として残存リース料相当額」となる。

(連帯保証人)

第23条 (略)

(弁済の充当)

第24条 (略)

(特約)

➡ 解説

第25条（略）
（合意管轄）
第26条（略）
（通知の効力）
第27条（略）
（公正証書）
第28条（略）

解　説

いわゆるリースには，ファイナンス・リースのほかオペレーティング・リース，メインテナンス・リース，レバレッジド・リース，セール・アンド・リースバックなどがあるといわれるが（江頭憲治郎『商取引法（第8版）』〔弘文堂，2018年〕214頁参照），典型的なリースであるファイナンス・リースについては独自の契約類型として論ずべき点が少なくない。このため2017年改正の際には，典型契約として規定することが検討されたが（「民法（債権関係）の改正に関する中間的な論点整理」第56，2），十分な支持が得られず実現しなかった。

111 はファイナンス・リースの法的性質について判示し，リース契約が解除された場合に，残存リース料から返還された物件の評価額を控除した金額を支払う義務があることを認めた。

112 はファイナンス・リース契約の標準約款である。ファイナンス・リースの法的特色が，各条項にどのように反映しているか，検討していただきたい。なお，標準約款にはABCの3方式の選択肢が置かれている。A方式は金融的側面を重視した構成，B方式は賃貸借的側面を重視した構成で，C方式は折衷型である。第19条のBC方式で言及されている「別表(9)」は，別表の中で空欄となっており，B方式の「規定損害金」，C方式の「損害賠償金」を書き込むようになっている。

第3章　事務管理

113 事務管理に当たる場合

最(二)判平成18年7月14日判時1946号45頁・相続税納付事件

【事実】 昭和62年にAが死亡し，妻Bと子のCYら計12名が相続したときに，Cが自己の相続税申告とともに，意思無能力のBに代わって相続税申告をしBの相続税6953万円を納付した。昭和63年にBが死亡して子のCYら11名が相続し，平成5年にCが死亡してXがBの相続税納付によるCの債権を相続した。XがYら10名に対し納付相続税額の1/11ずつを，主位的には委任契約に基づき，予備的には事務管理に基づき，費用償還請求した。原審は，Bの意思無能力を理由に委任契約を否定し，また，事務管理については，A死亡当時は法定代理人のいない意思無能力者には相続税申告書提出義務がなく，税務署長による税額決定も意思無能力者には適用されなかったから，Cの相続税申告はBに納付義務を生じさせ，Bの利益にかなうものでなかったとして否定した。Xから上告受理申立て。

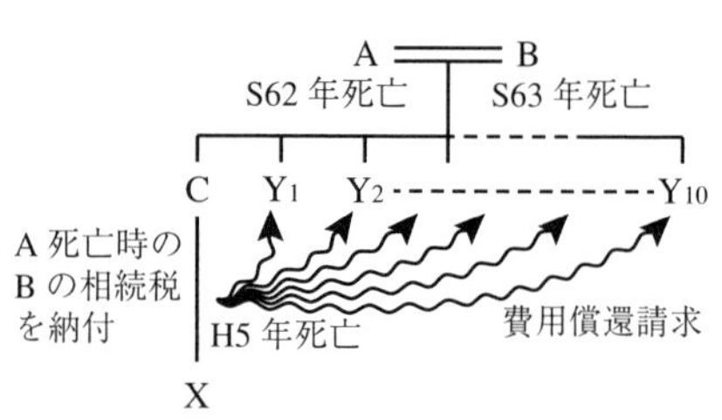

【判決理由】 予備的請求につき破棄差戻（主位的請求については上告却下）

「4　しかしながら，原審の予備的請求についての上記判断は是認することができない。その理由は，次のとおりである。

相続税法27条1項は，相続又は遺贈により財産を取得した者について，納付すべき相続税額があるときに相続税の申告書の提出義務が発生することを前提として，その申告書の提出期限を『その相続の開始があったことを知った日の翌日から6月以内』と定めているものと解するのが相当である。上記の『その相続の開始があったことを知った日』とは，自己のために相続の開始があったことを知った日を意味し，意思無能力者については，法定代理人がその相続の開始のあったことを知った日がこれに当たり，相続開始の時に法定代理人がないときは後見人の選任された日がこれに当たると解すべきであるが（相続税法基本通達27―4⑺参照），意思無能力者であっても，納付すべき相続税額がある以上，法定代理人又は後見人の有無にかかわらず，申告書の提出義務は発生しているというべきであって，法定代理人又は後見人がないときは，その期限が到来しないというにすぎない。

また，相続税法35条2項1号は，同法27条1項又は2項に規定する事由に該当する場合において，当該相続の被相続人が死亡した日の翌日から6か月を経過したときは，税務署長はその申告書の提出期限前でも相続税額の決定をすることができる旨を定めている。これは，相続税の申告書の提出期限が上記のとおり相続人等の認識に基づいて定まり，税務署長がこれを知ることは容易でないにもかかわらず，上記提出期限の翌日から更正，決定等の期間制限（平成16年法律第14号による改正前の国税通則法70条）や徴収権の消滅時効（平成14年法律第79号による改正前の国税通則法72条1項）に係る期間が起算されることを考慮し，税の適正な徴収という観点から，国税通則法25条の特則として設けられたものである。このことに照らせば，相続税法35条2項1号は，申告書の提出期限とかかわりなく，被相続人が死亡した日の翌日から6か月を経過すれば税務署長は相続税額の決定をすることができる旨を定めたものと解すべきであり，同号は，意思無能力者に対しても適用されるというべきである。

そうすると，本件申告時において，Bに相続税の申告書の提出義務が発生していなかったということはできず，昭和63年3月8日の経過後においてBの相続税の申告書が提出されていなかった場合に，所轄税務署長が相続税法35条2項1号に基づいてBの税額を決定することがなかったということもできない。したがって，本件申告に基づく本件納付がBの利益にかなうものではなかったということはできず，Xの事務管理に基づく費用償還請求を直ちに否定することはできない。

5　以上によれば，税務署長が税額を決定することがないことを前提とする原審の予備的請求に関する判断には，判決に影響を及ぼすことが明らかな法令の違反がある。論旨は理由があり，原判決の予備的請求に関する部分は，破棄を

➡ 解説・114

免れない。そこで，C自身がBの相続税納付のための費用を支出したといえるのかどうか等，事務管理に基づく費用償還請求権の成否について更に審理を尽くさせるため，本件を原審に差し戻すこととする。」（裁判長裁判官 滝井繁男　裁判官 津野　修　今井　功　中川了滋　古田佑紀）

解　説

*113*では，XのYらに対する請求の前提として，Cが本人Bの承諾がなくBの債務を弁済した場合に，Cは事務管理者としてBに費用償還請求できるかが問題になった。事務管理が成立するためには，ア）義務がないにもかかわらず，イ）本人のためにする意思をもって，ウ）本人の意思・利益に反しないで，エ）他人（本人）の事務を処理することが必要である（697条，702条）。事務管理の効果のうち費用償還請求は本人の負担になるので，これらのうちでもウ）の要件が重要である。*113*の原審は，Cの相続税申告はBに納付義務を生じさせるのでBの不利益だったとしたが，最高裁は，A死亡時にBの相続税申告書提出義務が発生しており，意思無能力の相続人にも税務署長による税額決定が適用されたから，Cの相続税申告がBの不利益だったといえないとした。このように最高裁は，Bの債務の存否によって判断した。しかし，費用償還請求の事案では，納税回避の違法性や，相続税債務の消滅時効期間，消滅時効の進行状況を考慮する必要がある（差戻審で判断する）。ただ，本人の意思が違法であるときは，その意思に反しても事務管理は成立すると解されている。

第4章　不当利得

［1］　不当利得返還請求権の要件

114　二者間の不当利得――法律上の原因がないこと

大判大正6年2月28日民録23輯292頁・結納金返還請求事件

【事実】 A男とB女の間で婚約が調い，Aの父XからBの父Yに結納金を交付した。その婚約が合意の上で解除されたので，XからYに結納金を不当利得として返還請求した。原審がXの請求を認めたので，Yは上告し，贈与契約は消滅していないと争った。

【判決理由】 上告棄却 「男女の婚姻成立に際し，嫁聟の両家より相互に又は其一方より他の一方に対し結納と称して金銭布帛の類を贈るは，我国に於て古来行はるる顕著なる式礼にして，目的とする所は其主として婚姻予約の成立を確証するに在るも，両者の希望せる婚姻か将来に於て成立して親族関係の生じたる上は相互間に於ける親愛なる情誼を厚ふせんが為めに之を授受するものなることも亦我国一般の風習として毫も疑を容れざる所なり。故に結納なるものは他日婚姻の成立すべきことを予想し授受する一種の贈与にして，婚約が後に至り当事者双方の合意上解除せらるる場合に於ては当然其効力を失ひ，給付を受けたる者は其目的物を相手方に返還すべき義務を帯有するものとす。蓋し，結納を授受する当事者の意思表示の内容は，単に無償にて財産権の移転を目的とするものにあらずして，如上婚姻予約の成立を証すると共に，併せて将来成立すべき婚姻を前提とし其親族関係より生ずる相互の情誼を厚ふすることを目的とするものなれば，婚姻の予約解除せられ婚姻の成立すること能はざるに至りたるときは，之に依りて証すべき予約は消滅し，又温情を致すべき親族関係は発生するに至らずして止み，究局結納を給付したる目的を達すること能はざるが故に，斯の如き目的の下に其給付を受けたる者は之を自己に保留すべき何等法律上の原因を缺くものにして，不当利得として給付者に返還すべきを当然とすればなり。然れば，本件に於て原院が，前示と同一の趣旨に於て，婚姻予約の解除せられたる結果結納金授受の目的を達すること能はざるが為め贈与の消滅したること，随て受益者か其目的物を自己に保留すべき法律上の原因を缺くものにして民法第703条に依り不当利得として給付者に之を返還すべき旨を判示したるは，洵に適当にして本論旨は総て採用するに足らず。」

115 三者間の不当利得――金銭騙取

最(一)判昭和49年9月26日民集28巻6号1243頁・農林事務官国庫金詐取事件

(曹時29巻6号97頁，法協93巻4号620頁，民商73巻1号116頁)

【事実】 農林事務官Aは，X（茨城県農共組連）の経理課長B，職員Cと結託し

→ *115*

て，D（埼玉県農共組連），E（兵庫県農共組連）等への交付金を詐取した。これによる穴を埋めるため，BはX振出名義の約束手形2通を作成し，その1通で甲銀行から融資を受け，それを基に，(1)甲振出の1935万円の小切手を受けて，事情を知らない農林事務官F（Aの上司）に渡し，Fはそれを現金化してDへ交付した。他方で，Bは，残り1通の約束手形で乙銀行から融資を受け，それを基に，(2)乙振出の1280万円の小切手を受けてAに手交したところ，Aは預金したり，自己の事業に一時流用した後にEへ送金した。これが正規の手続と違うことから犯行が発覚し，1280万円はEからAに返され，Aはそれを損害賠償としてY（国）に払い，YはEに交付した。XはYに不当利得の返還を請求。1・2審は，(1)についてはFの善意を理由に，Yの利得に法律上の原因があるとし，(2)についてはXの損失とYの利得の間に因果関係がないとして，いずれも棄却した。Xが上告。最高裁は，(1)については1・2審と同じ理由で上告を棄却し，(2)については原判決を破棄差戻した。

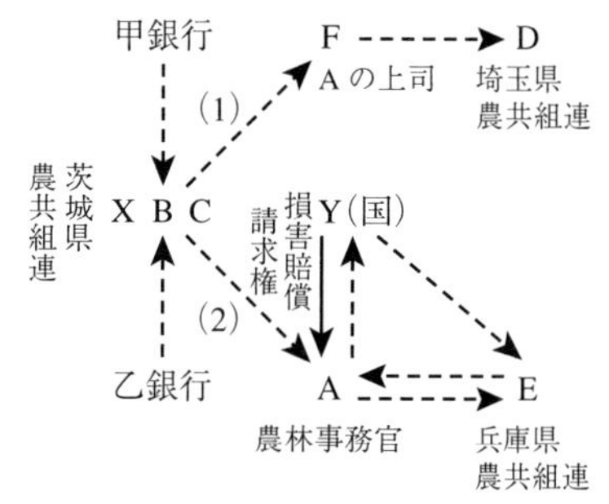

【判決理由】 一部棄却，一部破棄差戻　(1)につき，「Bが，本件(1)の金員をF係長に交付したのは，同人がCとともに共同加功したAの国庫金詐取によってD，Eに対し交付すべき国庫負担金が不足をきたしたため，右共同犯行の発覚を未然に防止するため，Aの依頼により同人に代わって，同人のYに対する国庫金詐取に基づく損害賠償債務の一部弁済としてなされたものであって，Xの主張するような過払金返納の趣旨でなされたものではなく，かつ，本件(1)の金員調達の経緯につきF係長は善意であったから，これによって生じたYの利得には法律上の原因を伴うものであること，を認定判示しており，右認定判断は，原判決（その引用する第1審判決を含む。以下同じ。）挙示の証拠関係との説示に照らして，首肯しえないものではなく，その過程に所論の違法は認められない。」

(2)につき，「およそ不当利得の制度は，ある人の財産的利得が法律上の原因ないし正当な理由を欠く場合に，法律が，公平の観念に基づいて，利得者にその利得の返還義務を負担させるものであるが，いま甲が，乙から金銭を騙取又

➡ *115*

は横領して，その金銭で自己の債権者丙に対する債務を弁済した場合に，乙の丙に対する不当利得返還請求が認められるかどうかについて考えるに，騙取又は横領された金銭の所有権が丙に移転するまでの間そのまま乙の手中にとどまる場合にだけ，乙の損失と丙の利得との間に因果関係があるとなすべきではなく，甲が騙取又は横領した金銭をそのまま丙の利益に使用しようと，あるいはこれを自己の金銭と混同させ又は両替し，あるいは銀行に預入れ，あるいはその一部を他の目的のため費消した後その費消した分を別途工面した金銭によって補填する等してから，丙のために使用しようと，社会通念上乙の金銭で丙の利益をはかったと認められるだけの連結がある場合には，なお不当利得の成立に必要な因果関係があるものと解すべきであり，また，丙が甲から右の金銭を受領するにつき悪意又は重大な過失がある場合には，丙の右金銭の利得は，被騙取者又は被横領者たる乙に対する関係においては，法律上の原因がなく，不当利得となるものと解するのが相当である。

これを本件についてみるに，原審の確定した前記の事実関係のもとにおいては，本件⑵の金員について，A の預金口座への預入れ，払戻し，A 個人の事業資金への流用，E に送金するため別途工面した金銭による補填等の事実があったからといって，そのことから直ちに A が右 E に送付した金員と本件⑵の金員との間に社会観念上同一性を欠くものと解することはできないのであって，その後，原審認定の経緯により昭和 31 年 10 月 4 日 Y が A の損害賠償金として受領した 1280 万 6434 円は，社会観念上はなお本件⑵の金員に由来するものというべきである。そして，原審の確定した事実関係によれば，本件⑵の金員は，A が X の経理課長 B を教唆し又は同人と共謀し同人をして X から横領せしめたものであるか，あるいは B が横領した金銭を同人から騙取したものと解する余地がある。そうすると，Y において A から右損害賠償金を受領するにつき悪意又は重大な過失があったと認められる場合には，Y の利得には法律上の原因がなく，不当利得の成立する余地が存するのである。（裁判長裁判官 大隅健一郎　裁判官 藤林益三　下田武三　岸　盛一）

116 三者間の不当利得――転用物訴権

最(三)判平成7年9月19日民集49巻8号2805頁・店舗ビル改築事件

(曹時49巻10号2787頁，民商115巻6号942頁，百選Ⅱ〈第8版〉160頁，平7重判68頁)

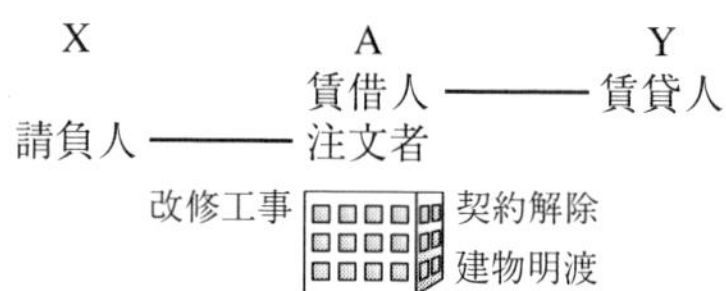

【事実】 AはYから，昭和57年2月に，本件建物を店舗営業ビルに改造する計画で賃借した（期間3年)。その際に特約として，Aは，権利金を払わない代わりに，改造費用を負担し，建物返還時に金銭的請求を一切しない旨をYと合意した＊1。Xは同年11月にAから本件改築を5180万円で請け負い，12月初旬に完成して引き渡した。ところが，Yは，その半月後に，建物の一部の無断転貸を理由に契約を解除し，Aに建物明渡しを求め，勝訴判決を得た（判決確定)＊2。請負代金のうち2430万円しか受けていないXは，Aが所在不明なので，Yに，残代金相当額を不当利得として請求した。1審は，工事による増加価値が現存する限度で請求を認めたが，2審は，Xから下請人への工事代金が未払いだからXに損失がないとして，請求を棄却した。

【判決理由】 上告棄却　二「甲が建物賃借人乙との間の請負契約に基づき右建物の修繕工事をしたところ，その後乙が無資力になったため，甲の乙に対する請負代金債権の全部又は一部が無価値である場合において，右建物の所有者丙が法律上の原因なくして右修繕工事に要した財産及び労務の提供に相当する利益を受けたということができるのは，丙と乙との間の賃貸借契約を全体としてみて，丙が対価関係なしに右利益を受けたときに限られるものと解するのが相当である。けだし，丙が乙との間の賃貸借契約において何らかの形で右利益に相応する出捐ないし負担をしたときは，丙の受けた右利益は法律上の原因に基づくものというべきであり，甲が丙に対して右利益につき不当利得としてその返還を請求することができるとするのは，丙に二重の負担を強いる結果となるからである。

前記一の2〔原審が認定した＊1の事実〕によれば，本件建物の所有者であるYがXのした本件工事により受けた利益は，本件建物を営業用建物として賃貸するに際し通常であれば賃借人であるAから得ることができた権利金の支払を免除したという負担に相応するものというべきであって，法律上の原因なくして受けたものということはできず，これは，前記一の3〔同様の＊2の認定事実〕のように本件賃貸借契約がAの債務不履行を理由に解除されたことによっても異なるものではない。

そうすると，Xに損失が発生したことを認めるに足りないとした原審の判断は相当ではないが，Xの不当利得返還請求を棄却すべきものとした原審の判断は，結論において是認することができる。」（裁判長裁判官 大野正男　裁判官 園部逸夫　可部恒雄　千種秀夫　尾崎行信）

解　説

不当利得法は，財貨の移動に理由（法律上の原因）がないときに移動の結果を元に戻す法理である。この法理が適用される事案には，2者間の財貨移動の場合と財貨移動に第三者が関わる場合とがある。

2者間の財貨移動は，財貨移動の原因によって，給付利得，侵害利得，支出利得に分けられる。給付利得とは，契約の不存在，無効・取消しのように，財貨を有するAが，何らかの財貨移転の理由に基づきBへその財貨を移転したが，その財貨移転の理由がなかった場合である。契約の不存在，無効・取消しは比較的明確であるが，そのほかに，財貨移転の目的が達成されなかった場合も法律上の原因がなかったとして不当利得になる（*114*）。以上の給付利得では，損失，利得，因果関係の判断は区別されない。支出利得も，Aがその財貨をBへ移転した場合であるが，給付利得と違って，Bへ財貨を移転する意思がAになかった場合である。196条はその一例である。196条のような規定があれば不当利得返還請求の有無・内容はその規定によるが，規定がなければ703条以下による。以上に対し，侵害利得とは，BがAの財貨を自分へ移動させた場合である。この場合の法律上の原因の有無は，Bの財貨取得の権限の有無による。

第三者が関わる財貨移動は，第三者Cが誰から財貨移転を受けるかによっていくつかのものがあるが，それらのうち，Aの財貨がAからBを介してCへ移転した場合では，AからCに財貨の返還を請求できるかが問題になる。AB間もBC間でも財貨移転が効力を持たない場合（二重無効という）には，学説は一般に，AのB，BのCに対する不当利得返還請求を認めるが，AのC

➡ 117

に対する不当利得返還請求を認めない。騙取金銭による弁済はAB間の財貨移転は無効だがBC間の財貨移転は有効の場合であるが，*115*は，「因果関係」を認めた上で，Cが善意のときは「法律上の原因」を認め，悪意または重大な過失であったときは「法律上の原因」を否定して，AのCに対する不当利得返還請求を判断している。転用物訴権は，AB間でもBC間でも財貨移転は有効だが，Bの無資力ゆえにAがBに対する権利を行使できず，他方でCがBから財貨を無償あるいは安価で取得した場合である。*116*は，BC間の賃貸借契約を全体としてみてCが対価関係なしに利益を受けたときに，「法律上の原因」がなく不当利得返還を請求できるとする。騙取金銭による弁済でも転用物訴権でもかつての判例は，「因果関係」の有無で判断していたが，今日は「法律上の原因」の有無で判断している。

以上の二重無効，騙取金銭，転用物訴権は給付による利得が第三者に移転した場合であるが，侵害利得が第三者に移転する場合もある。最(二)判昭和63年7月1日民集42巻6号477頁は，X所有の不動産に債務者Sが無断で設定した抵当権が無効であるにもかかわらず実行され，債権者Yが弁済金の交付を受けた事案で，Yは「法律上の原因なくして第三者に属する財産から利益を受け，そのために第三者に損失を及ぼした」として，限定を設けることなく不当利得返還請求を認めた。学説には批判が多い。

[2]　返還義務の内容と範囲，不法行為の損害賠償との関係

117　利得の返還

最(三)判昭和38年12月24日民集17巻12号1720頁・東京銀行運用利益返還請求事件

(曹時16巻3号88頁，法協83巻9＝10号1408頁，民商51巻3号442頁，百選Ⅱ〈第8版〉156頁)

【事実】　営業不振のA会社の中で収益を上げていたパール部を切り離してB会社が設立され，Bは，AのY（東京銀行）に対する本件債務を引受けるのと引きかえにYから融資を受けた。Bは，本件債務をYに弁済した（元利

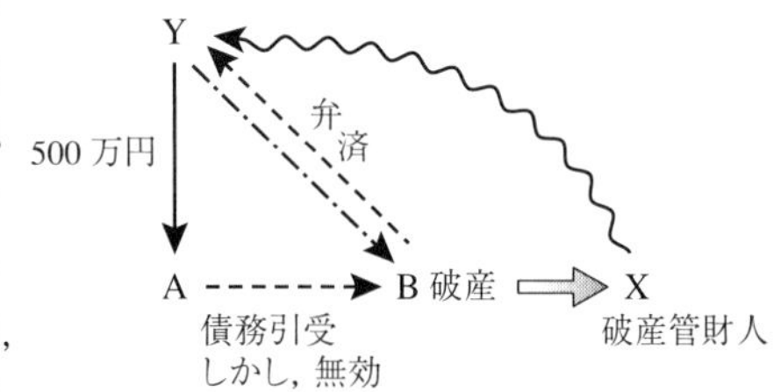

計539万余円）が，その後破産した。Bの破産管財人Xは，右債務引受がB設立の定款に記載されていないから無効だと主張して（商法168条1項6号〔現会社法28条2号〕参照），Yに対し，⑴弁済した金員と⑵商事法定利息相当額の返還を請求した。1・2審は⑴を認めたが，⑵については善意のYが取得する（189条1項参照）として，請求を棄却した。Xより上告。

【判決理由】 一部破棄自判 「原判決はB会社においてYに対し本件債務を負担していないにもかかわらずこれが弁済として5,392,924円を支払ったから，これによりYは法律上の原因なくして右金員に相当する利益を受け，B会社に同額の損失を及ぼしたものであること，銀行業者であるYが右弁済金を運営資金として利用することにより，少なくとも商事法定利率による利息相当の運用利益（臨時金利調整法所定の1箇年契約の定期預金の利率の制限内）を得ており，右利益は現存していることをそれぞれ認定判示していることは所論のとおりである。

按ずるに，不当利得における善意の受益者が利得の原物返還をすべき場合については，占有物の返還に関する民法189条1項を類推適用すべきであるとの説があるが，かかる見解の当否はしばらくおき，前記事実関係によれば，本件不当利得の返還は価格返還の場合にあたり，原物返還の場合には該当しないのみならず，前記運用利益をもって果実と同視することもできないから，右運用利益の返還義務の有無に関して，右法条の適用を論ずる余地はないものといわなければならない。すなわち，たとえ，Yが善意の不当利得者である間に得た運用利益であっても，同条の適用によってただちにYにその収取権を認めるべきものではなく，この場合右運用利益を返還すべきか否かは，もっぱら民法703条の適用によって決すべきものである。

そこで，進んで本件におけるような運用利益が，民法703条により返還されることを要するかどうかについて考える。およそ，不当利得された財産について，受益者の行為が加わることによって得られた収益につき，その返還義務の有無ないしその範囲については争いのあるところであるが，この点については，社会観念上受益者の行為の介入がなくても不当利得された財産から損失者が当然取得したであろうと考えられる範囲においては，損失者の損失があるものと解すべきであり，したがって，それが現存するかぎり同条にいう『利益の存する限度』に含まれるものであって，その返還を要するものと解するのが相当である。本件の事実関係からすれば，少なくともXが主張する前記運用利益は，受益者たるYの行為の介入がなくてもB破産会社において社会通念に照し当然取得したであろうと推認するに難くないから，Yはかりに善意の不当利得者であってもこれが返還義務を免れないものといわなければならない。してみれば，右運用利益につき，Yが善意の不当利得者であった期間は，民法189条1項によりこれが返還義務のないことを前提として，Xの本訴請求中Yの不当利得した金員合計5,392,924円に対するその各受領の日の翌日より昭和29年6月21日〔利得金返還請求のXの書面がYに到着した日〕までの運用利益の支払を求める部分を棄却した原判決は，右の点に関する法令の解釈適用を誤ったものといわなければならないから，論旨は理由があり，原判決は，右部分につき，他の上告論旨についての判断をまつまでもなく破棄を免れない。そして，本件は右部分につき当審で裁判をするに熟するものと認められるところ，右Xの請求部分は合計1,041,464円（円未満は切り捨てる。）となることは計算上明らかであるから（Xの請求の趣旨中の中間計算にも明白な誤りがあるので訂正），YはXに対しこれが支払をなすべきものである。」（裁判長裁判官 五鬼上堅磐　裁判官 河村又介　石坂修一　横田正俊）

118 利得不存在の主張立証責任

最(三)判平成3年11月19日民集45巻8号1209頁・富士銀行手形過誤払戻金事件

(曹時45巻11号155頁，法協112巻10号1438頁，民商106巻6号845頁)

【事実】 YがX（富士銀行）に約束手形の取立てを依頼した。Xは確認ミスから手形が支払われたと思いYに払い戻したが，実は不渡りになっていた。XがYに払戻金の返還を請求したが，Yは，Yに手形の取立てを依頼したAに交付してしまったとして拒絶。1審はYに現存利益がないとして請求を棄却した。2審は一部認容。XY双方から上告した。

【判決理由】 一部破棄自判，一部棄却「1　原審は，㈠　Yは，Xとの間で普通預金契約を締結していたが，昭和59年2月21日，被裏書人として所持していた額面1700万円の本件約束手形に取立委任裏書をしてこれをXに交付し，その取立てを委任するとともに，本件約束手形が支払われたときは，その金額相当額をＹの右普通預金の口座に寄託する旨を約した，㈡　本件約束手形は不渡りとなったが，Ｘは，確認手続における過誤により，本件約束手形が決済されて右普通預金口座に本件約束手形金相当額の入金があったものと誤解し，Ｙの普通預金払戻請求に応じて，同月27日午後1時50分ころ1700万円を支払った，㈢　Ｘは，同日午後2時50分ころ右過誤に気付き，同日午後4時30分ころＹに対し，右事実を告げて払戻金の返還を請求した，㈣　本件約束手形に順次裏書をしたＡ，ＢらとＹとは，当時，経済的に密接な一体の関係にあった，㈤　Ａが営んでいた事業は同年10月ころ倒産し，そのころ同人は所在不明となった，との事実を適法に確定した。

2　原審は，右事実関係の下において，㈠　ＸのＹに対する払戻しは法律上の原因を欠くものであり，ＹはＸの損失によって利益を得た，㈡　Ｙは，本件払戻しを受けた時においては，これが法律上の原因を欠くことを知らなかった，㈢　ＹはＡから本件約束手形の取立てを依頼されてその裏書を受けたものであって本件払戻金はＹが受領後直ちにＡに交付した，とのＹの主張事実は，これを認めることができず，仮に右払戻金が受領後直ちにＡに交付されたとしても，金銭の利得による利益は現存することが推定されるのであって，経済的に密接な一体者間の内部的授受によっては，いまだ授与者の価値支配は失われないとみるべきであるから，Ａへの金銭交付をもって利益が現存しないものということはできない，㈣　右によれは，利益が現存しないとのＹの主張事実は認められないからＹに対して払戻しを受けたと同額の1700万円の返還を命ずべきところ，現存利益の範囲は不当利得制度における公平の理念に照らして物理的な利益のほか，当該不当利得関係発生の態様，受益の不当性及び原因欠缺に対する注意義務の懈怠等について，利得者及び損失者双方の関与の大小・責任の度合い等の事情をかれこれ勘案考慮し，具体的公平を図るべきものであり，これを本件についてみるのに，本件紛争の端緒は本件手形の決済の確認に際してＸが誤って処理済みであるとしたことにあり，これは大手都市銀行としてはまことに杜撰な措置であったというべきものであるから，本件払戻し前後の経緯においてはＹ側に多分に不審又は不誠実な言動が見られるものの，これらの事情をかれこれ比較考慮すると，ＹがＸに返還すべき現存

➡ 118

利益は，前記1700万円の約4割に当たる700万円と認定するのが相当であり，これを超える1000万円及びこれに対する遅延損害金の支払を求めるXの請求は失当である，と判断した。

3　しかし，原審の右判断は是認することができない。その理由は次のとおりである。

すなわち，前記事実関係によれば，本件約束手形は不渡りとなりその取立金相当額の普通預金口座への寄託はなかったのであるから，右取立金に相当する金額の払戻しを受けたことにより，YはXの損失において法律上の原因なしに同額の利得をしたものである。そして，金銭の交付によって生じた不当利得につきその利益が存しないことについては，不当利得返還請求権の消滅を主張する者において主張・立証すべきところ，本件においては，Yが利得した本件払戻金をAに交付したとの事実は認めることができず，他にYが利得した利益を喪失した旨の事実の主張はないのである。そうすると，右利益はYに現に帰属していることになるのであるから，原審の認定した諸事情を考慮しても，Yが現に保持する利益の返還義務を軽減する理由はないと解すべきである。

なお，原審が仮定的に判断するように，Yが本件払戻金を直ちにAに交付し，当該金銭を喪失したとのYの主張事実が真実である場合においても，このことによってYが利得した利益の全部又は一部を失ったということはできない。すなわち，善意で不当利得をした者の返還義務の範囲が利益の存する限度に減縮されるのは，利得に法律上の原因があると信じて利益を失った者に不当利得がなかった場合以上の不利益を与えるべきでないとする趣旨に出たものであるから，利得者が利得に法律上の原因がないことを認識した後の利益の消滅は，返還義務の範囲を減少させる理由とはならないと解すべきところ，本件においては，Yは本件払戻しの約3時間後にXから払戻金の返還請求を受け右払戻しに法律上の原因がないことを認識したのであるから，この時点での利益の存否を検討すべきこととなる。ところで，Yの主張によれば，Aに対する本件払戻金の交付は本件約束手形の取立委任を原因とするものであったというのであるから，本件約束手形の不渡りという事実によって，YはAに対して交付金相当額の不当利得返還請求債権を取得し，Yは右債権の価値に相当

➡ 119

する利益を有していることになる。そして，債権の価値は債務者の資力等に左右されるものであるが，特段の事情のない限り，その額面金額に相当する価値を有するものと推定すべきところ，本件においては，Aに対する本件払戻金の交付の時に右特段の事情があったとの事実，さらに，Yが本件払戻しに法律上の原因がないことを認識するまでの約3時間の間にAが受領した金銭を喪失し，又は右金銭返還債務を履行するに足る資力を失った等の事実の主張はない。したがって，Yは本件利得に法律上の原因がないことを知った時になお本件払戻金と同額の利益を有していたというべきである。

そうすると，前記事実関係の下において，Yの利得した1700万円のうち1000万円について，同金額及びこれに対する遅延損害金の払戻請求を棄却した原審の判断には，民法703条の解釈適用を誤った違法があり，これが判決に影響を及ぼすことは明らかである。したがって，論旨はこの趣旨をいうものとして理由があり，原判決中Xの敗訴部分は破棄を免れない。そして，前記説示に照らせば，右部分の請求を棄却した第1審判決を取り消し，1000万円及びこれに対する履行の請求を受けた日の後である昭和59年5月12日から支払済みまでの年5分の割合による遅延損害金の支払を求める部分についてもXの請求を認容すべきものである。」（裁判長裁判官 佐藤庄市郎　裁判官 坂上壽夫　貞家克己　園部逸夫　可部恒雄）

［関連裁判例］

119 代替物を売却した場合の返還義務の内容

最(一)判平成19年3月8日民集61巻2号479頁・株式価格返還請求事件

（*曹時61巻7号2360頁，民商137巻2号205頁，百選Ⅱ〈第8版〉158頁，平19重判85頁*）

【事実】 Xら2団体（財団法人）はA証券会社を通じてB社（エヌ・ティ・ティ・ドコモ）の株式（以下では「本件親株式」）を取得したが，その名義書換をしなかったためY（生命保険会社）が株主名簿上の株主のままであった。

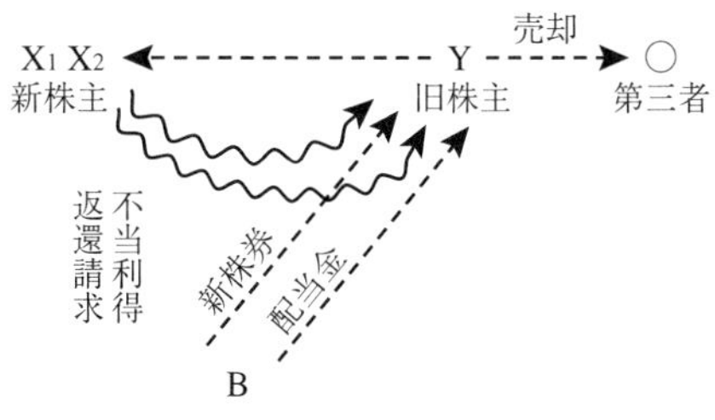

➡ *119*

平成14年5月15日にB社は普通株式1株を5株に株式分割し，Yはこの新株式に係る株券の交付と配当金1万4235円を受け，同年11月に新株式を5350万円余で売却した。平成15年10月にXらはBに対し親株式の名義書換手続を求め，Yに対し本件新株券と配当金の引渡しを求めたが，Yは失念株の不当利得返還請求の期間経過を理由に拒否し，Xらそれぞれに6105円のみを払った。XらはYに当該売却代金等を不当利得として請求。原審はYの不当利得を認めた上で，口頭弁論終結時のB社株式の価格の支払を命じた。Xらから上告受理申立て。

【判決理由】 一部破棄自判，一部棄却 「2 原審は，次のとおり判断して，Xらの請求をそれぞれ1867万7012円及びこれに対する遅延損害金の支払を求める限度で認容し，その余をいずれも棄却した。

(1) Yは，本件新株式及び配当金を取得し，法律上の原因なくしてXらの財産により利益を受け，これによってXらに損失を及ぼしたものであるから，その利益を返還すべき義務を負う。

(2) ところで，本件新株式は上場株式であり代替性を有するから，Yの得た利益及びXらが受けた損失は，いずれも本件株式分割により増加した本件新株式と同一の銘柄及び数量の株式である。

したがって，Xらが本件新株券そのものの返還に代えて本件新株式の価格の返還を求めることは許されるが，その場合に返還を請求できる金額は，売却時の時価によるのでなければ公平に反するという特段の事情がない限り，Yが市場において本件新株式と同一の銘柄及び数量の株式を調達して返還する際の価格，すなわち事実審の口頭弁論終結時又はこれに近い時点における本件新株式の価格によって算定された価格相当額である。

本件においては上記特段の事情は認められないから，XらのYに対する請求は，それぞれ，事実審の口頭弁論終結日の前日である平成17年5月17日のBの株式の終値である1株16万1000円に116株を乗じた1867万6000円に配当金1万4235円の2分の1である7117円を加えた額から既払額6105円を差し引いた1867万7012円及びこれに対する遅延損害金の支払を求める限度で理由がある。

3 しかしながら，原審の上記2(2)の判断は是認することができない。その理由は，次のとおりである。

→ *119*

不当利得の制度は，ある人の財産的利得が法律上の原因ないし正当な理由を欠く場合に，法律が，公平の観念に基づいて，受益者にその利得の返還義務を負担させるものである（最(一)判昭和49年9月26日民集28巻6号1243頁〔*115*〕参照)。

受益者が法律上の原因なく代替性のある物を利得し，その後これを第三者に売却処分した場合，その返還すべき利益を事実審口頭弁論終結時における同種・同等・同量の物の価格相当額であると解すると，その物の価格が売却後に下落したり，無価値になったときには，受益者は取得した売却代金の全部又は一部の返還を免れることになるが，これは公平の見地に照らして相当ではないというべきである。また，逆に同種・同等・同量の物の価格が売却後に高騰したときには，受益者は現に保持する利益を超える返還義務を負担することになるが，これも公平の見地に照らして相当ではなく，受けた利益を返還するという不当利得制度の本質に適合しない。

そうすると，受益者は，法律上の原因なく利得した代替性のある物を第三者に売却処分した場合には，損失者に対し，原則として，売却代金相当額の金員の不当利得返還義務を負うと解するのが相当である。大判昭和18年12月22日法律新聞4890号3頁は，以上と抵触する限度において，これを変更すべきである。

4　以上によれば，上記原則と異なる解釈をすべき事情のうかがわれない本件においては，Yは，Xらに対し，本件新株式の売却代金及び配当金の合計金相当額を不当利得として返還すべき義務を負うものというべきであって，これと異なる原審の判断には，判決に影響を及ぼすことが明らかな法令の違反がある。論旨は理由がある。

そして，前記事実関係によれば，Xらの請求は，それぞれ，Yが取得した本件新株式の売却代金5350万2409円の2分の1である2675万1204円及び配当金1万4235円の2分の1である7117円の合計額である2675万8321円から既払額である6105円を差し引いた2675万2216円並びにこれに対する平成16年4月16日から支払済みまで民法所定の年5分の割合による遅延損害金の支払を求める限度で理由があるからこれを認容し，その余は理由がないからいずれも棄却すべきである。したがって，これと異なる原判決を主文のとおり変更

➡ *120*
することとする。」（裁判長裁判官 甲斐中辰夫　裁判官 横尾和子　泉　德治　才口千晴　涌井紀夫）

120 704条後段（悪意の受益者の損害賠償責任）の趣旨

最(二)判平成21年11月9日民集63巻9号1987頁 （*曹時64巻8号2112頁，民商142巻3号330頁，平22重判102頁*）

【事実】 借主Xは，継続的な金銭消費貸借契約を結んでいた貸金業者Yに対し，Xが弁済した制限超過利息を元本に充当すると過払金が発生していたにもかかわらず，Yが残元本の存在を前提として支払を請求し過払金を受領し続けた行為により精神的苦痛を被ったとして，①不当利得返還請求権に基づく1068万円余の過払金の返還，②704条後段に基づく弁護士費用108万円の損害賠償と，③709条に基づく慰謝料と慰謝料請求訴訟の弁護士費用（計105万円）の損害賠償を請求した。1審は①②の請求を認め，③につき支払請求と過払金の受領は不法行為にならないとして請求を棄却した。その後，Yは①を全額弁済した。2審は③の請求につき，不法行為を否定して棄却したが，②の請求については，704条後段が不法行為責任とは別の特別の責任を認めたものと解して認容した。Yが上告受理申立て。

【判決理由】 破棄自判 「2　原審は，次のとおり判断して，Xの民法704条後段に基づく損害賠償請求を認容すべきものとした。

民法704条後段の規定が不法行為に関する規定とは別に設けられていること，善意の受益者については過失がある場合であってもその責任主体から除外されていることなどに照らすと，同条後段の規定は，悪意の受益者の不法行為責任を定めたものではなく，不当利得制度を支える公平の原理から，悪意の受益者に対し，その責任を加重し，特別の責任を定めたものと解するのが相当である。したがって，悪意の受益者は，その受益に係る行為に不法行為法上の違法性が認められない場合であっても，民法704条後段に基づき，損害賠償責任を負う。

3　しかしながら，原審の上記判断は是認することができない。その理由は，次のとおりである。

不当利得制度は，ある人の財産的利得が法律上の原因ないし正当な理由を欠く場合に，法律が公平の観念に基づいて受益者にその利得の返還義務を負担させるものであり（最（一）判昭和49年9月26日民集28巻6号1243頁〔*115*〕参照），不法行為に基づく損害賠償制度が，被害者に生じた現実の損害を金銭的に評価し，加害者にこれを賠償させることにより，被害者が被った不利益を補てんして，不法行為がなかったときの状態に回復させることを目的とするものである（最大判平成5年3月24日民集47巻4号3039頁〔*160*〕参照）のとは，その趣旨を異にする。不当利得制度の下において受益者の受けた利益を超えて損失者の被った損害まで賠償させることは同制度の趣旨とするところとは解し難い。

したがって，民法704条後段の規定は，悪意の受益者が不法行為の要件を充足する限りにおいて，不法行為責任を負うことを注意的に規定したものにすぎず，悪意の受益者に対して不法行為責任とは異なる特別の責任を負わせたものではないと解するのが相当である。

4　以上と異なる原審の判断には，判決に影響を及ぼすことが明らかな法令の違反がある。これと同旨をいう論旨は理由があり，原判決中Y敗訴部分は破棄を免れない。そして，Yが残元金の存在を前提とする支払の請求をし過払金の受領を続けた行為が不法行為には当たらないことについては，原審が既に判断を示しており，その判断は正当として是認することができるから，Xの民法704条後段に基づく損害賠償請求は理由がないことが明らかである。よって，Xの民法704条後段に基づく弁護士費用相当額の損害賠償108万円及びこれに対する遅延損害金の請求を107万1247円及びこれに対する遅延損害金の支払を求める限度で認容し，その余を棄却した第1審判決のうちY敗訴部分を取り消し，同部分に関するXの請求を棄却し，上記請求に係るXの附帯控訴を棄却することとする。」（裁判長裁判官 今井　功　裁判官 中川了滋　古田佑紀　竹内行夫）

解　説

(1)　不当利得返還請求が認められる場合に，利得者は，当初受けた原物が残っている場合は原物を返還し，利得後に原物が消滅した場合は価額で返還する。原物が，株式のように市場で調達できるものであっても価額で返還する（*119*）。ただ，原物が消滅した場合で利得者が善意のときは，消滅した分につき価額返還義務を免れる（703条。利得消滅の抗弁）。

この善意者の利得消滅の抗弁については，まず，どのような場合に利得が消滅したと考えるかが問題になる。利得者が原物を他へ売却したときは売却代金が残るから，利得は消滅しない（*119*）。原物を他者に対価なしで交付した場合でも，その他者に対し交付した原物あるいはその価額を返還請求できるときには利得は消滅していない（*118*）。これに対し，利得した物を使用・消費した場合や，利得した金銭で他の物を購入しそれを使用・消費した場合には，利得は消滅する。しかし，この場合でも，利得がなかったら他の財貨を使用・消費した場合（例：債務の弁済や生活費への支出）には，利得は現存すると考える（「出費の節約」）。

次に，利得者の善意とは，利得したこととそれに法律上の原因のないことを知らないことである。この抗弁は，自分のものと信じて財貨を消滅させた者を保護する制度であるから，利得時だけでなく原物の消滅時にも善意である必要がある（*118*）。利得が消滅したことの主張立証責任は，利得消滅の抗弁を主張する利得者が負う（*118*）が，利得者の善意悪意については，損失者が利得者の悪意の主張立証責任を負う。

最初に述べたように，原物が消滅した場合には価額返還になるが，*119* は，不当利得した株式を売却した事件で，返還価額は原物の売却時の価格であって口頭弁論終結時の価格ではないとした。理由は，口頭弁論終結時の価格によると売却時（原物消滅時）以降に原物価格が上昇したときに損失者が利得者との関係で上昇分を負担し，下落したときに下落分を取得することになり不当だと考えるからである。売却時（原物消滅時）以後は次に述べる利息のみが問題になる。

(2)　付随的な返還対象として，利得したのが金銭でないときは利得時からの使用利益・果実の返還が，金銭のときは利得時からの運用利益（利息相当額）の返還が問題になる。このうち運用利益の返還について，*117* は，原物返還の場合の果実に関する 189 条 1 項は金銭利得の場合の運用利益には適用されないとした上で，運用利益は，受益者の行為がなくても損失者が当然取得したと考えられる限りで――具体的には，法定利率の範囲で――返還すべきだとした。

(3)　不当利得は，以上のように利得者が善意か悪意かによって返還義務の範囲が異なるが，基本的には財貨移動の結果を元に戻すものである。しかし，不当利得の行為が別に不法行為の要件（利得者の故意・過失，違法性）を満たせば，損失と利得に制限されない損害賠償が認められる。問題は，どのような場合に不当利得が不法行為になるかである。この問題は近時，利息制限法超過利息を弁済した借主が，過払金の不当利得返還のほかに弁護士費用や慰謝料の賠償を請求するために，貸金業者の制限超過利息の支払請求や受領行為を不法行為だと主張したときに争われた。後掲*122*は，貸金業者が不法行為責任を負うとした原審の判断を前提としていたが，その後，最(二)判平成21年9月4日民集63巻7号1445頁は，「請求ないし受領が暴行，脅迫等を伴うものであったり，貸金業者が当該貸金債権が事実的，法律的根拠を欠くものであることを知りながら，又は通常の貸金業者であれば容易にそのことを知り得たのに，あえてその請求をしたりしたなど，その行為の態様が社会通念に照らして著しく相当性を欠く場合に」不法行為になるとした。

このように，要件を満たせば不法行為の損害賠償請求が認められるが，他方で，704条後段は不当利得に基づく損害賠償責任を規定する。これは709条の不法行為責任かそれと異なる特別の責任か。*120*は，弁護士費用を704条後段により請求した事件で，704条後段の責任は悪意の受益者が709条の要件を充足するときに不法行為責任を負うことを注意的に規定したものと解し，704条後段の責任を課すためには，709条の要件を満たすことが必要だとした。

[3] 不法原因給付など

121 給付した物の所有物返還請求と帰属

最(大)判昭和45年10月21日民集24巻11号1560頁・妾関係家屋贈与事件

（曹時23巻6号147頁，民商65巻2号325頁，百選Ⅱ〈第5版〉158頁）

【事実】 Xは妾のYに家屋を贈与したが，後に不和になり，Yに家屋明渡しを求め，訴訟を有利に導くため自己名義の保存登記をした。Yは反訴で，家屋所有権を主張して登記の移転を請求した。1審はXの請求，Yの反訴請求をともに棄却。2審はXYの控訴をともに棄却。XYともに上告。

【判決理由】 破棄自判 「原判決によれば，原審は，Xは，別紙目録記載の建物（以下，本件建物という。）を新築してその所有権を取得した後，昭和29年

➡ 121

8月これをYに贈与し，当時未登記であつた右建物を同人に引き渡したが，右贈与は，Xがその妾であるYとの間に原判決判示のような不倫の関係を継続する目的でYに住居を与えその希望する理髪業を営ませるために行なったもので，YもXのかような意図を察知しながらその贈与を受けたものであるとの事実を認定し，右贈与は公の秩序または善良の風俗に反するものとして無効であり，また，Xが，右贈与の履行行為として，本件建物をYに引き渡したことは，いわゆる不法原因給付に当たると判断しているのである。原審の右事実認定は，原判決の挙示する証拠関係に照らし，首肯できないものではなく，原審の認定した右事実関係のもとにおいては，右贈与は公序良俗に反し無効であり，また，右建物の引渡しは不法の原因に基づくものというのを相当とするのみならず，本件贈与の目的である建物は未登記のものであって，その引渡しにより贈与者の債務は履行を完了したものと解されるから，右引渡しが民法708条本文にいわゆる給付に当たる旨の原審の前示判断も，正当として是認することができる。

そして，右のように，本件建物を目的としてなされたXY間の右贈与が公序良俗に反し無効である場合には，本件建物の所有権は，右贈与によってはYに移転しないものと解すべきである。いわゆる物権行為の相対的無因性を前提とする所論は，独自の見解であって，採用することができない。

しかしながら，前述のように右贈与が無効であり，したがって，右贈与による所有権の移転は認められない場合であっても，Xがした該贈与に基づく履行行為が民法708条本文にいわゆる不法原因給付に当たるときは，本件建物の所有権はYに帰属するにいたったものと解するのが相当である。けだし，同条は，みずから反社会的な行為をした者に対しては，その行為の結果の復旧を訴求することを許さない趣旨を規定したものと認められるから，給付者は，不当利得に基づく返還請求をすることが許されないばかりでなく，目的物の所有権が自己にあることを理由として，給付した物の返還を請求することも許されない筋合であるというべきである。かように，贈与者において給付した物の返還を請求できなくなったときは，その反射的効果として，目的物の所有権は贈与者の手を離れて受贈者に帰属するにいたったものと解するのが，最も事柄の実質に適合し，かつ，法律関係を明確ならしめる所以と考えられるからである。

ところで，原判決によれば，Xは，本件建物について昭和31年11月10日付で同人名義の所有権保存登記を経由したのであるが，右登記は，Xが本件建物の所有権を有しないにもかかわらず，Yらに対する右建物の明渡請求訴訟を自己に有利に導くため経由したもので，もともと実体関係に符合しない無効な登記といわなければならず，本件においては他にこれを有効と解すべき事情はない。そして，前述のように，不法原因給付の効果として本件未登記建物の所有権がYに帰属したことが認められる以上，YがXに対しその所有権に基づいて右所有権保存登記の抹消登記手続を求めることは，不動産物権に関する法制の建前からいって許されるものと解すべきであってこれを拒否すべき理由は何ら存しない。そうとすれば，本件不動産の権利関係を実体に符合させるため，Yが右保存登記の抹消を得たうえ，改めて自己の名で保存登記手続をすることに代え，Xに対し所有権移転登記手続を求める本件反訴請求は，正当として認容すべきものである。原判決が，本件贈与は公序良俗に反するものとして無効であるから，右贈与が有効であることを前提とするYの反訴請求は失当である旨判示したのみで，右請求を棄却したのは違法であり，論旨は，理由があるに帰する。

よって，原判決中，Yの控訴を棄却した部分を破棄し，第1審判決中，Yの反訴請求を棄却した部分を取り消し，Yの右請求を認容すべきものとし，民訴法408条1号，96条，89条に従い，裁判官全員の一致で，主文のとおり判決する。」（裁判長裁判官 石田和外　裁判官 入江俊郎　草鹿浅之介　長部謹吾　城戸芳彦　田中二郎　岩田　誠　下村三郎　色川幸太郎　大隅健一郎　松本正雄　飯村義美　村上朝一　関根小郷）

［関連裁判例］

122 不法行為になる場合の不法原因給付と損益相殺

最(三)判平成20年6月10日民集62巻6号1488頁・ヤミ金融事件

（曹時63巻5号1142頁，消費者法百選110頁，平20重判87頁）

【事実】 Xら11名は，Yが組織したヤミ金融の店舗において著しい高金利で金銭を借り入れ，弁済したが，後にYに対し，弁済した元利金額を，不法行為による

➡ *122*

損害として賠償請求した。訴訟において，Y は，X らに貸し付けた金銭額を損益相殺し，賠償額から控除すべきだと主張した。原審が損益相殺を認めたので，X らが上告受理を申し立てた。

【判決理由】 破棄差戻（田原裁判官の意見がある）

「2 原審が確定した事実関係の概要は，次のとおりである。

⑴ Y は，著しく高利の貸付けにより多大の利益を得ることを企図して，A の名称でヤミ金融の組織を構築し，その統括者として，自らの支配下にある……各店舗（以下『本件各店舗』という。）の店長又は店員をしてヤミ金融業に従事させていた。

⑵ X らは，平成 12 年 11 月から平成 15 年 5 月までの間，それぞれ，第 1 審判決別紙 2『被害明細表』記載の各年月日に同表記載の金銭を本件各店舗から借入れとして受領し，又は本件各店舗に対し弁済として交付した。そして，上記金銭の授受にかかわる利率は，同表の『利率』欄記載のとおり，年利数百 %～数千 % であった。

⑶ 本件各店舗が X らに貸付けとして金員を交付したのは，X らから元利金等の弁済の名目で違法に金員の交付を受けるための手段にすぎず，X らは，上記各店舗に弁済として交付した金員に相当する財産的損害を被った。

3 原審は，次のとおり判示して，Y について不法行為責任を認める一方，X らが貸付けとして交付を受けた金員相当額について損益相殺を認め，その額を各 X の財産的損害の額から控除した上，原判決別紙認容額一覧表の『当審認容額』欄記載のとおり，X らの各請求を一部認容すべきものとした。

⑴ 出資法 5 条 2 項が規定する利率を著しく上回る利率による利息の契約をし，これに基づいて利息を受領し又はその支払を要求することは，それ自体が強度の違法性を帯びるものというべきところ，本件各店舗の店長又は店員が X らに対して行った貸付けや，元利金等の弁済の名目により X らから金員を受領した行為は，X らに対する関係において民法 709 条の不法行為を構成し，Y は，A の統括者として，本件各店舗と X らとの間で行われた一連の貸借取引について民法 715 条 1 項の使用者責任を負う。

⑵ 本件各店舗が X らに対し貸付けとして行った金員の交付は，各貸借取引そのものが公序良俗に反する違法なものであって，法的には不法原因給付に当

➡ *122*

たるから，各店舗は，Xらに対し，交付した金員を不当利得として返還請求することはできない。その反射的効果として，Xらは，交付を受けた金員を確定的に取得するものであり，その限度で利益を得たものと評価せざるを得ない。

⑶　不法行為による損害賠償制度は，損害の公平妥当な分配という観点から設けられたものであり，現実に被った損害を補てんすることを目的としていると解される（最大判平成5年3月24日民集47巻4号3039頁参照）ことからすると，加害者の不法行為を原因として被害者が利益を得た場合には，当該利益を損益相殺として損害額から控除するのが，現実に被った損害を補てんし，損害の公平妥当な分配を図るという不法行為制度の上記目的にもかなうというべきである。

4　しかしながら，原審の上記3⑶の判断は是認することができない。その理由は，次のとおりである。

民法708条は，不法原因給付，すなわち，社会の倫理，道徳に反する醜悪な行為（以下『反倫理的行為』という。）に係る給付については不当利得返還請求を許さない旨を定め，これによって，反倫理的行為については，同条ただし書に定める場合を除き，法律上保護されないことを明らかにしたものと解すべきである。したがって，反倫理的行為に該当する不法行為の被害者が，これによって損害を被るとともに，当該反倫理的行為に係る給付を受けて利益を得た場合には，同利益については，加害者からの不当利得返還請求が許されないだけでなく，被害者からの不法行為に基づく損害賠償請求において損益相殺ないし損益相殺的な調整の対象として被害者の損害額から控除することも，上記のような民法708条の趣旨に反するものとして許されないものというべきである。なお，原判決の引用する前記大法廷判決は，不法行為の被害者の受けた利益が不法原因給付によって生じたものではない場合について判示したものであり，本件とは事案を異にする。

これを本件についてみると，前記事実関係によれば，著しく高利の貸付けという形をとってXらから元利金等の名目で違法に金員を取得し，多大の利益を得るという反倫理的行為に該当する不法行為の手段として，本件各店舗からXらに対して貸付けとしての金員が交付されたというのであるから，上記の

→ *122*

金員の交付によってＸらが得た利益は，不法原因給付によって生じたものというべきであり，同利益を損益相殺ないし損益相殺的な調整の対象としてＸらの損害額から控除することは許されない。これと異なる原審の判断には法令の解釈を誤った違法があり，この違法が判決に影響を及ぼすことは明らかである。

5　以上によれば，論旨は理由があり，原判決のうちＸらの敗訴部分は破棄を免れない。そして，Ｘらが請求し得る損害（弁護士費用相当額を含む。）の額等について更に審理を尽くさせるため，同部分につき本件を原審に差し戻すこととする。」

田原睦夫裁判官の意見

「私は，本件において，Ｙの支配下にある各店舗からＸらに対して，著しく高利の約定による貸付金名下で交付された金員は，不法原因給付として，本件各店舗からＸらに対して返還を請求することができないものであり，また，Ｘらが上記貸付金名下で交付を受けたことによる利得は，損益相殺ないし損益相殺的な調整としてＸらが被った損害額から差し引くべきではないとする点では，多数意見と結論を同じくする。しかし，多数意見のように『反倫理的行為に該当する不法行為の被害者が，これによって損害を被るとともに，当該反倫理的行為に係る給付を受けて利益を得た場合には，同利益については，加害者からの不当利得返還請求が許されないだけでなく，被害者からの不法行為に基づく損害賠償請求において損益相殺ないし損益相殺的な調整の対象として被害者の損害額から控除すること』も許されない，と一義的に言い切ることには，なお躊躇を覚える。不法行為の被害者が加害者から受けた給付が，不法原因給付としてその返還を要しない場合であっても，被害の性質や内容，程度，被害者の対応，加害行為の態様等から，その給付をもって損益相殺的処理をなすことが衡平に適う場面があり得ると考えられるからである。」

「本件における損害の捉え方及び損益相殺との関係，並びに不法原因給付の給付物を被害者が加害者に交付した場合の関係について，以下に若干の補足的な意見を述べる。」

「本件では，Ｘらは本件各店舗から著しく高い利率で貸付けを受け，その後に本件各店舗に対して元金部分と利息部分とを明確に区別することなくその元

➡ 122

利金名下で支払っているところ，Xらには，その支払の都度その支払った金額相当額の損害が発生していると評価されるのであり，その損害額の算定において，Xらが当初に貸付金名下に給付を受けた金額との差額が問題になる余地はない。

このように，本件では当初の貸付金名下の金員の交付とは別途に損害の発生が認められるところから，その損害と貸付金名下で交付を受けた金員相当額との損益相殺の可否が問題となり得るが，本件では，それが認められるべきでないことは，多数意見の述べるとおりである。

ところで，Xらは，貸付金の元利金の支払名下で本件各店舗に支払をなしているところから，利息制限法を超える利息を支払った場合に，その超過部分は，当然に元本に充当されるとする判例法理との関係が一応問題となり得る。しかし，同判例法理は，金銭消費貸借契約の約定で定められた利率が利息制限法で定める利率を超えてはいるものの，当該金銭消費貸借契約それ自体は有効である場合にかかるものであって，本件のごとく貸付行為自体が公序良俗に反し無効である場合には，その貸付けに対する利息の支払を観念する余地はないから，上記判例法理の適用の可否は問題となり得ない。

また，……，Xらの本件各店舗に対する支払が，本件貸付金名下で交付を受けた金員の弁済としてなされている場合には，その弁済は，不法原因給付にかかる給付の返還と評価され，その弁済額相当額は損害として評価することができない余地がある。しかし，本件においては，Xらの本件各店舗に対する支払は，元利金等としてなされてはいても，上記のとおり明確に元金部分として区分して弁済された事実は認められず，また，元利金名下の弁済であっても，上記のとおり判例法理を適用して制限利息超過部分が元本の弁済に充当される余地もないから，Xらから本件各店舗に対して，貸付金名下の元金に対する弁済としてなされた給付は存しないものというべきである。したがって，Xらが被った財産上の損害は，Xらが本件各店舗に元利金名下で支払った金員の総額というべきである。」（裁判長裁判官 那須弘平　裁判官 藤田宙靖　堀籠幸男　田原睦夫　近藤崇晴）

➡ 解説

解　説

121 のように妻帯者が妾関係の維持を目的として妻以外の女性へ不動産を贈与した場合には，①まず，当該贈与が公序良俗違反を理由に無効になるかが問題になり，②贈与が無効になる場合には，贈与者からの不動産返還請求について不法原因給付が問題になり，③不法原因給付となる場合には，贈与者は不動産を返還請求できず，しかし，贈与無効のゆえに所有権は移転せず，結果として不動産の帰属が宙ぶらりんになるから，誰がその使用権原者・登記権利者かが問題になる。*121* は，①につき，贈与の目的（不倫関係の維持か女性の生活保全か），婚姻関係の状況（破綻していないか）等に依る判例に従い，当該贈与は無効だとした。その上で，②につき，当該贈与は不法な原因によるとし，また，贈与建物が未登記だから引渡しのみで 708 条の「給付」になるとして，不当利得返還請求を否定した。そして，③につき，不法原因給付に当たるときは建物所有権は受贈者に帰属するとし，元の所有者からの所有物返還請求を否定した。なお，②について，建物が既登記の場合には，最(一)判昭和 46 年 10 月 28 日民集 25 巻 7 号 1069 頁は，引渡しのみでは「給付」にならないとして，妾からの登記移転請求を棄却している。

121 では不法原因により給付された原物の帰属が問われたが，*122* では，高金利貸付とその取立てが不法行為となる場合に，借主が弁済した高利息のほかに，借主が借り受けその後に返済した金額も借主（被害者）から賠償請求できるかが問われた。法廷意見は，反倫理的な不法行為によって被害者が損害とともに受けた利益について，① 708 条により，加害者は不当利得返還請求できないだけでなく，② 708 条の趣旨により，被害者からの損害賠償請求において損益相殺の対象にならないとする。これに対し，田原意見は，②の問題を①の問題から切り離して論ずべきだとする（本件での結論は同じ）。

第5章　不法行為

第1節　不法行為の成立要件

［1］　法益侵害と違法性

123　老舗の侵害

大判大正14年11月28日民集4巻670頁・大学湯事件

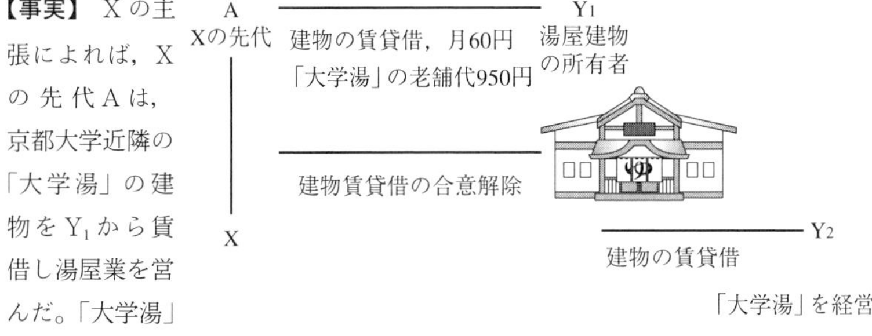

【事実】 Xの主張によれば，Xの先代Aは，京都大学近隣の「大学湯」の建物をY_1から賃借し湯屋業を営んだ。「大学湯」の老舗についてはY_1に別に代金を払い，賃貸借終了時にはY_1が買い取るかAが他に売却できるとの約束であった。ところが6年後に賃貸借を合意解除すると，Y_1は建物をY_2に賃貸し，Y_2が「大学湯」を営み，Xは老舗を失った。Xは，Y_1の債務不履行または不法行為による責任を問う。原審は，右の約束の存在を否定し，また，老舗は権利でなくその侵害は不法行為にならないとした。X上告。

【判決理由】 破棄差戻　「不法なる行為とは，法規の命ずるところ若は禁ずるところに違反する行為を云ふ。斯る行為に因りて生じたる悪結果は，能ふ限り之を除去せざるべからず。私法の範囲に在りては，其の或場合は債務の不履行として救済が与へらるることあり，又其の或場合は絶対権に基く請求権に依りて救済が与へらるることあり。此等の場合を外にして別に損害賠償請求権を認め以て救済が与へらるることあり。民法に所謂不法行為とは即此の場合を指す。即不法行為とは，右2個の場合に属せず，而も法規違反の行為より生じたる悪

➡ *123*

結果を除去する為被害者に損害賠償請求権を与ふることが吾人の法律観念に照して必要なりと思惟せらるる場合を云ふものに外ならず。夫，適法行為は千態万様数ふるに勝ふべからずと雖，不法行為に至りては寧ろ之より甚しきものあり。蓋彼は共同生活の規矩に遵ひての行為なるに反し，此は其の準縄の外に逸するの行為なればなり。従ひて何を不法行為と云ふやに就きて古より其の法制の体裁必しも一ならず。或は其の一般的定義は之を下さず唯仔細に個個の場合を列挙するに止むるものあり，或は之に反し広汎なる抽象的規定を掲げ其の細節に渉らざるものあり，又或は其の衷を執り数大綱を設けて其の余を律せむとするものあり。吾民法の如きは其の第二類に属するものなり。故に同法第 709 条は故意又は過失に因りて法規違反の行為に出で以て他人を侵害したる者は之に因りて生じたる損害を賠償する責に任ずと云ふが如き広汎なる意味に外ならず。其の侵害の対象は，或は夫の所有権・地上権・債権・無体財産権・名誉権等所謂一の具体的権利なることあるべく，或は此と同一程度の厳密なる意味に於ては未だ目するに権利を以てすべからざるも而も法律上保護せらるる一の利益なることあるべく，否詳く云はば吾人の法律観念上其の侵害に対し不法行為に基く救済を与ふることを必要とすと思惟する一の利益なることあるべし。夫権利と云ふが如き名称は，其の用法の精疎広狭固より一ならず。各規定の本旨に鑑て以て之を解するに非ざるよりは争でか其の真意に中つるを得むや。当該法条に『他人の権利』とあるの故を以て必ずや之を夫の具体的権利の場合と同様の意味に於ける権利の義なりと解し，凡そ不法行為ありと云ふときは先づ其の侵害せられたるは何権なりやとの穿鑿に腐心し，吾人の法律観念に照して大局の上より考察するの用意を忘れ，求めて自ら不法行為の救済を局限するが如きは，思はざるも亦甚しと云ふべきなり。

本件を案ずるに，X 先代が大学湯の老舗を有せしことは原判決の確定するところなり。老舗が売買贈与其の他の取引の対象と為るは言を俟たざるところなるが故に，若 Y_1 等にして法規違反の行為を敢し，以て X 先代が之を他に売却することを不能ならしめ，其の得べかりし利益を喪失せしめたるの事実あらむか，是猶或人が其の所有物を売却せむとするに当り第三者の詐術に因り売却は不能に帰し為に所有者は其の得べかりし利益を喪失したる場合と何の択ぶところかある。此等の場合侵害の対象は，売買の目的物たる所有物若は老舗そのものに非ず，得べかりし利益即是なり。斯る利益は吾人の法律観念上不法行為に基く損害賠償請求権を認むることに依りて之を保護する必要あるものなり。原判決は老舗なるものは権利に非ざるを以て其の性質上不法行為に因る侵害の対象たるを得ざるものなりと為せし点に於て誤れり。更にX主張に係る本件不法行為に因り侵害せられたるものは老舗そのものなりと為せし点に於て誤れり。本件上告は其の理由あり。」（一続きの原文を2段落に分けた）

124 日照の侵害

最(二)判昭和47年6月27日民集26巻5号1067頁・世田谷日照権事件

(曹時25巻11号267頁，法協91巻2号349頁，民商66巻6号951頁)

【事実】 東京都世田谷区において，Yが無届けで，建築基準法の容積率に反する増築工事をし，その結果，北側のXの家屋は日照を奪われ通風も悪くなった。Xは，家族が健康を害したので土地家屋を売却して転居し，土地家屋の値下りや慰謝料の賠償を請求。1審は請求を棄却したが，原審は一部を認容した。Y上告。

【判決理由】 上告棄却 「思うに，居宅の日照，通風は，快適で健康な生活に必要な生活利益であり，それが他人の土地の上方空間を横切ってもたらされるものであっても，法的な保護の対象にならないものではなく，加害者が権利の濫用にわたる行為により日照，通風を妨害したような場合には，被害者のために，不法行為に基づく損害賠償の請求を認めるのが相当である。もとより，所論のように，日照，通風の妨害は，従来与えられていた日光や風を妨害者の土地利用の結果さえぎったという消極的な性質のものであるから，騒音，煤煙，臭気等の放散，流入による積極的な生活妨害とはその性質を異にするものである。しかし，日照，通風の妨害も，土地の利用権者がその利用地に建物を建築してみずから日照，通風を享受する反面において，従来，隣人が享受していた日照，通風をさえぎるものであって，土地利用権の行使が隣人に生活妨害を与えるという点においては，騒音の放散等と大差がなく，被害者の保護に差異を認める理由はないというべきである。

本件において，原審は，挙示の証拠により，Yの家屋の2階増築部分がX居住の家屋および庭への日照をいちじるしくさえぎることになったこと，その

➡ 124

程度は，原判示のように，右家屋の居室内および庭面への日照が，季節により若干の変化はあるが，朝夕の一時期を除いては，おおむね遮断されるに至ったほか，右増築前に比較すると，右家屋への南方からの通風も悪くなった旨認定したうえ，かように，日中ほとんど日光が居宅に差さなくなったことは，Xの日常万般に種々影響を及ぼしたであろうことは容易に推認することができると判示している。

ところで，南側家屋の建築が北側家屋の日照，通風を妨げた場合は，もとより，それだけでただちに不法行為が成立するものではない。しかし，すべて権利の行使は，その態様ないし結果において，社会観念上妥当と認められる範囲内でのみこれをなすことを要するのであって，権利者の行為が社会的妥当性を欠き，これによって生じた損害が，社会生活上一般的に被害者において忍容するを相当とする程度を越えたと認められるときは，その権利の行使は，社会観念上妥当な範囲を逸脱したものというべく，いわゆる権利の濫用にわたるものであって，違法性を帯び，不法行為の責任を生ぜしめるものといわなければならない。

本件においては，原判決によれば，Yのした本件2階増築行為は，その判示のように建築基準法に違反したのみならず，Yは，東京都知事から工事施行停止命令や違反建築物の除却命令が発せられたにもかかわらず，これを無視して建築工事を強行し，その結果，少なくともYの過失により，前述のようにXの居宅の日照，通風を妨害するに至ったのであり，一方，Xとしては，Yの増築が建築基準法の基準内であるかぎりにおいて，かつ，建築主事の確認手続を経ることにより，通常一定範囲の日照，通風を期待することができ，その範囲の日照，通風がXに保障される結果となるわけであったにかかわらず，Yの本件2階増築行為により，住宅地域にありながら，日照，通風を大巾に奪われて不快な生活を余儀なくされ，これを回避するため，ついに他に移転するのやむなきに至ったというのである。したがって，Yの本件建築基準法違反がただちにXに対し違法なものとなるといえないが，Yの前示行為は，社会観念上妥当な権利行使としての範囲を逸脱し，権利の濫用として違法性を帯びるに至ったものと解するのが相当である。かくて，Yは，不法行為の責任を免れず，Xに対し，よって生じた損害を賠償すべき義務があるものとい

わなければならない。」（裁判長裁判官 関根小郷　裁判官 田中二郎　下村三郎　天野武一　坂本吉勝）

125 景観利益の侵害

最(一)判平成18年3月30日民集60巻3号948頁・国立景観訴訟

（曹時61巻3号222頁，法協127巻12号2124頁，百選II〈第8版〉180頁）

【事実】 マンション販売会社 Y_1 は，国立市大学通り沿いの本件土地を1999年7月にAから購入し，その上に本件高層マンションを建築した。これに対し，Xら50名（付近の住民と学校法人）は，景観権ないし景観利益の侵害を理由に，① Y_1 と区分所有者 Y_3 らに対し，高さ20mを超える部分の撤去を求め，② Y_1Y_3 らと施工業者 Y_2 に対し，慰謝料と弁護士費用の支払を求めた。1審は，地権者らは，建物基準遵守の積み重ねによって良好な景観を形成したのでその維持を相互に求める「景観利益」を有するところ，Y_1 がこの景観利益を損ないつつ「売り物に」することは受忍限度を超え，不法行為になるとし，Xらのうち大学通りから20m内の土地所有者3名につき，①東棟の高さ20mを超える部分の撤去請求を認め，また，② Y_1 に対し，撤去まで1日1万円の慰謝料，弁護士費用900万円の支払を命じた。これに対し，原審は，「良好な景観を享受する利益」は，その景観を観望するすべての人々が共に感得し得るものだから，その形成・保全は行政が住民参加の下に行なうべきであり，都市計画等の諸制度によらずに一部住民に権利を承認すべきでないとして，すべての請求を棄却した。Xらから上告受理申立て。

【判決理由】 上告棄却 「3　都市の景観は，良好な風景として，人々の歴史的又は文化的環境を形作り，豊かな生活環境を構成する場合には，客観的価値を有するものというべきである。Y_1 が本件建物の建築に着手した平成12年1月5日の時点において，国立市の景観条例と同様に，都市の良好な景観を形成し，保全することを目的とする条例を制定していた地方公共団体は少なくない状況にあり，東京都も，東京都景観条例……を既に制定し，景観作り……に関する必要な事項として，都の責務，都民の責務，事業者の責務，知事が行うべき行為などを定めていた。また，平成16年6月18日に公布された景観法……は，『良好な景観は，美しく風格のある国土の形成と潤いのある豊かな生活環境の創造に不可欠なものであることにかんがみ，国民共通の資産として，現在及び

➡ *125*

将来の国民がその恵沢を享受できるよう，その整備及び保全が図られなければならない。』と規定（2条1項）した上，国，地方公共団体，事業者及び住民の有する責務（3条から6条まで），景観行政団体がとり得る行政上の施策（8条以下）並びに市町村が定めることができる景観地区に関する都市計画（61条），その内容としての建築物の形態意匠の制限（62条），市町村長の違反建築物に対する措置（64条），地区計画等の区域内における建築物等の形態意匠の条例による制限（76条）等を規定しているが，これも，良好な景観が有する価値を保護することを目的とするものである。そうすると，良好な景観に近接する地域内に居住し，その恵沢を日常的に享受している者は，良好な景観が有する客観的な価値の侵害に対して密接な利害関係を有するものというべきであり，これらの者が有する良好な景観の恵沢を享受する利益（以下『景観利益』という。）は，法律上保護に値するものと解するのが相当である。

もっとも，この景観利益の内容は，景観の性質，態様等によって異なり得るものであるし，社会の変化に伴って変化する可能性のあるものでもあるところ，現時点においては，私法上の権利といい得るような明確な実体を有するものとは認められず，景観利益を超えて『景観権』という権利性を有するものを認めることはできない。

4　ところで，民法上の不法行為は，私法上の権利が侵害された場合だけではなく，法律上保護される利益が侵害された場合にも成立し得るものである（民法709条）が，本件におけるように建物の建築が第三者に対する関係において景観利益の違法な侵害となるかどうかは，被侵害利益である景観利益の性質と内容，当該景観の所在地の地域環境，侵害行為の態様，程度，侵害の経過等を総合的に考察して判断すべきである。そして，景観利益は，これが侵害された場合に被侵害者の生活妨害や健康被害を生じさせるという性質のものではないこと，景観利益の保護は，一方において当該地域における土地・建物の財産権に制限を加えることとなり，その範囲・内容等をめぐって周辺の住民相互間や財産権者との間で意見の対立が生ずることも予想されるのであるから，景観利益の保護とこれに伴う財産権等の規制は，第一次的には，民主的手続により定められた行政法規や当該地域の条例等によってなされることが予定されているものということができることなどからすれば，ある行為が景観利益に対す

➡ 125
る違法な侵害に当たるといえるためには，少なくとも，その侵害行為が刑罰法規や行政法規の規制に違反するものであったり，公序良俗違反や権利の濫用に該当するものであるなど，侵害行為の態様や程度の面において社会的に容認された行為としての相当性を欠くことが求められると解するのが相当である。

これを本件についてみると，原審の確定した前記事実関係によれば，大学通り周辺においては，教育施設を中心とした閑静な住宅地を目指して地域の整備が行われたとの歴史的経緯があり，環境や景観の保護に対する当該地域住民の意識も高く，文教都市にふさわしく美しい都市景観を守り，育て，作ることを目的とする行政活動も行われてきたこと，現に大学通りに沿って一橋大学以南の距離約750 m の範囲では，大学通りの南端に位置する本件建物を除き，街路樹と周囲の建物とが高さにおいて連続性を有し，調和がとれた景観を呈していることが認められる。そうすると，大学通り周辺の景観は，良好な風景として，人々の歴史的又は文化的環境を形作り，豊かな生活環境を構成するものであって，少なくともこの景観に近接する地域内の居住者は，上記景観の恵沢を日常的に享受しており，上記景観について景観利益を有するものというべきである。

しかしながら，本件建物は，平成12年1月5日に建築確認を得た上で着工されたものであるところ，国立市は，その時点では条例によりこれを規制する等上記景観を保護すべき方策を講じていなかった。

そして，国立市は，同年2月1日に至り，本件改正条例を公布・施行したものであるが，その際，本件建物は，いわゆる根切り工事が行われている段階にあり，建築基準法3条2項に規定する『現に建築の工事中の建築物』に当たるものであるから，本件改正条例の施行により本件土地に建築できる建築物の高さが20 m 以下に制限されることになったとしても，上記高さ制限の規制が本件建物に及ぶことはないというべきである。本件建物は，日影等による高さ制限に係る行政法規や東京都条例等には違反しておらず，違法な建築物であるということもできない。また，本件建物は，建築面積6401.98 ㎡を有する地上14階建てのマンション（高さは最高で43.65 m。総戸数353戸）であって，相当の容積と高さを有する建築物であるが，その点を除けば本件建物の外観に周囲の景観の調和を乱すような点があるとは認め難い。その他，原審の確定事

➡ 126

実によっても，本件建物の建築が，当時の刑罰法規や行政法規の規制に違反するものであったり，公序良俗違反や権利の濫用に該当するものであるなどの事情はうかがわれない。以上の諸点に照らすと，本件建物の建築は，行為の態様その他の面において社会的に容認された行為としての相当性を欠くものとは認め難く，Xらの景観利益を違法に侵害する行為に当たるということはできない。

5　以上と同旨の原審の判断は，正当として是認することができる。論旨は，いずれも採用することができない。」（裁判長裁判官 甲斐中辰夫　裁判官 横尾和子　泉　徳治　島田仁郎　才口千晴）

126 名誉の侵害（1）

最(三)判平成9年5月27日民集51巻5号2024頁・ロス疑惑スポーツニッポン事件

（曹時50巻5号201頁，民商119巻4＝5号757頁，百選Ⅱ〈第8版〉184頁）

【事実】 1981年8月に，Aは夫Xとロスアンゼルスを旅行中，ホテルで何者かに凶器で頭部を殴打され負傷した（「殴打事件」）。続いて同年11月に，XとAはロスアンゼルスでなんぴとかに銃撃され，Xは足を負傷し，Aは頭を撃たれてその後死亡した（「銃撃事件」）。3年後の84年1月に，週刊文春は，XがAに掛けていた保険金のためにA殺害を第三者に依頼したのでないかとの報道をし始め，その後，他の週刊誌や一般の新聞，さらにはテレビ放送等も同様の報道や番組を行なうようになった。85年9月にXの愛人Bが殴打事件を自供し，BとXは殺人未遂容疑で逮捕，起訴され，86年にB有罪の1審と控訴審判決が出て確定し，Xについては，87年8月に1審が，94年6月に控訴審が，98年9月に最高裁が有罪判決を出して確定した。他方，銃撃事件について，88年10月にXは殺人の容疑で逮捕，11月に起訴された。94年3月の1審判決は有罪としたが，98年7月の控訴審は無罪判決を言い渡し，最高裁も2003年3月に無罪とした。

以上のいわゆる「ロス疑惑」の経緯の中で，84年2月15日に，Y社発行のスポーツニッポンは，「『X氏に保険金殺人の計画を持ち込まれた』あるサラリーマン，ショッキングな証言」等の見出しの6段抜き記事を掲載した。その大要は，「社会的地位のある人」が「確か4年ぐらい前」にXから保険金がらみの交換殺人の計画を持ち込まれたと「“証言”」しているというものであり，「Cさんは X氏からこう切り出された。――『あんたの奥さん，オレが殺すからあんたはオレの女房をや

➡ *126*

って保険金をガッポリいただくというのはどう？』」という記載があった。また，Cについて「大手の会社に所属するサラリーマンCさん（46)。本人の希望で特に名を秘す。」と記載し，Xは実名であった。93年に，Xは上記記事により名誉を毀損されたとして，Yに慰謝料300万円の賠償を求めて提訴した。1審は95年3月に，名誉毀損を理由に慰謝料20万円の支払を認めたが，原審は同年10月に請求を棄却した。X上告。上告審判決の時点は，殴打事件の控訴審有罪判決後，銃撃事件の1審有罪判決後であった。

【判決理由】 破棄差戻「二　原審は，右事実関係の下において，おおよそ次のように判示して，第1審判決のうちXの請求を一部認容した部分を取消し，Xの請求を棄却した。

1　本件記事が掲載された新聞が発行された当時，Xの名誉がこれによりある程度毀損されたことは，認められないわけではない。

2　しかし，Xが前記の有罪判決を受けている現在の時点では，Xの名誉すなわち社会的評価は，有罪判決自体によって低下しているものというべきであり，遠い過去の新聞記事である本件記事がXの社会的評価に影響するところはほとんどない。また，刑事事件とは別に，民事訴訟においてXが無罪であるかどうかを審理し裁判することは，刑事裁判制度の役割を否定することにつながりかねない。したがって，本件記事によるXの社会的評価の低下につきその回復を図ることは，意味がないだけでなく有害であって，許されない。

3　Xが本件記事により何らかの精神的苦痛を被ったとしても，それは，遠い過去の時点にXの名誉を傷つける記事があったことを認識したことによる不快感という程度のものであり，Xが有罪判決を受けている現状の下では，Xが本件記事を閲読したことにより賠償に値する精神的損害を被ったとはいえない。

三　しかしながら，原審の右判断のうち2及び3の点は，是認することができない。その理由は，次のとおりである。

1　不法行為の被侵害利益としての名誉（民法710条，723条）とは，人の品性，徳行，名声，信用等の人格的価値について社会から受ける客観的評価のことであり（最大判昭和61年6月11日民集40巻4号872頁〔*169*〕参照)，名誉毀損とは，この客観的な社会的評価を低下させる行為のことにほかならない。

➡ 126
新聞記事による名誉毀損にあっては，これを掲載した新聞が発行され，読者がこれを閲読し得る状態になった時点で，右記事により事実を摘示された人の客観的な社会的評価が低下するのであるから，その人が当該記事の掲載を知ったかどうかにかかわらず，名誉毀損による損害はその時点で発生していることになる。被害者が損害を知ったことは，不法行為による損害賠償請求権の消滅時効の起算点（同法 724 条）としての意味を有するにすぎないのである。

したがって，X は，本件記事の掲載された新聞が発行された時点で，これによる損害を被ったものというべきである。

2　新聞の発行によって名誉毀損による損害が生じた後に被害者が有罪判決を受けたとしても，これによって新聞発行の時点において被害者の客観的な社会的評価が低下したという事実自体に消長を来すわけではないから，被害者が有罪判決を受けたという事実は，これによって損害が消滅したものとして，既に生じている名誉毀損による損害賠償請求権を消滅させるものではない。このように解することが刑事裁判制度の役割を否定することにつながるものでないことは，いうまでもないところである。

ただし，当該記事が摘示した事実と有罪判決の理由とされた事実との間に同一性がある場合に，被害者が有罪判決を受けたという事実を，名誉毀損行為の違法性又は行為者の故意若しくは過失を否定するための事情として斟酌することができるかどうかは，別問題である。

また，名誉毀損による損害について加害者が被害者に支払うべき慰謝料の額は，事実審の口頭弁論終結時までに生じた諸般の事情を斟酌して裁判所が裁量によって算定するものであり，右諸般の事情には，被害者の品性，徳行，名声，信用等の人格的価値について社会から受ける客観的評価が当該名誉毀損以外の理由によって更に低下したという事実も含まれるものであるから，名誉毀損による損害が生じた後に被害者が有罪判決を受けたという事実を斟酌して慰謝料の額を算定することが許される。

3　これを本件について見ると，本件記事が摘示した X に関する事実と X が受けた前記有罪判決の理由とされた事実とは，同種の事実であるということはできても，その間に同一性があるということはできない。したがって，本件記事が掲載された新聞の発行によって X の名誉が毀損された後に X が前記の有罪判決を受けたという事実は，これを慰謝料の額の算定要素として斟酌することは格別として，Xの被った損害を消滅させるものではなく，本件記事による名誉毀損を理由とするXのYに対する損害賠償請求権の成否を左右するものではないというべきである。

四　以上判示したところによれば，本件記事によりその当時Xの名誉が毀損されたことを認めながらXの本訴請求に理由がないとした原審の判断には，法令の解釈適用を誤った違法があり，右違法は原判決の結論に影響を及ぼすことが明らかである。この点をいう論旨は理由があり，原判決は破棄を免れない。そして，原審において更に審理を尽くさせる必要があるから，本件を原審に差し戻すのが相当である。」（裁判長裁判官 千種秀夫　裁判官 園部逸夫　大野正男　尾崎行信　山口　繁）

127 名誉の侵害（2）

最（三）判平成9年9月9日民集51巻8号3804頁・ロス疑惑「極悪人」事件

（曹時51巻2号256頁，百選Ⅱ〈第8版〉182頁）

【事実】 *126*の**【事実】**の冒頭に述べたロス疑惑の経緯の中で，Y社の1985年10月2日の夕刊フジは，「『Xは極悪人，死刑よ』 夕ぐれ族・Cが明かす意外な関係」（見出し1），「Bさん〔報道当時のXの妻〕も知らない話……警察に呼ばれたら話します」（見出し2）という記事を掲載し，捜査状況について，「この元検事にいわせると，Xは『知能犯プラス凶悪犯で，前代未聞の手ごわさ』という。」と報道した。Xはこれらの見出しと記事がXの名誉を毀損するとして，慰謝料500万円の支払を求めた。1審は，名誉毀損を認め，慰謝料100万円の支払を命じた。原審は請求を棄却した。X上告。

【判決理由】 破棄差戻「二　……原審は，以下のように判示して，Xの請求を棄却した。

本件見出し1等は，いずれもXの犯罪行為に関する事実についてのもので，公共の利害に関する事実に係るものであり，次に述べるとおり，Yについては，これらに関し，名誉毀損による不法行為責任は成立しない。

1　本件見出し1は，Xに関する特定の行為又は具体的事実を，明示的に叙述するものではなく，また，これらを黙示的に叙述するものともいい難い。そ

➡ 127

の上，これがＣの談話であると表示されていることも考慮すると，右見出しは，意見の表明（言明）に当たるというべきである。そして，この意見は，Ｃが，本件記事が公表される前に既に新聞等により繰り返し詳細に報道され広く社会に知れ渡っていたＸの前記殺人未遂事件等についての強い嫌疑を主要な基礎事実として，Ｘとの交際を通じて得た印象も加味した上，同人についてした評価を表明するものであることが明らかであり，右意見をもって不当，不合理なものということもできない。

2　次に，本件見出し2は，Ｃが前記殺人未遂及び殺人各事件へのＸの関与につき何らかの事実又は証拠を知っていると受け取られるかのような表現を採ってはいるが，本件記事の通常の読者においてはＣの戯言と受け取られるものにすぎないから，右見出しは，前記殺人未遂及び殺人各事件へのＸの関与につき嫌疑を更に強めるものとはいえず，本件見出し1と併せ考慮しても，これによりＸの名誉が毀損されたとはいえない。

3　最後に，本件記述は，Ｘに関する特定の行為又は具体的事実を，明示的に叙述するものではなく，また，これらを黙示的に叙述するものともいい難いから，右は，やはり意見の表明（言明）に当たるというべきである。そして，この意見は，東京地検の元検事と称する人物が，本件記事が公表される前に既に新聞等により繰り返し詳細に報道され広く社会に知れ渡っていたＸの前記殺人未遂事件等についての強い嫌疑並びにＸに対する捜査状況を主要な基礎事実として，同人についてした評価と今後の捜査見込みを表明するものであるから，右意見をもって不当，不合理なものということもできない。

三　しかしながら，原審の右判断は是認することができない。その理由は，次のとおりである。

1　新聞記事による名誉毀損の不法行為は，問題とされる表現が，人の品性，徳行，名声，信用等の人格的価値について社会から受ける客観的評価を低下させるものであれば，これが事実を摘示するものであるか，又は意見ないし論評を表明するものであるかを問わず，成立し得るものである。ところで，事実を摘示しての名誉毀損にあっては，その行為が公共の利害に関する事実に係り，かつ，その目的が専ら公益を図ることにあった場合に，摘示された事実がその重要な部分について真実であることの証明があったときには，右行為には違法性がなく，仮に右事実が真実であることの証明がないときにも，行為者において右事実を真実と信ずるについて相当の理由があれば，その故意又は過失は否定される（最(一)判昭和41年6月23日民集20巻5号1118頁，最(一)判昭和58年10月20日裁判集民事140号177頁参照)。一方，ある事実を基礎としての意見ないし論評の表明による名誉毀損にあっては，その行為が公共の利害に関する事実に係り，かつ，その目的が専ら公益を図ることにあった場合に，右意見ないし論評の前提としている事実が重要な部分について真実であることの証明があったときには，人身攻撃に及ぶなど意見ないし論評としての域を逸脱したものでない限り，右行為は違法性を欠くものというべきである（最(二)判昭和62年4月24日民集41巻3号490頁，最(一)判平成元年12月21日民集43巻12号2252頁参照)。そして，仮に右意見ないし論評の前提としている事実が真実であることの証明がないときにも，事実を摘示しての名誉毀損における場合と対比すると，行為者において右事実を真実と信ずるについて相当の理由があれば，その故意又は過失は否定されると解するのが相当である。

右のように，事実を摘示しての名誉毀損と意見ないし論評による名誉毀損とでは，不法行為責任の成否に関する要件が異なるため，問題とされている表現が，事実を摘示するものであるか，意見ないし論評の表明であるかを区別することが必要となる。ところで，ある記事の意味内容が他人の社会的評価を低下させるものであるかどうかは，当該記事についての一般の読者の普通の注意と読み方とを基準として判断すべきものであり（最(二)判昭和31年7月20日民集10巻8号1059頁参照)，そのことは，前記区別に当たっても妥当するものというべきである。すなわち，新聞記事中の名誉毀損の成否が問題となっている部分について，そこに用いられている語のみを通常の意味に従って理解した場合には，証拠等をもってその存否を決することが可能な他人に関する特定の事項を主張しているものと直ちに解せないときにも，当該部分の前後の文脈や，記事の公表当時に一般の読者が有していた知識ないし経験等を考慮し，右部分が，修辞上の誇張ないし強調を行なうか，比喩的表現方法を用いるか，又は第三者からの伝聞内容の紹介や推論の形式を採用するなどによりつつ，間接的ないしえん曲に前記事項を主張するものと理解されるならば，同部分は，事実を摘示するものと見るのが相当である。また，右のような間接的な言及は欠ける

➡ *127*

にせよ，当該部分の前後の文脈等の事情を総合的に考慮すると，当該部分の叙述の前提として前記事項を黙示的に主張するものと理解されるならば，同部分は，やはり，事実を摘示するものと見るのが相当である。

2　以上を本件について見ると，次のとおりいうことができる。

㈠まず，『X は極悪人，死刑よ』という本件見出し 1 は，これと一体を成す見出しのその余の部分及び本件記事の本文に照らすと，C の談話の要点を紹介する趣旨のものであることは明らかである。ところで，本件記事中では，当時，X は，前記殺人未遂被疑事件について勾留されており近日中に公訴が提起されることも見込まれる状況にあったが，嫌疑につき頑強に否認し続けていたこと，C はかねて X と相当親しく交際していたが，同人から，捜査機関の事情聴取に応ずるにも値すべき『事件のこと』に関する説明を受けたことがあること，その上で，C が，X について，『本当の極悪人ね。……自供したら，きっと死刑ね。今は棺桶に片足をのっけているようなもの』と述べたことが紹介されているのである。右のような本件記事の内容と，当時 X については前記殺人未遂事件のみならず殺人事件についての嫌疑も存在していたことを考慮すると，本件見出し 1 は，C の談話の紹介の形式により，X がこれらの犯罪を犯したと断定的に主張し，右事実を摘示するとともに，同事実を前提にその行為の悪性を強調する意見ないし論評を公表したものと解するのが相当である。

㈡次に，『B さんも知らない話……警察に呼ばれたら話します』という本件見出し 2 は，右㈠に述べた事情を考慮すると，やはり C の談話の紹介の形式により，X が前記の各犯罪を犯したと主張し，右事実を摘示するものと解するのが相当である。右談話は，その後の両名の相当親密な関係に立脚するものであることが本件記事中でも明らかとされており，本件記事が報道媒体である新聞紙の第一面に掲載されたこと，本件記事中には C の談話内容の信用性を否定すべきことをうかがわせる記述は格別存在しないことなども考慮すると，本件記事の読者においては，右談話に係る事実には幾分かの真実も含まれていると考えるのが通常であったと思われる。そうすると，右見出しは，X の名誉を毀損するものであったというべきである。

㈢最後に，『この元検事にいわせると，X は「知能犯プラス凶悪犯で，前代未聞の手ごわさ」という。』という本件記述は，X に対する殺人未遂被疑事件

➡ 127

についての前記のような捜査状況を前提としつつ，元検事がXから右事件について自白を得ることは不可能ではないと述べたことを紹介する記載の一部であり，当時Xについては右殺人未遂事件のみならず殺人事件についても嫌疑が存在していたことも考慮すると，本件記述は，元検事の談話の紹介の形式により，Xがこれらの犯罪を犯したと断定的に主張し，右事実を摘示するとともに，同事実を前提にその人格の悪性を強調する意見ないし論評を公表したものと解するのが相当である。

3　もっとも，原判決は，本件見出し1及び本件記述に関し，その意見ないし論評の前提となる事実について，Yにおいてその重要な部分を真実であると信ずるにつき相当の理由があったと判示する趣旨と解する余地もある。

しかしながら，ある者が犯罪を犯したとの嫌疑につき，これが新聞等により繰り返し報道されていたため社会的に広く知れ渡っていたとしても，このことから，直ちに，右嫌疑に係る犯罪の事実が実際に存在したと公表した者において，右事実を真実であると信ずるにつき相当の理由があったということはできない。けだし，ある者が実際に犯罪を行ったということと，この者に対して他者から犯罪の嫌疑がかけられているということとは，事実としては全く異なるものであり，嫌疑につき多数の報道がされてその存在が周知のものとなったという一事をもって，直ちに，その嫌疑に係る犯罪の事実までが証明されるわけでないことは，いうまでもないからである。

これを本件について見るに，前記のとおり，本件見出し1及び本件記述は，Xが前記殺人未遂事件等を犯したと断定的に主張するものと見るべきであるが，原判決は，本件記事が公表された時点までにXが右各事件に関与したとの嫌疑につき多数の報道がされてその存在が周知のものとなっていたとの事実を根拠に，右嫌疑に係る犯罪事実そのものの存在についてはYにおいてこれを真実と信ずるにつき相当の理由があったか否かを特段問うことなく，その名誉毀損による不法行為責任の成立を否定したものであって，これを是認することができない。」（裁判長裁判官 園部逸夫　裁判官 大野正男　千種秀夫　尾崎行信　山口　繁）

128 プライバシーの侵害

最(三)判平成6年2月8日民集48巻2号149頁・ノンフィクション「逆転」事件
(曹時49巻2号177頁, 法協113巻2号342頁, 憲法百選Ⅰ〈第7版〉134頁)

【事実】 1964年に合衆国統治下の沖縄でXを含む日本人4名と米兵2名が喧嘩で殴り合い，米兵1名が死亡しもう1名のAが負傷した。Xら4名は傷害致死・傷害の罪で起訴され，陪審裁判を経て，Xは傷害罪につき懲役3年の実刑判決を受けた。Xが1966年に仮出獄し，後に上京して結婚し，前科を知られず平穏に生活していたところ，上記裁判の陪審員であったYが，1977年に，Xの実名を使用してノンフィクション作品『逆転』を執筆・刊行し受賞するなどしたため，XはNHKに呼び出されたりした。Xは，プライバシーの権利の侵害を理由に，Yに慰謝料300万円を請求。1・2審は，実名の使用が必要不可欠だったと解されないとして，50万円の支払いを命じた。Y上告。

【判決理由】 上告棄却 「1　ある者が刑事事件につき被疑者とされ，さらには被告人として公訴を提起されて判決を受け，とりわけ有罪判決を受け，服役したという事実は，その者の名誉あるいは信用に直接にかかわる事項であるから，その者は，みだりに右の前科等にかかわる事実を公表されないことにつき，法的保護に値する利益を有するものというべきである（最(三)判昭和56年4月14日民集35巻3号620頁参照)。この理は，右の前科等にかかわる事実の公表が公的機関によるものであっても，私人又は私的団体によるものであっても変わるものではない。そして，その者が有罪判決を受けた後あるいは服役を終えた後においては，一市民として社会に復帰することが期待されるのであるから，その者は，前科等にかかわる事実の公表によって，新しく形成している社会生活の平穏を害されその更生を妨げられない利益を有するというべきである。

もっとも，ある者の前科等にかかわる事実は，他面，それが刑事事件ないし刑事裁判という社会一般の関心あるいは批判の対象となるべき事項にかかわるものであるから，事件それ自体を公表することに歴史的又は社会的な意義が認められるような場合には，事件の当事者についても，その実名を明らかにすることが許されないとはいえない。また，その者の社会的活動の性質あるいはこれを通じて社会に及ぼす影響力の程度などのいかんによっては，その社会的活動に対する批判あるいは評価の一資料として，右の前科等にかかわる事実が公

➡ *128*

表されることを受忍しなければならない場合もあるといわなければならない(最(一)判昭和56年4月16日刑集35巻3号84頁参照)。さらにまた，その者が選挙によって選出される公職にある者あるいはその候補者など，社会一般の正当な関心の対象となる公的立場にある人物である場合には，その者が公職にあることの適否などの判断の一資料として右の前科等にかかわる事実が公表されたときは，これを違法というべきものではない（最(一)判昭和41年6月23日民集20巻5号1118頁参照)。

そして，ある者の前科等にかかわる事実が実名を使用して著作物で公表された場合に，以上の諸点を判断するためには，その著作物の目的，性格等に照らし，実名を使用することの意義及び必要性を併せ考えることを要するというべきである。

要するに，前科等にかかわる事実については，これを公表されない利益が法的保護に値する場合があると同時に，その公表が許されるべき場合もあるのであって，ある者の前科等にかかわる事実を実名を使用して著作物で公表したことが不法行為を構成するか否かは，その者のその後の生活状況のみならず，事件それ自体の歴史的又は社会的な意義，その当事者の重要性，その者の社会的活動及びその影響力について，その著作物の目的，性格等に照らした実名使用の意義及び必要性をも併せて判断すべきもので，その結果，前科等にかかわる事実を公表されない法的利益が優越するとされる場合には，その公表によって被った精神的苦痛の賠償を求めることができるものといわなければならない。

……

2　そこで，以上の見地から本件をみると，まず，本件事件及び本件裁判から本件著作が刊行されるまでに12年余の歳月を経過しているが，その間，Xが社会復帰に努め，新たな生活環境を形成していた事実に照らせば，Xは，その前科にかかわる事実を公表されないことにつき法的保護に値する利益を有していたことは明らかであるといわなければならない。しかも，Xは，地元を離れて大都会の中で無名の一市民として生活していたのであって，公的立場にある人物のようにその社会的活動に対する批判ないし評価の一資料として前科にかかわる事実の公表を受忍しなければならない場合ではない。

所論は，本件著作は，陪審制度の長所ないし民主的な意義を訴え，当時のア

➡ 128
メリカ合衆国の沖縄統治の実態を明らかにしようとすることを目的としたものであり，そのために本件事件ないしは本件裁判の内容を正確に記述する必要があったというが，その目的を考慮しても，本件事件の当事者であるＸについて，その実名を明らかにする必要があったとは解されない。本件著作は，陪審評議の経過を詳細に記述し，その点が特色となっているけれども，歴史的事実そのものの厳格な考究を目的としたものとはいえず，現にＹは，本件著作において，米兵たちの事件前の行動に関する記述は周囲の人の話や証言などから推測的に創作した旨断っており，Ｘに関する記述についても，同人が法廷の被告人席に座って沖縄へ渡って来たことを後悔し，そのころの生活等を回顧している部分は，Ｘは事実でないとしている。その上，Ｙ自身を含む陪審員については，実名を用いることなく，すべて仮名を使用しているのであって，本件事件の当事者であるＸについては特にその実名を使用しなければ本件著作の右の目的が損なわれる，と解することはできない。

さらに，所論は，本件著作は，右の目的のほか，Ｘら四名が無実であったことを明らかにしようとしたものであるから，本件事件ないしは本件裁判について，Ｘの実名を使用しても，その前科にかかわる事実を公表したことにはならないという。しかし，本件著作では，Ｙ自身を含む陪審員の評議の結果，Ｘら４名がＡに対する傷害の罪で有罪と答申された事実が明らかにされている上，Ｘの下駄やシャツに米兵の血液型と同型の血液が付着していた事実など，Ｘと事件とのかかわりを示す証拠が裁判に提出されていることが記述され，また，陪審評議において，喧嘩両成敗であるとの議論がされた旨の記述はあるが，Ｘら４名が正当防衛として無罪であるとの主張がされた旨の記述はない。したがって，本件著作は，Ｘら４名に対してされた陪審の答申と当初の公訴事実との間に大きな相違があり，また，言い渡された刑が陪審の答申した事実に対する量刑として重いという印象を強く与えるものではあるが，Ｘが本件事件に全く無関係であったとか，Ｘら４名の行為が正当防衛であったとかいう意味において，その無実を訴えたものであると解することはできない。

以上を総合して考慮すれば，本件著作が刊行された当時，Ｘは，その前科にかかわる事実を公表されないことにつき法的保護に値する利益を有していたところ，本件著作において，ＹがＸの実名を使用して右の事実を公表したことを正当とするまでの理由はないといわなければならない。そして，Ｙが本件著作でＸの実名を使用すれば，その前科にかかわる事実を公表する結果になることは必至であって，実名使用の是非をＹが判断し得なかったものとは解されないから，Ｙは，Ｘに対する不法行為責任を免れないものというべきである。（裁判長裁判官 大野正男　裁判官　園部逸夫　裁判官 佐藤庄市郎　可部恒雄　千種秀夫）

［関連裁判例］

129 個人情報の侵害

最（二）判平成15年9月12日民集57巻8号973頁・早稲田大学江沢民事件

（曹時56巻11号2773頁，憲法百選Ⅰ〈第6版〉44頁，平15重判10頁・89頁）

【事実】 学校法人Ｙが設置する早稲田大学は，1998年7月に中華人民共和国の江沢民国家主席の講演会を計画し，関係機関と打ち合わせたうえ11月に開催を決定した。その際，大学は警視庁から警備のために講演会出席者の名簿の提出を求められ，内部の議論を経て提出した。本件名簿は，大学の各学部事務所等に置かれ，講演会参加希望者が学籍番号・氏名・住所・電話番号を記入したものであり，大学はその写しを参加学生の同意を得ないで警視庁に提出した。Ｘら3名は本件講演会で大声で叫ぶなどして私服警察官に現行犯逮捕され，その後，大学から譴責処分を受けたが，Ｙに対し，譴責処分の無効確認とともに，警視庁への本件名簿の提出によるプライバシー侵害を理由に損害賠償を請求した。1・2審は本件個人情報を「プライバシー」と認めたが，不法行為は否定した。Ｘらが上告受理申立て。

【判決理由】 破棄差戻（亀山・梶谷裁判官の反対意見がある）

「3　原審は，前記事実関係の下で，プライバシーの侵害を理由とする損害賠償請求について，次のとおり判示し，同請求を含めてＸらの本件請求をいずれも棄却すべきものとした。

⑴　本件名簿は，氏名等の情報のほかに，『本件講演会に参加を希望し申し込んだ学生である』との情報をも含むものであるところ，このような本件個人情報は，プライバシーの権利ないし利益として，法的保護に値するというべきであり，本件名簿は，そのような情報価値を具有するものであったことが認められる。

➡ 129

⑵　早稲田大学による本件名簿の警察に対する提出行為については，同大学が本件講演会参加申込者の同意を得ていたと認めるに足りる証拠はない。しかし，私生活上の情報を開示する行為が，直ちに違法性を有し，開示者が不法行為責任を負うことになると考えるのは相当ではなく，諸般の事情を総合考慮し，社会一般の人々の感受性を基準として，当該開示行為に正当な理由が存し，社会通念上許容される場合には，違法性がなく，不法行為責任を負わないと判断すべきであるところ，本件個人情報は，基本的には個人の識別などのための単純な情報にとどまるのであって，思想信条や結社の自由等とは無関係のものである上，他人に知られたくないと感ずる程度，度合いの低い性質のものであること，X らが本件個人情報の開示によって具体的な不利益を被ったとは認められないこと，早稲田大学は，本件講演会の主催者として，講演者である外国要人の警備，警護に万全を期し，不測の事態の発生を未然に防止するとともに，その身辺の安全を確保するという目的に資するため本件個人情報を開示する必要性があったこと，その他，開示の目的が正当であるほか，本件個人情報の収集の目的とその開示の目的との間に一応の関連性があること等の諸事情が認められ，これらの諸事情を総合考慮すると，同大学が本件個人情報を開示することについて，事前に X らの同意ないし許諾を得ていないとしても，同大学が本件個人情報を開示したことは，社会通念上許容される程度を逸脱した違法なものであるとまで認めることはできず，その開示が X らに対し不法行為を構成するものと認めることはできない。

4　X らは，原判決のうちプライバシーの侵害を理由とする損害賠償請求に関する部分を不服として，本件上告受理の申立てをした。

5　原審の前記判断のうち，前記 3 の⑴は是認することができるが，同⑵は是認することができない。その理由は，次のとおりである。

⑴　本件個人情報は，早稲田大学が重要な外国国賓講演会への出席希望者をあらかじめ把握するため，学生に提供を求めたものであるところ，学籍番号，氏名，住所及び電話番号は，早稲田大学が個人識別等を行うための単純な情報であって，その限りにおいては，秘匿されるべき必要性が必ずしも高いものではない。また，本件講演会に参加を申し込んだ学生であることも同断である。しかし，このような個人情報についても，本人が，自己が欲しない他者にはみ

➡ 129

だりにこれを開示されたくないと考えることは自然なことであり，そのことへの期待は保護されるべきものであるから，本件個人情報は，Xらのプライバシーに係る情報として法的保護の対象となるというべきである。

(2) このようなプライバシーに係る情報は，取扱い方によっては，個人の人格的な権利利益を損なうおそれのあるものであるから，慎重に取り扱われる必要がある。本件講演会の主催者として参加者を募る際にXらの本件個人情報を収集した早稲田大学は，Xらの意思に基づかずにみだりにこれを他者に開示することは許されないというべきであるところ，同大学が本件個人情報を警察に開示することをあらかじめ明示した上で本件講演会参加希望者に本件名簿へ記入させるなどして開示について承諾を求めることは容易であったものと考えられ，それが困難であった特別の事情がうかがわれない本件においては，本件個人情報を開示することについてXらの同意を得る手続を執ることなく，Xらに無断で本件個人情報を警察に開示した同大学の行為は，Xらが任意に提供したプライバシーに係る情報の適切な管理についての合理的な期待を裏切るものであり，Xらのプライバシーを侵害するものとして不法行為を構成するというべきである。原判決の説示する本件個人情報の秘匿性の程度，開示による具体的な不利益の不存在，開示の目的の正当性と必要性などの事情は，上記結論を左右するに足りない。

6 以上のとおり，原審の前記判断には，判決に影響を及ぼすことが明らかな法令の違反があり，論旨は理由がある。原判決中プライバシーの侵害を理由とする損害賠償請求に関する部分は破棄を免れない。そして，同部分について更に審理判断させる必要があるから，本件を原審に差し戻すこととする。

よって，裁判官亀山継夫，同梶谷玄の反対意見があるほか，裁判官全員一致の意見で，主文のとおり判決する。」（裁判長裁判官 滝井繁男　裁判官 福田　博　北川弘治　亀山継夫　梶谷　玄）

130 家族関係の侵害

最(三)判平成8年3月26日民集50巻4号993頁・破綻後不貞事件
(曹時50巻10号2497頁，民商116巻6号906頁，百選Ⅲ〈第2版〉24頁，平8重判76頁)

【事実】 X女とA男は昭和42年に結婚し，昭和43年に長女，昭和46年に長男が生まれたが，その後，性格の相違等が原因で関係が悪くなり，昭和57年にAがB株式会社へ転職して，昭和59年に同社代表取締役に就任したのを契機に著しく悪化した。昭和61年7月，Aは別居する目的で夫婦関係調整の調停を申し立てたが，X欠席のため取り下げた。昭和62年3月にAはB名義で本件マンションを購入し，5月にそこへ転居してXと別居した。他方，Yは昭和62年4月頃，アルバイトをしていたスナックで客のAと知り合い，Aから離婚の予定を聞いて親しくなり，同年夏頃までに肉体関係を持ち，10月頃本件マンションで同棲するに至った。その後Yは平成元年2月にAとの間の子を出産し，Aはその子を認知した。Xは，Yの不貞行為がXとAの婚姻関係を破壊したとして，Yに対し不法行為を理由に慰謝料1000万円と遅延損害金を求めて提訴した。1・2審ともXの請求を棄却。X上告。

【判決理由】 上告棄却 「二　甲の配偶者乙と第三者丙が肉体関係を持った場合において，甲と乙との婚姻関係がその当時既に破綻していたときは，特段の事情のない限り，丙は，甲に対して不法行為責任を負わないものと解するのが相当である。けだし，丙が乙と肉体関係を持つことが甲に対する不法行為となる（後記判例参照）のは，それが甲の婚姻共同生活の平和の維持という権利又は法的保護に値する利益を侵害する行為ということができるからであって，甲と乙との婚姻関係が既に破綻していた場合には，原則として，甲にこのような権利又は法的保護に値する利益があるとはいえないからである。

三　そうすると，前記一の事実関係〔【事実】参照〕の下において，YがAと肉体関係を持った当時，AとXとの婚姻関係が既に破綻しており，YがXの権利を違法に侵害したとはいえないとした原審の認定判断は，正当として是認することができ，原判決に所論の違法はない。所論引用の判例（最(二)判昭和54年3月30日民集33巻2号303頁）は，婚姻関係破綻前のものであって事案を異にし，本件に適切でない。論旨は採用することができない。」（裁判長裁判官 可部恒雄　裁判官 園部逸夫　大野正男　千種秀夫　尾崎行信）

［関連裁判例］

131 建物としての基本的な安全性の侵害

最(二)判平成 19 年 7 月 6 日民集 61 巻 5 号 1769 頁・別府マンション事件第 1 次上告審
（曹時 62 巻 5 号 1365 頁，民商 137 巻 4＝5 号 438 頁，百選Ⅱ〈第 8 版〉172 頁，平 19 重判 89 頁）

最(一)判平成 23 年 7 月 21 日判時 2129 号 36 頁・別府マンション事件第 2 次上告審
（民商 146 巻 1 号 115 頁，平 23 重判 84 頁）

【事実】 A は，1988 年 10 月に建設会社 Y_2，建築士事務所 Y_1 と建築請負契約（代金 3 億 6000 万余円），設計監理委託契約を締結して，所有地上に 9 階建て賃貸共同住宅・店舗を建てたが，1990 年 3 月の完成直後にその土地建物を X ら（親子）に売却した（建物代金は 4 億 1200 万余円）。X らは 1994 年の建物入居後に，Y_2 に対し，亀裂・水漏れ・排水管のつまり等を指摘して建替えか建物代金の返還を請求し，1996 年に Y らの瑕疵担保責任と不法行為責任を主張して 5 億 2500 万円の損害賠償請求訴訟を提起した。その後，本件土地建物購入のための融資が返済困難になり，2002 年に本件土地建物の抵当権が実行された。

1 審は Y らの不法行為責任を認めたが，控訴審はそれを否定した。X らから上告受理申立て。最(二)判平成 19 年 7 月 6 日（第 1 次上告審）は下記の判決理由により原判決を破棄し差し戻した（瑕疵担保責任に基づく請求は上告棄却）。しかし，差戻審は，最高裁のいう「建物としての基本的な安全性を損なう瑕疵」を，居住者等の生命・身体・財産に対する現実的な危険性を生じさせる瑕疵と解し，X らが本件建物を売却してから 6 年以上経過しても事故が生じていないからそのような瑕疵はなかったとして請求を棄却した。X らから上告受理申立て。最(一)判平成 23 年 7 月 21 日（第 2 次上告審）は下記の判決理由により原判決を破棄し差し戻した。なお，この後，福岡高判平成 24 年 1 月 10 日判時 2158 号 62 頁（第 3 次控訴審）はいくつかの瑕疵について X らの請求を認めた（3800 万余円）ところ，Y_1 のみが上告および上告受理申立て。最(三)決平成 25 年 1 月 29 日（Westlaw 2013WLJP-CA01296003）は上告を棄却した。

【判決理由】 最(二)判平成 19 年 7 月 6 日（第 1 次上告審） 一部破棄差戻，一部棄却 「4　しかしながら，原審の上記 3 (2)の判断は是認することができない。その理由は，次のとおりである。

(1)　建物は，そこに居住する者，そこで働く者，そこを訪問する者等の様々な者によって利用されるとともに，当該建物の周辺には他の建物や道路等が存在しているから，建物は，これらの建物利用者や隣人，通行人等（以下，併せ

➡ 131

て『居住者等』という。）の生命，身体又は財産を危険にさらすことがないような安全性を備えていなければならず，このような安全性は，建物としての基本的な安全性というべきである。そうすると，建物の建築に携わる設計者，施工者及び工事監理者（以下，併せて『設計・施工者等』という。）は，建物の建築に当たり，契約関係にない居住者等に対する関係でも，当該建物に建物としての基本的な安全性が欠けることがないように配慮すべき注意義務を負うと解するのが相当である。そして，設計・施工者等がこの義務を怠ったために建築された建物に建物としての基本的な安全性を損なう瑕疵があり，それにより居住者等の生命，身体又は財産が侵害された場合には，設計・施工者等は，不法行為の成立を主張する者が上記瑕疵の存在を知りながらこれを前提として当該建物を買い受けていたなど特段の事情がない限り，これによって生じた損害について不法行為による賠償責任を負うというべきである。居住者等が当該建物の建築主からその譲渡を受けた者であっても異なるところはない。

(2) 原審は，瑕疵がある建物の建築に携わった設計・施工者等に不法行為責任が成立するのは，その違法性が強度である場合，例えば，建物の基礎や構造く体にかかわる瑕疵があり，社会公共的にみて許容し難いような危険な建物になっている場合等に限られるとして，本件建物の瑕疵について，不法行為責任を問うような強度の違法性があるとはいえないとする。しかし，建物としての基本的な安全性を損なう瑕疵がある場合には，不法行為責任が成立すると解すべきであって，違法性が強度である場合に限って不法行為責任が認められると解すべき理由はない。例えば，バルコニーの手すりの瑕疵であっても，これにより居住者等が通常の使用をしている際に転落するという，生命又は身体を危険にさらすようなものもあり得るのであり，そのような瑕疵があればその建物には建物としての基本的な安全性を損なう瑕疵があるというべきであって，建物の基礎や構造く体に瑕疵がある場合に限って不法行為責任が認められると解すべき理由もない。

5 以上と異なる原審の前記3(2)の判断には民法709条の解釈を誤った違法があり，この違法が判決に影響を及ぼすことは明らかである。論旨は，上記の趣旨をいうものとして理由があり，原判決のうちXらの不法行為に基づく損害賠償請求に関する部分は破棄を免れない。そして，本件建物に建物としての基本的な安全性を損なう瑕疵があるか否か，ある場合にはそれによりＸらの被った損害があるか等Ｙらの不法行為責任の有無について更に審理を尽くさせるため，本件を原審に差し戻すこととする。」（裁判長裁判官 今井 功 裁判官 津野 修 中川了滋 古田佑紀）

最(一)判平成23年7月21日（第2次上告審） 破棄差戻 「2 ……第2次控訴審である原審は，第1次上告審判決にいう『建物としての基本的な安全性を損なう瑕疵』とは，建物の瑕疵の中でも，居住者等の生命，身体又は財産に対する現実的な危険性を生じさせる瑕疵をいうものと解され，Ｙらの不法行為責任が発生するためには，本件建物が売却された日までに上記瑕疵が存在していたことを必要とするとした上，上記の日までに，本件建物の瑕疵により，居住者等の生命，身体又は財産に現実的な危険が生じていないことからすると，上記の日までに本件建物に建物としての基本的な安全性を損なう瑕疵が存在していたとは認められないと判断して，Ｘの不法行為に基づく損害賠償請求を棄却すべきものとした。

3 しかしながら，原審の上記判断は是認することができない。その理由は，次のとおりである。

(1) 第1次上告審判決にいう『建物としての基本的な安全性を損なう瑕疵』とは，居住者等の生命，身体又は財産を危険にさらすような瑕疵をいい，建物の瑕疵が，居住者等の生命，身体又は財産に対する現実的な危険をもたらしている場合に限らず，当該瑕疵の性質に鑑み，これを放置するといずれは居住者等の生命，身体又は財産に対する危険が現実化することになる場合には，当該瑕疵は，建物としての基本的な安全性を損なう瑕疵に該当すると解するのが相当である。

(2) 以上の観点からすると，当該瑕疵を放置した場合に，鉄筋の腐食，劣化，コンクリートの耐力低下等を引き起こし，ひいては建物の全部又は一部の倒壊等に至る建物の構造耐力に関わる瑕疵はもとより，建物の構造耐力に関わらない瑕疵であっても，これを放置した場合に，例えば，外壁が剝落して通行人の上に落下したり，開口部，ベランダ，階段等の瑕疵により建物の利用者が転落したりするなどして人身被害につながる危険があるときや，漏水，有害物質の発生等により建物の利用者の健康や財産が損なわれる危険があるときには，建物としての基本的な安全性を損なう瑕疵に該当するが，建物の美観や居住者の居住環境の快適さを損なうにとどまる瑕疵は，これに該当しないものというべきである。

(3) そして，建物の所有者は，自らが取得した建物に建物としての基本的な安全性を損なう瑕疵がある場合には，第1次上告審判決にいう特段の事情がない限り，設計・施工者等に対し，当該瑕疵の修補費用相当額の損害賠償を請求することができるものと解され，上記所有者が，当該建物を第三者に売却するなどして，その所有権を失った場合であっても，その際，修補費用相当額の補塡を受けたなど特段の事情がない限り，一旦取得した損害賠償請求権を当然に失うものではない。」（裁判長裁判官 金築誠志　裁判官 宮川光治　櫻井龍子　横田尤孝　白木　勇）

解　説

(1) 709条の責任要件は，「故意・過失」，「権利又は法律上保護される利益の侵害」（以下では「法益侵害」と呼ぶ），「損害」，「因果関係」の4つである。今日の多数の学説と判例は，このうちの「法益侵害」の一部または全部を「違法性」に置き換える。各要件の内容はそれが要件とされる理由から理解する必要がある。

まず，「損害」は，不法行為責任の目的が被害者の損害の塡補のためであることに基づく。したがって，この要件では被害者を救済する必要性を判断する。次に「因果関係」は，不法行為責任が加害原因者の負担による損害塡補であることから要件とされる。被告が故意・過失で違法な行為をしていても，当該損害がその被告の行為に因らなければ賠償責任を負わない。後掲*139*（ルンバール事件）でいうと，たとえ医師らに過失があっても，Xの障害が化膿性髄膜炎の再発に因るときは，不法行為責任を負わない。以上に対し，「法益侵害」は，賠償責任を被害者の「法益」が侵害された場合に限定し，「違法性」は，侵害の仕方が非難すべき場合に限定する。「法益侵害」と「違法性」の要件は，不法行為責任を，行為が不法で，許されない場合に限定する。「損害」「因果関係」「故意・過失」があっても，不法でなければ責任を否定して，行為・活動の自由を確保すべきだと考えるからである。例えば，大型店舗の出店により既存の小店舗が閉店する場合には，小店舗の「損害」，出店と損害の間の「因果関係」のほか，多くの場合に小店舗閉店について大型店舗の「故意・過失」が認められるが，「法益侵害」「違法性」がないから大型店舗出店者は賠償責任を負わない。最後に，「故意・過失」は，加害者が当該侵害を予見し回避できた場合に賠償責任を限定することによって，「法益侵害」「違法性」とは別の観点から，行為者の活動の自由を確保するためである。

なお，犯罪報道をされた者が後に有罪判決を受けた場合に，*126* は，名誉という法益侵害は客観的な社会的評価の低下だから有罪判決によってなくならないが，損害である慰謝料は口頭弁論終結時までの諸事情を斟酌して算定すべきだという。「法益侵害」では侵害の客観的な不法性を判断し，「損害」では被害者の救済の必要を判断するという上述の考えがみられる。

(2) 以上の要件のうち，ここでは「法益侵害」「違法性」の内容をみる。

709 条の「権利」につき，民法起草者は身体，自由，名誉，財産権を挙げ（710 条参照），当初の判例はこの「権利」を厳格に考えていた。しかし，*123* は，われわれの法律観念上その侵害に対し不法行為に基づく救済を与える必要がある利益を，広く本条の「権利」と考えるべきだとした。こうして，判例は，各人が物理的に支配する身体や財物以外でもこの「権利」であることを認めてきた。ただ，こうして拡げた保護法益については，侵害の態様が違法でないことを要求して不法行為責任の成立を制限する。

保護法益拡大のグループの一つは，日照（*124*），景観利益（*125*）のような快適な生活の利益である。ただ，日照侵害の *124* は不法行為責任を侵害が受忍限度を超える場合に限定し，景観利益侵害の *125* は，刑罰法規，行政法規，公序良俗の違反，権利濫用の場合に限定している。

保護法益拡大のいま一つのグループは，人が他者とのコミュニケーションにおいて基礎にする情報である。その古典的なものは名誉である（*126*〔ロス疑惑スポーツニッポン事件〕，*127*〔ロス疑惑「極悪人」事件〕）。名誉のほかにも名誉感情，プライバシー（*128*〔ノンフィクション「逆転」事件〕），個人情報（*129*〔早稲田大学江沢民事件〕）が保護法益として認められている。他方で，名誉毀損では正当防衛等の通常の違法性阻却事由のほかに，表現の自由の要請から真実性・

➡ 解説

相当性の法理，公正な論評の法理を認め，プライバシー侵害では，不法行為責任を，公表されない法的利益が公表する理由よりも大きい場合に限っている（*128* を参照）。*129* は，私生活を対象としない個人情報を「プライバシーに係る情報」ととらえつつも，公表されない利益と公表する理由の比較衡量ではなく，情報収集についての本人の明確な同意，収集した情報の厳格な管理，本人の同意の範囲内での利用という基準によって責任を判断している。

保護法益の拡大事例には以上のほかにもあるが，そこで何を保護法益とするかによっては，保護の目的が重要である。例えば，不貞慰謝料の問題は，配偶者に貞操を要求する権利が，不貞の相手方に対しても保護される法益かという問題である。この問題について，最(二)判昭和 54 年 3 月 30 日民集 33 巻 2 号 303 頁は，保護法益を「夫又は妻としての権利」と考え，相手方の誘惑によるか自然の愛情によるかを問わず不法行為になるとした。しかし，*130* は，「婚姻共同生活の平和の維持」を保護目的と考え，被害配偶者の保護を婚姻関係が破綻していない場合に限定した。

131 の最高裁判決が誰のどのような利益を保護法益と考えているかについては，議論がある。まず，第 1 次上告審は，建物は「建物利用者や隣人，通行人等〔併せて「居住者等」と呼ぶ〕の生命，身体又は財産を危険にさらすことがないような安全性を備えていなければなら〔ない〕」という保護目的を考え，設計・施工者等がこの「建物としての基本的な安全性」のための注意義務を怠った場合に賠償責任を負い，このことは，「居住者等が当該建物の建築主からその譲渡を受けた者であっても」変わらないとする。したがって，建物取得者に限らず建物利用者一般の安全性を保護法益と考えている。他方，第 2 次上告審は，建物としての基本的な安全性を損なう瑕疵は，生命等を現実の危険にさらす場合に限らず，瑕疵を放置するといずれは居住者等の生命等に対する危険が現実化する場合を含むとする。近時，身体・財産に対する侵害のおそれを「平穏生活権」という保護法益で受け止める裁判例があるが（廃棄物処理場訴訟，P4 施設訴訟，さらには原発事故避難訴訟など），*131* はそれに近い考え方を採っているように思われる。ただ，*131* を以上のように理解するとしても，隣人，通行人等も賠償請求できるのか，そのときの損害賠償は，*131* のいうように，おそれの原因を除去する修補費用であるのかは，残された問題である。

[2] 過失・注意義務違反

132 結果回避措置

大判大正5年12月22日民録22輯2474頁・大阪アルカリ事件
(百選Ⅱ〈第8版〉168頁)

【事実】 Y（大阪アルカリ株式会社）は硫酸の製造等による硫煙を排出し，近辺の地主X_1，小作人X_2等36名が，それによる米麦の減収分の賠償を求めた。1・2審はXらの請求を認め，大審院は原判決を破棄したが，差戻し審は再びXらの請求を認めた。

【判決理由】 破棄差戻 「化学工業に従事する会社其他の者が，其目的たる事業に因りて生ずることあるべき損害を予防するが為め右事業の性質に従ひ相当なる設備を施したる以上は，偶〻他人に損害を被らしめたるも，之を以て不法行為者として其損害賠償の責に任ぜしむることを得ざるものとす。何となれば，斯る場合に在りては右工業に従事する者に民法第709条に所謂故意又は過失ありと云ふことを得ざればなり。是を以て原裁判所が，『Yの如く亜硫酸瓦斯を作り之を凝縮して硫酸を製造し銅を製煉する等化学工業に従事する会社に在りては，其代理人たる取締役等が其製造したる亜硫酸竝（ならびに）硫酸瓦斯が現に其設備より遁逃することを知らざる筈なく，又遁逃したる是等の瓦斯が附近の農作物其他人畜に害を及ぼすべきことを知らざる筈もなく，若し之を知らざりしとせば之れ其作業より生ずる結果に対する調査研究を不当に怠りたるものにして，之を知らざるに付き過失あるものと認むるを相当とするが故に，YがXの右損害に付き不法行為者として賠償の責任あるものとす。Yは硫煙の遁逃を防止するに付き今日技術者の為し得る最善の方法を尽せるが故にYに責任なしと論ずれども，Yの製造したる硫煙がXの農作物を害したる以上は，其硫煙の遁逃はYの防止するを得ざりしものなると否とに拘らずXの被害はYの行為の結果なるが故に，Yは之に対し責任を有することは多弁を要せず』と判示し，以てY会社に於て硫煙の遁逃を防止するに相当なる設備を為したるや否やを審究せずして漫然Y会社を不法行為者と断じたるは，右不法行為に関する法則に違背したるものにして原判決は到底破毀を免かれず。」（裁判長判事 田部　芳　判事 榊原幾久若　尾古初一郎　松岡義正　成道齋次郎）

➡ *132*

差戻審判決（大阪控判大正8年12月27日新聞1659号11頁 ⑴⑵⑶は編者による。）

請求認容 「⑴ Y会社の如く亜硫酸竝に硫酸瓦斯を作り之を凝縮して硫酸を製造し銅を製煉する等化学工業に従事する会社に在りて，其代理人たる取締役等が其製造したる亜硫酸瓦斯及硫酸瓦斯等が前認定の如く噴出遁逃する事を知らざる筈なく，又其噴出遁逃する是等の瓦斯は付近の農作物に害を及ぼす事を知らざる筈なきのみならず，証人A，Bの証言に依れば，Y会社の取締役4名が明治29年頃石田町田中町の小作権を譲受け同39年1月頃之をX_1に返地せしが，其際X_1より煙害の証明を為すに於ては年貢を負くる旨云はれ，取締役中のC，D等は煙害ある事を書かんと迄云ひたる事を認め得べく，此事実に証人Eの証言を参照する時はY会社の取締役等は其工場より噴出遁逃する亜硫酸瓦斯及硫酸瓦斯は本件耕地の稲麦に対し多大に有害の作用を及ぼすべきものなる事を知り居りたるものと認むるを妥当とすべく，即結果に対する予見ありたるものとす。⑵ 而して……本件当時に於ける知識を以てするも，Yの工場設備中には既に長年月を経過し改造の時期に達せるもの多きが故に，之を改造し且焚鉱炉中換気装置なきものには之を設備するに於ては亜硫酸瓦斯及硫酸瓦斯の噴出を減少し得べき事を認め得べく，又鑑定人Fの鑑定表竝に同人の鑑定証人としての供述に依れば，海外に在りては高煙筒を有効なりとし之が建設を為したる例少からず，……。……我国に於ても20年以前より之を論議するに至れり云々明治39年頃に於ては云々高煙筒又は云々を以て最善の防止策と看做されたる旨の記載を参照する時は，本件当時に於ける知識を以てするも遁逃瓦斯を高く大気中に放散せしむるに適当なる高さを有する煙筒を設備するに於ては，前記の如き稲麦に対し有害なる作用を及ぼす事を防止し得，且前掲説示の例に徴せば右の如き設備を為す事は経済上に於ても左迄困難ならざるに不拘，Y会社の取締役等は僅に100尺乃至120尺（此の高さはYの抗弁自体に徴し明かなり）の煙筒により有毒瓦斯を遁逃せしめたるものなるが故に，Y会社の取締役等が亜硫酸瓦斯及硫酸瓦斯の噴出遁逃を防止するに付其当時技術者の為し得る適当の方法を尽したりと云ふを得ず，若し夫以上認定の如き減少防止の方法を講ぜざるに不拘適当の方法を尽したりと信じたりとせば其信ずるに付過失ありと断定するに足る。……⑶ 然らばY会社が亜硫酸瓦斯及硫酸瓦斯を凝縮して硫酸を製造し銅の製煉を為す営業を為す事はＹ会社の権利なりと雖，斯る権利中には他人の耕作物をして其収穫を皆無又は甚大なる減少を来さしむべき損害を被らしむる権能を包含するものに非ざるを以て，営業権を行使する場合に在りても斯る結果を来たさざる様注意し斯る結果を生ずる事を防止し得べき場合には其手段を講ずべきは当然の理なるに不拘，Ｙ会社の取締役等は前認定の如く硫酸製造及銅の製煉を為すに付其工場より噴出遁逃する亜硫酸瓦斯及硫酸瓦斯がＸ等の本件耕地に於ける稲麦に対して多大の害を加ふべき事を予見し，且之を防止し得べき方法ありしに不拘故意若しくは過失により其方法を講せずして之等の瓦斯を噴出遁逃せしめ之に因りてＸの稲麦に対し有害なる作用を及ぼしその収穫を皆無又は多大に減少せしめたるものなるを以てＹ会社は之が賠償の責任あるものとす。」(裁判長判事 中尾　保　判事 桜田　壽　織田嘉七)

［関連裁判例］

133　調査予見義務（1）

最(一)判昭和36年2月16日民集15巻2号244頁・輸血梅毒事件

(曹時13巻4号64頁，法協81巻5号550頁，民商45巻3号317頁)

【事実】 Ｘ女は東大病院に入院中に，Ａ医師からＢの血液を輸血され梅毒にかかったので，Ａの使用者である国Ｙの使用者責任を追及した。Ｂは採血の前に売春婦に接し梅毒に感染していたが，採血・輸血時は血液検査をしても陰性を示す期間だったので，ＡにＢを問診する義務があったか，問診によって梅毒感染を知ることができたかが争点となった。1・2審はＸの請求を認めたので，Ｙが上告。

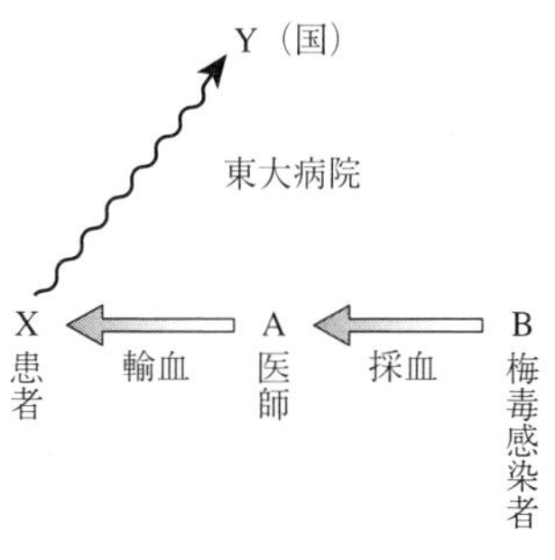

【判決理由】 上告棄却「医師が直接診察を受ける者の身体自体から知覚し得る以外の症状その他判断の資料となるべき事項は，その正確性からいって，血清反応検査，視診，触診，聴診等に対し従属的であるにもせよ，問診によるより外ない場合もあるのであるから，原判決が本件において，たとい給血者が，

➡ *133*
信頼するに足る血清反応陰性の検査証明書を持参し，健康診断及び血液検査を経たことを証する血液斡旋所の会員証を所持する場合であっても，これらによって直ちに輸血による梅毒感染の危険なしと速断することができず，また陰性又は潜伏期間中の梅毒につき，現在，確定的な診断を下すに足る利用可能な科学的方法がないとされている以上，たとい従属的であるにもせよ，梅毒感染の危険の有無について最もよく了知している給血者自身に対し，梅毒感染の危険の有無を推知するに足る事項を問診し，その危険を確かめた上，事情の許すかぎり（本件の場合は，一刻を争うほど緊急の必要に迫られてはいなかった）そのような危険がないと認められる給血者から輸血すべきであり，それが医師としての当然の注意義務であるとした判断は，その確定した事実関係の下において正当といわなければならない。

所論は，医師の間では従来，給血者が右のような証明書，会員証等を持参するときは，問診を省略する慣行が行なわれていたから，A 医師が右の場合に処し，これを省略したとしても注意義務懈怠の責はない旨主張するが，注意義務の存否は，もともと法的判断によって決定さるべき事項であって，仮に所論のような慣行が行なわれていたとしても，それは唯だ過失の軽重及びその度合を判定するについて参酌さるべき事項であるにとどまり，そのことの故に直ちに注意義務が否定さるべきいわれはない。……。

所論は，仮に医師に右の如き問診の注意義務があるとしても，給血を以って職業とする者，ことに性病感染の危険をもつ者に対し，性病感染の危険の有無につき発問してみても，それらの者から真実の答述を期待するが如きことは，統計的にも不可能であるから，かかる者に対してもまた問診の義務ありとする原判示は，実験則ないし条理に反して医師に対し不当の注意義務を課するものである旨主張するが，たとい所論のような職業的給血者であっても，職業的給血者であるというだけで直ちに，なんらの個人差も例外も認めず，常に悉く真実を述べないと速断する所論には，にわかに左袒することはできない。現に本件給血者 B は，職業的給血者ではあったが，原判決及びその引用する第 1 審判決の確定した事実によれば，当時別段給血によって生活の資を得なければならぬ事情にはなかったというのであり，また梅毒感染の危険の有無についても，問われなかったから答えなかったに過ぎないというのであるから，これに携わつたＡが，懇ろに同人に対し，真実の答述をなさしめるように誘導し，具体的かつ詳細な問診をなせば，同人の血液に梅毒感染の危険あることを推知し得べき結果を得られなかったとは断言し得ない。……。

所論はまた，仮に担当医師に問診の義務があるとしても，原判旨のような問診は，医師に過度の注意義務を課するものである旨主張するが，いやしくも人の生命及び健康を管理すべき業務（医業）に従事する者は，その業務の性質に照し，危険防止のために実験上必要とされる最善の注意義務を要求されるのは，已むを得ないところといわざるを得ない。

然るに本件の場合は，Ａ医師が，医師として必要な問診をしたに拘らず，なおかつ結果の発生を予見し得なかったというのではなく，相当の問診をすれば結果の発生を予見し得たであろうと推測されるのに，敢てそれをなさず，ただ単に『からだは丈夫か』と尋ねただけで直ちに輸血を行ない，以って本件の如き事態をひき起すに至ったというのであるから，原判決が医師としての業務に照し，注意義務違背による過失の責ありとしたのは相当であり，所論違法のかどありとは認められない。」（裁判長裁判官 高木常七　裁判官 斎藤悠輔　入江俊郎　下飯坂潤夫）

134 調査予見義務 (2)

東京地判昭和 53 年 8 月 3 日判時 899 号 48 頁・東京スモン事件

【事実】 下肢マヒ・視力障害などの神経障害（スモン）が発症したＸらは，整腸剤として服用したキノホルム剤が原因だとして，それを製造・販売あるいは輸入した Y_1（田辺製薬），Y_2（武田薬品），Y_3（日本チバガイキー）に損害賠償を請求した。判決は請求を認めた。以下は，$Y_1 Y_2 Y_3$ の過失に関する判示である。Y_1 らの責任のほかに，当該医薬品の製造等を許可・承認した国の国家賠償責任も認められたが，いずれも，控訴審で和解が成立した。

【判決理由】 請求認容　(1) 過失の前提となる注意義務の内容について「……当裁判所は，民法 709 条所定の『過失』とは，その終局において，結果回避義務の違反をいうのであり，かつ具体的状況のもとにおいて，適正な回避措置を期待し得る前提として，予見義務に裏づけられた予見可能性の存在を必

➡ *134*
要とするものと解するのである。」

⑵ 予見義務について 「ところで，医薬品を製造・販売するにあたっては，なによりもまず，当該医薬品のヒトの生命・身体に及ぼす影響について認識・予見することが必要であるから，製薬会社に要求される予見義務の内容は，⑴当該医薬品が新薬である場合には，発売以前にその時点における最高の技術水準をもってする試験管内実験，動物実験，臨床試験などを行なうことであり，また，⑵すでに販売が開始され，ヒトや動物での臨床使用に供されている場合には，類縁化合物をも含めて，医学・薬学その他関連諸科学の分野での文献と情報の収集を常時行ない，もしこれにより副作用の存在につき疑惑を生じたときは，さらに，その時点までに蓄積された臨床上の安全性に関する諸報告との比較衡量によって得られる当該副作用の疑惑の程度に応じて，動物実験あるいは当該医薬品の症歴調査，追跡調査などを行なうことにより，できるだけ早期に当該医薬品の副作用の有無および程度を確認することである。」

⑶ 結果回避義務について 「ところで，予見義務の履行は，それ自体が副作用の危険の発生防止の意味を持ち得るものではなく，製薬会社をしてみずから結果回避義務の前提となる予見を可能ならしめることに，その意義があるのであるから，製薬会社は，予見義務の履行により当該医薬品に関する副作用の存在ないしはその存在を疑うに足りる相当な理由（以下，これを『強い疑惑』と呼ぶ）を把握したときは，可及的速やかに適切な結果回避措置を講じなければならない。

そして，この結果回避措置の内容としては，副作用の存在ないしその『強い疑惑』の公表，副作用を回避するための医師や一般使用者に対する指示・警告，当該医薬品の一時的販売停止ないし全面的回収などが考えられるのであるが，これらのうち，そのいずれの措置をとるべきかは，前記予見義務の履行により把握された当該副作用の重篤度，その発生頻度，治癒の可能性（これを逆にいえば，いわゆる不可逆性の有無）に加えて，当該医薬品の治療上の価値，すなわち，それが有効性の顕著で，代替性もなく，しかも，生命・身体の救護に不可欠のものであるかどうか，などを総合的に検討して決せられなければならない。」

⑷ 要求される予見可能性の程度について 「予見の対象につき，Xらは，

➡ 134

『結果回避義務を課すために必要な予見可能性は，人の生命・健康に対する具体的な危険性ではなく，『人の生命・健康に対する危険が絶無であるとして無視するわけにはいかないという程度の危惧感』で十分だといわなければならない……とするのに対し，Y 会社は，『……矢張り具体的な危険に対する予見可能性が要求されると考えざるを得ない。従って，本件について予見を要求されるのは，『スモン』そのものか，或は仮にそうでないとしても『スモン』特有な末梢神経症状でなければならない』『医薬品については，繰り返し述べるように，その本来的異物性から，潜在的には危険を内包する……従って，医薬品の場合に，予見可能性をこの程度〔『人の生命・健康に対する危険が絶無であるとして無視するわけにはいかないという程度の危惧感』〕でよいとしたのでは，医薬品の副作用が問題とされる，あらゆる場合に，予見可能性があったということになり，それでは結果責任を認めるのと同じ結果になるのみならず，そもそも製薬業自体なりたたない』としている。」

「キノホルムないし本件キノホルム製剤を含む合成化学医薬品は，本来，人体にとって異物であり，何らかの副作用発現の危険の可能性を本質的に内包するものとされる—薬の本質についての『両刃の剣』論は，本件当事者双方に共通するものといってよい—のであって，およそ合成化学医薬品については，その副作用の発現による障害の種類・程度いかんを問わず，常に予見可能性が肯定されるというのは，結論として当を得たものとはいい難い。……

しかしながら，また，副作用の発現による具体的な『障害そのもの』が予見の対象であるとする見地は著しく妥当を欠く。近年における合成化学医薬品の開発の歴史を顧みるまでもなく，その展開は日進月歩であり，もし新たに開発された医薬品に起因する新たな障害そのものが予見の対象であるとすれば，かかる場合，予見可能性の立証は，困難というよりはむしろ不可能というにちかく，かかる結果が，正義・衡平の観念に反することは言わずして明らかであろう。

そして，事は必ずしも，新薬による新たな障害の事例に限らないのである。すなわち，医薬品の副作用による障害の発現については，本来的に未知の要素が介在することを免れず，しかも，一方，医薬品の製造業者には前述のように副作用の発現についての予見義務があり，その遵守に必要な専門家を含む人

➡ 135

的・物的設備を有する（少なくとも，それが医薬品製造業者に対する当然の社会的要請である）のに対し，医薬品の服用者には，副作用の有無についての究明手段がまったく存在しないのであって，かかる両者の関係を対比すれば，障害の結果そのものを予見の対象とするのは，被害者に殆んど不可能を強いるものであって，かかる見解はとうてい採用し難いものといわなければならない。

結局，予見可能性の有無は，それぞれの事案に即して判断さるべきものとするほかはないのであるが，ヒトの身体・生命に対する単なる危惧感では足りず，反面，衡平の見地から，その内容をある程度抽象化し，予見の幅を緩やかに解するのが相当である，というに帰着しよう。」

(5) 結果回避義務を負わせるに必要な予見可能性の範囲および程度を画する際の判断基準について「より具体的な枠組みとして，当裁判所は第二編（因果関係の部）において認定のとおりスモンが臨床・病理の両面において神経障害を主徴とすることに鑑み，少なくとも『神経障害』の範囲に症状の種類が限定されるべきものと解するが，ただ右障害が中枢神経系に対するものであると末梢神経系に対するものであるとを問わず，右神経障害の枠内での，認識し得た副作用と具体的なスモンの症状との間の齟齬は，予見可能性の存否の判断に影響を与えないものと解される。」（裁判長裁判官 可部恒雄　裁判官 荒井眞治　鎌田義勝）

135 注意義務の水準

最(二)判平成 7 年 6 月 9 日民集 49 巻 6 号 1499 頁・光凝固法姫路日赤事件

（曹時 48 巻 7 号 130 頁，百選Ⅱ〈第 5 版〉164 頁）

【事実】 昭和 49 年 12 月 11 日に未熟児として出生した X_1 は，Y の経営する姫路日赤病院に入院し酸素投与を受けた。12 月末と翌年 3 月末に同病院の眼科で眼底検査を受けたが異状なしとされた。しかし，4 月初めの検査で異状ありとされ，別の病院で網膜症と診断された。X_1 と両親 X_2X_3 は，不十分な眼底検査のために未熟児網膜症の治療法である光凝固法を受ける機会を失い高度の視力障害者となったのは，診療契約上の債務不履行だとして，各自 500 万円の慰謝料を求めた。1 審と原審は，光凝固法は昭和 49 年当時には医療水準になっていなかったとして請求を棄却した。X_1 らが上告。

➡ 135

【判決理由】 破棄差戻「以上のとおり，当該疾病の専門的研究者の間でその有効性と安全性が是認された新規の治療法が普及するには一定の時間を要し，医療機関の性格，その所在する地域の医療環境の特性，医師の専門分野等によってその普及に要する時間に差異があり，その知見の普及に要する時間と実施のための技術・設備等の普及に要する時間との間にも差異があるのが通例であり，また，当事者もこのような事情を前提にして診療契約の締結に至るのである。したがって，ある新規の治療法の存在を前提にして検査・診断・治療等に当たることが診療契約に基づき医療機関に要求される医療水準であるかどうかを決するについては，当該医療機関の性格，所在地域の医療環境の特性等の諸般の事情を考慮すべきであり，右の事情を捨象して，すべての医療機関について診療契約に基づき要求される医療水準を一律に解するのは相当でない。そして，新規の治療法に関する知見が当該医療機関と類似の特性を備えた医療機関に相当程度普及しており，当該医療機関において右知見を有することを期待することが相当と認められる場合には，特段の事情が存しない限り，右知見は右医療機関にとっての医療水準であるというべきである。そこで，当該医療機関としてはその履行補助者である医師等に右知見を獲得させておくべきであって，仮に，履行補助者である医師等が右知見を有しなかったために，右医療機関が右治療法を実施せず，又は実施可能な他の医療機関に転医をさせるなど適切な措置を採らなかったために患者に損害を与えた場合には，当該医療機関は，診断契約に基づく債務不履行責任を負うものというべきである。また，新規の治療法実施のための技術・設備等についても同様であって，当該医療機関が予算上の制約等の事情によりその実施のための技術・設備等を有しない場合には，右医療機関は，これを有する他の医療機関に転医をさせるなど適切な措置を採るべき義務がある。

3　これを本件についてみると，前記一の事実関係によれば，(1)光凝固法については，天理よろず相談所病院の眼科医永田誠による施術の報告後，昭和46年ころから各地の研究者によって追試が行われ，右治療法が未熟児網膜症の進行を阻止する効果があるとの報告が相次いでいたところ，厚生省は，本症の病態や光凝固法の施術時期等に関する各地の研究者による研究成果を整理して，診断と治療に関する最大公約数的な基準を定めることを主たる目的として，

➡ *135*

昭和49年度厚生省研究班を組織し，右研究班は，昭和50年3月，進行性の本症活動期病変に対して適切な時期に行われた光凝固法が治療法として有効であることが経験上認められるとし，一応の診断治療基準を示した研究成果を発表した，⑵姫路日赤においては，昭和48年10月ころから，光凝固法の存在を知っていた小児科医のAが中心になって，未熟児網膜症の発見と治療を意識して小児科と眼科とが連携する体制をとり，小児科医が患者の全身状態から眼科検診に耐え得ると判断した時期に，眼科のBに依頼して眼底検査を行い，その結果本症の発生が疑われる場合には，光凝固法を実施することのできる兵庫県立こども病院に転医をさせることにしていた，⑶姫路日赤は，既に昭和49年には，他の医療機関で出生した新生児を引き受けてその診療をする「新生児センター」を小児科に開設しており，現に，X_1も，同年12月11日に聖マリア病院で生まれたが，姫路日赤の診療を受けるために転医をしたというのである。そうすると，姫路日赤の医療機関としての性格，X_1が姫路日赤の診療を受けた昭和49年12月中旬ないし昭和50年4月上旬の兵庫県及びその周辺の各種医療機関における光凝固法に関する知見の普及の程度等の諸般の事情について十分に検討することなくしては，本件診療契約に基づき姫路日赤に要求される医療水準を判断することができない筋合いであるのに，光凝固法の治療基準について一応の統一的な指針が得られたのが厚生省研究班の報告が医学雑誌に掲載された同年8月以降であるというだけで，X_1が姫路日赤の診療を受けた当時において光凝固法は有効な治療法として確立されておらず，姫路日赤を設営するYに当時の医療水準を前提とした注意義務違反があるとはいえないとした原審の判断には，診療契約に基づき医療機関に要求される医療水準についての解釈適用を誤った違法があるものというべきであり，右違法は現判決の結論に影響を及ぼすことが明らかである。」（裁判長裁判官 中島敏次郎　裁判官 大西勝也　根岸重治　河合伸一）

136 過失の推定

最(一)判昭和51年9月30日民集30巻8号816頁・インフルエンザ予防接種問診事件
(曹時31巻10号117頁,民商76巻5号755頁)

【事実】 X_1X_2の子A(1歳余)は,東京都Yの勧奨に従いインフルエンザ予防接種を受けた。Aはやや軟便であった他に異状が見られなかったが,1週間ほど前から間質性肺炎等に罹患していたため接種の翌日に死亡した。X_1X_2は,接種担当医師B(Yの公務員)にはAの健康状態を調べずに接種をした過失があるとして,国家賠償法1条あるいは民法715条に基づき損害賠償を請求した。1・2審は請求を棄却したので,X_1X_2が上告した。

【判決理由】 破棄差戻 「予防接種に際しての問診の結果は,他の予診方法の要否を左右するばかりでなく,それ自体,禁忌者発見の基本的かつ重要な機能をもつものであるところ,問診は,医学的な専門知識を欠く一般人に対してされるもので,質問の趣旨が正解されなかったり,的確な応答がされなかったり,素人的な誤った判断が介入して不充分な対応がされたりする危険性をももっているものであるから,予防接種を実施する医師としては,問診するにあたって,接種対象者又はその保護者に対し,単に概括的,抽象的に接種対象者の接種直前における身体の健康状態についてその異常の有無を質問するだけでは足りず,禁忌者を識別するに足りるだけの具体的質問,すなわち実施規則4条所定の症状,疾病,体質的素因の有無およびそれらを外部的に徴表する諸事由の有無を具体的に,かつ被質問者に的確な応答を可能ならしめるような適切な質問をする義務がある。

もとより集団接種の場合には時間的,経済的制約があるから,その質問の方法は,すべて医師の口頭質問による必要はなく,質問事項を書面に記載し,接種対象者又はその保護者に事前にその回答を記入せしめておく方法(いわゆる問診票)や,質問事項又は接種前に医師に申述すべき事項を予防接種実施場所に掲記公示し,接種対象者又はその保護者に積極的に応答,申述させる方法や,医師を補助する看護婦等に質問を事前に代行させる方法等を併用し,医師の口頭による質問を事前に補助せしめる手段を講じることは許容されるが,医師の口頭による問診の適否は,質問内容,表現,用語及び併用された補助方法の手

➡ 136

段の種類，内容，表現，用語を総合考慮して判断すべきである。このような方法による適切な問診を尽さなかったため，接種対象者の症状，疾病その他異常な身体的条件及び体質的素因を認識することができず，禁忌すべき者の識別判断を誤って予防接種を実施した場合において，予防接種の異常な副反応により接種対象者が死亡又は罹病したときには，担当医師は接種に際し右結果を予見しえたものであるのに過誤により予見しなかったものと推定するのが相当である。そして当該予防接種の実施主体であり，かつ，右医師の使用者である地方公共団体は，接種対象者の死亡等の副反応が現在の医学水準からして予知することのできないものであったこと，若しくは予防接種による死亡等の結果が発生した症例を医学情報上知りうるものであったとしても，その結果発生の蓋然性が著しく低く，医学上，当該具体的結果の発生を否定的に予測するのが通常であること，又は当該接種対象者に対する予防接種の具体的必要性と予防接種の危険性との比較衡量上接種が相当であったこと（実施規則 4 条但書）等を立証しない限り，不法行為責任を免れないものというべきである。

しかるに原判決は，予防接種の担当医師は，接種対象者又はその保護者に対し，接種対象者の接種直前における身体の異常の有無を質問すれば問診義務が尽されたとの前提のもとに，本件において，Y の被用者である B 医師は，亡 A に対して本件インフルエンザ予防接種を実施するにあたり問診義務を尽したとし，また，かりに問診義務違背があったとしても，右 A を帯同した X_1 が右予防接種当時 A の健康状態に異常がないと考えていたため，B 医師の問診に対し異状があると答える余地がなかったものであるから，B 医師の問診義務違背と A の死亡の結果との間に因果関係がないと判断し，X_1 らの本訴請求を棄却すべきものとしているが，右は本件インフルエンザ予防接種を担当実施する医師の注意義務についての解釈を誤ったものというべきであり，この違法は原判決の結論に影響を及ぼすことが明らかであるから，論旨はこの点において理由があり，他の上告理由につき判断するまでもなく原判決は破棄を免れない。そして前述のような見地から，担当医師が，㈠適切な問診をしたならば，A について，接種当時軟便であった事実のほか，どのような疾病，症状，身体的条件，病歴等を認識しえたか，㈡適切な問診を尽して認識しえた事実があれば，体温測定，聴打診等をすべきであったか，㈢右体温測定，聴打診等をしたならばどのような疾病，症状，身体的条件等を認識しえたか，㈣右予診によって認識しえた事実を前提にした場合Aが禁忌者であると判断するのが医学上相当であったか，についてさらに審理を尽す必要があるから，本件を原審に差し戻すこととする。」（裁判長裁判官 藤林益三　裁判官 下田武三　岸　盛一　岸上康夫　団藤重光）

137 先行行為に基づく事故回避義務

最(一)判昭和62年1月22日民集41巻1号17頁・京阪電鉄置石事件
(曹時41巻12号190頁)

【事実】 京阪電鉄沿線の道路上で，ABCWYの中学生5名が置石の話に興じて，BCWが軌道に入り，Wが京都行軌道と大阪行軌道のレール上に置石をした。YあるいはAが止めるように言い，Cが大阪行軌道上の置石を除いたが，京都行軌道上の置石に気付かずにいたところ，直後に来た京都行電車の前部2両が脱線転覆し，沿線の民家が損壊し，乗客104名が負傷した。ABCWは賠償の示談に合意したが，Yが承諾しなかったのでX（京阪電鉄）が訴えた。1審は，置石をすることにつき共通の意思があったと認定し709条と719条により請求を認容。しかし，2審は請求を棄却したので，Xが上告。

【判決理由】 破棄差戻「二　原審は，右事実関係のもとにおいて，(1)　Yを含む本件グループの者がWの置石行為につき共同の認識を有してこれを容認していたとはいえない，(2)　Yには本件置石について事前の認識すらなかったから，同人がWと右置石行為を共謀したとか，その行為を助勢したとか，あるいはこれを容認して利用する意思があったとはいえない，(3)　Yないし本件グループの者の言動，認識が右の程度のものであってみれば，YにおいてWが軌道上に置石行為をするかも知れないことを予見すべきであったとはいえず，右置石行為を阻止ないし排除すべき義務があったともいえないと判断したうえ，Yは本件事故について故意ないし過失による不法行為責任を負わないとし，Yに対しその損害賠償を求めるXの請求を棄却している。

三　しかしながら，原審の右判断は，にわかに首肯することができない。その理由は次のとおりである。

およそ列車が往来する電車軌道のレール上に物を置く行為は，多かれ少なか

➡ *137*
れ通過列車に対する危険を内包するものであり，ことに当該物が拳大の石である場合には，それを踏む通過列車を脱線転覆させ，ひいては不特定多数の乗客等の生命，身体及び財産並びに車両等に損害を加えるという重大な事故を惹起させる蓋然性が高いといわなければならない。このように重大な事故を生ぜしめる蓋然性の高い置石行為がされた場合には，その実行行為者と右行為をするにつき共同の認識ないし共謀がない者であっても，この者が，仲間の関係にある実行行為者と共に事前に右行為の動機となった話合いをしたのみでなく，これに引き続いてされた実行行為の現場において，右行為を現に知り，事故の発生についても予見可能であったといえるときには，右の者は，実行行為と関連する自己の右のような先行行為に基づく義務として，当該置石の存否を点検確認し，これがあるときにはその除去等事故回避のための措置を講ずることが可能である限り，その措置を講じて事故の発生を未然に防止すべき義務を負うものというべきであり，これを尽くさなかったために事故が発生したときは，右事故により生じた損害を賠償すべき責任を負うものというべきである。本件において，原審の確定した前示の事実関係によれば，Y は，本件事故発生の 19 分前ころから，中学校の友人である本件グループの雑談に加わり，各自の経験談をまじえ，電車軌道のレール上に物を置くという，重大事故の発生の危険を内包する行為をすることの話に興じていたばかりでなく，本件事故の発生時まで本件道路上にいて，W ら 3 名が順次金網柵を乗り越えて軌道敷内に入り，そのうち W が軌道敷から拳大の石を拾ってレール上に置くのを見ており，少なくとも同人が大阪行軌道のレール上にその石を置いたのを事前に現認していたというのである。そうすると，Y は，置石行為をすることそれ自体についてW と共同の認識ないし共謀がなく，また，本件事故の原因となった本件置石について事前の認識がなかったとしても，W が大阪行軌道のレール上に拳大の石を置くのを現認した時点において，同人が同一機会において大阪行軌道よりも本件道路に近い京都行軌道のレール上にも拳大の本件置石を置くこと及び通過列車がこれを踏み本件事故が発生することを予見することができたと認めうる余地が十分にあるというべきであり，これが認められ，かつまた，Y において本件置石の存否を点検確認し，その除去等事故回避のための措置を講ずることが可能であったといえるときには，その措置を講じて本件事故の発生を未然に防止すべき義務を負うものというべきである。Ｙが本件事故の発生前にＷに対し置石行為をやめるように言った事実があるとしても，それだけでは直ちに右注意義務に消長を来たすものとはいえない。また，前示の事実関係に照らすと，Ｙの右注意義務の懈怠と本件事故との間には相当因果関係があるものといわざるを得ない。」（裁判長裁判官 角田禮次郎　裁判官 谷口正孝　髙島益郎　佐藤哲郎）

138 指示・警告上の欠陥

最(三)判平成25年4月12日民集67巻4号899頁・イレッサ薬害訴訟

（曹時67巻7号2080頁，法協132巻5号899頁，百選Ⅱ〈第8版〉174頁，平25重判91頁）

【事実】 製薬会社Ｙ（アストラゼネカ）は，平成14年に分子標的薬抗がん剤イレッサの輸入承認を得て，同年7月16日から輸入販売を開始した。X_1の子Ａは，平成13年9月に非小細胞肺がんと診断され化学療法を受けたが，吐き気等の副作用のため14年7月に中止した。その後8月15日からイレッサ投与を受け自覚症状が改善し肺がんの陰影が縮小したため，9月21日に退院し自宅でイレッサの服用を続けた。しかし，10月3日の通院時に肺に異常陰影がみられたため投与を中止し再入院したが，呼吸症状が悪化し，同月17日に31歳で死亡した。X_2の父Ｂは，平成14年5月に非小細胞肺がんと診断され化学療法を受けたが，効果がなく，副作用の疼痛等が生じたため中止した。Ｂは，従前からの間質性肺炎ががんの進行によりやや悪化していたが，9月2日から医師の管理下でイレッサの投与を受けた。しかし，腫瘍縮小効果はみられず，10月9日に既存の間質性肺炎が増悪し，10日に呼吸困難となって67歳で死亡した。

X_1らはＹに対し，①イレッサは有効性・有用性を欠き，②その添付文書の副作用に関する記載が不十分であったこと，副作用報告の時点で添付文書改訂・情報配付等をしなかったこと，③虚偽の誇大広告，使用医師の限定・全例登録調査の不実施等を理由に，製造物責任法3条，民法709条の損害賠償を請求した。1審は，①③の主張を斥けたが，②の欠陥を理由に請求を一部認め（各880万円），原審は，①②③の主張をいずれも斥けた。最高裁は，X_1らの上告受理申立てを，②の欠陥に係る論旨に限って受理した。

【判決理由】 上告棄却（田原・岡部・大谷・大橋裁判官の補足意見がある）

まず，「2　原審の適法に確定した事実関係の概要」として，イレッサの輸入

➡ 138
販売当時の肺がんの治療法，抗がん剤の承認手続，効能・効果のほか，次の事実を述べる。

イレッサは，従来の殺細胞性抗がん剤と作用機序が異なるため，抗がん剤に伴う血液毒性等の副作用がほとんどない。間質性肺炎の副作用については，輸入承認時までの臨床試験のうち，国内の臨床試験では133例中3例にイレッサとの関連を否定できない間質性肺炎が発症したが，いずれも治療により軽快した。国外の臨床試験では，米国の2種類の臨床試験（登録症例数は各1000例以上）において3例，その他の臨床試験において2例の間質性肺炎発症例があったが，死亡症例はうち4例で，いずれもイレッサ投与との因果関係は可能性ないし疑いにとどまる。また，英国の拡大供給プログラム（EAP）に基づく患者投与（全世界で約15000人）での副作用情報では，間質性肺炎発症は15例であった。うち死亡の11例ではイレッサ投与との因果関係までは肯定できない。

しかし，イレッサの販売開始から約3ヶ月間に31例の間質性肺炎の症例報告があった（うち死亡は17例)。Yは，10月15日に厚労省の指導を受けて緊急安全性情報を出した（販売開始後の推定使用患者数7000人以上のところ，イレッサ投与との関連性を否定できない間質性肺炎等が22例があり，その中には服薬開始後早期〔14日以内12例〕の発症，急速な進行例があったとして，1. 投与による急性肺障害，間質性肺炎がありうるので，胸部X線検査等で十分に観察し，異常があれば投与を中止し適切な処置を行うこと，2. 急性肺障害・間質性肺炎等が致命的になりうるので，臨床症状を十分に観察し，定期的に胸部X線検査を行うことを記載)。また，同日，Yは添付文書第3版を作成し，冒頭に「警告」欄を設け，上記緊急安全性情報と同旨を記載し，また，「重大な副作用」欄の筆頭に急性肺障害と間質性肺炎を記載した。さらに，12月25日に，Yは厚労省の検討会の結果を受け，添付文書第4版を作成し，「警告」欄に，「急性肺障害や間質性肺炎が本剤の投与初期に発生し，致死的な転帰をたどる例が多いため，少なくとも投与開始後4週間は入院またはそれに準ずる管理の下で，間質性肺炎等の重篤な副作用発現に関する観察を十分に行うこと」との記載を追加した。

イレッサの副作用による死亡が疑われる報告症例数は，平成14年〜17年，21年の各年に180，202，175，80，34であった。輸入承認後のイレッサによる間質性肺炎の発症率と死亡率は，最も高いもので5.81%，2.26%とされる

➡ 138

が，その発症機序は明らかでない。

以上の事実に続けて，次のように判示する。

「3　所論は，……イレッサの副作用については指示・警告上の欠陥があるというのである。

4 (1)　医薬品は，人体にとって本来異物であるという性質上，何らかの有害な副作用が生ずることを避け難い特性があるとされているところであり，副作用の存在をもって直ちに製造物として欠陥があるということはできない。むしろ，その通常想定される使用形態からすれば，引渡し時点で予見し得る副作用について，製造物としての使用のために必要な情報が適切に与えられることにより，通常有すべき安全性が確保される関係にあるのであるから，このような副作用に係る情報が適切に与えられていないことを一つの要素として，当該医薬品に欠陥があると解すべき場合が生ずる。そして，……上記添付文書の記載が適切かどうかは，上記副作用の内容ないし程度（その発現頻度を含む。），当該医療用医薬品の効能又は効果から通常想定される処方者ないし使用者の知識及び能力，当該添付文書における副作用に係る記載の形式ないし体裁等の諸般の事情を総合考慮して，上記予見し得る副作用の危険性が上記処方者等に十分明らかにされているといえるか否かという観点から判断すべきものと解するのが相当である。

(2)　そこで，まず，本件輸入承認時点における本件添付文書第1版の記載の適否について検討する。

ア　前記事実関係によれば，本件輸入承認時点においては，国内の臨床試験において副作用である間質性肺炎による死亡症例はなく，国外の臨床試験及びEAP副作用情報における間質性肺炎発症例のうち死亡症例にイレッサ投与と死亡との因果関係を積極的に肯定することができるものはなかったことから，イレッサには発現頻度及び重篤度において他の抗がん剤と同程度の間質性肺炎の副作用が存在するにとどまるものと認識され，Yは，この認識に基づき，本件添付文書第1版において，『警告』欄を設けず，医師等への情報提供目的で設けられている『使用上の注意』欄の『重大な副作用』欄の4番目に間質性肺炎についての記載をしたものということができる。そして，イレッサは，上記時点において，手術不能又は再発非小細胞肺がんを効能・効果として要指示

➡ 138
医薬品に指定されるなどしていたのであるから，その通常想定される処方者ないし使用者は上記のような肺がんの治療を行う医師であるところ，前記事実関係によれば，そのような医師は，一般に抗がん剤には間質性肺炎の副作用が存在し，これを発症した場合には致死的となり得ることを認識していたというのである。そうであれば，上記医師が本件添付文書第1版の上記記載を閲読した場合には，イレッサには上記のとおり他の抗がん剤と同程度の間質性肺炎の副作用が存在し，イレッサの適応を有する患者がイレッサ投与により間質性肺炎を発症した場合には致死的となり得ることを認識するのに困難はなかったことは明らかであって，このことは，『重大な副作用』欄における記載の順番や他に記載された副作用の内容，本件輸入承認時点で発表されていた医学雑誌の記述等により影響を受けるものではない。

イ　他方，前記事実関係によれば，本件緊急安全性情報は，服薬開始後早期に症状が発現し，急速に進行する間質性肺炎の症例が把握されたことを受けて発出されたもので，このように急速に重篤化する間質性肺炎の症状は，他の抗がん剤による副作用としての間質性肺炎と同程度のものということはできず，また，本件輸入承認時点までに行われた臨床試験等からこれを予見し得たものともいえない。

そして，イレッサが，手術不能又は再発非小細胞肺がんという極めて予後不良の難治がんを効能・効果とし，当時としては第Ⅱ相までの試験結果により厚生労働大臣の承認を得ることが認められており，このような抗がん剤としてのイレッサのありようも，上記のような肺がんの治療を行う医師には容易に理解し得るところであるなどの事情にも照らせば，副作用のうちに急速に重篤化する間質性肺炎が存在することを前提とした添付文書第3版のような記載がないことをもって，本件添付文書第1版の記載が不適切であるということはできない。

ウ　以上によれば，本件添付文書第1版の記載が本件輸入承認時点において予見し得る副作用についてのものとして適切でないということはできない。

⑶　A及びBに投与されたイレッサは，遅くとも両名への投与開始時にはYからの引渡しがされていたことは明らかであるところ，本件輸入承認時点から上記投与開始時までの間に，本件添付文書第1版の記載が予見し得る副作用に

ついての記載として不適切なものとなったとみるべき事情はない。

そうすると，A及びBの関係では，イレッサに欠陥があるとはいえないことに帰する。

5　原審の判断は，以上と同旨をいうものとして是認することができる。論旨は採用することができない。」（裁判長裁判官 寺田逸郎　裁判官 田原睦夫　岡部喜代子　大谷剛彦　大橋正春）

解　説

(1)　過失が要件とされるのは，加害者が当該侵害を予見し回避できなかった場合に賠償責任を否定して活動の自由を確保するためである。交通事故，公害，薬害，名誉毀損など，かつて多かった作為による不法行為では，その作為がもたらす法益侵害を被告が予見できたときに，過失があるとしていた（予見可能性説）。しかし，公害や薬害の事件では，加害行為者の専門性を理由に，調査すれば予見できたときにも予見可能性，過失を認めるようになった（*133*〔輸血梅毒事件〕，*134*〔東京スモン事件〕，*136*〔インフルエンザ予防接種問診事件〕）。他方で，予見できた結果を防止する措置を考え，それを講じていれば過失はないとした（*132*〔大阪アルカリ事件〕）。このように，過失の判断において，調査し予見する作為義務と防止措置を施す作為義務を考えるようになった（結果回避義務説）。といっても，以上はいずれも，被告の行為による侵害の事案である。

これに対し，1970年代後半から次第に，被告の作為ではなく第三者，被害者自身，自然現象等による侵害を被告が防止しなかったことについて不法行為責任を認める裁判例が増えた。そこでは，被告の行為が侵害原因ではないので，被告の一定の社会的地位を根拠に防止義務を考え，その懈怠を過失としている。雇主の安全配慮義務（『民法判例集　担保物権・債権総論（第3版）』の*79〜83*。いずれも直接の侵害者は同僚，部外者，被害者自身等である）や，医師など専門家責任の事案である。医療事故についてみると，*133*（輸血梅毒事件），*136*（インフルエンザ予防接種問診事件）は作為による侵害だが，*135*（光凝固法姫路日赤事件）は転医措置を執らなかったという不作為による侵害である。これらの責任については不法行為責任か債務不履行責任かが問題になるが，改正前の724条の短期消滅時効が問題にならない場合には判例はいずれかを明確にしないことが多い。以上のほか，被告の先行行為を根拠に防止義務を課して不法行為責任を認める判決例がある（*137*〔京阪電鉄置石事件〕）が，これは古典的な不作為不法行為の一つである。

⑵ 過失判断で注意義務の内容や水準，過失の推定が問題になるのは，以上の調査予見義務，防止措置義務，社会的地位に基づく防止義務，先行行為に基づく回避義務についてである。

調査義務として，*133*（輸血梅毒事件）は「最善の注意義務」を考え，*134*（東京スモン事件）は「最高の技術水準をもってする」実験等を考える（判決理由⑵。なお，判決理由⑷は，調査の結果ある程度抽象的な形で損害の発生が予見されることが必要にして十分だとする）。防止措置について，*132*（大阪アルカリ事件）は「相当なる設備」を施せばよいとしたが，差戻審は「相当なる設備」も実施していなかったと認定して賠償責任を認めた。*134*（東京スモン事件）は，結果回避措置の内容については医薬品の効用，副作用の大きさ等を考慮して決めるべきだとする（判決理由⑶）。

注意義務の水準については，一般に「通常人」の能力・知識・経験等を基準とすると説かれるが，ここで問題にしている作為義務では当該被告の専門的職業，社会的地位を重視している（*132*〔大阪アルカリ事件〕，*133*〔輸血梅毒事件〕）。また，*135*（光凝固法姫路日赤事件）は，新規治療法が出現し定型的な医療水準が変動していた事案で，一般的な医療水準だけでなく，当該医療機関の性格・所在地域などを考慮すべきだとした。

⑶ 製造物責任の要件である「欠陥」のうち，指示・警告上の欠陥で想定されているのは，製造者が製品の危険の現実化を防止できない場合に，製造者が購入者等に，危険の存在と防止方法を知らせて被害を回避させる義務である。その義務の構造は説明義務に近い。ところで，*138*は，指示・警告の相手として，服用する患者ではなく医師――しかも，難治性がんの治療に携わり，イレッサがその効能のゆえに第Ⅱ相試験までで承認されたという経緯を知っている臨床医――を考え，そのような医師が間質性肺炎による死亡を予見し対応措置を執り得る程度の記載があれば欠陥でないとした。指示・警告上の欠陥では，指示・警告の相手としてどのような人を考えるかが重要である。

[3] 因果関係

139 他の原因の可能性がある場合

最(二)判昭和50年10月24日民集29巻9号1417頁・ルンバール事件
(曹時28巻10号177頁，法協93巻12号1861頁，民商81巻2号290頁，百選Ⅱ〈第8版〉176頁)

【事実】 X（当時3歳の男児）は，化膿性髄膜炎のためY（国）が経営する東大附属病院に入院し，医師ABCらの治療により快方に向かっていた。ある日，B医師が，いつもと違う昼食直後に，嫌がるXを看護婦らに押え付けさせてルンバール（腰椎穿刺による髄液採取とペニシリンの髄腔内注入）を施術したところ，10〜20分後にXは嘔吐し，さらにけいれん発作が起った。ABらの治療により鎮静したが，Xには運動障害，発語障害，知能障害が残った。Xは，ルンバール実施にABCの過失があったとしてYの使用者責任を問う。1審は，ルンバールとXの障害との因果関係を認めたが，ABCの過失を否定して請求を棄却した。2審は，Xの障害がルンバールによることを断定できないとして，Xらの控訴を棄却した。X上告。

【判決理由】 破棄差戻（大塚裁判官の補足意見がある）

「一　訴訟上の因果関係の立証は，一点の疑義も許されない自然科学的証明ではなく，経験則に照らして全証拠を総合検討し，特定の事実が特定の結果発生を招来した関係を是認しうる高度の蓋然性を証明することであり，その判定は，通常人が疑を差し挟まない程度に真実性の確信を持ちうるものであることを必要とし，かつ，それで足りるものである。

二　これを本件についてみるに，原審の適法に確定した事実は次のとおりである。……

三　原判決は，以上の事実を確定しながら，なお，本件訴訟にあらわれた証拠によっては，本件発作とその後の病変の原因が脳出血によるか，又は化膿性髄膜炎もしくはこれに随伴する脳実質の病変の再燃のいずれによるかは判定し難いとし，また，本件発作とその後の病変の原因が本件ルンバールの実施にあることを断定し難いとしてXの請求を棄却した。

四　しかしながら，(1)原判決挙示の乙第一号証（A医師執筆のカルテ），甲第一，第二号証の各一，二（B医師作成の病歴概要を記載した書翰）及び原審証人Aの第2回証言は，Xの本件発作後少なくとも退院まで，本件発作とそ

➡ 140
の後の病変が脳出血によるものとして治療が行われたとする前記の原審認定事実に符合するものであり，また，鑑定人Dは，本件発作が突然のけいれんを伴う意識混濁で始り，後に失語症，右半身不全麻痺等をきたした臨床症状によると，右発作の原因として脳出血が一番可能性があるとしていること，(2)脳波研究の専門家である鑑定人Eは，結論において断定することを避けながらも，甲第三号証（Xの脳波記録）につき『これらの脳波所見は脳機能不全と，左側前頭及び側頭を中心とする何らかの病変を想定せしめるものである。即ち鑑定対象である脳波所見によれば，病巣部乃至は異常部位は，脳実質の左部にあると判断される。』としていること，(3)前記の原審確定の事実，殊に，本件発作は，Xの病状が一貫して軽快しつつある段階において，本件ルンバール実施後15分ないし20分を経て突然に発生したものであり，他方，化膿性髄膜炎の再燃する蓋然性は通常低いものとされており，当時これが再燃するような特別の事情も認められなかったこと，以上の事実関係を，因果関係に関する前記一に説示した見地にたって総合検討すると，他に特段の事情が認められないかぎり，経験則上本件発作とその後の病変の原因は脳出血であり，これが本件ルンバールに因って発生したものというべく，結局，Xの本件発作及びその後の病変と本件ルンバールとの間に因果関係を肯定するのが相当である。」（裁判長裁判官 大塚喜一郎　裁判官 岡原昌男　小川信雄　吉田　豊）

［関連裁判例］

140 他の事情が介在して侵害が発生した場合

最(一)判昭和48年12月20日民集27巻11号1611頁・タクシー泥棒交通事故事件
（曹時26巻8号210頁，法協92巻8号1063頁，民商71巻6号1080頁）

【事実】 Yタクシー会社は，当該自動車を，警備員のいる塀に囲まれた駐車場に置いていたところ，Aがこれを盗みだして運転しXを負傷させた。XはYの運行供用者責任（自賠法3条）と使用者責任（715条。Yの営業課長の保管上の過失を理由とする）を問う。1審は，Yの警備員らの重大な過失，およびそれと損害との相当因果関係を認定して，使用者責任を認めた（傍論では運行供用者責任も認めた）。原審は，(1)運行支配を失っていた，(2)過失と損害の間に相当因果関係がないとして，請求を棄却した。X上告。

➡ *140*

【判決理由】 上告棄却 (1)につき，「原審が適法に確定したところによれば，Ｙは，肩書住所地において，44台の営業車と90余名の従業員を使用してタクシー業を営む会社であり，本件自動車もＹの所有に属していたものであるが，昭和42年8月22日本件自動車は，その当番乗務員が無断欠勤したのに，朝からドアに鍵をかけず，エンジンキーを差し込んだまま，原判示のような状況にあるＹの車庫の第1審判決別紙見取図表示の地点に駐車されていたところ，Ａは，Ｙとは雇傭関係等の人的関係をなんら有しないにもかかわらず，Ｙの車を窃取してタクシー営業をし，そのうえで乗り捨てようと企て，同日午後11時頃扉が開いていた車庫の裏門から侵入したうえ本件自動車に乗りこんで盗み出し，大阪市内においてタクシー営業を営むうち，翌23日午前1時5分頃大阪市港区市岡元町1丁目45番地付近を進行中，市電安全地帯に本件自動車を接触させ，その衝撃によって客として同乗していたＸに障害を負わせた，というのである。

右事実関係のもとにおいては，本件事故の原因となった本件自動車の運行は，Ａが支配していたものであり，Ｙはなんらその運行を指示制御すべき立場になく，また，その運行利益もＹに帰属していたといえないことが明らかであるから，本件事故につきＹが自動車損害賠償保障法3条所定の運行供用者責任を負うものでないとした原審の判断は，正当として是認することができる。原判決に所論の違法はなく，論旨は採用することができない。」

(2)につき，「おもうに，自動車の所有者が駐車場に自動車を駐車させる場合，右駐車場が，客観的に第三者の自由な立入を禁止する構造，管理状況にあると認めうるときには，たとえ当該自動車にエンジンキーを差し込んだままの状態で駐車させても，このことのために，通常，右自動車が第三者によって窃取され，かつ，この第三者によって交通事故が惹起されるものとはいえないから，自動車にエンジンキーを差し込んだまま駐車させたことと当該自動車を窃取した第三者が惹起した交通事故による損害との間には，相当因果関係があると認めることはできない。

前示のように，本件自動車は，原判示の状況にあるＹの車庫に駐車されていたものであり，右車庫は，客観的に第三者の自由な立入を禁止する構造，管理状況にあったものと認められるから，Ｙが本件自動車にエンジンキーを

➡ 141

差し込んだまま駐車させていたこととXが本件交通事故によって被った損害との間に，相当因果関係があるものということはできない。そして，この判断は，本件において，次のような事実，すなわち，Yは，本件自動車が窃取された約20日前である昭和42年8月1日午前2時頃にも，エンジンキーを差し込んだまま本件自動車の駐車地点とほぼ同じ場所に駐車しておいたタクシー車が窃取されたうえ乗り捨てられたという事実があったが，盗難防止のための具体的対策を講じなかったこと，Yの営業課長Bは，本件自動車が窃取される前，すでに，エンジンキーが差し込まれたままの状態にあったことを知っていたが，そのまま放置していたこと，また，Yの当直者のだれもが本件自動車が窃取されたことに気付かなかったこと等の事実が存し，Yの本件自動車の管理にはいささか適切さを欠く点のあったことが認められることを考慮しても，左右されるものとはいえない。

したがって，Yが本件事故につき民法715条の不法行為責任を負うものではないとした原審の判断は，正当として是認することができる。右判断に所論の違法はなく，論旨は採用することができない。」（裁判長裁判官 藤林益三　裁判官 大隅健一郎　下田武三　岸　盛一　岸上康夫）

141 侵害を回避できたかが不明の場合

最(二)判平成12年9月22日民集54巻7号2574頁・「生存の相当の可能性」判決

(曹時54巻4号199頁，法協118巻12号1940頁)

【事実】 Aは突然の背部痛・心か部痛でY経営の病院を訪れた。担当医師は，一次的に急性すい炎，二次的に狭心症を疑い，急性すい炎の薬を加えた点滴をさせたところ，点滴中に，Aは痙攣したあと睡眠・呼吸停止状態に陥り，蘇生術にもかかわらず2時間後に死亡した。Aの妻子Xらは，債務不履行または不法行為を理由にAの逸失利益と慰謝料の賠償を求め（主位的請求），また，適切な救急医療に対するXの期待権が侵害されたとして慰謝料を請求した（予備的請求）。原審は，Aの死因を狭心症発作・心筋梗塞・心不全としたうえで，背部痛・心か部痛の患者に対してなすべき問診と血圧等の測定，狭心症・心筋梗塞の疑いある場合のニトログリセリン投与等を担当医師が怠ったが，適切な医療によって救命された高度の蓋然性がなく死亡との因果関係がないとして主位的請求を斥け，しかし，「患者が適切な医療を受ける機会を不当に奪われたことによって受けた精神的苦痛」に対する慰謝料200万円を認めた。Yが上告。

【判決理由】 上告棄却「三　本件のように，疾病のため死亡した患者の診療に当たった医師の医療行為が，その過失により，当時の医療水準にかなったものでなかった場合において，右医療行為と患者の死亡との間の因果関係の存在は証明されないけれども，医療水準にかなった医療が行われていたならば患者がその死亡の時点においてなお生存していた相当程度の可能性の存在が証明されるときは，医師は，患者に対し，不法行為による損害を賠償する責任を負うものと解するのが相当である。けだし，生命を維持することは人にとって最も基本的な利益であって，右の可能性は法によって保護されるべき利益であり，医師が過失により医療水準にかなった医療を行わないことによって患者の法益が侵害されたものということができるからである。

原審は，以上と同旨の法解釈に基づいて，B医師の不法行為の成立を認めた上，その不法行為によってAが受けた精神的苦痛に対し同医師の使用者たるYに慰謝料支払の義務があるとしたものであって，この原審の判断は正当として是認することができる。」（裁判長裁判官 梶谷　玄　裁判官 河合伸一　福田博　北川弘治　亀山継夫）

142 企業損害

最(二)判昭和43年11月15日民集22巻12号2614頁・真明堂薬局事件

（*曹時21巻8号124頁，民商61巻1号90頁，百選Ⅱ〈第8版〉200頁*）

【事実】 薬剤師Aは，Yのスクーターに衝突され負傷した。⑴AがYに治療費と慰謝料の支払いを請求するとともに，⑵Aが取締役をしていたX（有限会社真明堂薬局）は，Aの負傷により年間12万円の利益を失ったとして，Yに損害賠償を請求した。1審は⑴のみを認容した。X控訴。2審はXの損害とYの不法行為との因果関係を認めて⑵を認容した。Y上告。

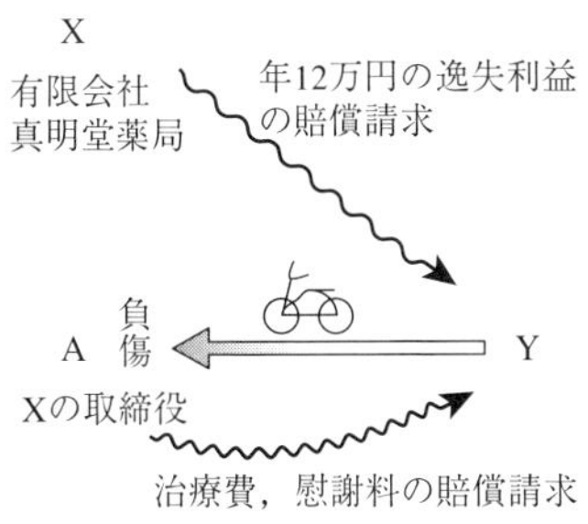

➡ 解説

【判決理由】 上告棄却 「論旨は，要するに，Y はスクーターを運転中に A と衝突して負傷させたのであるから，同人の被った損害を賠償すれば足り，同人以外の者である X 会社に対し損害賠償義務を負うべきいわれはない，けだし，Y の同人に対する加害行為とこれによって X 会社の被った損害との間には相当因果関係がないからである，と主張する。

……

しかし，原判決の確定するところによれば，A は，もと個人で飯田薬局という商号のもとに薬種業を営んでいたのを，いったん合資会社組織に改めた後これを解散し，その後ふたたび個人で真明堂という商号のもとに営業を続けたが，納税上個人企業による経営は不利であるということから，昭和 33 年 10 月 1 日有限会社形態の X 会社を設立し，以後これを経営したものであるが，社員は A とその妻 B の両名だけで，A が唯一の取締役であると同時に，法律上当然に X 会社を代表する取締役であって，B は名目上の社員であるにとどまり，取締役ではなく，X 会社には A 以外に薬剤師はおらず，X 会社は，いわば形式上有限会社という法形態をとったにとどまる，実質上 A 個人の営業であって，A を離れて X 会社の存続は考えることができず，X 会社にとって，同人は余人をもって代えることのできない不可欠の存在である，というのである。

すなわち，これを約言すれば，X 会社は法人とは名ばかりの，俗にいう個人会社であり，その実権は従前同様 A 個人に集中して，同人には X 会社の機関として代替性がなく，経済的に同人と X 会社とは一体をなす関係にあるものと認められるのであって，かかる原審認定の事実関係のもとにおいては，原審が，Y の A に対する加害行為と同人の受傷による X 会社の利益の逸失との間に相当因果関係の存することを認め，形式上間接の被害者たる X 会社の本訴請求を認容しうべきものとした判断は，正当である。」（裁判長裁判官 奥野健一　裁判官 草鹿浅之介　城戸芳彦　石田和外　色川幸太郎）

解　説

⑴　判例は因果関係の問題をすべて「相当因果関係」によって判断しているが，今日の学説はそれを 3 つに分ける。「あれなければこれなし」による事実

的因果関係と，事実的因果関係のある損害のうち賠償すべき範囲を決める保護範囲と，保護範囲内の損害について賠償額を算定する金銭的評価である。これらがそれぞれ因果関係判断のどの場面に関わるかを，裁判例に即してみておこう。(以下で，X は原告，Y は被告である。)

因果関係は，ⓐ Y の故意過失ある行為─ⓑ X の法益侵害─ⓒ X の損害という流れの中で，ⓐ-ⓑとⓑ-ⓒの 2 段階に分けることができる。金銭的評価はこのうちのⓑ-ⓒの段階に関わるが，これは「第 2 節　不法行為の効果 ［1］損害の算定」で取り上げる。ⓐ-ⓑの段階をみると，Y の行為から X の法益侵害が，他の事情が介在することなく生じた場合と，他の事情が介在して生じた場合とがある。それぞれ以下の(2)と(3)でみる。

(2)　まず，他の事情が介在しない場合であるが，Y の過失行為には普通，作為の部分と不作為の部分があるから，それぞれについて因果関係が問題になる。作為，不作為というのは，自動車の人身事故でいえば，Y の運転による衝突と，Y がブレーキを掛けなかった防止義務の懈怠である。*133*（輸血梅毒事件）では輸血行為（作為）と問診の懈怠（不作為），*134*（東京スモン事件）ではキノホルム剤の製造・販売（作為）と薬剤の危険性調査と結果回避措置の懈怠（不作為），*139*（ルンバール事件）では，ルンバールの施術（作為）と，その施術による脳出血を回避する措置をしなかったこと（不作為）である。このような構造のゆえに，因果関係は，ア）作為と法益侵害の間とイ）防止義務の懈怠と法益侵害の間で要求される。そして，その内容はア）とイ）で異なる。

ところで，本節の「［2］過失・注意義務違反」の解説(1)で述べたように，今日，不作為でも不法行為責任を認められる場合が増えている。例えば，*135*（光凝固法姫路日赤事件）では，Y の行為は，光凝固法や転医措置を執らなかったという不作為のみであり，作為の部分がない（侵害の原因は X_1 の疾患である)。また，*137*（京阪電鉄置石事件），*141*（「生存の相当の可能性」判決），後掲 *171*（中学生殺害事件）では Y の作為の部分がごく小さい。そのため，これらの事案では防止義務の不作為のみが問われ（不作為不法行為），因果関係もイ）のみが問題になる。

このうちア）の，Y の作為の部分が X の法益侵害を引き起こしたことが，因果関係の基本型である（事実的因果関係)。この有無が問題になるのは，単独でＸの法益侵害を引き起こし得た原因が，Ｙの作為以外に考えられる場合である。*134*（東京スモン事件）で被告側は，疾患の原因はキノホルム剤でなくウィルスだと主張し，*139*（ルンバール事件）で被告側は，腰椎穿刺施術ではなく化膿性髄膜炎の再燃だと主張した。また，後掲 *183*（西淀川公害第１次訴訟）では，ある公害患者Ｘの疾患の原因として，Y_1 の排煙の他に，他の排出源（Y_2, Y_3 など）が考えられた。これらの場合には，①Ｙ（Y_1）の行為が当該法益侵害を引き起こすことができたことと，②考えられる他の原因が当該法益侵害を引き起こさなかったことによって因果関係を認める。①②が「あれなければこれなし」の判断の内容である。①②の判断として，*139* は，一般的には，高度の蓋然性，通常人が疑いを差し挟まない程度の確信を持ちうる証明を要求しつつ，当該事案では考えられる２つの原因の蓋然性の比較によって因果関係を認めている。*183* では，①も②も十分に証明できない場合に排出量に応じた責任を認めている。

以上に対し，イ）は，Ｙが義務を尽くしていたらＸの法益侵害を回避できたかという問題である（不作為の因果関係）。*135*（光凝固法姫路日赤事件）では，転医措置を執っていたら被害者の視力障害を回避できたかが，*137*（京阪電鉄置石事件）では，置石を点検・除去していたら事故を回避できたかが，*141*（「生存の相当の可能性」判決）では，問診・血圧等の測定・ニトログリセリン投与をしていたら死亡を回避できたかが，後掲 *171*（中学生殺害事件）では両親が監督していたら殺害事件を回避できたかが問題になる。しかし，ア）の，作為がなかったら結果が生じなかったことの証明と比べると，イ）の作為をしたら結果が生じなかったことの証明は難しい。ア）では，変化のないこと（原状の継続）を前提にできるが，イ）では，多くの場合，侵害の発生（変化）を防止するには当該作為のほかに多数の諸条件が揃う必要があり，当該作為だけで防止できたと簡単に言えないからであろう。この不作為の因果関係について，*135*, *141* のような通常の医療行為では，原告に証明を要求している（だからこそ，*141* は因果関係の終点を繰り上げて証明負担を軽減した）。しかし，*133* と *171* は，この因果関係を事実上推定している。どのような場合に不作為の因果関係を推定するかについて，判例の基準は明らかでない。

(3)　被告Ｙの作為に他の事情が作用して法益侵害が生ずる場合には，*140*

（タクシー泥棒交通事故事件）のように，Yの行為（自動車所有と保管懈怠）に第三者の関与（Aの窃盗と運転）が加わって初めて法益侵害が生じた場合と，交通事故と医療過誤の競合（後掲*184*参照）のように，最初の不法行為により第一次侵害（負傷）が生じ，これに第三者の関与が加わって別の後続侵害（死亡）が生じた場合とがある（ただし，*184*では第一次侵害の加害者Bは訴訟の被告とされていない）。以上のほか，後掲*158*（むち打ち神経症事件）でも被害者の事情が加わって生じた法益侵害が問題になっている。これらの場合には，Yの作為と法益侵害の間に事実的因果関係が認められるが，Yの作為に加わった他の事情のうちどの範囲のものにつきYが賠償責任を負うかが問題になる（保護範囲の問題）。判例はこの問題を「相当因果関係」で判断する（*140*，*158*）が，その際に，Yの作為から当該の他事情が生ずる蓋然性を考慮している（*140*は蓋然性が小さいことを理由に責任を否定し，*158*は，最初の入院治療期間＋3ヶ月の損害の限りで責任を認めた）。この判断は，Yの注意義務違反の判断と一部が共通している。

(4) 判例が「相当因果関係」で判断する問題には，*142*（真明堂薬局事件）のような事案もある。これは，YがAの法益を侵害して，Aとの一定の関係に立つXに不利益を与えた場合である。この場合でも，Xの不利益を法益侵害と評価できるときは，Yの行為とXの法益侵害との因果関係によってYの不法行為責任を判断する。例えば，YがAの殺傷によってAの親族Xの扶養請求権を侵害する場合である。しかし，*142*では，年間収益に対するXの期待を保護法益ととらえることが難しい。そこで，判決は，AとXの経済的一体性と，XにとってのAの非代替性を理由にXの損害賠償請求を認めた。同じ「相当因果関係」の判断でも(3)の事例とは異なり，X側の事情を考慮しており，保護法益の判断に近い。

［4］ 責任能力

143 未成年者の責任能力

大判大正6年4月30日民録23輯715頁・「光清撃ツゾ」事件

【事実】 12歳2カ月の少年AはXほか数名の子供と遊戯中に，「光清撃ツゾ」と

➡ 144

言いながらXに銃口を向け，Xの制止をきかずに引き金に手を触れたためXの顔に命中して左眼を失明させた。XからAの親権者Yの監督者責任（714条）を問う。原審は，Aの年齢では本件の行為につき法律上の責任を弁識する知能を欠いていたとしてその責任能力を否定し，Yの責任を認めた。Yは上告し，責任能力は行為の是非善悪を識別する知能であり，Aはそれを有していたと主張する。

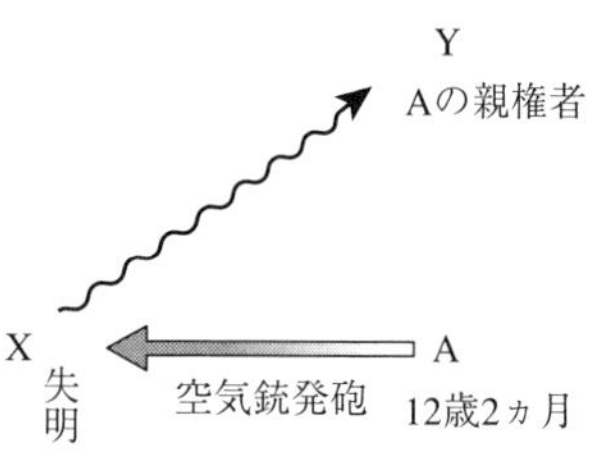

【判決理由】 上告棄却 「然れども，原院が法律上の責任と称するは，損害賠償の責任と解すべきにあらず。而して民法第712条に『行為の責任を弁識するに足るべき知能』と謂ふは，固より道徳上不正の行為たることを弁識する知能の意にあらず。加害行為の法律上の責任を弁識するに足るべき知能を指すものと解するを相当とす。故に本論旨も亦其理由なし。」

［関連裁判例］

144 未成年の被用者

大判大正4年5月12日民録21輯692頁・少年店員豊太郎事件

【事実】 11歳11カ月の少年A（豊太郎）が，主人Yのために自転車を運転中にXに衝突し負傷させた。XからYの使用者責任（715条）を問う。原審は，Aの過失を認めYの責任を肯定した。Yは上告し，原判決はAの責任能力につき説明していない，Aの年齢を考慮せず不当に高い注意義務を要求していると主張した。

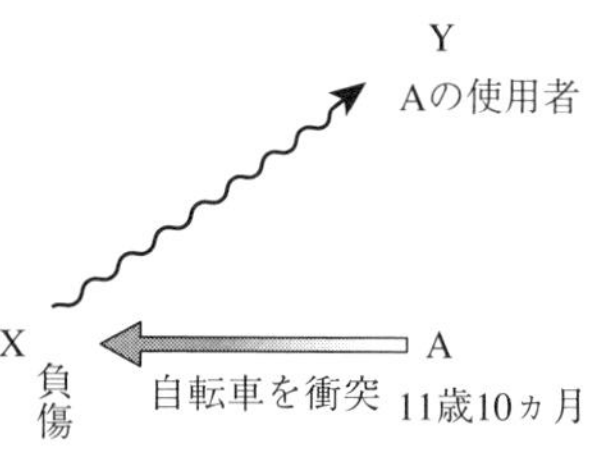

【判決理由】 上告棄却 「……加害者に過失ありたるや否やを定むるに付きては，所謂善良なる管理者の注意を標準とすべく，各場合に於ける加害者其人が日常用ゆる所の注意を標準とすることを得ず。蓋し各人をして他人の権利を侵害すべき行為を避止すべき周到なる注意義務に服せしむるは，私権を尊重し其安固を保障するが為めに必要にして，日常不注意なる人をして権利侵害の責任

を避免することを得せしめざるは共同生活観念に於て缺くべからざるを以てなり。而して未成年者が其注意の不足に因り他人の権利を侵害したる場合に於て，其注意義務に多少の斟酌を加ふるを可とし，成年者が注意義務に違背したる場合と之を同日に論ずるを得ずとするは，未成年者は成年者に比し其知慮未だ成熟せざるの見地より其理由あるに似たり。然れども責任能力ある未成年者は不法行為に関しては成年者と全然同一なる法律関係に服従すべく，其間に差等を設くることを得ず。換言すれば，未成年者は責任能力を缺如すれば即止む。苟（いやしく）も責任能力を具有する以上は成年者と同一なる注意義務に服従し，所謂善良なる管理者の注意を怠りたるが為めに生じたる権利侵害に対して其責に任ぜざるべからず。何となれば，法律行為に関しては法律は之を為したる未成年者に意思能力あるを以て足れりとせず，之に其取消権を認めて其利益を保護し，法律行為能力に付き成年者と未成年者との間に区別を設けたるも，不法行為に付きては法律は識別心なき未成年者を無責任とするに止まり，其他の点に付ては此 2 者間に何等責任の軽重を認めざるを以てなり。

而して原院の確定したる事実に依れば，本件の加害者 A は其年齢既に満 11 歳 11 月に相当し Y の営業使用者として其業務に従事し，大正 2 年 6 月 19 日得意先に持参すべき印刷用インキを背負ひ，主用の為め自転車に乗り大阪市南区日本橋筋東側の往来を進行したるものなること明かなれば，其年齢及び業務の性質上責任能力の既に具備したる事実は原判文上容易に之を窺ふに足りるべく，又 A が相当の注意を為すに於ては本件被害の原因たる自転車の衝突は避け得べかりしものにして，其衝突は A の不注意に基因することは原院が具体的事実を明示して之が説明を為したる所なれば原判決は A に不法行為ありと認むる所以の理由に於て缺くる所なく，A が責任能力者たることを特に判示せず，又 A の未成年者たるの理由を以て其責任を斟酌せず，又は之を斟酌したるや否やを明示せざればとて，理由不備の違法ありと謂ふことを得ず。故に上告論旨は理由なし。」（一続きの原文を 2 段落に分けた）

解　説

責任能力は，12 歳前後（小学校卒業前後）に備わるとされるが，個々の加害者と加害行為について考えるものだから，12 歳の少年の責任能力を否定する

143と11歳の少年につき肯定する144が矛盾するわけではない。しかし，143では，Aの責任能力を否定することは親権者の賠償責任を認めることと結びつき，144では，Aの責任能力を肯定することは使用者の責任を認めることと結びついている点に注意する必要がある。

第2節　不法行為の効果

[1]　損害の算定

145　消極的損害の賠償範囲（1）

大連判大正15年5月22日民集5巻386頁・富喜丸事件

【事実】 大正4年4月に，天津から帰るY（大阪商船株式会社）所有の汽船と大連に向うX（株式会社村金商店）所有の汽船（富喜丸）が両船長の過失で衝突し，富喜丸が沈没した。富喜丸と同様の中古船の評価額は，沈没当時は10万円余であったが，第1次大戦の影響で大正6年には190万円余に上昇し，大戦終結後の原審判決の当時には10万円以下に下落していた。XからYに対し，商法544条（現商法690条）に基づき，①大正6年8月頃の船舶の最高価格と，②大正4年中は既に

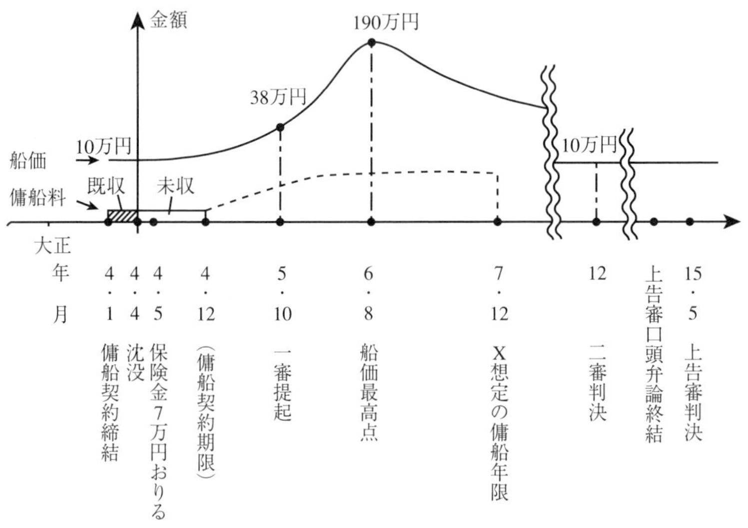

傭船契約を結んでいたことから，大正4年5月から12月までに得たであろう傭船料と，③大正5年から3年間に傭船に出せば得られたであろう傭船料の賠償を求めた。原審は，①については沈没当時の10万円余を認め，②③については全額認め，以上の合計額を過失相殺を理由に半額にした。XY双方から上告。Yは，⑴船価の賠償のほかにその後の賃料は認めるべきではないと主張し，Xは，⑵騰貴した船価の賠償を認めるべきだと主張した。大審院は民刑連合部を開いて中間判決を下し，⑴の主張を認め，⑵の主張をしりぞけた。なお，以下の判決理由中の「民法第416条」は，2017年改正前の416条2項である。

【判決理由】 中間判決 ⑴につき，「不法行為に因り物を滅失又は毀損せられたる者は，現実の損害に対する賠償を請求することを得るの外，其の物を使用収益することを得ざるに因りて生すべき損害の賠償を請求することを得べきものなれば，被害者は現実損害に対する賠償を受けたるが為不法行為微(なか)りせば取得することを得べかりし利益の喪失に対する損害賠償の請求権を失ふべきものに非ずと雖，物の滅失毀損に対する現実の損害は，物の滅失毀損したる当時の価格に依りて之を定むることを要し，且其の価格は交換価格に依りて定まるべきものとす。然り而して物の交換価格は，通常其の物の使用収益を為し得べき価値に対応するものにして，其の物の通常の使用価格を包含するものと謂ふべく，換言すれば現在及将来に於て其の通常の使用収益に因る利益を得べきことが其の物の現在の価格を為すものと謂はざるべからず。故に被害者が滅失毀損当時に於ける物の価格を標準として定められたる賠償を得たるときは，其の被害者は将来其の物に付通常の使用収益を為し得べき利益に対する賠償をも得たるものと謂ふべく，更に斯る賠償を請求することを得ず。加害者が賠償金の支払を遅延したる場合に付，唯被害当時より賠償を受くる迄の間に於ける法定利息を請求することを得るに過ぎざるものとす。

之に反して被害者が其の独特の技能特別なる施設其の他其の物の特殊の使用収益に因り異常の利益を得べかりし特別の事情ある場合に於て，不法行為に因り使用収益を妨げられ為に其の得べかりし利益を失ひたるときは，不法行為と損害との間に相当因果関係存する限り該利益喪失に対する被害者の賠償請求権を認めざるべからず。蓋不法行為に因りて生ずる損害は，自然的因果関係より論ずるときは，通常生し得べきものなると特別の事情に因りて生じたるものな

→ *145*

ることを問はず，又予見し若は予見し得べかりしものなると否とを論ぜず，加害者は一切の損害に付責に任ずべきものと謂はざるを得ずと雖，其の責任の範囲広きに過ぎ加害者をして無限の負担に服せしむるに至り，吾人の共同生活に適せず。共同生活の関係に於て其の行為の結果に対する加害者の責任を問ふに当りては，加害者をして一般的に観察して相当と認め得る範囲に於てのみ其の責に任ぜしめ，其の以外に於て責任を負はしめざるを以て法理に合し，民法第709条以下の規定の精神に適したるものと解すべきものなればなり。然り而して，民法第416条の規定は共同生活の関係に於て人の行為と其の結果との間に存する相当因果関係の範囲を明にしたるものに過ぎずして，独り債務不履行の場合にのみ限定せらるべきものに非ざるを以て，不法行為に基く損害賠償の範囲を定むるに付ても同条の規定を類推して其の因果律を定むべきものとす。而して物の通常の使用収益に因りて得べき利益の喪失は不法行為に因りて通常生ずべき損害を包含するものなれば，被害者が物の特殊の使用収益に因り得べかりし利益を失ひたりとして之が賠償を請求するには民法第416条第2項の規定に準拠し，不法行為の当時に於て将来斯る利益を確実に得べきことを予見し又は予見し得べかりし特別の事情ありしことを主張し且立証することを要するものと謂はざるを得ず。

原判決は，Xは其の所有船舶富喜丸がYの不法行為に因り沈没したる為得べかりし利益を喪失したるに基く賠償を請求し得べきものと認め，之が判断を為すに当り，『不法行為に因る損害賠償は，直接の結果たると間接の結果たると通常の事情に因り生じたると特別の事情に因り生じたるとを問はず，行為と損害との間に因果関係ありと認めらるる場合に於ては被害者は総ての損害の賠償を請求し得べく，不法行為に因り他日受くべき利益をも害せられたるときは判決を受くる迄の間に於て之を算定し其の賠償を請求し得べし』と前提し，『傭船は船舶利用の普通の方法なるを以て之に依り利用上得べかりし利益を算出するを相当とす云云，Xは大正4年1月21日訴外Aに対し同日より同年12月末日迄傭船契約を為したることを認め得べし云云，富喜丸沈没の翌月なる大正4年5月1日より同年末日迄の受べかりし利益は傭船料より船費を控除したる残額1万6800円なりと認定す云云，大正5年より大正7年に至る3ヶ年間に於て傭船契約を為すに因りて得べかりし利益は総利益金114万5485円より総費用金63万3158円86銭を控除したる純益金51万2326円14銭と認定す』と説明し，『此の金額の各半額を以てXの得べかりし利益に対する賠償額なり』と判示したり。

然れども，原判決は既に富喜丸の現実損害に対する賠償として其の沈没当時の価額に依り金10万5380円の半額の賠償をYに命じたるものなれは，其の価格は現在及将来に於て該船舶に付通常の使用収益を為すに因りて得べき利益に対する賠償をも包含するものと謂はざるべからず。故に原判決の趣旨が傭船契約を為すに因りて得べかりし利益即傭船料を以て本件船舶の通常の使用収益を為すに因りて得べかりし利益と認めたるものとせば，原院が其の喪失に対する賠償を命したるは二重の賠償を命じたるものにして不法なりと謂はざるを得ず。若夫(もしそれ)原判決の趣旨にして其の認めたる傭船料は特殊の使用収益を為し得べき特別の事情ありし為得べかりし利益にして船舶の価格に包含せられざることを判断したるものとせば，船舶衝突の当時に於て斯る使用収益に因る利益を得べきことを予見し又は予見し得べかりしことを判示せざるべからざるに，原院か不法行為に因る損害賠償には民法第416条の規定を類推することを得ざるものの如き見解を以て此の点に関する審理判断を為さざりしは不法にして，上告論旨は何れも其の理由あり。原判決中Yに金26万4563円7銭及之に対する法定利息の支払を命じたる部分は破毀を免れず。此の旨は当院従来の判例（大判大正4年2月8日，大判大正6年6月4日）に反するを以て之を変更すべきものとす。」

⑵につき，「不法行為に因り他人の所有物を滅失せしめ又は毀損したるときは，加害者は被害者に対し其の滅失毀損より生じたる損害を賠償するの義務あり。然り而して損害賠償は不法行為に因りて生じたる損害を塡補することを目的とするものなるを以て，其の賠償の範囲は先づ以て其の滅失毀損の当時を標準として之を定むることを要し，其の損害は滅失毀損の当時に於ける交換価格に依りて定まるべきものとす。蓋加害者は此の時に於て其の行為に因り被害者をして現に財産上の損害を被らしめたるものにして，加害者が其の当時の交換価格に依り被害者の損害を賠償するに於ては被害者の財産上の損失は塡補せらるべき筋合なれは，其の時を標準として被害者の受けたる損害の範囲を定むるは理の当然なるを以てなり。加之，不法行為に因りて財産上の損害を受けたる

→ *145*

者は，現実に生じたる損害の賠償を請求することを得るの外，尚不法行為微(なか)りせば受くべかりし利益の喪失に対する損害の賠償をも請求することを得べきものなれば，不法行為に因り滅失毀損したる物が後に価額騰貴し被害者が之に因りて得べかりし利益を喪失したるときは尚之に基く損害即消極的損害の賠償を請求することを得べきは論を俟たずと雖，被害者は不法行為当時より判決に至る迄の間に価額の騰貴したる一事に因りて直に騰貴価額に相当する消極的損害の賠償を請求することを得るものに非ず。其の騰貴が縦し自然の趨勢に因りたるものとするも，被害者に於て不法行為微りせば其の騰貴したる価額を以て転売其の他の処分を為し若は其の他の方法に依り該価額に相当する利益を確実に取得したるべき特別の事情ありて，其の事情か不法行為当時予見し又は予見し得べかりし場合に非ざれば，斯る損害賠償の請求を為すことを得ざるものとす（大正12年(オ)第398号事件の説明参照）。蓋被害者に於て該騰貴価額に依る利益を取得し得べき希望ありたるものとするも，其の希望は必ずしも之が実現を期することを得ざるを以て，物の価額が騰貴したる場合に付被害者に於て之に依る利益を取得すべき希望を有したるの一事のみに因りては，未だ確実に之を取得すべき情況に在りたるものと推測することを得ざるを以てなり。故に騰貴したる価額に依り損害の賠償を請求する債権者は，価額騰貴の事実を立証するの外，尚騰貴したる価額に依りて物を処分し又は其の他の方法に依り該価額に依る利益を確実に取得したるべき事情ありたること，及其事情は不法行為の当時予見し又は予見し得べかりしものなることを主張し，且之を立証するの責任あるものとす。故に不法行為の時と判決の時との中間又は判決の時に於て其の物の価額が不法行為の時より高価となりたる場合に於て債権者が此等の事実に関する主張及立証を為したるときは，滅失毀損の当時に於ける其の物の価額の外に右騰貴の時期に於ける其の物の利用に因り得べかりし利益に相当する金額を損害賠償として請求することを得べし。果して然らばXが自然の趨勢に因り昂騰したる其の最高価額を損害賠償として請求し得るものと解して之を訴求し其の事実を主張し其の価額を立証する所ありとするも，未だ其の最高価額に依る利益を確実に保有し得たりし事情の主張及立証と為すに足らざるを以て，是に依りては最高価額の時を標準として損害賠償の範囲を定むることを得ざるものと謂はざるべからず。

……然らば原院が富喜丸の沈没と同日なる衝突当時の船価10万9050円より喪失を免れたる同船の附属品の価額を控除したる残額金10万5380円をXの富喜丸喪失に因る損害額と認定し，騰貴価額に依る損害賠償の請求を排斥したるは相当なり。旧商法第324条の規定は遂に施行せられずして廃止せられたるものにして爾後之と同一の法則か慣習法として行はれたることなく又所謂実験則として存在することなし。仍て上告論旨は孰れも理由なし。此の判旨は当院従来の判例（大判大正5年11月17日，大判大正10年4月4日）に反するを以て之を変更すべきものとす」。（一続きの原文を段落に区切った）

［関連裁判例］

146 消極的損害の賠償範囲（2）

最(一)判昭和48年6月7日民集27巻6号681頁・東京出店妨害事件

（法協91巻12号2768頁，民商70巻5号870頁，百選Ⅱ〈第5版〉184頁）

【事実】 Xは大阪で菓子製造販売業をしていたが，本件土地を担保に融資を受けて東京に進出することを予定していた。ところが，Xの異父弟であるYが，（Xの主張によれば，この計画を妨害するために）被保全権利がないのに本件土地に処分禁止の仮処分をした。このため，Xは融資を受けられず，営業開始が5カ月遅れた。Xは，その間の得べかりし営業利益等の賠償を求めた。1・2審は，特別事情による損害に必要なYの予見可能性を認定できないとして，請求を棄却した。X上告。

【判決理由】 上告棄却（大隅裁判官の反対意見がある）

「不法行為による損害賠償についても，民法416条〔2017年改正民法416条2項〕が類推適用され，特別の事情によって生じた損害については，加害者において，右事情を予見しまたは予見することを得べかりしときにかぎり，これを賠償する責を負うものと解すべきであることは，判例の趣旨とするところであり（大連判大正15年5月22日民集5巻386頁〔*145*〕，最(一)判昭和32年1月31日民集11巻1号170頁，最(三)判昭和39年6月23日民集18巻5号842頁参照），いまただちにこれを変更する要をみない。本件において，Xの主張する財産および精神上の損害は，すべて，Yの本件仮処分の執行によっ

➡ *146*

て通常生ずべき損害にあたらず，特別の事情によって生じたものと解すべきであり，そして，Ｙにおいて，本件仮処分の申請およびその執行の当時，右事情の存在を予見しまたは予見することを得べかりし状況にあったものとは認められないとした原審の認定判断は，原判決（その引用する第１審判決を含む。）挙示の証拠関係に照らして，正当として肯認することができる。したがって，原審の認定判断に所論の違法はなく，論旨は採用することができない。」

大隅健一郎裁判官の反対意見

「㈠㈡……

㈢　債務不履行に関する右の民法416条の規定を不法行為による損害賠償につき類推適用すべきものとする見解には，種々の点で疑問があるのを免れない。

債務不履行の場合には，当事者は合理的な計算に基づいて締結された契約によりはじめから債権債務の関係において結合されているのであるから，債務者がその債務の履行を怠った場合に債権者に生ずる損害について予見可能性を問題とすることには，それなりに意味があるのみならず，もし債権者が債務不履行の場合に通常生ずべき損害の賠償を受けるだけでは満足できないならば，特別の事情を予見する債権者は，債務不履行の発生に先立ってあらかじめこれを債務者に通知して，将来にそなえる途もあるわけである。これに反して，多くの場合全く無関係な者の間で突発する不法行為にあっては，故意による場合はとにかく，過失による場合には，予見可能性ということはほとんど問題となりえない。たとえば，自動車の運転者が運転を誤って人をひき倒した場合に，被害者の収入や家庭の状況などを予見しまたは予見しうべきであったというがごときことは，実際上ありうるはずがないのである。……むしろ，不法行為の場合においては，各場合の具体的事情に応じて実損害を探求し，損害賠償制度の基本理念である公平の概念に照らして加害者に賠償させるのが相当と認められる損害については，通常生ずべきものであると特別の事情によって生じたものであると，また予見可能なものであると否とを問わず，すべて賠償責任を認めるのが妥当であるといわなければならない。不法行為の場合には，無関係な者に損害が加えられるものであることからいって，債務不履行の場合よりも広く被害者に損害の回復を認める理由があるともいえるのである。このように考えると，民法が債務不履行について416条の規定を設けながら，これを不法行為の場合に準用していないのは，それだけの理由があってのことといわざるをえないのであって，この規定を不法行為について類推適用することもまた否定されなければならないのである。」

㈣㈤……（裁判長裁判官 藤林益三　裁判官 大隅健一郎　下田武三　岸　盛一　岸上康夫）

147 積極的損害の賠償範囲

最(一)判昭和49年4月25日民集28巻3号447頁・ウィーン留学帰国旅費事件

（曹時28巻3号105頁，民商80巻6号121頁）

【事実】 Xは，Yの自動車に衝突されて瀕死の重傷を負い，娘Aが留学中の海外から看護のため帰国した。Xは，治療費，慰謝料のほかに，付添費等の項目の中でAの旅費の賠償を請求する。旅費の賠償請求について，1審は，Xが支出したとの主張・立証がないとして棄却した。2審は，留学費用をXが調達していたことからXの損害と認めて，認容した。Yから上告。

【判決理由】 上告棄却（大隅裁判官の意見がある）

「おもうに，交通事故等の不法行為によって被害者が重傷を負ったため，被害者の現在地から遠隔の地に居住又は滞在している被害者の近親者が，被害者の看護等のために被害者の許に赴くことを余儀なくされ，それに要する旅費を出捐した場合，当該近親者において看護等のため被害者の許に赴くことが，被害者の傷害の程度，当該近親者が看護に当たることの必要性等の諸般の事情からみて社会通念上相当であり，被害者が近親者に対し右旅費を返還又は償還すべきものと認められるときには，右旅費は，近親者が被害者の許に往復するために通常利用される交通機関の普通運賃の限度内においては，当該不法行為により通常生ずべき損害に該当するものと解すべきである。そして，国際交流が発達した今日，家族の一員が外国に赴いていることはしばしば見られる事態であり，また，日本にいるその家族の他の構成員が傷病のため看護を要する状態となった場合，外国に滞在する者が，右の者の看護等のために一時帰国し，再び外国に赴くことも容易であるといえるから，前示の解釈は，被害者の近親者が外国に居住又は滞在している場合であっても妥当するものというべきである。

➡ *148*

本件において，原審が適法に確定したところによれば，Xは，昭和43年8月26日本件交通事故により脳挫傷，左大腿創，腰部打撲傷の傷害を受け，直ちに外科病院に入院したが，当時は危篤状態で1週間にわたり意識が混濁した状況にあり，その後精神障害治療のため，同年10月5日から同年11月29日まで56日間他の病院に転入院し，その後さらに同月30日から昭和45年10月21日までの間27回にわたり病院に通院して治療を受けたというものであり，他方，Xの娘である訴外Aは，ウイーンに留学すべく昭和43年8月24日横浜からナホトカ経由で出発したが，途中モスクワに到着した際，本件交通事故の通知を受けたため同年9月6日急遽帰国し，翌7日から入院中のXに付添って看護し，昭和44年4月改めてウイーンに赴いたが，その結果，XがAのために調達した留学のための諸費用のうち横浜からナホトカ経由ウイーンまでの旅費13万2244円が無駄となったのみならず，XはAが帰国のために要したモスクワからナホトカ経由横浜までの旅費8万4034円（以下，両者を合わせて本件旅費という。）の支出を余儀なくされ，右合計21万6278円の損害を被ったというのである。右事実関係のもとにおいては，AがXの看護のため一時帰国したことは社会通念上相当というべきであり，本件旅費は，XがAに代って又は同人に対して支払うべきものであるから，Xが被った損害と認めるべきものであり（原審はこの趣旨を判示したものと解される。），その額もウイーンに赴き又はモスクワから帰国するために通常利用される交通機関の普通運賃額を上廻るものでないことが明らかであるから，本件旅費はXが本件交通事故により被った通常生ずべき損害であるといわなければならない。したがって，これと同旨の原審の判断は，正当として是認することができる。」

なお，本判決には大隅裁判官が ***146*** と同趣旨の意見を付している。（裁判長裁判官 大隅健一郎　裁判官 藤林益三　下田武三　岸　盛一　岸上康夫）

148 年少者の逸失利益

最(三)判昭和39年6月24日民集18巻5号874頁・8歳児2人乗り事件

（曹時16巻10号148頁，民商52巻2号232頁）

【事実】 Y_1の被用者Y_2は，自動車運転中に，確認を怠って，自転車に2人乗りし

➡ *148*

ていたAB（ともに8歳の男児）に衝突し死亡させた。ABの親であるXらは，ABの得べかりし利益の賠償を相続人として請求した。1審は請求を棄却し，2審は過失相殺をして一部認容。⑴Y_1らは，8歳の少年について得べかりし利益の算定は不可能であると主張し，⑵Xらは，ABには責任能力がないから722条2項の適用がないと主張して，それぞれ上告した。本判決は⑴の上告に対するものである。⑵の上告に関する最高裁判決は*154*を見よ。

【判決理由】 破棄差戻 「㈠ Yらは，論旨一，において，総論的に，本件のごとく被害者が満8才の少年の場合には，将来何年生存し，何時からどのような職業につき，どの位収入を得，何才で妻を迎え，子供を何人もち，どのような生活を営むかは全然予想することができず，したがって『将来得べかりし収入』も，『失うべかりし支出』も予想できないから，結局，『得べかりし利益』は算定不可能であると主張する。なるほど，不法行為により死亡した年少者につき，その者が将来得べかりし利益を喪失したことによる損害の額を算定することがきわめて困難であることは，これを認めなければならないが，算定困難の故をもって，たやすくその賠償請求を否定し去ることは妥当なことではない。けだし，これを否定する場合における被害者側の救済は，主として，精神的損害の賠償請求，すなわち被害者本人の慰藉料（その相続性を肯定するとして）又は被害者の遺族の慰藉料（民法711条）の請求にこれを求めるほかはないこととなるが，慰藉料の額の算定については，諸般の事情がしんしゃくされるとはいえ，これらの精神的損害の賠償のうちに被害者本人の財産的損害の賠償の趣旨をも含ませること自体に無理があるばかりでなく，その額の算定は，結局において，裁判所の自由な裁量にこれを委ねるほかはないのであるから，その額が低きに過ぎて被害者側の救済に不十分となり，高きに失して不法行為者に酷となるおそれをはらんでいることは否定しえないところである。したがって，年少者死亡の場合における右消極的損害の賠償請求については，一般の場合に比し不正確さが伴うにしても，裁判所は被害者側が提出するあらゆる証拠資料に基づき，経験則とその良識を十分に活用して，できうるかぎり蓋然性のある額を算出するよう努め，ことに右蓋然性に疑がもたれるときは，被害者側にとって控え目な算定方法（たとえば，収入額につき疑があるときはその額を少な目に，支出額につき疑があるときはその額を多めに計算し，また遠い将来の収

→ 149

支の額に懸念があるときは算出の基礎たる期間を短縮する等の方法）を採用することにすれば，慰藉料制度に依存する場合に比較してより客観性のある額を算出することができ，被害者側の救済に資する反面，不法行為者に過当な責任を負わせることともならず，損失の公平な分担を窮極の目的とする損害賠償制度の理念にも副うのではないかと考えられる。要するに，問題は，事案毎に，その具体的事情に即応して解決されるべきであり，所論のごとく算定不可能として一概にその請求を排斥し去るべきではない。

㈡　よって，以上の観点に立ちながら，進んで，Y_1らが，論旨二，以下において各論的に，原判決の算定方法の違法を主張する諸点につき判断することとする。」

以下，稼働可能期間，収入源，支出額，ホフマン式計算方法に関する原判決の算定方法を検討し，一部につき理由不備を認めて破棄し差し戻した。（裁判長裁判官 横田正俊　裁判官 石坂修一　五鬼上堅磐　柏原語六　田中二郎）

149 女子の逸失利益

最(二)判昭和62年1月19日民集41巻1号1頁・家事労働分加算否定判決

（*曹時39巻7号1319頁，法協111巻4号578頁，百選Ⅱ〈第8版〉206頁，昭62重判88頁*）

【事実】 中学2年の女子Aは，自転車で国道を通行中にY社保有の大型貨物自動車に追突されて死亡した。Aの両親XらはYに対し不法行為による損害賠償を求めた。訴訟で争われたAの逸失利益についてみると，1審は，賃金センサスの女子労働者の旧中・新高卒の平均給与額に，Aの家事労働分年60万円を加えた額を基礎収入とし，そこから生活費40％を控除するなどして2331万円余とした。Yが控訴したところ，原審は，満18歳から67歳までの間専業として職に就き，適時に婚姻すると仮定し，家事労働分を否定し，賃金センサスの女子労働者の旧中・新高卒の平均給与額から生活費35％を控除して1948万円余とした。Xらは，男女賃金格差を是正するため家事労働分を加算すべきだと主張して上告。

【判決理由】 上告棄却「Aのような死亡時に現実収入のない就労前の年少女子の場合には，当該女子の将来の就労の時期，内容，程度及び結婚後の職業継続の有無等将来につき不確定な要因が多いのであるが，原審が，Aの将来の得べかりし利益の喪失による損害賠償額を算定するに当たり，賃金センサス昭和56年第1巻第1表中の女子労働者，旧中・新高卒，企業規模計（パートタイム労働者を除いたもの）の表による平均給与額を基準として収入額を算定したことは，交通事故により死亡した女子の将来の得べかりし利益の算定として不合理なものとはいえず（最(三)判昭和54年6月26日裁判集民事127号129頁，最(一)判昭和56年10月8日裁判集民事134号39頁参照)，Aが専業として職業に就いて受けるべき給与額を基準として将来の得べかりし利益を算定するときには，Aが将来労働によって取得しうる利益は右の算定によって評価し尽くされることになると解するのが相当であり，したがって，これに家事労働分を加算することは，将来労働によって取得しうる利益を二重に評価計算することに帰するから相当ではない。そして，賃金センサスに示されている男女間の平均賃金の格差は現実の労働市場における実態を反映していると解されるところ，女子の将来の得べかりし利益を算定するに当たって，予測困難な右格差の解消ないし縮少という事態が確実に生じるものとして現時点において損害賠償額に反映させ，これを不法行為者に負担させることは，損害賠償額の算定方法として必ずしも合理的なものであるとはいえない。」（裁判長裁判官 島谷六郎　裁判官 牧　圭次　藤島　昭　香川保一　林藤之輔）

150 減収がない場合の逸失利益の算定

最(三)判昭和56年12月22日民集35巻9号1350頁・労働能力2%喪失事件
（曹時37巻6号202頁，百選Ⅱ〈第8版〉202頁）

【事実】 Xは，Yの自動車に接触され負傷したが，負傷による収入の減少はなかった。Xは治療費，慰謝料のほかに逸失利益237万円の賠償を請求した。1審判決は，治療費，慰謝料は認めたが，逸失利益については収入の減少がないとの理由で認めなかった。2審判決は一部認容（理由は最高裁判決文を参照)。Y上告。

【判決理由】 破棄差戻「原審は，⑴　Xは，昭和47年3月11日，本件交通事故によって右手，右臀部に加療5日間を要する挫傷を受け，昭和50年1月10日までの約2年10か月にわたる通院治療の結果，身体障害等級14級に該当する腰部挫傷後遺症を残して症状が固定し，右下肢に局部神経症状があるものの，上，下肢の機能障害及び運動障害はないとの診断を受けたこと，⑵　右

➡ 150

後遺症は多分に心因性のものであると考えられること，(3) Xは，通産省工業技術院繊維高分子材料研究所に技官として勤務し，本件事故前はかなり力を要するプラスチック成型加工業務に従事していたが，本件事故後は腰部痛及び下肢のしびれ感があって従前の仕事がやりづらいため，坐ったままでできる測定解析業務に従事するようになったこと，(4) しかし，本件事故後も給与面については格別不利益な取扱は受けていないこと，などの事実関係を確定したうえ，事故による労働能力の減少を理由とする損害を認定するにあたっては，事故によって生じた労働能力喪失そのものを損害と観念すべきものであり，被害者に労働能力の一部喪失の事実が認められる以上，たとえ収入に格別の減少がみられないとしても，その職業の種類，後遺症の部位程度等を総合的に勘案してその損害額を評価算定するのが相当であるとの見解に基づいて，右事実関係及び労働省労働基準局長通牒（昭和32年7月2日付基発551号）による労働能力喪失率表を参酌のうえ，Xは，本件交通事故に基づく前記後遺症のため労働能力の2パーセントを喪失したものであり，その喪失期間は右事故後7年間と認めるのが相当であるとして，Xの年収を基準とする右割合及び期間による34万1216円の財産上の損害を認定している。

しかしながら，かりに交通事故の被害者が事故に起因する後遺症のために身体的機能の一部を喪失したこと自体を損害と観念することができるとしても，その後遺症の程度が比較的軽微であって，しかも被害者が従事する職業の性質からみて現在又は将来における収入の減少も認められないという場合においては，特段の事情のない限り，労働能力の一部喪失を理由とする財産上の損害を認める余地はないというべきである。

ところで，Xは，研究所に勤務する技官であり，その後遺症は身体障害等級14級程度のものであって右下肢に局部神経症状を伴うものの，機能障害・運動障害はなく，事故後においても給与面で格別不利益な取扱も受けていないというのであるから，現状において財産上特段の不利益を蒙っているものとは認め難いというべきであり，それにもかかわらずなお後遺症に起因する労働能力低下に基づく財産上の損害があるというためには，たとえば，事故の前後を通じて収入に変更がないことが本人において労働能力低下による収入の減少を回復すべく特別の努力をしているなど事故以外の要因に基づくものであって，かかる要因がなければ収入の減少を来たしているものと認められる場合とか，労働能力喪失の程度が軽微であっても，本人が現に従事し又は将来従事すべき職業の性質に照らし，特に昇給，昇任，転職等に際して不利益な取扱を受けるおそれがあるものと認められる場合など，後遺症が被害者にもたらす経済的不利益を肯認するに足りる特段の事情の存在を必要とするというべきである。原審が以上の点について何ら審理を遂げることなく，右後遺症の存在のみを理由にこれによる財産上の損害を認めている点で，原判決には損害認定に関する法令の解釈，適用の誤り，ひいては審理不尽，理由不備の違法があるといわざるをえず，論旨は理由がある。そして，Xの本訴請求は，同一の交通事故によって生じた身体障害に基づく損害の賠償を請求するものであって，各費目別の損害額は相互に密接に関連し，Yの本件上告も右の趣旨で原判決全部の破棄を求めるものと解しえないではないから，原判決中，Y敗訴部分は，結局，その全部の破棄を免れない。そして，叙上の点を含め，さらに本件損害賠償額について審理を尽くす必要があるから，右破棄部分につき本件を原審に差し戻すのが相当である。」（裁判長裁判官 横井大三　裁判官 環　昌一　伊藤正己　寺田治郎）

151 負傷被害者の死亡と逸失利益

最(二)判平成8年5月31日民集50巻6号1323頁・負傷高校生第2事故死事件

（曹時50巻11号155頁，民商120巻3号140頁）

【事実】 高校2年生のAは，平成2年4月に，自動二輪車で走行中，ガソリンスタンドから出てきたYのトラックを避けようとして転倒し，左肘等を骨折した。この傷害は翌年9月に固定したが，Aは，12月に別の交通事故で死亡した。Aの両親は，治療費・慰謝料等のほかに，高校卒業後10年間の労働能力喪失分を逸失利益として賠償請求した。Yは，死亡したから逸失利益はないと主張。1審・原審はこの逸失利益の賠償請求を認めた。原審は，「本件事故と相当因果関係のある損害として右逸失利益が生じたものであって，別件事故による死亡ではこれを除いた残りの労働能力が失われたことになる（損害の塡補がされるとすれば残りの労働能力について生じる）のであるから，本件事故後の死亡原因が病死，自殺，その他これに類する場合はともかくとして，別の交通事故によって死亡したとしても右逸失利益の発生が中断するということはできない。」と判示した。Yが上告。

【判決理由】 上告棄却 「二　交通事故の被害者が事故に起因する後遺障害のために労働能力の一部を喪失した場合における財産上の損害の額を算定するに当たっては，その後に被害者が死亡したとしても，交通事故の時点で，その死亡の原因となる具体的事由が存在し，近い将来における死亡が客観的に予測されていたなどの特段の事情がない限り，右死亡の事実は就労可能期間の算定上考慮すべきものではないと解するのが相当である。(最(一)判平成8年4月25日民集50巻5号〔1221頁〕登載予定参照)。

右のように解すべきことは，被害者の死亡が病気，事故，自殺，天災等のいかなる事由に基づくものか，死亡につき不法行為等に基づく責任を負担すべき第三者が存在するかどうか，交通事故と死亡との間に相当因果関係ないし条件関係が存在するかどうかといった事情によって異なるものではない。本件のように被害者が第2の交通事故によって死亡した場合，それが第三者の不法行為によるものであっても，右第三者の負担すべき賠償額は最初の交通事故に基づく後遺障害により低下した被害者の労働能力を前提として算定すべきものであるから，前記のように解することによって初めて，被害者ないしその遺族が，前後2つの交通事故により被害者の被った全損害についての賠償を受けることが可能となるのである。

三　また，交通事故の被害者が事故に起因する後遺障害のために労働能力の一部を喪失した後に死亡した場合，労働能力の一部喪失による財産上の損害の額の算定に当たっては，交通事故と被害者の死亡との間に相当因果関係があって死亡による損害の賠償をも請求できる場合に限り，死亡後の生活費を控除することができると解するのが相当である。けだし，交通事故と死亡との間の相当因果関係が認められない場合には，被害者が死亡により生活費の支出を必要としなくなったことは，損害の原因と同一原因により生じたものということができず，両者は損益相殺の法理又はその類推適用により控除すべき損失と利得との関係にないからである。

四　これを本件についてみるに，前記事実関係によれば，Aは，本件後遺障害により労働能力の一部を喪失し，これによる損害を被っていたところ，別件交通事故によるAの死亡については，前記の特段の事情があるとは認められず，また，本件交通事故との間の相当因果関係も認められない。したがって，右労働能力喪失による財産上の損害額の算定に当たっては，別件交通事故によるＡの死亡の事実を就労可能期間の算定上考慮すべきではなく，また，Ａの死亡後の生活費を控除することもできない。

原判決は，結論においてこれと同旨をいうものであって，正当として是認することができる。」（裁判長裁判官 河合伸一 裁判官 大西勝也 根岸重治 福田博）

152 負傷被害者の死亡と介護費用

最(一)判平成11年12月20日民集53巻9号2038頁・要介護被害者がん死亡事件
（判時54巻3号236頁）

【事実】 Ａ（62歳，農業に従事）は，平成3年9月18日にＹ運転の自動車に衝突され，脳挫傷等により寝たきりになった。1審は，Ａの損害賠償請求（逸失利益6年分，介護費用12年分等）を認めた。2審継続中の平成8年7月8日にＡが胃がんで死亡しＸらが相続。Ｙは，就労可能期間を短縮すべきこと，死亡後の介護費用の請求を棄却すべきことを主張したが，2審は1審と同様の判断を下した。Ｙ上告。

【判決理由】 一部破棄差戻，一部棄却（井嶋裁判官の補足意見がある）

「三 しかしながら，原審の判断のうち，亡Ａの死亡後の逸失利益を損害と認めた部分は是認することができるが，その死亡後の介護費用を損害と認めた部分は是認することができない。その理由は，次のとおりである。

1 交通事故の被害者が事故に起因する傷害のために身体的機能の一部を喪失し，労働能力の一部を喪失した場合において，逸失利益の算定に当たっては，その後に被害者が別の原因により死亡したとしても，右交通事故の時点で，その死亡の原因となる具体的事由が存在し，近い将来における死亡が客観的に予測されていたなどの特段の事情がない限り，右死亡の事実は就労可能期間の認定上考慮すべきものではないと解するのが相当である（最(一)判平成8年4月25日民集50巻5号1221頁，最(二)判平成8年5月31日民集50巻6号1323頁〔*151*〕参照)。これを本件について見ると，前記一の事実によれば，亡Ａが本件事故に遭ってから胃がんにより死亡するまで約4年10箇月が経過して

➡ *152*

いるところ，本件事故前，亡Aは普通に生活をしていて，胃がんの兆候はうかがわれなかったのであるから，本件において，右の特段の事情があるということはできず，亡Aの就労可能期間の認定上，その死亡の事実を考慮すべきではない。

2　しかし，介護費用の賠償については，逸失利益の賠償とはおのずから別個の考慮を必要とする。すなわち，（一）介護費用の賠償は，被害者において現実に支出すべき費用を補てんするものであり，判決において将来の介護費用の支払を命ずるのは，引き続き被害者の介護を必要とする蓋然性が認められるからにほかならない。ところが，被害者が死亡すれば，その時点以降の介護は不要となるのであるから，もはや介護費用の賠償を命ずべき理由はなく，その費用をなお加害者に負担させることは，被害者ないしその遺族に根拠のない利得を与える結果となり，かえって衡平の理念に反することになる。（二）交通事故による損害賠償請求訴訟において一時金賠償方式を採る場合には，損害は交通事故の時に一定の内容のものとして発生したと観念され，交通事故後に生じた事由によって損害の内容に消長を来さないものとされるのであるが，右のように衡平性の裏付けが欠ける場合にまで，このような法的な擬制を及ぼすことは相当ではない。（三）被害者死亡後の介護費用が損害に当たらないとすると，被害者が事実審の口頭弁論終結前に死亡した場合とその後に死亡した場合とで賠償すべき損害額が異なることがあり得るが，このことは被害者死亡後の介護費用を損害として認める理由になるものではない。以上によれば，交通事故の被害者が事故後に別の原因により死亡した場合には，死亡後に要したであろう介護費用を右交通事故による損害として請求することはできないと解するのが相当である。

そして，前記一の事実によれば，亡Aは原審口頭弁論終結前である平成8年7月8日に胃がんにより死亡し，死亡後は同人の介護は不要となったものであるから，Xらは，死亡後の介護費用を本件事故による損害として請求することはできない。」

井嶋一友裁判官の補足意見

「私は，被害者死亡後の介護費用を損害として認めることができないとする法廷意見に賛成するものであるが，原判決の述べる口頭弁論終結後に被害者が死亡した場合との均衡の問題について若干補足しておくこととしたい。

事実審の口頭弁論終結後に至って被害者が死亡した場合には，確定判決により給付を命じられた将来の介護費用の支払義務は当然に消滅するものではない。この場合には，確定判決に対する請求異議の訴えにより将来の給付義務を免れ，又は不当利得返還の訴えにより既払金の返還を求めることができるか否かが問題となる。私は，少なくとも，長期にわたる生存を前提として相当額の介護費用の支払が命じられたのに，被害者が判決確定後間もなく死亡した場合のように，判決の基礎となった事情に変化があり，確定判決の効力を維持することが著しく衡平の理念に反するような事態が生じた場合には，請求異議の訴えにより確定判決に基づく執行力の排除を求めることができ，さらには，不当利得返還の訴えにより既に支払済みの金員の返還を求めることができるものとするのが妥当ではないかと考えるが，もとより，この点は，本判決の解決するところではなく，別途検討されるべき問題である。いずれにしても，口頭弁論終結前に被害者が死亡した場合に，口頭弁論終結後に被害者が死亡した場合との対比において均衡を欠く結果が生ずることがあり得るとしても，このことのゆえに被害者死亡後の介護費用を損害として認めるというのは転倒した議論といわなければならない。」（裁判長裁判官 井嶋一友　裁判官 小野幹雄　遠藤光男　藤井正雄　大出峻郎）

［関連裁判例］

153 一律請求

最(大)判昭和56年12月16日民集35巻10号1369頁・大阪空港騒音公害事件

（曹時37巻1号159頁，民商87巻4号546頁）

【事実】 大阪国際空港周辺の住民Xら276名は，航空機の騒音等を理由に，国Yに対し夜間の空港供用の差止と，損害賠償（慰謝料）を求めた。過去の損害については，1・2審，最高裁のいずれも賠償請求を認めた。下記は，損害に関するYの上告理由に対する最高裁の判断である。

【判決理由】 上告棄却 「所論は，要するに，本件損害賠償請求は，航空機騒音等によってXらが肉体的・精神的被害を受け，日常生活にも著しい妨害を

➡ 153

受けていることを理由とするものであるから，その性質上当然に，Xら各自について，それぞれの被害発生，その内容，右各被害と加害行為との間の因果関係の存在を個別的かつ具体的に認定判断する必要があるにもかかわらず，原判決は，㈠　この一般原則を無視し，右のような個別的，具体的な立証を不必要とし，Xらの具体的生活条件，居住条件のいかんによって航空機騒音等による被害の内容及び程度につき生ずるはずの差異を一切捨象し，Xらに一律一様の被害が生じているものと認定判断した点において，また，㈡　殊に，Xらの主張する耳鳴り，難聴その他の身体的被害について，主として本人の陳述やアンケート調査のような主観的色彩の強い証拠資料に依拠し，医学的・客観的資料によらず，また，疫学的手法を用いることもなく，たやすくXらの一部にそのような身体的被害が生じ，かつ，少なくとも本件航空機による騒音等がその一因となり，又はなっている可能性があると認定するとともに，一部住民につきそのような事実が認められる以上，他の住民についても同種被害の発生ないしはその危険性の存在を肯定すべく，各自につき具体的に被害発生の有無や危険性の存在と程度を確定する必要がないとしている点において，法令の解釈適用を誤り，経験則に違背し，理由不備ないし理由齟齬の違法を犯したものである，というのである。

……

確かに，Xらの本件損害賠償請求は，本件空港に離着陸する航空機の騒音等によりXらを含む周辺地域の住民が被っている被害を一体的にとらえ，これを一個の権利侵害として，Xらがそれら住民の全体を代表するといったような立場においてこれに対する救済を求めるものではなく，X各自の被っている被害につき，それぞれの固有の権利として損害賠償の請求をしているのであるから，各Xについてそれぞれ被害の発生とその内容が確定されなければならないことは当然である。しかしながら，Xらが請求し，主張するところは，Xらはそれぞれさまざまな被害を受けているけれども，本件においては各自が受けた具体的被害の全部について賠償を求めるのではなく，それらの被害の中には本件航空機の騒音等によってXら全員が最小限度この程度までひとしく被っていると認められるものがあり，このような被害をXらに共通する損害として，各自につきその限度で慰藉料という形でその賠償を求める，と

➡ 153

いうのであり，それは，結局，Xらの身体に対する侵害，睡眠妨害，静穏な日常生活の営みに対する妨害等の被害及びこれに伴う精神的苦痛を一定の限度でXらに共通するものとしてとらえ，その賠償を請求するものと理解することができる。

……そして，右の点に関し，本件空港に離着陸する航空機のXらの居住する地域に及ぼす騒音等の性質，強度，頻度等が原判決において認定されたようなものである場合において，Xらのすべてに共通して原判示のような不快感，いらだち等の精神的苦痛及び睡眠その他日常生活の広範な妨害を生ずるとした原審の認定判断は，原判決挙示の証拠関係に照らし，是認することができないものではなく，また，身体的被害についても，本件のような航空機騒音の特質及びこれが人体に及ぼす影響の特殊性並びにこれに関する科学的解明が未だ十分に進んでいない状況にかんがみるときは，原審が，その挙示する証拠に基づき，前記のような航空機の騒音等の影響下にあるXらが訴える原判示の疾患ないし身体障害につき右騒音等がその原因の1つとなっている可能性があるとした認定判断は，必ずしも経験則に違背する不合理な認定判断として排斥されるべきものとはいえず，Xらすべてが，右のような身体障害に連なる可能性を有するストレス等の生理的・心理的影響ないし被害をひとしく受けているものとした判断もまた，是認することができないものではない。もっとも，原判決の判示のうちには，単なる身体的被害発生の可能性ないし危険性そのものを慰藉料請求権の発生原因たる被害と認めているかにみえる箇所があるところ，そのような可能性ないし危険性そのものを直ちに慰藉料請求権の発生原因たるべき現実の被害にあたるということができないことはいうまでもないが，右判示は，そのような可能性ないし危険性を帯有する前記のような生理的・心理的現象をもって慰藉料請求権の発生原因たる被害と認めた趣旨のものと解することができないものではないのである。以上の点に関する論旨は，ひっきょう，原判決を正解しないでこれを論難するか，又は原審の専権に属する証拠の取捨判断，事実の認定を非難するものにすぎないというべきである。」（裁判長裁判官 服部髙顯　裁判官 団藤重光　環　昌一　栗本一夫　藤﨑萬里　本山　亨　中村治朗　横井大三　木下忠良　伊藤正己　宮﨑梧一　寺田治郎　谷口正孝）

➡ 解説

解　説

被害者は，物の毀損や死傷という法益侵害から様々な不利益を受けるが，その不利益のうちのどこまで賠償するのか，それをどのように金額に換算するかが，ここでの問題である（損害の金銭的評価）。以下の(1)でこの問題に関する判例の基本的な考え方を概観し，(2)では物の市場価格の賠償について，(3)では人損の消極的損害について，いくつかの個別問題をみておく。

(1)　この意味での不利益は，財産的損害と非財産的損害（慰謝料）に分けられ，前者はさらに，積極的損害と消極的損害（得べかりし利益，逸失利益）に分けられる。積極的損害とは，修理費，治療費のように，被害者が持っていた利益を現実に失った場合であり，消極的損害とは，予定していた転売・利用による利益，就労による所得のように，侵害がなければ得たであろう利益を得られなくなった場合である。

修理費，治療費などの積極的損害は，実際に支出した額が被害者によって大きく異なったり膨大になることがあるから，常に全額を賠償させるのは公平でない。判例は，「必要性」「社会的相当性」という評価基準によって客観的な限度を設けている（*147*）。

消極的損害は，侵害の時点で現実化していない利益の損失であるから，その利益の不確実性をどう評価して賠償を認めるかが問題になる。

物損の場合の，予定していた転売・利用による利益について，判例は416条を類推適用し，通常損害であるときと，特別損害でも不法行為時に当該加害者が予見しえたときに，賠償請求できるとした（*145*の判決理由の(1)，*146*）。判例が明確に416条を類推適用するのはこの場面である（積極的損害に関する*147*では，「通常生ずべき損害」の語を用いるにとどまる）。

人損の場合の消極的損害（逸失利益）は，有職者についてはその所得から算定し，職を持たない幼児・若年者の場合には平均賃金を基礎にして算定する。

退職者の場合には，後掲*160*は退職年金を基準に算定する（ただし，藤島裁判官の反対意見がある）。

(2)　以上のように，損害は，不法行為による当該被害者の財産状態の減少に着目して算定する。しかし，所有物が消滅した場合には，その物の市場価格を損害として賠償請求することが認められている。市場価格は社会的な標準であり，当該被害者が代物を購入した代価やその物を転売して得られた利益とは必ずしも一致しない。(1)の積極的損害と消極的損害は「具体的損害計算」と呼ばれ，物の市場価格は「抽象的損害計算」と呼ばれる。

積極的損害と消極的損害は，当該被害者の支出と収益喪失を基礎に算定するので算定基準時が問題にならないが，市場価格によるときは算定基準時が問題になる。*145*（富喜丸事件）は不法行為時の市場価格だとする（判決理由の(2)）。そして，不法行為時以後の価格上昇によって被害者が得たであろう利益については，被害者が転売等によりその利益を確実に取得したという特別の事情があり，その事情を不法行為当時予見していたか予見可能であった場合に限り，損害賠償請求できるとする。

市場価格によって賠償するときには，それと併せて，その物の使用収益による消極的損害を賠償請求できるかが問題になる。*145* は，物の交換価格はその物の通常の使用収益の価値に対応するから，物の特殊な使用収益によって得べかりし利益のみを，相当因果関係のある限りで別に賠償請求できる，ただ，そのためにはその利益を確実に取得したことの予見可能性が必要だとした（判決理由の(1)。上記(1)参照）。

(3) 上記(1)で述べたように，人損の消極的損害は，有職者の場合には侵害による所得の減少である。それでは，有職者が負傷し後遺症が残ったが所得が減少していない場合に消極的損害の賠償は認められないのか。*150*（労働能力 2% 喪失事件）は，原則として逸失利益の賠償を否定しつつ，被害者の特別の努力等により収入減がないなど特段の事情があるときは損害が認められるとした（差額説の緩和）。現在の下級審裁判例では，労働能力喪失率が 14% を超えていれば減収がなくても逸失利益を認める傾向にある。

損害を所得の減少分とすると，被害者の所得の差によって賠償額に差が生ずる。しかし，人間の命の平等を理由に人身侵害の賠償額を定額化すると，不法行為の前後で被害者の生活基盤を変動させ妥当でない。有職者の逸失利益を所得の減少額とすることは一般に支持されている。

以上に対し，所得のない幼児・若年者については別の問題がある。

年少者については，まず，死亡の逸失利益の賠償を認めるべきかが問題になった。かつては賠償を否定していたが，*148*（8 歳児 2 人乗り事件）は，年少者にも平均賃金を基礎とする逸失利益の賠償を認めた。負傷による後遺症の場合も，労働能力喪失率に応じた逸失利益の賠償を認めている。所得減少が現在はないが将来考えられるとして逸失利益を認める点で差額説を緩和している。

ところで，判例はこの逸失利益を男女別の全年齢平均賃金によって算定してきたが，これによると女子の逸失利益が小さくなる。これを是正するために家事労働分の加算が主張されたが，*149*（家事労働分加算否定判決）は認めなかった。また，最(三)判昭和 61 年 11 月 4 日判時 1216 号 74 頁の事件では全労働者の平均賃金を基礎とすることが主張されたが，最高裁は斥けた。ただ，下級審裁判例はその後も全労働者の平均賃金を基礎とするものと，男女別によるものに分かれ，最高裁はいずれの判決に対する上告，上告受理申立ても棄却，不受理として（最(三)決平成 14 年 7 月 9 日交通民集 35 巻 4 号 917 頁，最(三)決平成 14 年 7 月 9 日同 921 頁），この問題を各下級審の判断に委ねている。

Y の不法行為により負傷した X が，別の原因で死亡したときに，負傷についての Y の損害賠償責任はどうなるのか。最(一)判平成 8 年 4 月 25 日民集 50 巻 5 号 1221 頁，*151*（負傷高校生第 2 事故死事件）は，負傷による逸失利益の賠償責任は X 死亡後の分も存続するとしたが，*152*（要介護被害者がん死亡事件）は，負傷による介護費用の賠償責任は死亡後の分はなくなるとした。不法行為がなかった場合とあった場合の口頭弁論終結時での財産状態の差を損害と考える差額説からみると，*152* が正しく，*151* は誤りであるようにみえる。また，労働能力喪失説は所得減がない場合に逸失利益を認めるにすぎないから，*151* を労働能力喪失説によって説明することもできない。しかし，この問題は，個々の損害項目の賠償の趣旨から説明すべきだと考える。被害者死亡後の逸失利益について賠償責任を負うのは，逸失利益の賠償は被害者本人だけでなく，被害者の遺族・相続人の支援をも目的とし，また，不法行為前の被害者の状態の保持を目的とするからであろう。これに対し，介護費用の賠償は，負傷被害者本人だけのためであり，また，負傷の状態に対処するために侵害後に必要になった措置の費用だから，被害者が死亡すれば加害者は賠償責任を負わないのであろう。

(4) 集団訴訟では，各被害者の個別的事情を考慮せず，死者あるいは同程度の症状の患者ごとに一律の損害賠償を求めることが多い。下級審裁判所は公害訴訟，薬害訴訟においてこの一律請求を認めてきた。*153* は，これに対する最高裁の見解である。

［2］ 過失相殺とその拡大適用

154 過失相殺における責任能力

最(大)判昭和39年6月24日民集18巻5号854頁・8歳児2人乗り事件
(曹時16巻10号143頁，民商52巻2号224頁，百選Ⅱ〈第8版〉212頁)

【事実】 *148* と同じ事件であるが，本判決は，Xらからの *148* の **【事実】** (2)の上告に対するものである。

【判決理由】 上告棄却 「未成年者が他人に加えた損害につき，その不法行為上の賠償責任を問うには，未成年者がその行為の責任を弁識するに足る知能を具えていることを要することは民法712条の規定するところであるが，他人の不法行為により未成年者がこうむった損害の賠償額を定めるにつき，被害者たる未成年者の過失をしんしゃくするためには，未成年者にいかなる知能が具わっていることを要するかに関しては，民法には別段の規定はなく，ただ，この場合においても，被害者たる未成年者においてその行為の責任を弁識するに足る知能を具えていないときは，その不注意を直ちに被害者の過失となし民法722条2項を適用すべきではないとする当裁判所の判例（最(二)判昭和31年7月20日）があることは，所論のとおりである。しかしながら，民法722条2項の過失相殺の問題は，不法行為者に対し積極的に損害賠償責任を負わせる問題とは趣を異にし，不法行為〔者〕が責任を負うべき損害賠償の額を定めるにつき，公平の見地から，損害発生についての被害者の不注意をいかにしんしゃくするかの問題に過ぎないのであるから，被害者たる未成年者の過失をしんしゃくする場合においても，未成年者に事理を弁識するに足る知能が具わっていれば足り，未成年者に対し不法行為責任を負わせる場合のごとく，行為の責任を弁識するに足る知能が具わっていることを要しないものと解するのが相当である。したがって，前示判例は，これを変更すべきものと認める。

原審の確定するところによれば，本件被害者らは，事故当時は満8才余の普通健康体を有する男子であり，また，当時すでに小学校2年生として，日頃学校及び家庭で交通の危険につき充分訓戒されており，交通の危険につき弁識があったものと推定することができるというのであり，右認定は原判決挙示の証拠関係に照らし肯認するに足る。右によれば，本件被害者らは事理を弁識するに足る知能を具えていたものというべきであるから，原審が，右事実関係の下において，進んで被害者らの過失を認定した上，本件損害賠償額を決定するにつき右過失をしんしゃくしたのは正当であり，所論掲記の判例（最(一)判昭和32年6月20日）は事案を異にし本件の場合に適切でない。所論は，採用することをえない。」（裁判長裁判官 横田喜三郎　裁判官 河村又介　入江俊郎　下飯坂潤夫　奥野健一　石坂修一　山田作之助　横田正俊　斎藤朔郎　草鹿浅之介　長部謹吾　城戸芳彦　石田和外）

［関連裁判例］

155 被害者側の過失（1）

最(一)判昭和34年11月26日民集13巻12号1573頁・母の監護過失事件

（*曹時12巻1号93頁，法協78巻2号322頁，民商42巻4号122頁*）

【事実】 Y_1会社のトラックの運転者Y_2が，飛び出してきたA（8歳の男児）に接触して，死亡させた。Aの両親X_1 X_2は，葬儀費用と固有の慰謝料を請求。Y_1らはAに同伴していた母X_2の監督上の過失を指摘したが，原審は，その点を判断せず，X_1らの請求を認めた。Y_1らは過失相殺に関する理由不備を主張して上告。

【判決理由】 破棄差戻「民法722条にいわゆる過失とは単に被害者本人の過失のみでなく，ひろく被害者側の過失をも包含する趣旨と解するを相当する。従って本件のような場合被害者Aの過失だけでなく，もし，事故発生の際Aの監督義務者の如きものが同伴し〔て〕おり，同人においてAを抑制できたにもかかわらず，不注意にも抑制しなかったというのであれば，原審としてはその同伴者の過失を斟酌したであろうやも測り難いのである。然るに記録によっても明かなように，Y_1らは原審において右過失の斟酌されるべきことを主張したにもかかわらず，原審はその点について何ら考慮を運らした形跡がないのであるから，原判決はこの点において審理不尽，理由不備の欠陥を蔵するものと云うの外なく，論旨は結局理由あるに帰する。」（裁判長裁判官 下飯坂潤夫

裁判官 斎藤悠輔　高木常七）

156 被害者側の過失（2）

最(三)判昭和42年6月27日民集21巻6号1507頁・保母の監護過失事件
（曹時19巻9号197頁，法協85巻6号932頁，民商58巻1号125頁）

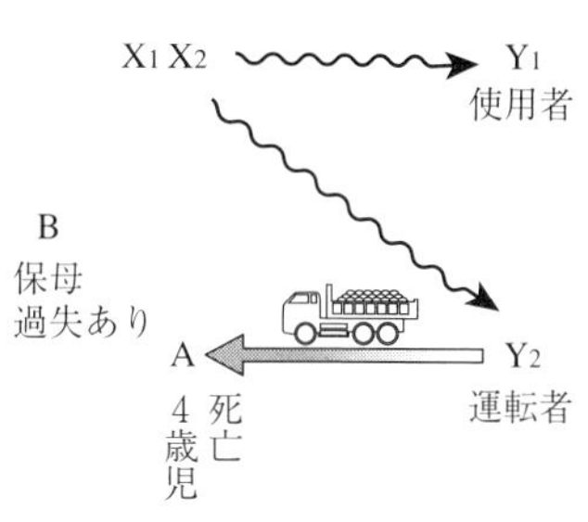

【事実】 4歳の女児Aが登園の途中で，Y_1の被用者Y_2の運転するダンプカーにひかれて死亡した。事故は，Aらを引率していた保母Bが，ダンプカーを認めて後尾の園児達に注意しようとAの手を放した際に，Aが先行する園児を追いかけて生じたものである。Aの両親X_1 X_2は，自らが受けた精神的苦痛の賠償を請求する。1・2審は，X_1らの請求を認め，Bの過失を理由とする過失相殺については，Bは保育園の被用者として引率しており，X_1 X_2の被用者ではなかったとして否定した。Y_1らが上告。

【判決理由】 上告棄却「民法722条2項に定める被害者の過失とは単に被害者本人の過失のみでなく，ひろく被害者側の過失をも包含する趣旨と解すべきではあるが，本件のように被害者本人が幼児である場合において，右にいう被害者側の過失とは，例えば被害者に対する監督者である父母ないしはその被用者である家事使用人などのように，被害者と身分上ないしは生活関係上一体をなすとみられるような関係にある者の過失をいうものと解するを相当とし，所論のように両親より幼児の監護を委託された者の被用者のような被害者と一体をなすとみられない者の過失はこれに含まれないものと解すべきである。けだし，同条項が損害賠償の額を定めるにあたって被害者の過失を斟酌することができる旨を定めたのは，発生した損害を加害者と被害者との間において公平に分担させるという公平の理念に基づくものである以上，被害者と一体をなすとみられない者の過失を斟酌することは，第三者の過失によって生じた損害を被害者の負担に帰せしめ，加害者の負担を免ずることとなり，却って公平の理念に反する結果となるからである。

原審の確定した事実によれば，城東保育園保母Bの被害者Aを監護するに

➡ 157

ついての過失が本件事故発生の一因となっているのであるが，Aの通園する右保育園とXらを含む園児の保護者との間には，園児の登園帰宅の際には一定の区間は保育園側において監護の責任を受けもつ旨の取極めがされていたとはいえ，右Bは，Aの両親であるX_1らより直接に委託を受けX_1らの被用者としてAの監護をしていたのではなく，城東保育園の被用者として本件事故当日Aその他の園児を引率監護していたに過ぎないというのであるから，右の事実関係に基づけば，Bは，被害者Aと一体をなすとみられるような関係を有する者と解することはできず，右Bの過失をもって民法722条2項に定める被害者の過失にあたるとすることはできない。従って，これと同旨の原審の判断は正当であり，論旨は理由がない。」（裁判長裁判官 横田正俊　裁判官 柏原語六　田中二郎　下村三郎　松本正雄）

157 被害者側の過失 (3)

最(一)判昭和51年3月25日民集30巻2号160頁・同乗妻負傷事件
（曹時31巻12号185頁，法協94巻9号1421頁，民商75巻3号502頁，百選Ⅱ〈第5版〉194頁）

【事実】 夫X_1が妻X_2を助手席に乗せてトラックを運転中に，Y_1の運転するY_2会社所有の大型トラックと衝突し，X_1 X_2は負傷し，X_1のトラックは大破した。X_1X_2は，Y_1に対し709条に基づき，Y_2に対し自賠法3条と715条に基づいて，損害の賠償を求めた。1審は，X_1とY_1の過失割合を6対4として，X_1 X_2の各損害につき過失相殺した。2審は，過失割合を5対5とし，X_1の損害のみ過失相殺し，X_2については，後掲の理由により過失相殺を否定した。Y_1 Y_2が上告。

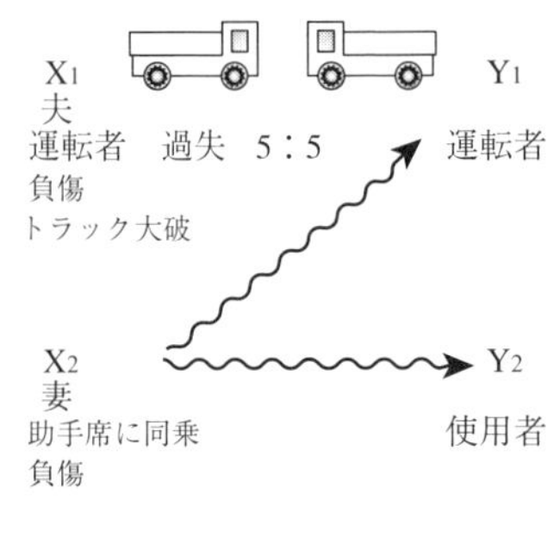

【判決理由】 一部棄却，一部破棄差戻「民法第722条2項が不法行為による損害賠償の額を定めるにつき被害者の過失を斟酌することができる旨を定めたのは，不法行為によって発生した損害を加害者と被害者との間において公平に分担させるという公平の理念に基づくものであると考えられるから，右被害者の過失には，被害者本人と身分上，生活関係上，一体をなすとみられるような

関係にある者の過失，すなわちいわゆる被害者側の過失をも包含するものと解される。したがって，夫が妻を同乗させて運転する自動車と第三者が運転する自動車とが，右第三者と夫との双方の過失の競合により衝突したため，傷害を被った妻が右第三者に対し損害賠償を請求する場合の損害額を算定するについては，右夫婦の婚姻関係が既に破綻にひんしているなど特段の事情のない限り，夫の過失を被害者側の過失として斟酌することができるものと解するのを相当とする。このように解するときは，加害者が，いったん被害者である妻に対して全損害を賠償した後，夫にその過失に応じた負担部分を求償するという求償関係をも一挙に解決し，紛争を1回で処理することができるという合理性もある。

これを本件についてみると，原判決は，X_2 は夫である X_1 の運転する自動車に同乗して岩手県盛岡市前九年町1丁目9番40号先の道路を進行中，Y_1 の運転する Y_2 有限会社所有の自動車に衝突され，傷害を被ったものであり，右交通事故における Y_1 と X_1 の過失の割合は，5対5であるが，X_2 自身に過失はなく，X_2 が被った損害額を定めるについて，夫である X_1 の過失は斟酌すべきではないとするものである。

しかし，前記のとおり，夫の運転する自動車に同乗していた妻が第三者の運転する自動車に衝突されて，傷害を被った場合に，その損害額を定めるにつき，特段の事情のない限り，運転者である夫の過失を被害者側の過失として斟酌すべきであるから，原判決には，この点について法令の解釈適用を誤った違法があり，右違法が判決に影響を及ぼすことは，明らかである。したがって，右の点についての論旨は理由があり，原判決中 X_2 に関する Y_1 ら敗訴部分は破棄を免れず，前記特段の事情の有無，X_2 の損害額を定めるについての過失の割合等について，更に審理を尽くさせるため，右部分につき本件を原審に差し戻すこととし，Y_1 らの X_1 に対する上告は，理由がないから棄却することとする。」（裁判長裁判官 岸　盛一　裁判官 藤林益三　下田武三　岸上康夫　団藤重光）

参考までに，原審判決（仙台高判昭和47年1月24日）を掲げる。

「X_2 が，その夫である X_1 の運転する X_1 車の左側助手席に同乗していたことは前示認定したとおりであるけれども，X_2 が X_1 の運転について指示ないし関与したとか，或いは X_1 の運転を妨害するような行動をしたとか，その他，

→ 158

X_1の注意義務違反行為について誘因となるような行動をしたと認めるに足りる証拠はなく，そのほか本件全証拠を検討しても本件事故につきX_2に過失があったと認めることができないので，X_2について過失相殺を適用する余地はない。

……

（なお，付言するに，前示認定のごとく，X_2の損害はX_1とY_1との各過失による共同不法行為によって惹起されたものであるにもかかわらず，X_2が夫たるX_1に対しては損害賠償の請求をせず，Y_1らのみがX_2のこうむった全損害を賠償しなければならないとすれば，損害の衡平な分担という理念に反するという嫌いなしとしない。しかし，数名の共同不法行為に因って被害者のこうむった損害について共同不法行為者全員において連帯してその賠償の責に任ずべきことは，民法第719条第1項の規定上明らかであるから，たまたま共同不法行為者の1人であるX_1が被害者であるX_2の夫であるからといって，Y_1らの賠償責任について右と異なる取り扱いをしなければならない理由は存しない。共同不法行為者の1人が自ら出捐して被害者に対して損害の全部を賠償したときは，共同不法行為者間の求償として，その全体の損害に対する各人の過失の割合に相応する負担部分を超える分について，他の共同不法行為者に対し，その負担部分に応じて求償し得ると解するのが相当である。けだし，かく解することが，被害者の保護と共同不法行為者相互の内部関係における負担の公平を期する所以である。そうすると，Y_1らが，X_2に対し，前示金182万8,481円の損害を賠償したとしても，他の共同不法行為者たるX_1に対し，同人との過失の割合2分の1に相応するY_1側の負担部分91万2,441円を超える部分について求償しうる関係にあるといわなければならない。）」

158 被害者の素因（1）

最(一)判昭和63年4月21日民集42巻4号243頁・むち打ち神経症事件

(曹時41巻4号232頁，民商101巻1号121頁，百選Ⅱ〈第3版〉204頁)

【事実】 XはYの自動車に接触され，いわゆる鞭打ち症になったので，治療費，休業損害，慰謝料等の賠償を求めた。1審は，被害者の特異な性格と回復への自発

➡ *158*

的意欲の欠如なども原因であるとし，事故後3年間に生じた損害のうち6割の限度で相当因果関係を認め，その限度で賠償責任を認めた。2審は，同様の事実を認定し，過失相殺の規定を類推適用して，事故後3年間の損害のうち4割の限度で責任を認めた。

【判決理由】 上告棄却「思うに，身体に対する加害行為と発生した損害との間に相当因果関係がある場合において，その損害がその加害行為のみによって通常発生する程度，範囲を超えるものであつて，かつ，その損害の拡大について被害者の心因的要因が寄与しているときは，損害を公平に分担させるという損害賠償法の理念に照らし，裁判所は，損害賠償の額を定めるに当たり，民法722条2項の過失相殺の規定を類推適用して，その損害の拡大に寄与した被害者の右事情を斟酌することができるものと解するのが相当である。

これを本件についてみるに，原判決が適法に確定した事実関係は，次のとおりである。

1 昭和44年3月20日……Yは，加害車を，時速40キロメートルないし50キロメートルの速度で，……被害車の15メートルないし18メートル後方を追従して進行中，被害車が突然急停車したので，急ブレーキをかけて停止しようとしたが間に合わず，被害車の後部に自車の前部を接触させた。……。Yは，直ちに下車してX及びAに負傷及び車体の損傷の有無を尋ね，車体を点検したところ，目立った損傷も見つからず，またXらから何ら異常がない旨の回答を得た。しかし，念のため医師の診察を受けるよう，また，事故の申告のため警察に同行してもらいたい旨申し入れたが，Xらは，帰りを急いでいるからと述べてYの氏名と住所を聞いただけで帰宅した。……。

2 ……Xは，同月22日B病院に赴き，同病院のC医師に対し，当初は何の異常もなかったが，暫くして気分が悪くなり，頭，頸に痛みがあり吐き気がする等と訴えて同医師の診察を受けたところ，外傷性頭頸部症候群として約50日の安静加療を必要とするとの診断で入院を勧められたため，即日入院し，牽引，消炎剤，止血剤の投与等の治療を受けた。同年5月29日ころから軽いマッサージの治療が始まったが，同年8月ころから頑固な頭痛，頸部強直，流涙等の症状が続き，昭和45年ころには頸部強直，左半身のしびれ，頭痛，吐気，流涙等の症状が固定し，用便等のほかはほとんど離床せず，昭和46年12

➡ 158

月15日ころまで注射，湿布及び赤外線・超短波・マッサージ等の物理療法による治療が継続された。Xは，同日ころB病院を退院し，その後は自宅で療養を継続したが，時々C医師の往診を受けた。昭和49年10月当時頭痛，頸部痛，肩部痛，左上下肢がきかない，左上下肢のしびれ感，左足背部感覚障害，吐き気，左耳鳴，腰痛，体重減少の症状がある旨の訴えがあり，食事は自分で箸を持ってしていたが，外出時には頸部をコルセットで固定していた。その後，昭和52年7月5日板橋中央総合病院において頸部外傷後遺症，頸部変形症と診断され，同日から昭和54年1月30日まで同病院に入院し，頭痛，頭重感，めまい，肩部痛，背部痛，嘔気，手足のしびれ感等の症状がある旨訴え，点滴静脈注射，マッサージ等の理学的療法等の治療を受け，同日病院を退院し，即日D脳神経外科・外科医院に入院し，頸椎症候群，大後頭神経痛の診断を受け，同日以降は頭痛，頸部痛，両肩疼痛，眠気，嘔吐，嘔気，両手のしびれ感等の症状がある旨訴え，点滴静脈注射，鎮痛剤投与，マッサージ等の理学的療法等の治療が継続された。同年7月31日同病院を退院し，その後同医院に通院治療を受けた。最近では寝ていることは少なくなり，頭痛，項部痛の頻度が減少し，嘔吐，嘔気は消失し，日常生活は徐々に活発化してきている。

3　B病院において当初……C医師が右診断をした原因としては，Xの誇張した愁訴があったことが窺われ，同病院で初診時に撮影したレントゲン写真によると，Xの第4・第5頸椎間に軽度の角状形成と第4頸椎の約2ミリメートルの前方へのすべり及び第5頸椎体前上縁の幼若な骨棘形成像が認められるが，これは老人性変性現象によるもので，他に他覚的所見として明らかなものは，頸椎運動の制限のみであり，Xの症状には心理的な要因が多分に影響していること，同病院の治療もXの愁訴を鵜のみにして行っていたこと，Xには回復への自発的意欲を欠いていたことが窺われ，本訴における鑑定のため実施されたXに対する諸検査の結果によると，Xは，頸部が全く硬直して動かず，他動的に動かそうとすると強く抵抗を示すが，これはレントゲン写真上，頸部が全く硬直して動かないことはありえないということと矛盾し，Xの意思が介在しているか，少なくともXの自発性の欠如が原因と考えられる等，Xの性格は，自己暗示にかかりやすく，自己中心的で，神経症的傾向が極めて強く，昭和55年5月12日当時頸椎は変形著明で骨粗しょう症を呈しているが，これ

➡ 158

は長期にわたる頸部のコルセットによる固定の後遺症と考えられる。

〔4，5，6 は省略〕

以上，原審の確定した事実関係のもとにおいては，X は本件事故により頭頸部軟部組織に損傷を生じ外傷性頭頸部症候群の症状を発するに至ったが，これにとどまらず，X の特異な性格，初診医の安静加療約 50 日という常識はずれの診断に対する過剰な反応，本件事故前の受傷及び損害賠償請求の経験，加害者の態度に対する不満等の心理的な要因によって外傷性神経症を引き起こし，更に長期の療養生活によりその症状が固定化したものと認めるのが相当であり，この X の症状のうち頭頸部軟部組織の受傷による外傷性頭頸部症候群の症状が Y の惹起した本件事故と因果関係があることは当然であるが，その後の神経症に基づく症状についても右受傷を契機として発現したもので，その症状の態様からみて，B 病院退院後自宅療養を開始したのち約 3 か月を経過した日，すなわち事故後 3 年を経過した昭和 47 年 3 月 20 日までに，右各症状に起因して生じた損害については，本件事故との間に相当因果関係があるものというべきであるが，その後生じた分については，本件事故との間に相当因果関係があるものとはいえない。右事実関係のもとにおいては，X の訴えている右症状のうちには X の特異な性格に起因する症状も多く，初診医の診断についても X の言動に誘発された一面があり，更に X の回復への自発的意欲の欠如等があいまって，適切さを欠く治療を継続させた結果，症状の悪化とその固定化を招いたと考えられ，このような事情のもとでは，本件事故による受傷及びそれに起因して 3 年間にわたって X に生じた損害を全部 Y らに負担させることは公平の理念に照らし相当ではない。すなわち，右損害は本件事故のみによって通常発生する程度，範囲を超えているものということができ，かつ，その損害の拡大について X の心因的要因が寄与していることが明らかであるから，本件の損害賠償の額を定めるに当たっては，民法 722 条 2 項の過失相殺の規定を類推適用して，その損害の拡大に寄与した X の右事情を斟酌することができるものというべきである。そして，前記事実関係のもとでは，事故後昭和 47 年 3 月 20 日までに発生した損害のうちその 4 割の限度に減額して Y らに負担させるのが相当であるとした原審の判断は，結局正当として是認することができる。原判決に所論の違法はなく，論旨は採用することができない。」（裁判長

→ *159*

裁判官 髙島益郎　裁判官 大内恒夫　佐藤哲郎　四ツ谷巖）

159 被害者の素因（2）

最(三)判平成8年10月29日民集50巻9号2474頁・長い首事件
（曹時50巻10号136頁，法協115巻3号410頁，民商117巻1号91頁，百選Ⅱ〈第8版〉214頁）

【事実】 Xは自動車運転中にY_1に追突され，その後，頸椎捻挫と，頭頸部外傷症候群による視力低下と診断された。原審は，Xの素因を理由に賠償額を減額した。X上告。

【判決理由】 破棄差戻「一　原審の確定した事実関係の概要は，次のとおりである。

1〔略〕

2　Xは，平均的体格に比して首が長く多少の頸椎の不安定症があるという身体的特徴を有していたところ，この身体的特徴に本件事故による損傷が加わって，左胸郭出口症候群の疾患やバレリュー症候群を生じた。バレリュー症候群については，少なくとも同身体的特徴が同疾患に起因する症状を悪化ないし拡大させた。また，頭頸部外傷症候群による前記眼症状についても，Xの右身体的特徴がその症状の拡大に寄与している。

3　右事実関係におけるXの症状に加え，バレリュー症候群にあっては，その症状の多くは他覚的所見に乏しく，自覚的愁訴が主となっており，実際においては神経症が重畳していることが多いので，更にその治療が困難とされていること，そのためもあって，初期治療に当たり，不要に重症感を与えたり後遺症の危険を過大に示唆したりしないことが肝要であるとされていることが認められ，これをXの前記症状等に照らすとき，Xの右各症状の悪化ないし拡大につき，少なからず心因的要素が存するということができる。

二　本件は，Xが本件事件により被った損害の賠償を請求するものであるが，原審は，右事実関係を前提として，本件においてXの首が長いこと等の事情にかんがみると，民法722条2項の過失相殺の規定を類推適用してXの首が長いという素因及び前記心因的要素を斟酌し，本件事故によるXの損害のうち4割を減額するのが相当であると判断した。

➡ *159*

三　しかしながら，原審の右判断は直ちに是認することができない。その理由は，次のとおりである。

被害者に対する加害行為と加害行為前から存在した被害者の疾患とが共に原因となって損害が発生した場合において，当該疾患の態様，程度などに照らし，加害者に損害の全部を賠償させるのが公平を失するときは，裁判所は，損害賠償の額を定めるに当たり，民法722条2項の規定を類推適用して，被害者の疾患を斟酌することができることは，当裁判所の判例（最(一)判平成4年6月25日民集46巻4号400頁）とするところである。しかしながら，被害者が平均的な体格ないし通常の体質と異なる身体的特徴を有していたとしても，それが疾患に当たらない場合には，特段の事情の存しない限り，被害者の右身体的特徴を損害賠償の額を定めるに当たり斟酌することはできないと解すべきである。けだし，人の体格ないし体質は，すべての人が均一同質なものということはできないものであり，極端な肥満など通常人の平均値から著しくかけ離れた身体的特徴を有する者が，転倒などにより重大な損害を被りかねないことから日常生活において通常人に比べてより慎重な行動をとることが求められるような場合は格別，その程度に至らない身体的特徴は，個々人の個体差の範囲として当然にその存在が予定されているものというべきだからである。

これを本件についてみるに，Xの身体的特徴は首が長くこれに伴う多少の頸椎不安定症があるということであり，これが疾患に当たらないことはもちろん，このような身体的特徴を有する者が一般的に負傷しやすいものとして慎重な行動を要請されているといった事情は認められないから，前記特段の事情が存するということはできず，右身体的特徴と本件事故による加害行為とが競合してXの右傷害が発生し，又は右身体的特徴が被害者の損害の拡大に寄与していたとしても，これを損害賠償の額を定めるに当たり斟酌するのは相当でない。

そうすると，損害賠償の額を定めるに当たりXの心因的要素を斟酌すべきか否かはさておき，前示と異なる原審の判断には，法令の解釈適用を誤った違法があり，その違法は原判決の結論に影響を及ぼすことが明らかである。論旨は理由があり，原判決はX敗訴部分につき破棄を免れない。そして，本件については，損害額全般について更に審理を尽くさせる必要があるから，右破棄部分につきこれを原審に差し戻すのが相当である。」（裁判長裁判官 千種秀夫 裁判官 園部逸夫　可部恒雄　大野正男　尾崎行信）

解　説

過失相殺を理由に賠償額を減額するためには被害者に責任能力が必要か。かつての判例は必要だとしていた（*154* が言及する最(二)判昭和31年7月20日）。しかし，*154* は，事理弁識能力があればよいとした。それは損害の発生を避けるのに必要な注意をする能力であり，小学校入学前後の6，7歳に備わると考えられている。

判例は，被害者自身の過失ではなく，その被用者，監督義務者（例えば，被害者が幼児の場合の親），配偶者などの過失が損害の発生・拡大に作用したときにも，「被害者側の過失」として過失相殺を認める。このうち被用者の過失については，被害者が使用者責任を負う関係にあるから（715条），被害者の過失とすることに理由がある。しかし，監督義務者，配偶者の過失について被監督者，他方配偶者に賠償責任を課すような規定も法理もない（後掲 *172*〔JR東海事件〕は，配偶者間の被害防止監督義務を否定している）。*155* は「被害者側の過失」の法理を明言したが，その根拠も，「被害者側」の範囲も明確にしなかった。（なお，この事件で X_1X_2 は固有の損害の賠償を請求しているから，母 X_2 の賠償請求の減額は被害者自身の過失による本来の過失相殺である。問題は父 X_1 の賠償請求であるが，夫婦関係を理由に X_2 の過失を X_1 の過失として考慮したのではなくて，監督者 X_2 の過失をAの過失とみなし，直接の被害者Aの過失を理由に間接被害者 X_1 の請求を減額したものと思われる。）その後，*156* は「被害者側」の基準を少し明確にした。*157* はその基準を受け継ぎつつ，根拠として求償の循環の回避を付け加えている。しかし，求償の循環の回避だけが理由だとすれば，共同不法行為の場合は過失割合に応じた分割責任にすべきことになる。*157* の場合の「被害者側の過失」による過失相殺は，被害者が，その者の無資力の危険を負担すべき関係にある場合に限るべきであろう。

過失相殺において考慮されるのは，本来は，損害の発生・拡大に関する被害者の注意義務違反である。ところが *158* は，被害者の特異な体質・性格（「素因」という）によって損害が拡大した場合にも，722条2項を類推適用して賠償額を減額した。*158* は心因的素因の場合であるが，*159* は体質的素因の場合に，減額を否定した。

[3] 損益相殺

160 遺族年金の控除

最(大)判平成 5 年 3 月 24 日民集 47 巻 4 号 3039 頁・未確定遺族年金不控除判決
(曹時 48 巻 2 号 513 頁，百選Ⅱ〈第 4 版〉188 頁，平 5 重判 90 頁)

【事実】 A（62 歳）は，飲酒運転の Y に衝突され即死した。A の妻 X は，A の賠償請求権を相続したとして Y に請求。1 審・原審は，A が得ていた地方公務員等共済組合法に基づく退職年金と学習塾教師の収入を基礎として A の逸失利益を算定し，X が既に受けた遺族年金を控除して，請求を認めた。Y は，将来受ける遺族年金も控除すべきだと主張して上告。

【判決理由】 破棄自判（藤島，園部・佐藤・木崎・味村裁判官の反対意見がある）

「一 1　不法行為に基づく損害賠償制度は，被害者に生じた現実の損害を金銭的に評価し，加害者にこれを賠償させることにより，被害者が被った不利益を補てんして，不法行為がなかったときの状態に回復させることを目的とするものである。

2　被害者が不法行為によって損害を被ると同時に，同一の原因によって利益を受ける場合には，損害と利益との間に同質性がある限り，公平の見地から，その利益の額を被害者が加害者に対して賠償を求める損害額から控除することによって損益相殺的な調整を図る必要があり，また，被害者が不法行為によって死亡し，その損害賠償請求権を取得した相続人が不法行為と同一の原因によって利益を受ける場合にも，右の損益相殺的な調整を図ることが必要なときがあり得る。このような調整は，前記の不法行為に基づく損害賠償制度の目的から考えると，被害者又はその相続人の受ける利益によって被害者に生じた損害が現実に補てんされたということができる範囲に限られるべきである。

3　ところで，不法行為と同一の原因によって被害者又はその相続人が第三者に対する債権を取得した場合には，当該債権を取得したということだけから右の損益相殺的な調整をすることは，原則として許されないものといわなけれ

→ *160*

ばならない。けだし，債権には，程度の差こそあれ，履行の不確実性を伴うことが避けられず，現実に履行されることが常に確実であるということはできない上，特に当該債権が将来にわたって継続的に履行されることを内容とするもので，その存続自体についても不確実性を伴うものであるような場合には，当該債権を取得したということだけでは，これによって被害者に生じた損害が現実に補てんされたものということができないからである。

4　したがって，被害者又はその相続人が取得した債権につき，損益相殺的な調整を図ることが許されるのは，当該債権が現実に履行された場合又はこれと同視し得る程度にその存続及び履行が確実であるということができる場合に限られるものというべきである。

二1　法の規定する退職年金及び遺族年金は，本人及びその退職又は死亡の当時その者が直接扶養する者のその後における適当な生活の維持を図ることを目的とする地方公務員法所定の退職年金に関する制度に基づく給付であって，その目的及び機能において，両者が同質性を有することは明らかである。そして，給付義務を負う者が共済組合であることに照らせば，遺族年金については，その履行の不確実性を問題とすべき余地がないということができる。しかし，法の規定によれば，退職年金の受給者の相続人が遺族年金の受給権を取得した場合においても，その者の婚姻あるいは死亡などによって遺族年金の受給権の喪失が予定されているのであるから（法96条），既に支給を受けることが確定した遺族年金については，現実に履行された場合と同視し得る程度にその存続が確実であるということができるけれども，支給を受けることがいまだ確定していない遺族年金については，右の程度にその存続が確実であるということはできない。

2　退職年金を受給していた者が不法行為によって死亡した場合には，相続人は，加害者に対し，退職年金の受給者が生存していればその平均余命期間に受給することができた退職年金の現在額を同人の損害として，その賠償を求めることができる。この場合において，右の相続人のうちに，退職年金の受給者の死亡を原因として，遺族年金の受給権を取得した者があるときは，遺族年金の支給を受けるべき者につき，支給を受けることが確定した遺族年金の額の限度で，その者が加害者に対して賠償を求め得る損害額からこれを控除すべきものであるが，いまだ支給を受けることが確定していない遺族年金の額についてまで損害額から控除することを要しないと解するのが相当である。

3 以上説示するところに従い，所論引用の当裁判所第三小法廷昭和50年10月21日判決及び最高裁昭和52年(オ)第429号同年12月22日第一小法廷判決・裁判集民事122号559頁その他上記見解と異なる当裁判所の判例は，いずれも変更すべきものである。」

藤島昭裁判官の反対意見

「二 不法行為によって被害者が死亡した場合には，相続人は，加害者に対し，被害者が死亡しなければその平均余命期間に得べかりし利益（逸失利益）を同人の損害として，その賠償を求めることができるが，右にいう逸失利益は，原則として，被害者の稼働能力を基礎として考えるべきものであって，被害者が生前に得ていた利益を不法行為によって喪失した場合に，その利益の性質のいかんにかかわらず，これをすべて被害者の逸失利益として算定すべきものではない。……死亡時に賃金その他の収入を現実に得ていない幼児あるいは主婦などにつき，いわゆる賃金センサス等を基準にして逸失利益が算定されるのも，被害者が将来的又は潜在的に稼働能力を有することを前提として，これが右の逸失利益の算定における合理的な計算方法の1つと解されるからである。

三 4 退職年金は，これを今日的にみれば，社会保障制度の一環として理解されるべきもので，これとは別に，不法行為法の領域において，不法行為によって死亡した退職年金の受給者が生存していれば受給できた退職年金を本人の逸失利益として算定する理由も，その必要もない。

本件のように，退職年金の受給者が事故により死亡した場合の損害賠償としては，まず，本人の健康状態その他諸般の事情を総合して，本人の稼働能力の有無及びその程度を的確に評価し，稼働能力が存在すると認められる場合には，賃金センサス等の資料を用いるなどして損害賠償を算定すべきであり，このような方法によって本人又はその相続人の適正な保護が図られるべきものである（右の賠償額の算定に関して，被害者が賃金センサスを上回る額の収入を得ていたときは，その収入額が稼働能力を表象するものとみるべきであり，また，その収入が賃金センサスを下回る場合でも，それが自らの稼働能力をすべて実現していたとはいえないときには，賃金センサスを用いて損害賠償額を算定す

➡ *160*

ることができよう。)。」

園部逸夫裁判官，佐藤庄市郎裁判官，木崎良平裁判官の反対意見

「一　2　……退職年金の受給者は，死亡によりその受給権を喪失するに至るが，この場合の損害は，右受給権の喪失それ自体ではなく，右受給権によって表象される受給者の稼働能力の喪失であり，退職年金の額はその稼働能力を金銭的に評価する手段にすぎないと考えるべきである。すなわち，退職年金は，一定年数以上公務員として勤務した後退職した者（以下「退職者」という。）に対し，退職者の退職時における給与の額を基準として算出された金額を退職者の死亡に至るまで支給するものであるが，退職者の退職時における給与の額が基準にされていることなどからすれば，退職年金は，退職後死亡までの期間において退職者の有する全稼働能力を平均して金額的に表象するものと理解すべきものである。したがって，退職者が不法行為により死亡した場合には，その平均余命期間に受給できたはずの退職年金の現在額を，喪失した稼働能力の実現により得べかりし利益として，その損害の賠償を請求することができるというべきである。なお，退職者が現実に経済活動をすることにより収入を得ていたときは，その活動が可能であった期間の得べかりし収入の喪失をも同様に損害として賠償請求をすることができる。けだし，退職年金は，退職者の最低限の稼働能力を表象するものにすぎないからである。

なお，このような見解に対しては，⑴稼働能力は加齢とともに逓減するはずであるのに，退職年金額は死亡に至るまで一定である（逓減しない）ことと矛盾するのではないか，また，⑵例えば，寝たきりの状態にある受給権者についても，なお稼働能力を認めることになって，不合理ではないか，という疑問が予想される。しかし，⑴の点については，確かに稼働能力は加齢により逓減するものであるが，退職年金は，退職から死亡までの期間に退職者が有する全稼働能力を平均して金額的に表象するものであるから，加齢によって現実の稼働能力が著しく減少した時点においても，なお退職者の稼働能力を表象するものである性格を失わないというべきであるし，また，⑵の点については，現実の稼働能力が皆無というべき状態になった時点においても，同様に考えるべきである。

二　2　……退職年金の受給者の死亡により，その相続人が遺族年金の受給

➡ 160

権を取得し，現に支給を受け又は将来支給を受ける権利を取得したとしても，これを被害者ないしその相続人の利益として，損益相殺的な調整をすることは許されない。けだし，退職年金の受給者の死亡により支給が開始される遺族年金は，主として右受給者の収入によって「生計を維持していた」遺族だけが支給を受けるものとされ，相続人であっても当然に支給されるものでない反面，相続人でない事実上婚姻関係と同様の事情にある者に対しても支給されることがあり（法2条1項2号，3号），また支給を受ける遺族の死亡，一定年齢への到達あるいは婚姻等の事由が発生したときには支給されなくなる（法96条）などの規定があることから考えると，遺族年金は，退職年金の受給者の死亡を契機に，同人と一定の関係にあった遺族の生活水準の維持という目的で支給されるものであることが明らかであり，前記のように，退職年金の受給者の死亡による損害を退職年金額を基礎にして算定したとしても，これを損害発生と同一の原因による利益ということはできず，損益相殺的な調整をすべき関係にはないからである。今日，遺族年金制度がいわゆる社会保障制度の一環として組み込まれ，主として扶養者を欠いた被扶養者の生活保障という機能を果たしている現状にかんがみれば，右のように損益相殺的な調整を否定しても，被害者に不当な利益を与え，加害者に過当な責任を負わせることにはならず，むしろ損失の公平な分担を究極の目的とする損害賠償制度の理念にも沿うものと考えられる（なお，我々の見解によれば，遺族年金の給付は，退職年金の受給者の損害の補てんとは全く関係がないものというべきであるから，本件のような場合においては，法50条の代位等の規定を適用する余地はない。)」

味村治裁判官の反対意見

「一　多数意見は，法の規定する退職年金を受給していた者が不法行為によって死亡し，相続人のうちに，右の死亡を原因として法の規定する遺族年金の受給権を取得した者がある場合には，右の相続人が賠償を求める損害額から，支給を受けることが確定した遺族年金の額を控除すべきであるが，まだ支給を受けることが確定していない遺族年金の額は控除することを要しないをする。しかし，私は，右の損害額から控除すべき額は，被害者と同性同年齢の者の平均余命年数の間に，右の相続人が支給を受けることが確定すべき遺族年金の現在額すなわち被害者の死亡時現在における価額であると考えるので，以下その

➡ 161

理由を述べる。……」(裁判長裁判官 草場良八　裁判官 藤島　昭　坂上壽夫　貞家克己　大掘誠一　園部逸夫　橋元四郎平　中島敏次郎　佐藤庄市郎　可部恒雄　木崎良平　味村　治　大西勝也　小野幹雄　三好　達)

[関連裁判例]

161 過失相殺と労災保険給付

最(三)判平成元年4月11日民集43巻4号209頁・過失相殺後控除判決
(曹時41巻9号278頁，民商101巻5号704頁)

【事実】 Xは，Y_1所有Y_2運転の乗用車と衝突して負傷したので，自賠法3条に基づき損害賠償を請求した。1審は，損害額から労災保険給付を控除し，その残額につき過失相殺をし（Xの過失7割），そこから自賠責保険とY_1が既に払った分を引いて請求の一部を認容した。2審は，先に過失相殺をし，その残額は労災保険給付と自賠責保険とY_1の既払分によって塡補されたとして，請求を棄却した。Xは上告して，先に労災保険給付を控除すべきだと主張した。

【判決理由】 上告棄却（伊藤裁判官の反対意見がある）

「労働者災害補償保険法（以下「法」という。）に基づく保険給付の原因となった事故が第三者の行為により惹起され，第三者が右行為によって生じた損害につき賠償責任を負う場合において，右事故により被害を受けた労働者に過失があるため損害賠償額を定めるにつきこれを一定の割合で斟酌すべきときは，保険給付の原因となった事由と同一の事由による損害の賠償額を算定するには，右損害の額から過失割合による減額をし，その残額から右保険給付の価額を控除する方法によるのが相当である（最(一)判昭和55年12月18日民集34巻7号888頁参照)。けだし，法12条の4は，事故が第三者の行為によって生じた場合において，受給権者に対し，政府が先に保険給付をしたときは，受給権者の第三者に対する損害賠償請求権は右給付の価額の限度で当然国に移転し（1項)，第三者が先に損害賠償をしたときは，政府はその価額の限度で保険給付をしないことができると定め（2項)，受給権者に対する第三者の損害賠償義務と政府の保険給付義務とが相互補完の関係にあり，同一の事由による損害の二重塡補を認めるものではない趣旨を明らかにしているのであって，政府が保

➡ *161*

険給付をしたときは，右保険給付の原因となった事由と同一の事由については，受給権者が第三者に対して取得した損害賠償請求権は，右給付の価額の限度において国に移転する結果減縮すると解されるところ（最(三)判昭和52年5月27日民集31巻3号427頁，最(三)判昭和52年10月25日民集31巻6号836頁参照），損害賠償額を定めるにつき労働者の過失を斟酌すべき場合には，受給権者は第三者に対し右過失を斟酌して定められた額の損害賠償請求権を有するにすぎないので，同条1項により国に移転するとされる損害賠償請求権も過失を斟酌した後のそれを意味すると解するのが，文理上自然であり，右規定の趣旨にそうものといえるからである。右と同旨の原審の判断は，正当として是認することができる。」

伊藤正己裁判官の反対意見

「労働者災害補償保険（以下「労災保険」という。）は，業務上の事由又は通勤による労働者の負傷，疾病，障害又は死亡に対して迅速かつ公正な保護をするため，必要な保険給付を行い，併せて業務上の事由又は通勤により負傷し，又は疾病にかかった労働者の社会復帰の促進，当該労働者及びその遺族の援護，適正な労働条件の確保等を図り，もって労働者の福祉の増進に寄与することを目的とするものであり（法1条），労災保険事業に要する費用に充てるための保険料は事業主から徴収されるが（法24条，労働保険の保険料の徴収等に関する法律15条等），国庫は右費用の一部を補助することができることとされている（法26条）。そして，法12条の2の2第1項は，労働者が，故意に負傷，疾病，障害若しくは死亡又はその直接の原因となった事故を生じさせたときは，保険給付を行わないこととし，同条2項は，労働者が故意の犯罪行為若しくは重大な過失等により，右のような負傷等又は事故を生じさせるなどしたときは，保険給付の全部又は一部を行わないことができるとし，もって，保険給付を制限する場合を限定している。すなわち，法においては，使用者の故意・過失の有無にかかわらず，同項の定める事由のない限り，事故が専ら労働者の過失によるときであっても，保険給付が行われることとし，できるだけ労働者の損害を補償しようとしているということができる。以上の点に徴すれば，労災保険制度は社会保障的性格をも有しているということができるのである。政府が労災保険給付をした場合に，右保険給付の原因となった事由と同一の事由につい

➡ 161
て，受給権者の第三者に対して取得した損害賠償請求権が右保険給付の価額の限度において国に移転するものとされるのも，同一の事由による損害の二重塡補を認めるものではない趣旨を明らかにしたにとどまり，第三者の損害賠償義務と実質的に相互補完の関係に立たない場合についてまで，常に受給権者の有する損害賠償請求権が国に移転するものとした趣旨ではないと解することも十分可能であるから，当然に法 12 条の 4 第 1 項の規定を多数意見のように解さなければならないものではないというべきである。

もとより，労災保険制度が社会保障的性格を有することなどから，直ちに，事故により被害を受けた労働者に過失がある場合に国が受給権者の第三者に対して有する損害賠償請求権のうちのいかなる部分を取得するかという問題を解決することはできない。しかし，労災保険制度が社会保障的性格を有し，できるだけ労働者の損害を補償しようとしていることは，法 12 条の 4 第 1 項の解釈にも反映させてしかるべきである。右の観点からすると，政府が保険給付をした場合においても，第三者に対する損害賠償請求権の額と右保険給付の額とが相まって，右保険給付の原因となった事由と同一の事由による労働者の損害が全部塡補される結果にならない限り，受給権者の第三者に対する損害賠償請求権は国に移転しないと解することも考えられないではないが，そこまで徹底することには躊躇を感ずる。私は，労働者に過失がある場合には，政府のした保険給付の中には労働者自らの過失によって生じた損害に対する塡補部分と，第三者の過失によって生じた損害に対する塡補部分とが混在しているものと理解し，第三者の損害賠償義務と実質的に相互補完の関係に立つのは，右のうち第三者の過失によって生じた損害に対する塡補部分であり，したがって，国が取得する受給権者の第三者に対する損害賠償請求権も，第三者の過失によって生じた損害に相当する部分であると解するのが相当であると考える。このように解すべきものとすれば，法に基づいてされた保険給付の原因となった事由と同一の事由による損害の賠償額を算定するに当たっては，右損害の額から右保険給付の価額を控除し，その残額につき労働者の過失割合による減額をする方法によるべきことになる。法 12 条の 4 第 1 項が事故の発生につき労働者に過失があるため第三者に対する損害賠償請求権が損害額よりも少ない場合をも念頭において規定されたものであるとは思われない。以上のような見解に対しては，損害賠償の理論からすれば，たまたま労災保険給付があったからといって賠償の総額が増えるのはおかしいとの批判がある。しかし，労災保険が純然たる責任保険と異なることは前記のとおりであるから，労災保険が給付される場合とこれが給付されない場合とで，受給権者の受領することのできる金額に差が生ずるのは当然のことであり，右の非難は当たらないというべきである。

以上のとおりであるので，私は，多数意見に同調することができない。本件において，国は，休業給付のうち，X の過失によって生じた損害に相当する部分については損害賠償請求権を取得する余地がなく，第三者である Y_2 の過失によって生じた損害に相当する部分について損害賠償請求権を取得するにすぎないから，X の休業損害の額から減縮すべき額は後者に相当する部分にとどまるというべきである。」（裁判長裁判官 伊藤正己 裁判官 安岡滿彦 坂上壽夫 貞家克己）

解 説

不法行為によって損害が生じたときに，私保険や社会保険が給付されることが多い。その場合に，加害者に対する賠償請求額はその分だけ減額されるか。近時問題になっているのは，*160, 161* のような遺族年金・労災保険の場合である。減額が問題になった理由は，*160* の場合には，保険給付が決定されながら未だ支払われていないからであり，*161* では，保険がなければ被害者自身が負担すべき損害だからである。このように，問題は，保険給付の内容や趣旨をどう考えるか，それとの関係で損害の内容や性格をどう考えるかである。*160, 161* の多数意見と反対意見が，遺族年金・労災保険給付の趣旨をどのように考えているかを比較してみよう。

➡ 162

[4]　損害賠償請求権の主体と相続

［関連裁判例］

162　胎児の損害賠償請求権

大判昭和7年10月6日民集11巻2023頁・阪神電鉄事件（百選Ⅰ〈第3版〉10頁）

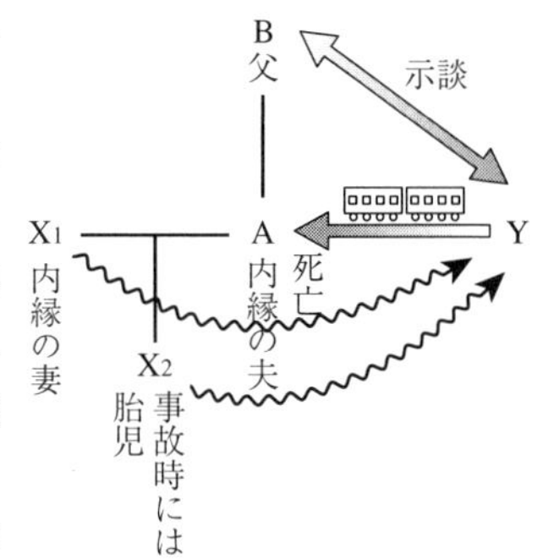

【事実】　AはY（阪神電鉄）の電車に衝突し死亡した。当時AはX_1女と内縁関係にあり，X_1はX_2を懐胎していた。YはB（Aの父）に弔慰金を給付し，事後一切請求しない旨を約させたが，X_2の出生後，X_1X_2からYに扶養料と慰謝料を請求した。原審は，①X_1X_2は711条の請求権者に当たらない，②X_1はBに示談の権限を与えたとして，請求を棄却した。X_1X_2が上告。大審院は，X_1の請求については②の理由により上告を棄却。X_2の請求については次のように判示した。

【判決理由】　一部破棄差戻　「〔(1)〕X_2は，右BがYと和解の交渉を為したる際未だ出生せずX_1の胎内に在りたるものにして，民法は胎児は損害賠償請求権に付き既に生れたるものと看做したるも，右は胎児が不法行為のありたる後生きて生れたる場合に不法行為に因る損害賠償請求権の取得に付きては出生の時に遡りて権利能力ありたるものと看做さるべしと云ふに止まり，胎児に対し此の請求権を出生前に於て処分し得べき能力を与へんとするの主旨にあらざるのみならず，仮令此の如き能力を有したるものとするも我民法上出生以前に其の処分行為を代行すべき機関に関する規定なきを以て，前示Bの交渉は之を以てX_2を代理して為したる有効なる処分と認むるに由なく，又仮に原判決の趣旨にしてBが親族のX_1等を代理し又は自ら将来出生すべきX_2の為に叙上の和解契約を為したることを認めたるにありと解するも，YはX_2の出生後同人の為にBの為したる処置に付X_2に於て契約の利益を享受する意思の表示せられたる事実を主張せず，原審も亦此の如き事実を認定せざりしものなるを以て，Bの為したる前記和解契約はX_2に対しては何等の効力なきものと云はざるべからず。〔(2)〕仍てX_2がAの死亡当時既に出生し居りたりとせばAの死亡に因り損害賠償請求権を取得し得べき地位に在りたるや否に付審究するに，

X_1はAの内縁の妻にして，且Aは本件事故に因り死亡しX_2を私生子として認知したるものにあらざればX_2は遂にAの子としての地位を取得するに由なかりし者なるを以て，同人の身分は民法第711条列挙の何れの場合にも該当せざるが故に，同条に基くX_2の慰藉料請求は之を是認し得ざるものなりと雖，X_1の主張する如くX_1にして果してAの内縁の妻として同人と同棲したる者にしてX_2は其の間に生まれたる者なりとせば，X_2は尠くもAの収入に依り生計を維持するを得可かりし者にして，X_2はAの死亡に因り如上の利益を喪失したるものと云ふを得可し。而して民法第709条に依る損害賠償は厳密なる意味に於ては権利と云ふを得ざるも法律上保護せらるべき利益に該るものの侵害あり其侵害に対し不法行為に基く救済を与ふるを正当とすべき場合に於ては之を請求するを得るものにして（大判大正14年11月28日〔前掲*123*〕参照），X_2がAの生存に因り有したる右利益は民法第709条に依り保護を受く可き利益なりと認むるを相当とするのみならず，他人を傷害したる場合に其の者に妻子或は之と同視すべき関係に在る者の存し如上行為の結果此等の者の利益を侵害すべきことあるは当然之を予想すべきものなるを以て，本件に於てYは其の被用者がAを傷害したるが為X_2の利益を侵害したるに因りX_2の被る可き損害を賠償すべき義務あること多言を要せずして明なるが故に，若Yにして Aの死亡に付き其の責を負ふ可きものとせば原審は尠くとも財産上の利益の損失に関するX_2の請求は之を容認す可かりしものと謂はざる可からず。然らば原審がX_1の請求並慰藉料3000円に対するX_2の請求を排斥したるは結局正当にして右説示に反するX_1の所論は之を採用すべからざるものなりと雖，原審がX_2の2635円34銭の請求を棄却したるは失当たるを免れざるを以て，原判決は此の部分に付き破毀せらる可きものとす。」

163 財産的損害賠償請求権の相続

大判大正15年2月16日民集5巻150頁・重太郎即死事件

（百選Ⅱ〈第5版補正版〉202頁）

【事実】 運搬業者A（重太郎）は，踏切が閉鎖されていなかったために汽車にひかれて即死した。Aを家督相続したX（Aの子）が，Aの収入の賠償を求めたの

➡ 164

に対し，Y（国）は，即死によりAの人格権は消滅したから損害賠償請求権の発生する余地がないと主張した。原審は，即死の場合にも致命傷と生命絶止の間に時間の間隔があるとして請求を認めた。Y上告。

【判決理由】 上告棄却「他人に対し即死を引起すべき傷害を加へたる場合にありても，其の傷害は被害者が通常生存し得べき期間に獲得し得べかりし財産上の利益享受の途を絶止し損害を生ぜしむるものなれば，右傷害の瞬時に於て被害者に之が賠償請求権発生し，其の相続人は該権利を承継するものと解するを相当なりとせざるべからず。若所論の如く被害者即死したるときは傷害と同時に人格消滅し損害賠償請求権発生するに由なしと為すときは，被害者の相続人は何等権利の承継すべきものなきのみならず，相続人は前記傷害により自己の財産上の相続権を害せられたりとして自己の権利に基き之が賠償を求むるを得ざることと為り，傷害と死亡との間に時間の存する限りは其の時間の長短に拘らず死を早めたる傷害により被害者に蒙らしめたる損害に付被害者に之が賠償請求権発生し被害者の死亡により其の相続人は之が権利を承継し得ることとなる。即傷害の程度小なる不法行為に責任を科するに反し，即死を引起すが如き絶大の加害行為に対し不法行為の責任を免除するの不当なる結果に陥るべく，立法の趣旨茲に存するものと為すを得ざる所なり。然れば原審が即死の場合に於ても傷害と死亡との間に観念上時間の間隔ありと為し，X先代に付損害賠償請求権発生したるものと認定したるは結局相当なるを以て，論旨は何れも理由なし。」

164 慰謝料請求権の相続

最(大)判昭和42年11月1日民集21巻9号2249頁・10日間意識不明後死亡事件

（曹時20巻3号183頁，法協85巻11号1547頁，民商66巻2号339頁，百選Ⅱ〈第2版〉122頁）

【事実】 AはY運輸会社のトラックとの衝突で重傷を負い，意識不明のまま10日間苦しんだのち死亡した。Aには711条の規定する父母，配偶者，子はいなかった。妹のXが，4人の相続人の1人として，A自身の慰謝料の4分の1（15万円）の賠償を請求。1・2審は，大判昭和2年5月30日新聞2702号5頁（いわゆる残念事件）など従前の裁判例に従い，Aの慰謝料請求の意思表示がなかったことを

➡ *164*

理由に請求を棄却した。X 上告。

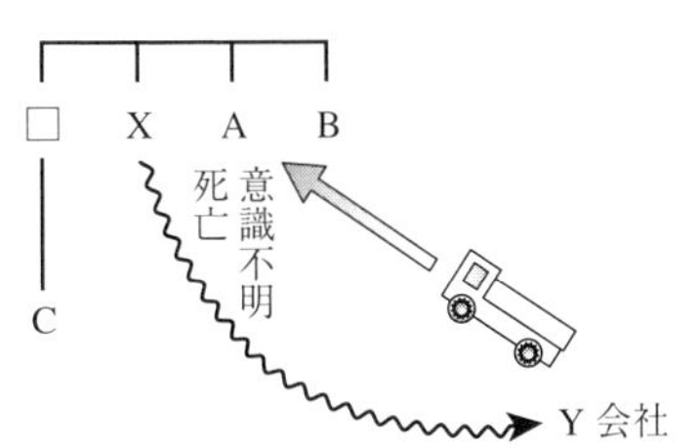

【判決理由】 破棄差戻（奥野裁判官の補足意見，田中・松田・岩田・色川裁判官の反対意見がある）

「ある者が他人の故意過失によって財産以外の損害を被った場合には，その者は，財産上の損害を被った場合と同様，損害の発生と同時にその賠償を請求する権利すなわち慰藉料請求権を取得し，右請求権を放棄したものと解しうる特別の事情がないかぎり，これを行使することができ，その損害の賠償を請求する意思を表明するなど格別の行為をすることを必要とするものではない。そして，当該被害者が死亡したときは，その相続人は当然に慰藉料請求権を相続するものと解するのが相当である。けだし，損害賠償請求権発生の時点について，民法は，その損害が財産上のものであるか，財産以外のものであるかによって，別異の取扱いをしていないし，慰藉料請求権が発生する場合における被害法益は当該被害者の一身に専属するものであるけれども，これを侵害したことによって生ずる慰藉料請求権そのものは，財産上の損害賠償請求権と同様，単純な金銭債権であり，相続の対象となりえないものと解すべき法的根拠はなく，民法 711 条によれば，生命を害された被害者と一定の身分関係にある者は，被害者の取得する慰藉料請求権とは別に，固有の慰藉料請求権を取得しうるが，この両者の請求権は被害法益を異にし，併存しうるものであり，かつ，被害者の相続人は，必ずしも，同条の規定により慰藉料請求権を取得しうるものとは限らないのであるから，同条があるからといって，慰藉料請求権が相続の対象となりえないものと解すべきではないからである。しからば，右と異なった見解に立ち，慰藉料請求権は，被害者がこれを行使する意思を表明し，またはこれを表明したものと同視すべき状況にあったとき，はじめて相続の対象となるとした原判決は，慰藉料請求権の性質およびその相続に関する民法の規定の解釈を誤ったものというべきで，この違法が原判決の結論に影響を及ぼすことは明らかであるから，論旨は理由があり，原判決は破棄を免れない。そして，本訴請求の当否について，さらに審理をなさしめるため，本件を原審に差戻すことを相当とする。」

➡ *164*

田中二郎裁判官の反対意見

「私は，慰藉料請求権の性質に関する多数意見の見解には賛成しがたく，結論的にも多数意見とは反対に，本件上告は棄却すべきものと考える。その理由は，次のとおりである。

一，……そもそも，精神的損害といわれるものは，客観的にではなく，被害者の受ける苦痛その他の精神的・感情的状況の如何によって決まる主観的・個性的なものであり，したがって，これらの精神的損害が生じたとして，これに対して認められる慰藉料請求権も，単純な金銭債権とみるべきものはなく，被害者の主観によって支配される多分に精神的な要素をあわせもったものと解すべきであろう。……。

……私の考え方を要約すると，次のとおりである。すなわち，精神的損害を伴う事故等の発生と同時に，慰藉料請求権は，抽象的・潜在的な形で発生する(したがって，慰藉料請求権の消滅時効は，この時から起算すべきである。)。この権利は，さきに述べたように，一身専属的な性質を有する。そこで，被害者が自らこの慰藉料請求権を行使することによって，損害発生時に遡って，これが具体化され，金銭債権としての損害賠償請求権が具体的・顕在的な形をとるに至る。このように，一身専属的な慰藉料請求権の行使によって，金銭債権が具体化された後にはじめて，それが，譲渡・相続の対象となり，かつまた，債権者代位権行使の対象ともなり得るものと考えるのである。

二，右のような見地からいえば，慰藉料請求権を具体的に行使するためには，被害者が慰藉料を請求する意思を有するとともに，その意思を外部に表示することを必要とすると解すべきである。……

三，右のように解するときは，生命侵害等の場合――即死その他これに準ずる場合において，その意思表示の不可能または著しく困難なとき等――に，相続人の保護に欠けるというような批判があり得るであろう。しかし，民法711条は，被害者の近親のために，生命侵害に対する固有の慰藉料請求権を認めているのであるから，同条の適用を受けるべき近親の範囲および被害法益の範囲等を拡張的に解釈することによって，その保護を全うすることができ，また，民法709条，710条による慰藉料請求権も，その要件を具備している以上，その請求が可能なわけであって，被害者本人の主観を無視して慰藉料請求権の譲

➡ 164

渡性，相続性を肯認しなければならない実質的根拠に乏しい。

四，……」

松田二郎裁判官の反対意見（㈠，㈡，㈣，および㈢の⑷は省略）

「㈢　……多数意見に従うときは，結果的にも著しい不都合を生じるのである。この点よりしても，多数意見の失当なことは明らかである。私は，次にその2，3の例をあげてみたい。

⑴　多数意見によれば，父親が貧困のため何等子に残すべき財産のない場合でも，父親が他人から侮辱され，時には暴行さえ加えられて精神上多くの苦痛を受けて死亡すると，父親がその生前右の精神上の苦痛につき慰藉料を請求する意思を表明しなくとも，その請求権を放棄したと解される特別の事情のないかぎり，父親の慰藉料請求権は当然に相続され，それだけ多くの相続財産が生じることとなる。相続財産の多寡の点よりいえば，父親が他人から多くの精神的苦痛を受けた上，死亡した方が望ましいこととなるのである。しかも，この慰藉料請求権は相手方の不法行為によって生じたものに外ならないから，子としては，この慰藉料請求権を行使するに当って，相手方から相殺をもって対抗されることはない（民法509条）。従って，この慰藉料請求権はきわめて確実な相続財産ということになるわけである。

⑵　多数意見によれば，事業経営に失敗し，他人より侮辱され軽蔑され精神上多大の苦痛を受けた上破産した者があるとき，破産者が慰藉料を請求する意思を表明しない場合でも，これを放棄したと解される特別の事情のないかぎり，破産者の有するこの請求権は当然に破産財団に属することとなる。従って，破産者が破産前，多くの精神上の苦痛を受けていれば，それに応じて破産財団の財産は増加するわけである。しかも，管財人は善良なる管理者の注意を以てその職務を行うことを要し，その注意を怠るときは損害賠償の責に任ずるから（破産法164条），もし管財人が破産者の有する慰藉料請求権の行使を怠ったときは，損害賠償の責を免れえないこととなるのである。

⑶　既に指摘したように，多数意見に従えば，慰藉料請求権の譲渡性はこれを肯定することとなる。従って，多数意見によれば，他人から精神上の苦

痛を受けた者がその苦痛について損害賠償を請求する意思を表明しない場合でも，その請求権を放棄したものと解しうる特別の事情のないかぎり，その被害者に対して債権を有する者は，被害者が加害者に対して有する慰藉料請求権を差押え，これを取立てまたは転付せしめうる（民訴法601条〔民事執行法159条，160条に相当〕，602条〔同法155条等に相当〕）となるのである。」（裁判長裁判官 横田正俊　裁判官 入江俊郎　奥野健一　長部謹吾　城戸芳彦　石田和外　柏原語六　田中二郎　松田二郎　岩田　誠　下村三郎　色川幸太郎　大隅健一郎）

解　説

民法典起草者は，死亡により権利能力がなくなり，死者には損害賠償請求権が発生しないと考えた。したがって，死亡による損害賠償請求権が相続されることはなく，遺族は死亡した者に有していた扶養請求権の侵害を理由に損害賠償請求すると考えていた（いわゆる扶養構成）。しかし，その後，判例は，死亡損害の賠償請求権が死者に発生し相続されることを認めた（相続構成。*163*）。もっとも慰謝料については，相続は可能だとしつつもその一身専属性を理由に，死者が請求権行使の意思表示をすることが必要だとしていた。しかし *164* は，慰謝料についても，当然に発生し相続されるとした。

胎児についても，起草者は，父親の死亡による損害賠償請求権を相続すること（父親の賠償請求権に886条を適用すること）は考えていなかった。もっとも，父親の死亡により胎児自身が扶養利益侵害の損害賠償請求権を取得する。ただ，出生前は権利能力がなく（3条1項），出生時には不法行為が終了しているから，結局，胎児は自身の損害賠償請求権を取得することができない。そこで，不法行為の損害賠償請求権については3条1項の例外を規定した（721条）。しかし，今日の判例は広く相続構成を認めるので，胎児も886条により損害賠償請求権を取得し，721条に依拠することはない。

162 は *163* が相続構成を認めた後の事件であるが，原告らは内縁関係のゆえに相続権を持たなかったので，固有の損害賠償請求権を主張した。大審院は，胎児が721条により損害賠償請求について権利能力を有すると考えたうえで，①内縁の夫婦の子は，法律上の子でないけれども711条の者と同じように，親

の死亡により損害賠償請求権を取得すること（判決理由の(2)），②その損害賠償請求権は胎児の出生前に処分できないこと（判決理由の(1)）を明らかにした。

[5] 損害賠償請求権の消滅時効，免責約款の適用

165 724条1号（旧724条前段）の起算点

最(二)判昭和48年11月16日民集27巻10号1374頁・拷問ロシア人19年後提訴事件

（*法協94巻4号592頁，民商71巻4号712頁，百選Ⅱ〈第8版〉218頁*）

【事実】 昭和17年4月に，樺太大泊町に居住していた白系ロシア人のXは，軍機保護法違反の容疑で取調べ中に，警部補Yらから拷問を受け，虚偽の自白調書に署名した。これによりXは有罪判決を受け，服役し，戦後釈放された。昭和37年3月7日，XはYに，拷問による精神的損害70万円の賠償を請求して提訴した。1審は，Yの拷問の事実を否定して請求を棄却。2審は，拷問の事実を認め，最高裁判決と同様の理由から時効消滅を否定し，慰謝料5万円を認容した。Y上告。

【判決理由】 上告棄却 「民法724条にいう『加害者を知りたる時』とは，同条で時効の起算点に関する特則を設けた趣旨に鑑みれば，加害者に対する賠償請求が事実上可能な状況のもとに，その可能な程度にこれを知った時を意味するものと解するのが相当であり，被害者が不法行為の当時加害者の住所氏名を的確に知らず，しかも当時の状況においてこれに対する賠償請求権を行使することが事実上不可能な場合においては，その状況が止み，被害者が加害者の住所氏名を確認したとき，初めて『加害者を知りたる時』にあたるものというべきである。

これを本件についてみるに，原審の確定したところによれば，Xは，昭和17年初め頃軍機保護法違反の容疑で逮捕され，大泊警察署に留置されて取調中，同年4月15日夜から翌16日未明にかけて本件不法行為による被害を受けたが，その当時加害者であるYが『石塚』なる姓の同署警部補であることおよびその容貌を知ってはいたものの，その『吉二郎』の名と住所は知らず，逮捕後引き続き身柄拘束のまま取調，起訴，有罪の裁判およびその執行を受け，昭和20年9月4日頃終戦後の混乱の収まらない状況の中においてようやく釈放されたものであって，その釈放前は勿論釈放後も，加害者であるYの所在

➡ 166

および名を知ることが困難であったところ，その後加害者の探索に努めた結果，昭和23年頃に至り加害者が秋田県内に居るらしいことを，また昭和26年頃その名が『吉二郎』なることを知るに至り，札幌法務局人権擁護部に照会して，昭和36年11月8日頃，Yが秋田県本荘市から東京に移転したとの回答を受けたので，更に調査の結果，その頃東京における住所を突きとめ，加害者本人に間違いないことを知ったというのであって，Xは，この時に加害者を知ったものというべく，それから3年以内である昭和37年3月7日に本訴を提起したものであるから，Y主張の消滅時効は未だ完成していないとした原審の判断は，正当である。原判決に所論の違法はなく，論旨は，採用することができない。」（裁判長裁判官 大塚喜一郎　裁判官 岡原昌男　小川信雄　吉田　豊）

166 724条2号（旧724条後段）の起算点

最(三)判平成16年4月27日民集58巻4号1032頁・筑豊じん肺国賠訴訟
（曹時58巻11号172頁，法協122巻6号1093頁）

【事実】 Xらは，1920年代半ば～1980年代初めに，九州筑豊地区の炭坑で粉じん作業に従事してじん肺に罹患した元従業員またはその承継人であり，1885年～1993年に，炭鉱企業Y_1～Y_6と国Y_7に対し，元従業員1人一律3300万円の損害賠償を求めて提訴した。じん肺は，肺胞内に入った粉じんが長時間にリンパ腺や肺胞で線維増殖性変化を進行させ，じん肺結節・小血管閉塞等を生じさせるものであり，粉じん暴露後にも病状が進行し（進行性），暴露から最短で2，3年，長い場合は30年以上後に発症する（遅発性）。Y_1～Y_5の責任ついてはこれを認める和解が成立し，Y_6の責任は1・2審が認め，最高裁はY_6の上告を棄却した。本件はY_7に関する事件で，控訴審は，通産大臣の規制権限の不行使の違法を認め，724条後段の起算点は損害発生時だとしてXらの請求の一部を認容した。Y_7が上告。

【判決理由】 上告棄却 「民法724条後段所定の除斥期間の起算点は，『不法行為ノ時』と規定されており，加害行為が行われた時に損害が発生する不法行為の場合には，加害行為の時がその起算点となると考えられる。しかし，身体に蓄積した場合に人の健康を害することとなる物質による損害や，一定の潜伏期間が経過した後に症状が現れる損害のように，当該不法行為により発生する損害の性質上，加害行為が終了してから相当の期間が経過した後に損害が発生する場合には，当該損害の全部又は一部が発生した時が除斥期間の起算点となると解すべきである。なぜなら，このような場合に損害の発生を待たずに除斥期間の進行を認めることは，被害者にとって著しく酷であるし，また，加害者としても，自己の行為により生じ得る損害の性質からみて，相当の期間が経過した後に被害者が現れて，損害賠償の請求を受けることを予期すべきであると考えられるからである。

これを本件についてみるに，前記のとおり，じん肺は，肺胞内に取り込まれた粉じんが，長期間にわたり線維増殖性変化を進行させ，じん肺結節等の病変を生じさせるものであって，粉じんへの暴露が終わった後，相当長期間経過後に発症することも少なくないのであるから，じん肺被害を理由とする損害賠償請求権については，その損害発生の時が除斥期間の起算点となるというべきである。これと同旨の原審の判断は，正当として是認することができる。論旨は採用することができない。」（裁判長裁判官 藤田宙靖　裁判官 金谷利廣　濱田邦夫 上田豊三）

167 免責約款の適用

最(一)判平成10年4月30日判時1646号162頁・ペリカン便宝石紛失事件

(民商121巻1号103頁，百選Ⅱ〈第8版〉224頁，平10重判108頁)

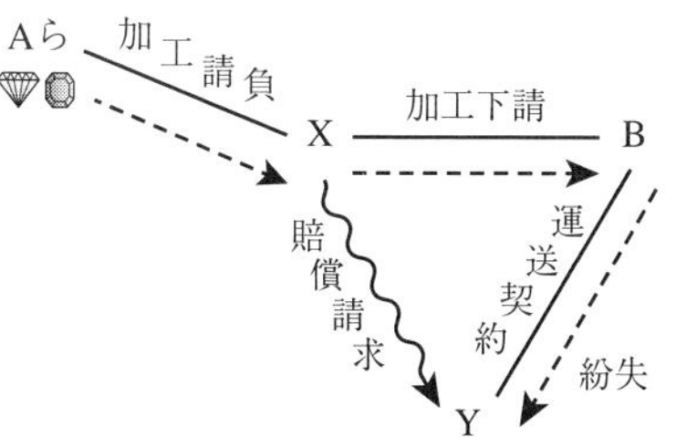

【事実】 X社（貴金属販売加工業）は，顧客Aらから請け負った宝石2個の加工をBに下請けさせた。Bは加工した宝石をY社（日本通運）の宅配便でXに送るため，Yの代理店に引き渡したが，高価品であることを告げず，送り状の品名欄・価格欄は空白であった。Yの宅配便運送約款等は，責任限度額を30万円とし，30万円を超える高価物は受け付けないこと，運送中の事故が運送人の故意・重過失によらない場合は30万円が限度であることが記されていた。荷物はYの千葉ターミナル事業所を経て東京中央ターミナルに専用車で配送された後に不明の原因で所在が分からなくなった。XはAらに宝石価額394万円余を賠償した後，AらからYに対する不

➡ *167*

法行為の損害賠償請求権を取得したとして，Ｙに対し394万円余と加工代金15万円，弁護士費用50万円を請求した。原審は，Ｘが荷送人Ｂと実質的に同視できるとして，30万円の限度でのみ請求を認めた。Ｘから上告。

【判決理由】 上告棄却 「三　よって検討するに，本件の事実関係の下においては，ＸがＹに対し本件運送契約上の責任限度額である30万円を超えて損害賠償を請求することは，信義則に反し，許されないものと解するのが相当である。その理由は，次のとおりである。

1　……貨物運送業者が一定額以上の高価な荷物を引き受けないこととし，仮に引き受けた荷物が運送途上において滅失又は毀損したとしても，故意又は重過失がない限り，その賠償額をあらかじめ定めた責任限度額に限定することは，運賃を可能な限り低い額にとどめて宅配便を運営していく上で合理的なものであると解される。

2　右の趣旨からすれば，責任限度額の定めは，運送人の荷送人に対する債務不履行に基づく責任についてだけでなく，荷送人に対する不法行為に基づく責任についても適用されるものと解するのが当事者の合理的な意思に合致するというべきである。けだし，そのように解さないと，損害賠償の額を責任限度額の範囲内に限った趣旨が没却されることになるからであり，また，そのように解しても，運送人の故意又は重大な過失によって荷物が滅失又は毀損した場合には運送人はそれによって生じた一切の損害を賠償しなければならないのであって（本件約款25条6項），荷送人に不当な不利益をもたらすことにはならないからである。そして，右の宅配便が有する特質及び責任限度額を定めた趣旨並びに本件約款25条3項において，荷物の滅失又は毀損があったときの運送人の損害賠償の額につき荷受人に生じた事情をも考慮していることに照らせば，荷受人も，少なくとも宅配便によって荷物が運送されることを容認していたなどの事情が存するときは，信義則上，責任限度額を超えて運送人に対して損害の賠償を求めることは許されないと解するのが相当である。

3　ところで，本件の事実関係によれば，本件荷物の荷受人であるＸは，品名及び価格を正確に示すときはＹ又はその他の貨物運送業者が取り扱っている宅配便を利用することができないことを知りながら，Ｂとの間で長年にわたって頻繁に宅配便を利用して宝石類を送付し合ってきたものであって，本件荷物についても，単にこれが宅配便によって運送されることを認識していたにとどまらず，BがYの宅配便を利用することを容認していたというのである。このように低額な運賃により宝石類を送付し合うことによって利益を享受していたXが，本件荷物の紛失を理由としてYに対し責任限度額を超える損害の賠償を請求することは，信義則に反し，許されないというべきである。」（裁判長裁判官 遠藤光男　裁判官 小野幹雄　井嶋一友　藤井正雄　大出峻郎）

解　説

(1) 2017年改正前の724条は，不法行為の損害賠償請求権の期間制限として短期3年と長期20年の2つを規定していた。改正法は，生命・身体の侵害の場合に短期の期間制限を5年とした（724条の2）。以上のうちの短期の期間制限が消滅時効であることに異論がないが，長期の期間制限について，民法起草者は消滅時効と考えていたが，最(一)判平成元年12月21日民集43巻12号2209頁は除斥期間と解した（*166*が「724条後段所定の除斥期間」というのはこの判決を受けている）。しかし，2017年改正法724条は長期の期間制限も消滅時効であることを明記した。

以上のいずれの消滅時効についても，判例は賠償請求権の行使を認めるため，起算点を遅らせる解釈をしている。*165*は短期の消滅時効の「加害者を知りたる時」につき，被害者が賠償請求権を現実に行使できる時と考えるべきだとした。*166*は長期の消滅時効の「不法行為の時」について，遅発性・進行性の疾病の場合に，一部又は全部の損害が発生した時と解した。

(2) 運送品が滅失・毀損した場合の荷送人に対する運送人の責任については，①まず，債務不履行責任のほかに不法行為責任が成立するかが問題になり，②それが成立するときに，債務不履行と不法行為のいずれでも選択して損害賠償を請求できるのか（請求権競合説），一方のみしか賠償請求できないのか（法条競合説）が問題になり，③選択して請求できるとするときに，一方の請求権に関する法規範（消滅時効，責任の減免など）を他方の請求権に適用すべきかが問題になる。請求権競合の問題はこのうちの②③である。そして，判例は，①について不法行為責任を広く認め，②について請求権競合説を採っているが，③については一定していない。高価品不明告を理由とする不法行為賠償請求の減

➡ *168*

免責についてみると，否定した判例もあるが，*167* は特約による責任制限を認めた。しかし，*167* が責任制限を認めたことの意味は，①の問題を含めて考える必要があるように思われる。

判例は①の点で不法行為責任を広く認める。しかし，荷送人が，運送依頼品とは別の所有物をも間違えて運送人の配送車に入れたとき，運送人はそれに気付かず紛失したとしても，荷送人に対し不法行為責任を負うことはない。運送人の不法行為責任は，運送人という社会的地位・社会関係に基づく運送・保管の作為義務に基づく（「第１節　不法行為の成立要件　[2] 過失・注意義務違反」の解説(1)を参照)。その社会関係を規律する消滅時効や責任制限の規範が必要に応じて適用されるのは，このためである。運送人の不法行為責任は，契約を含む社会関係に基づく点で，借家人の失火による賠償責任での請求権競合とは類型を異にする（失火は作為であり，借家人でなくても不法行為責任を負う)。*167* でも，ＹがＡに不法行為責任を負うのは，ＹがＢとの運送契約に基づき，運送品の所有者が誰であってもその者に対し，運送品を紛失しない不法行為法上の注意義務を負うと考えるからであろう。*167* の判決理由の三２，３は，このような考え方を示すものとして読むことができる。

[6]　金銭賠償以外の効果

168 謝罪広告

最(大)判昭和 31 年 7 月 4 日民集 10 巻 7 号 785 頁・謝罪広告合憲判決
(曹時 8 巻 9 号 71 頁，法協 74 巻 4 号 539 頁，民商 35 巻 2 号 189 頁)

【事実】 衆議院総選挙の共産党候補Ｙは，政見放送等で，Ｘが県副知事在職中に発電所建設に関連して業者から周旋料を受け取ったとの事実を公表した。Ｘから，名誉毀損を理由に謝罪広告を請求。1・2 審は，同事実は無根であったと認定し，Ｙの名で謝罪広告を新聞紙上に掲載することを命じた。Ｙ上告。

【判決理由】 上告棄却（田中・栗山・入江裁判官の補足意見，藤田・垂水裁判官の反対意見がある）

「民法 723 条にいわゆる『他人の名誉を毀損した者に対して被害者の名誉を回復するに適当な処分』として謝罪広告を新聞紙等に掲載すべきことを加害者

に命ずることは，従来学説判例の肯認するところであり，また謝罪広告を新聞紙等に掲載することは我国民生活の実際においても行われているのである。尤も謝罪広告を命ずる判決にもその内容上，これを新聞紙に掲載することが謝罪者の意思決定に委ねるを相当とし，これを命ずる場合の執行も債務者の意思のみに係る不代替作為として民訴 734 条〔民事執行法 172 条に相当する〕に基き間接強制によるを相当とするものもあるべく，時にはこれを強制することが債務者の人格を無視し著しくその名誉を毀損し意思決定の自由乃至良心の自由を不当に制限することとなり，いわゆる強制執行に適さない場合に該当することもありうるであろうけれど，単に事態の真相を告白し陳謝の意を表明するに止まる程度のものにあっては，これが強制執行も代替作為として民訴 733 条〔民事執行法 171 条に相当する〕の手続によることを得るものといわなければならない。そして原判決の是認した X の本訴請求は，Y が判示日時に判示放送，又は新聞紙において公表した客観的事実につき Y 名義を以て X に宛て『右放送及記事は真相に相違しており，貴下の名誉を傷け御迷惑をおかけいたしました。ここに陳謝の意を表します』なる内容のもので，結局 Y をして右公表事実が虚偽且つ不当であったことを広報機関を通じて発表すべきことを求めるに帰する。されば少くともこの種の謝罪広告を新聞紙に掲載すべきことを命ずる原判決は，Y に屈辱的若くは苦役的労苦を科し，又は Y の有する倫理的な意思，良心の自由を侵害することを要求するものとは解せられないし，また民法 723 条にいわゆる適当な処分というべきであるから所論は採用できない。」（裁判長裁判官 田中耕太郎　裁判官 栗山　茂　真野　毅　小谷勝重　島　保　斎藤悠輔　藤田八郎　岩松三郎　河村又介　谷村唯一郎　小林俊三　本村善太郎　入江俊郎　池田克　垂水克己）

169 名誉権侵害差止請求

最(大)判昭和 61 年 6 月 11 日民集 40 巻 4 号 872 頁・北方ジャーナル事件

（曹時 41 巻 9 号 199 頁，百選 I〈第 3 版〉14 頁）

【事実】 昭和 54 年，X（北方ジャーナル株式会社）は，北海道知事選挙に立候補予定の Y_1 に関して「天性の嘘つき」「新しい女を得るために妻と離別し自殺せし

➡ 170

めた」等々と記した雑誌の発行を予定していたが，Y_1 は事前にこれを知り，名誉権侵害の予防を理由に雑誌の執行官保管と印刷・販売等の禁止を命ずる仮処分決定を得て執行した。X は，右仮処分が違法だったとして，Y_1 と Y_2（国）に逸失利益の賠償を求めた。1・2 審は請求を棄却。X は，仮処分が検閲を禁止する憲法 21 条 2 項，言論・出版の自由を保障する同条 1 項に反すると主張して，上告。最高裁は，これら憲法問題を論ずる前提として，差止請求権の有無・根拠に関し，次のように判示した。

【判決理由】 上告棄却 「事前差止めの合憲性に関する判断に先立ち，実体法上の差止請求権の存否について考えるのに，人の品性，徳行，名声，信用等の人格的価値について社会から受ける客観的評価である名誉を違法に侵害された者は，損害賠償（民法 710 条）又は名誉回復のための処分（同法 723 条）を求めることができるほか，人格権としての名誉権に基づき，加害者に対し，現に行われている侵害行為を排除し，又は将来生ずべき侵害を予防するため，侵害行為の差止めを求めることができるものと解するのが相当である。けだし，名誉は生命，身体とともに極めて重大な保護法益であり，人格権としての名誉権は，物権の場合と同様に排他性を有する権利というべきであるからである。」（裁判長裁判官 矢口洪一 裁判官 伊藤正己 谷口正孝 大橋 進 牧 圭次 安岡滿彦 角田禮次郎 島谷六郎 長島 敦 髙島益郎 藤島 昭 大内恒夫 香川保一 坂上壽夫）

170 公害の差止請求

最(二)判平成 7 年 7 月 7 日民集 49 巻 7 号 2599 頁・国道 43 号線公害事件
(曹時 49 巻 1 号 239 頁)

【事実】 大阪・神戸間の国道 43 号線の近接地の居住者 X らが，自動車の騒音・振動・大気汚染を理由に，道路の設置管理者たる国と阪神高速道路公団に対し，人格権および環境権に基づき，一定基準値を超える騒音と二酸化窒素の居住敷地内への侵入の差止めを求めた（ほかに，国賠法 1 条，2 条に基づき過去および将来の損害賠償を求めている）。1 審は，差止請求の内容が特定されていないとして訴えを却下。原審は，差止請求の内容は特定されており，人格権に基づき差止請求ができるが，被害が受忍限度を超えていないとして，請求を棄却した。X らが上告。

➡ 解説

【判決理由】 上告棄却 「原審は，その認定に係る騒音等がほぼ一日中沿道の生活空間に流入するという侵害行為により，そこに居住するXらは，騒音により睡眠妨害，会話，電話による通話，家族の団らん，テレビ・ラジオの聴取等に対する妨害及びこれらの悪循環による精神的苦痛を受け，また，本件道路端から20メートル以内に居住するXらは，排気ガス中の浮遊粒子状物質により洗濯物の汚れを始め有形無形の負荷を受けているが，他方，本件道路が主として産業物資流通のための地域間交通に相当の寄与をしており，自動車保有台数の増加と貨物及び旅客輸送における自動車輸送の分担率の上昇に伴い，その寄与の程度は高まっているなどの事実を適法に確定した上，本件道路の近隣に居住するXらが現に受け，将来も受ける蓋然性の高い被害の内容が日常生活における妨害にとどまるのに対し，本件道路がその沿道の住民や企業に対してのみならず，地域間交通や産業経済活動に対してその内容及び量においてかけがえのない多大な便益を提供しているなどの事情を考慮して，Xらの求める差止めを認容すべき違法性があるとはいえないと判断したものということができる。

道路等の施設の周辺住民からその供用の差止めが求められた場合に差止請求を認容すべき違法性があるかどうかを判断するにつき考慮すべき要素は，周辺住民から損害の賠償が求められた場合に賠償請求を認容すべき違法性があるかどうかを判断するにつき考慮すべき要素とほぼ共通するのであるが，施設の供用の差止めと金銭による賠償という請求内容の相違に対応して，違法性の判断において各要素の重要性をどの程度のものとして考慮するかにはおのずから相違があるから，右両場合の違法性の有無の判断に差異が生じることがあっても不合理とはいえない。このような見地に立ってみると，原審の右判断は，正当として是認することができ，その過程に所論の違法はない。」（裁判長裁判官 河合伸一　裁判官 中島敏次郎　大西勝也　根岸重治）

解　説

権利が侵害された場合に，金銭による損害賠償のほかにどのような請求ができるか。723条は名誉毀損の場合に「名誉を回復するに適当なる処分」ができるとし，判例は同条に基づき，謝罪広告を認めている（*168*）。また，損害賠償

➡ 171
も謝罪広告も過去の侵害に対し原状を回復しようとするものであるが，将来の侵害を予防する差止請求は認められるか。条文はないが，*169* は名誉権について，保護法益の重大性と権利の排他性を理由にこれを認めた。*170* は生活妨害の場合に，差止請求を認容すべき違法性を厳格に解して，請求を否定した。

第3節　特殊な不法行為

[1]　監督義務者の責任

171　監督義務者の709条責任

最(二)判昭和49年3月22日民集28巻2号347頁・中学生殺害事件
(曹時27巻10号216頁，法協92巻10号1413頁，民商72巻1号161頁，百選Ⅱ〈第7版〉180頁)

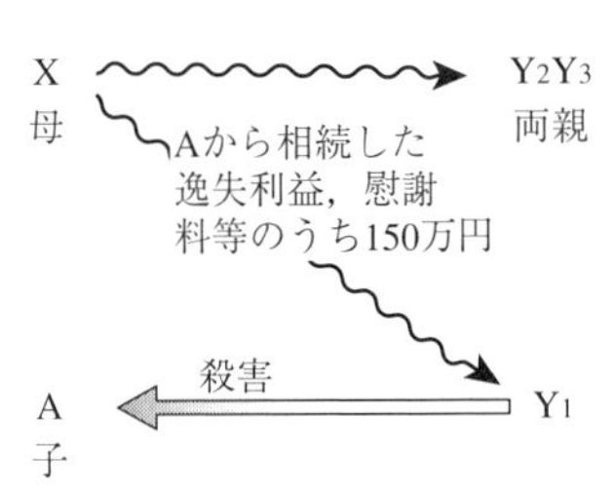

【事実】 中学3年生の Y_1 は，色柄のシャツ等欲しくて，同じ中学の1年生Aを殺害し，Aが集金した新聞代金1万3900円を強奪した。Aの母Xは，Y_1 とその両親 Y_2 Y_3 に対し，709条に基づき，Aから相続した逸失利益，慰謝料等の内金150万円の連帯支払を求めた。Y_2 Y_3 は，Y_1 が責任能力を有していたから監督義務者は責任を負わないと主張。1・2審は Y_1 Y_2 Y_3 の責任を認めた（Y_1 については1審で確定)。Y_2 Y_3 より上告。

【判決理由】 上告棄却「未成年者が責任能力を有する場合であっても監督義務者の義務違反と当該未成年者の不法行為によって生じた結果との間に相当因果関係を認めうるときは，監督義務者につき民法709条に基づく不法行為が成立するものと解するのが相当であって，民法714条の規定が右解釈の妨げとなるものではない。そして，Y_2 らの Y_1 に対する監督義務の懈怠と Y_1 によるA殺害の結果との間に相当因果関係を肯定した原審判断は，その適法に確定した事実関係に照らし正当として是認できる。」（裁判長裁判官 大塚喜一郎　裁判官 岡原昌男　小川信雄　吉田　豊）

原審判決（広島高松江支判昭和47年7月19日）は次の通りである。

「民法714条は，未成年者が責任無能力者である場合，これを監督すべき義務のある親権者等において右監督義務を怠らなかったことを証明しない限り，右未成年者が第三者に加えた損害を賠償する責任のあることを明らかにしているが，右規定は，未成年者が責任能力者である場合，監督義務者の義務違反と未成年者の行為によって生じた結果との間に相当因果関係の存するときは右未成年者の不法行為責任とともに監督義務者についても一般の不法行為責任の成立することを排除するものではないと解されるところ，本件において，Y_1が責任能力者と認められることは前記のとおりであるが，未だ義務教育の課程を終了していない中学生であり，親権者であるY_2，Y_3のもとで養育監護を受けていたものであるから，Y_2らのY_1に対する影響力は責任無能力者の場合と殆んど変らない程強いものがあるというべきであり，Y_1について中学2年生の頃から不良交友を生じ，次第に非行性が深まってきたことに対し適切な措置をとらないで全くこれを放任し，一方Y_1のさほど無理ともいえない物質的欲望をかなえてやらなかったのみならず，家庭的情愛の欠如に対する欲求不満をもつのらせ，その結果同人をして本件犯行に走らせたものということができるから，Y_2らのY_1に対する監督義務の懈怠とAの死亡の結果との間における因果関係はこれを否定することができないものというべきである。」

［関連裁判例］

172 認知症高齢者の監督義務者

最(三)判平成28年3月1日民集70巻3号681頁・JR東海事件

(曹時69巻6号1731頁，法協135巻12号3008頁，民商153巻5号698頁，百選Ⅱ〈第8版〉188頁，平28重判83頁)

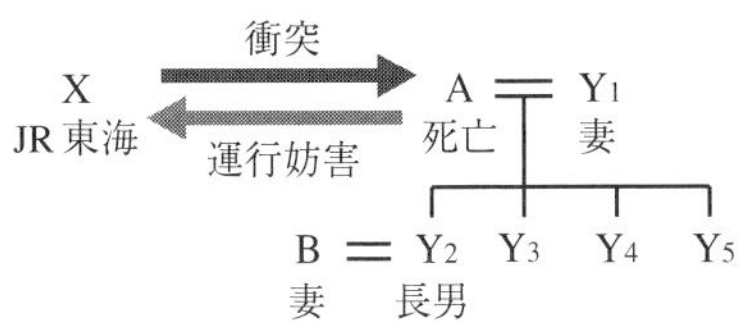

【事 実】 2007年12月にA（91歳）は東海道本線の甲駅で無賃乗車し（その経緯は不明），隣駅で下車して排尿のため線路内に立ち入り，列車に衝突して死亡した。X（JR東海）はAの妻Y_1（当時85歳）とY_2（長男）〜Y_5（三女）に対し，ⓘ事実上の監督者としての714条責任，ⓘⓘ監督義務違反の709条責任を主張して振替輸送費等720万円弱の賠償を請求した。Aは2000年頃から認知症に罹り，2002年3月頃に$Y_1Y_2Y_5$が相談して，Y_2の妻Bが転居しAを介護していた。Aは2005年頃より徘徊し始め，

➡ *172*

2007年2月に要介護4の認定を受けたが自宅介護を継続していた。事故当日の午後5時前に，Aは，BがAの排尿の後始末のため離れY_1がまどろんでいた隙に，外出し，5時47分頃に本件事故に至った。1審は，Y_2のⓘⓘの責任と，Y_1のⓘⓘⓘ709条責任を認め，Y_3〜Y_5についてはⓘⓘⓘⓘⓘのいずれの責任も否定した。Y_1Y_2が控訴。原審は，Y_1につきⓘ714条1項の法定監督義務者の責任を認めた（但書の免責を否定）が，Y_2はⓘ法定監督義務者でもⓘⓘ事実上の監督者でもないとした。Y_1Y_2のⓘⓘⓘ709条責任は否定した。XはY_2の責任の判断につき，YらはY_1の責任の判断につき上告受理を申し立てた。

【判決理由】 一部破棄自判，一部棄却（木内裁判官の補足意見，岡部・大谷裁判官の意見がある）

「4　しかしながら，原審の上記3(2)の〔Y_2を法定監督義務者，事実上の監督者でないとした〕判断は結論において是認することができるが，同(1)の〔Y_1を法定監督義務者とした〕判断は是認することができない。その理由は，次のとおりである。」

(1)ア　平成11年に，精神保健福祉法の保護者の自傷他害防止監督義務を廃止し（その後の平成25年改正は保護者制度そのものを廃止），民法の禁治産者に対する後見人の療養監護義務を成年被後見人に対する身上配慮義務に改めたが，この身上配慮義務は「法律行為を行う際に成年被後見人の身上について配慮すべきことを求めるものであって，……事実行為として成年被後見人の現実の介護を行うことや成年被後見人の行動を監督する」義務ではない。

イ　752条の配偶者の同居協力扶助義務は相手方に対して負う義務である。

ウ　Y_1はAの妻であり，保護者であったが，以上によれば，Aの法定監督義務者ではない。

「(2)ア もっとも，法定の監督義務者に該当しない者であっても，責任無能力者との親族関係や日常生活における接触状況に照らし，第三者に対する加害行為の防止に向けてその者が当該責任無能力者の監督を現に行いその態様が単なる事実上の監督を超えているなどその監督義務を引き受けたとみるべき特段の事情が認められる場合には，衡平の見地から法定の監督義務を負う者と同視してその者に対し民法714条に基づく損害賠償責任を問うことができるとするのが相当であり，このような者については，法定の監督義務者に準ずべき者とし

➡ 172

て，同条1項が類推適用されると解すべきである（最(一)判昭和58年2月24日裁判集民事138号217頁参照)。その上で，ある者が，精神障害者に関し，このような法定の監督義務者に準ずべき者に当たるか否かは，その者〔監督義務者〕自身の生活状況や心身の状況などとともに，精神障害者との親族関係の有無・濃淡，同居の有無その他の日常的な接触の程度，精神障害者の財産管理への関与の状況などその者と精神障害者との関わりの事情，精神障害者の心身の状況や日常生活における問題行動の有無・内容，これらに対応して行われている監護や介護の実態など諸般の事情を総合考慮して，その者が精神障害者を現に監督しているかあるいは監督することが可能かつ容易であるなど衡平の見地からその者に対し精神障害者の行為に係る責任を問うのが相当といえる客観的状況が認められるか否かという観点から判断すべきである。

イ　これを本件についてみると，Aは，平成12年頃に認知症のり患をうかがわせる症状を示し，平成14年にはアルツハイマー型認知症にり患していたと診断され，平成16年頃には見当識障害や記憶障害の症状を示し，平成19年2月には要介護状態区分のうち要介護4の認定を受けた者である（なお，本件事故に至るまでにAが1人で外出して数時間行方不明になったことがあるが，それは平成17年及び同18年に各1回の合計2回だけであった。)。Y_1は，長年Aと同居していた妻であり，Y_2，B及びY_5の了解を得てAの介護に当たっていたものの，本件事故当時85歳で左右下肢に麻ひ拘縮があり要介護1の認定を受けており，Aの介護もBの補助を受けて行っていたというのである。そうすると，Y_1は，Aの第三者に対する加害行為を防止するためにAを監督することが現実的に可能な状況にあったということはできず，その監督義務を引き受けていたとみるべき特段の事情があったとはいえない。したがって，Y_1は，精神障害者であるAの法定の監督義務者に準ずべき者に当たるということはできない。

ウ　また，Y_2は，Aの長男であり，Aの介護に関する話合いに加わり，妻BがA宅の近隣に住んでA宅に通いながらY_1によるAの介護を補助していたものの，Y_2自身は，横浜市に居住して東京都内で勤務していたもので，本件事故まで20年以上もAと同居しておらず，本件事故直前の時期においても1箇月に3回程度週末にA宅を訪ねていたにすぎないというのである。そうすると，Y_2は，Aの第三者に対する加害行為を防止するためにAを監督することが可能な状況にあったということはできず，その監督を引き受けていたとみるべき特段の事情があったとはいえない。したがって，Y_2も，精神障害者であるAの法定の監督義務者に準ずべき者に当たるということはできない。

5　以上によれば，Y_1の民法714条に基づく損害賠償責任を肯定した原審の判断には，判決に影響を及ぼすことが明らかな法令の違反があり，原判決のうちY_1敗訴部分は破棄を免れない。この点をいうY_1の論旨は理由がある。そして，以上説示したところによれば，XのY_1に対する民法714条に基づく損害賠償請求は理由がなく，同法709条に基づく損害賠償請求も理由がないことになるから，上記部分につき，第1審判決を取り消し，Xの請求を棄却することとする。

他方，Y_2の民法714条に基づく損害賠償責任を否定した原審の判断は，結論において是認することができる。この点に関するXの論旨は理由がないから，XのY_2に対する同条に基づく損害賠償請求を棄却した部分に関するXの上告は棄却すべきである。」（裁判長裁判官 岡部喜代子　裁判官 大谷剛彦　大橋正春　木内道祥　山﨑敏充）

解　説

⑴　714条は，未成年者に責任能力がない場合にのみ適用され，責任能力があるときには適用されない（前掲 *143* 参照）。それでは責任能力がある場合に，監督義務者は709条に基づいて賠償責任を負うか。*171* は，ア）714条は監督義務者の709条の責任を排除しないとし，イ）当該事案において709条の要件である「相当因果関係」を認定して，監督義務者の責任を認めた。

⑵　戦前から今日まで，714条1項の適用事例のほとんどは，12歳前後以下の年少者による加害の事案である。その場合に，判例は，父母はⓘ同条の法定監督義務者であり，子に対する包括的な監督権限と義務を負うとして，ただし書の免責を認めていない。これに対し，戦後になり，成年の精神障害者による加害の事案が現れたが，成年であるため父母は親権者でない。そこで，判例は，父母をⓘⓘ「事実上の監督者」「準監督義務者」として714条1項を準用した（*172* が引用する最(一)判昭和58年2月24日判時1076号58頁）。しかし，裁判例は

次第に，精神障害者による他害事故を父母が予見できたか，父母が関係機関への相談などの防止措置を執っていたかを考慮して準監督義務者の責任を否定するようになっている。*172* は，このような中での，認知症高齢者による他害事故という新たな事案類型である。最高裁は，配偶者・長男は他害防止義務を負わないので法定監督義務者でなく，また，監督義務を引き受けていないので準監督義務者でもないとした。以上のように，年少者と異なり，成年の精神障害者，認知症高齢者の近親者の責任は，ⅲ監督義務違反の709条責任に近い責任で受け止める傾向にある。

［2］　使用者責任

173　事実行為の事業執行性（1）

最(三)判昭和39年2月4日民集18巻2号252頁・業務用車無断私用事件

(曹時16巻4号101頁，民商51巻5号830頁，百選Ⅱ〈第3版〉170頁)

【事実】　従業員 Y_1 は，会社 Y_2 の自動車を運転して帰宅中にAを跳ね飛ばし死亡させた。Aの妻子Xらは，Y_1 に対しては709条により，Y_2 に対しては715条により，損害賠償を求めた。1・2審はいずれの責任も肯定した。Y_2 は上告し，事故が Y_2 の事業と関連がないと主張した。

【判決理由】　上告棄却　「原判決及びその引用にかかる第1審判決において認定せられた事実によれば，Y_2 会社は，自動車，その部品及び附属品の販売，車体の製作並びにその取付を営業目的とする会社であり，Y_1 は，Y_2 会社の被用者でその販売課に勤務していたこと，右 Y_1 は，本件事故当日の午後5時頃 Y_2 会社の勤務を終えて退社し，和歌山市内で映画見物をした後帰宅すべく国鉄和歌山市駅に赴いたが，最終列車に乗り遅れたため一旦 Y_2 会社に引き返し，Y_2 会社所有の本件ウイルスジープ普通自動車を引き出して，これを運転しつつ帰宅する途中で本件追突事故を惹起したものであること，Y_1 は平素 Y_2 会社に通勤するには国鉄を利用して居り，販売契約係として自動車購入の勧誘並びに販売契約締結の業務を担当し，右業務執行のため他の同係員8名と共に前記ジープを運転してこれに当っていたこと，Y_2 会社においては，ジープは会社業務の為に使用する場合であっても上司の許可を得なければならず，私用に使

➡ 174

うことは禁止されていたことが，いずれも，認められるというのである。このような事実関係の下においては，Y_1 の本件事故当夜における右ジープの運行は，会社業務の適正な執行行為ではなく，主観的には同 Y_1 の私用を弁ずる為であったというべきであるから，Y_2 会社の内規に違反してなされた行為ではあるが，民法 715 条に規定する『事業の執行に付き』というのは，必ずしも被用者がその担当する業務を適正に執行する場合だけを指すのでなく，広く被用者の行為の外形を捉えて客観的に観察したとき，使用者の事業の態様，規模等からしてそれが被用者の職務行為の範囲内に属するものと認められる場合で足りるものと解すべきであるとし，この見地よりすれば，Y_1 の前記行為は，結局，その職務の範囲内の行為と認められ，その結果惹起された本件事故による損害は Y_2 会社の事業の執行について生じたものと解するのが相当であるから，被用者である Y_1 の本件不法行為につき使用者である Y_2 会社がその責任を負担すべきものであるとした原審の判断は，正当である。」（裁判長裁判官 石坂修一　裁判官 五鬼上堅磐　横田正俊）

［関連裁判例］

174　事実行為の事業執行性（2）

最（三）判昭和 44 年 11 月 18 日民集 23 巻 11 号 2079 頁・「配管工だろういばるな」事件

（曹時 22 巻 3 号 195 頁，民商 63 巻 2 号 214 頁）

【事実】 土工 X が，Y_1 会社の配管工 Y_2 に鋸を投げてよこした。Y_2 が「なんで投げるんだ」と注意すると，X は「配管工だろういばるな」と答えたので，Y_2 は X を溝に突き落とし，暴行を加えた。X は Y_1 Y_2 に対し損害賠償を請求。原審は，「Y_1 の事業を執行する過程において行なったもの」として事業執行性を認めた。この点を争って Y_1 が上告。

【判決理由】 上告棄却 「原判決（その引用する第 1 審判決を含む。以下同じ。）が適法に確定したところによれば，訴外（第 1 審被告）Y_2 は，土木建築業を営む Y_1 会社に配管工として雇用され，同会社が東京都三鷹市上連雀において行なっていた上水道管敷設工事に従事中，昭和 41 年 11 月 12 日右工事現場において，同じく右工事の作業をしていた X に対し，作業に使用するため

『鋸を貸してくれ』と声を掛けたところ，Xが自分の持っていた鋸をY_2の方に向けて投げたことから，さらに右両名間に原判示のような遣り取りがあったあげくY_2がXに対し原判示暴行を加えたというのである。右事実によれば，Xが被った原判示損害は，Y_2が，Y_1会社の事業の執行行為を契機とし，これと密接な関連を有すると認められる行為によって加えたものであるから，これを民法715条1項に照らすと，被用者であるY_2がY_1会社の事業の執行につき加えた損害に当たるというべきである。従って，これと同趣旨の原審の判断は正当である。」（裁判長裁判官 下村三郎　裁判官 田中二郎　松本正雄　飯村義美　関根小郷）

［関連裁判例］

175　取引行為の事業執行性（1）

大連判大正15年10月13日民集5巻785頁・庶務課長株券偽造事件

【事実】 Y_1会社（大阪電軌）の株券発行を担当していた庶務課長Aが，自己の金融を図るために同会社の株券を偽造発行したところ，Xはこれを担保にとって損害を被った。XはY_1会社とその取締役社長Y_2に対して損害賠償を求める。原審は，株券を発行すべき場合でなかったから「事業ノ執行ニ付キ」ではないとして請求を棄却した。X上告。

【判決理由】 破棄差戻「原判決の確定したる事実に依れば，Y_1会社の被用者Aは同会社の庶務課長として同会社の株券発行等の事務に従事中，自己の金融を図るが為擅に其の保管に係る同会社の株券用紙及印章並社長印を会社外に搬出使用し，且株主の氏名を冒書し其の印章を偽造押捺して同会社優先株式1株50円10株券2枚を偽造し之を大阪米穀取引所取引員たるXに証拠金代用として交付行使しXを欺罔し定期米取引の委託を為したるところ，其の取引の結果損失に帰しAの無資力と相俟ちてXに1560円の損失を生ぜしむるに至りたるものなりと云ふに在り。之に対し原判決は，Aの使用者たるY_1会社及之に代りて其の事業を監督するY_2が民法第715条の規定に依り損害賠償の責に任ずるには，被用者Aが其の事業の執行に付Xに加へたる損害即其の事業の範囲に属する行為又は之と関連して一体を為し不可分の関係にある行為よ

→ 175

り生じたる損害に限るべきこと，同条の解釈上疑を容れざる所にして，本件の如く本来株券を発行すべき場合に非ざるに拘らず被用者が其の地位を濫用し株券を偽造し因て以て他人に損害を被らしめたる場合は，之に属せざること勿論なりとして，Y_1 等に対する X の本訴請求を排斥したるものなり。而して当院従来の判例に依れば，民法第 715 条に所謂被用者が使用者の事業の執行に付第三者に加へたる損害とは，被用者の行為が使用者の事業の範囲に属し而も其の事業の執行として為すべき事項の現存せる場合に被用者が其の執行を為すに因りて生じたる損害を指摘し，従て被用者が使用者の事業の執行として何等為すべきこと現存せざるに拘らず自己の目的の為其の地位を濫用して擅に為したる行為に因り第三者に損害を加へたるときは，縦令其の行為が外形上使用者の事業執行と異る所なしとするも，使用者をして賠償の責に任ぜしむべきに非ずと為したるものにして，原院も亦右の当院従来の判例の趣旨を踏襲して判決を為したるものに外ならず。

然れども，本件の如く被用者が使用者たる株式会社の庶務課長として株券発行の事務を担当し且株券用紙及印顆を保管し何時にても自由に株券発行の事務を処理すべき地位に置かれたる場合に在りては，縦令其の者が地位を濫用し株券を発行したりとするも要するに不当に事業を執行したるものに外ならずして，其の事業の執行に関する行為たることを失はざるものなれば，民法第 715 条に所謂『事業の執行に付』なる文詞は叙上説明の如く之を広義に解釈するを至当とすべく，当院従来の判例の如く厳格なる制限的解釈を採り使用者の事業の執行として具体的に為すべき事項の現存せざる場合に於ける使用者の行為に付ては総て使用者に於て全然責任なしと為すが如きは，同条立法の精神に鑑み且一般取引の通念に照し狭隘に失するものと謂はざるべからず。蓋し本件の如き場合に於ては，Y_1 会社及之に代りて其の事業を監督する Y_2 は其の庶務課長たる者の選任を厳にするは勿論，絶えず其の行動を監視し其の者が職務上の地位を濫用して不正に株券を発行し他人に損害を及ぼすの危険を予防するの責に任ずべきは当然にして，Y_1 等が注意を怠り為に被用者をして其の地位を濫用して株券を発行することを得せしめ他人をして損害を被らしめたりとせば，Y_1 等は其の責を辞することを得ざるは論を俟たざればなり。然らば原審が株券発行の必要ある場合に非ざるの故を以て本件 A の株券を偽造して行使したるに因り被りたるXの損害はY_1及Y_2に於て之を賠償するの責なしと判示せるは違法にして本論旨は理由あり。」（一続きの原文を2段落に分けた）

176 取引行為の事業執行性 (2)

最(一)判昭和42年11月2日民集21巻9号2278頁・融通手形割引斡旋事件

（曹時20巻4号141頁，民商58巻6号911頁，百選Ⅱ〈第8版〉190頁）

【事実】 金融に苦慮していたX株式会社は，手形の騙取を企てていたMの甘言にかかって，Y相互銀行南田辺支店が割り引いてくれると思い，約束手形15通を振り出して同支店長Aに交付した。Y銀行では融通手形の割引を斡旋していなかったが，成績向上に腐心していたAは，割引金を預金してもらえると考えて預かり，Mに割引先の斡旋を依頼してその手形を交付した。Mが流通に置いた手形の支払でXは損害を受けたので，Yにその賠償を求めた。1審は，Aの行為は出資取締法の禁止する浮貸しでありXはそれを知っていたから，「事業の執行に付き」といえないとして，請求を棄却した。2審は，Aの行為は，相互銀行法2条の手形の割引に付随する業務だとして，請求を認容した。Y上告。

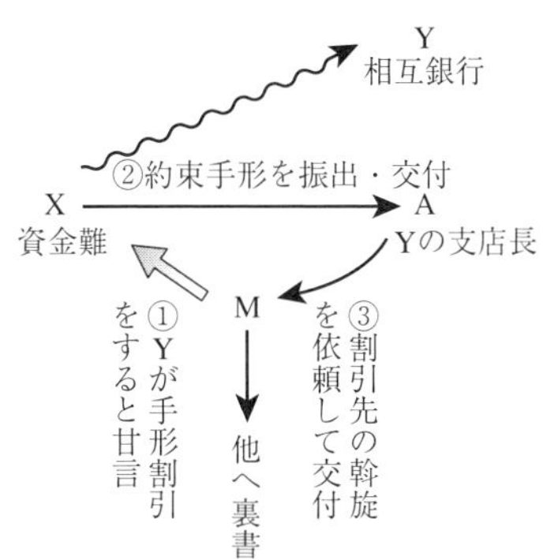

【判決理由】 破棄差戻 「被用者のなした取引行為が，その行為の外形からみて，使用者の事業の範囲内に属するものと認められる場合においても，その行為が被用者の職務権限内において適法に行なわれたものでなく，かつ，その行為の相手方が右の事情を知りながら，または，少なくとも重大な過失により右の事情を知らないで，当該取引をしたと認められるときは，その行為にもとづく損害は民法715条にいわゆる『被用者が其事業の執行に付き第三者に加へたる損害』とはいえず，したがってその取引の相手方である被害者は使用者に対してその損害の賠償を請求することができないものと解するのが相当である。

ところで，原判決の確定したところによれば，昭和30年12月22日，当時Y銀行の南田辺支店長であったAとXとの間で行なわれた本件の取引は，Y

➡ 176
銀行がみずからXに対し資金の貸付ないし手形の割引をするというのではなくして，右Aが，Xの依頼により，第三者たるある会社が同じく第三者たるその取引銀行に対してもっている手形割引の枠を利用して，X振出の本件手形を割引いてもらうことの斡旋を引き受け，そのために右手形を預かったというのであり，しかも右Aは，Y銀行の内規，慣行に反して右取引をなし，これにつき支店長代理にも相談せず，本店にも報告しなかったというのであるから，右取引におけるAの行為は，Y銀行の南田辺支店長としての職務権限内において適法に行なわれたものとは到底いえないのみならず，出資の受入，預り金及び金利等の取締等に関する法律3条，9条にも違反する疑いのある行為であるといわなければならない。

また，原判決は，Xは右Aから，Y銀行がみずから手形割引をするのではなくして，第三者による手形割引の斡旋をするにすぎないことを告げられながら，これを承諾してX振出の本件手形を交付したものであること，右手形はいずれも融通手形にすぎなかったところ，X会社およびその子会社であるB会社の関係者と右Aとが通謀して，右B会社に裏書をさせ商業手形としての体裁をそなえさせたこと，Xは本件の取引より以前にはY銀行南田辺支店とは全く取引関係がなく，かつ，右手形はその額面合計額が金3,000万円にも達する高額のものであったにかかわらず，Xは，右取引につき，右Aから約定書の差し入れ，担保物の提供等は全然要求されなかったこと，さらに右取引については，X会社の常務取締役（経理部長）であつたC，その経理課長であつたDが直接右Aと折衝していること，をそれぞれ認定している。これらの事実を総合して考察し，ことにその職務上金融取引につき相当の知識と経験とを有するものと推認されるX会社の常務取締役（経理部長）および経理課長が直接右取引に関与していることを考えると，本件の取引に当たっては，その相手方たるXの側においても，右取引におけるAの行為がY銀行の南田辺支店長としての職務権限を逸脱して行なわれたものであることを知っていたか，または重大な過失によりこれを知らなかったものと認めるべきではないか，との疑問が生ずるのを禁じえない。

そして，もし右の点を肯定的に認定することができるとするならば，かりに本件の取引行為が外形上Y銀行の事業の範囲内の行為に属するものと認められるとしても，なおXは，右Aの使用者たるYに対して，本件取引行為にもとづく損害の賠償を請求することができないものといわざるをえない。

しかるに，原判決は，右の点について確認することなく，たやすくXにつきYに対する前記損害賠償請求権の存在を認め，これにもとづいてXの本訴請求を認容したものであるから，原判決は民法715条の解釈適用を誤り，ひいては審理を尽くさない違法をおかしたものといわなければならない。」（裁判長裁判官 大隅健一郎　裁判官 入江俊郎　長部謹吾　松田二郎　岩田　誠）

177 被用者に対する求償

最(一)判昭和51年7月8日民集30巻7号689頁・タンクローリー臨時乗務事件

（曹時29巻10号155頁，法協95巻3号595頁，民商77巻6号862頁，百選Ⅱ〈第8版〉192頁）

【事実】 X会社のY_1がタンクローリーを運転していてA会社所有の貨物自動車に追突した。Xは，Aに賠償した修理費等7万円については715条3項に基づき，また，自ら被ったタンクローリーの修理費と修理中の逸失利益の損害33万円余については709条に基づき，Y_1とその身元保証人Y_2Y_3（Y_1の父と兄）に請求した。1・2審は4分の1の限度で認めた（理由は最高裁とほぼ同じ）。X上告。

【判決理由】 上告棄却「使用者が，その事業の執行につきなされた被用者の加害行為により，直接損害を被り又は使用者としての損害賠償責任を負担したことに基づき損害を被った場合には，使用者は，その事業の性格，規模，施設の状況，被用者の業務の内容，労働条件，勤務態度，加害行為の態様，加害行為の予防若しくは損失の分散についての使用者の配慮の程度その他諸般の事情に照らし，損害の公平な分担という見地から信義則上相当と認められる限度において，被用者に対し右損害の賠償又は求償の請求をすることができるものと解すべきである。

原審の適法に確定したところによると，㈠Xは，石炭，石油，プロパンガス等の輸送及び販売を業とする資本金800万円の株式会社であつて，従業員約50名を擁し，タンクローリー，小型貨物自動車等の業務用車両を20台近く保有していたが，経費節減のため，右車両につき対人賠償責任保険にのみ加入し，対物賠償責任保険及び車両保険には加入していなかった，㈡Y_1は，主として

➡ *178*

小型貨物自動車の運転業務に従事し，タンクローリーには特命により臨時的に乗務するにすぎず，本件事故当時，Y_1 は，重油をほぼ満載したタンクローリーを運転して交通の渋滞しはじめた国道上を進行中，車間距離不保持及び前方注視不十分等の過失により，急停車した先行車に追突したものである，㈢本件事故当時，Y_1 は月額約 4 万 5000 円の給与を支給され，その勤務成績は普通以上であった，というのであり，右事実関係のもとにおいては，X がその直接被った損害及び被害者に対する損害賠償義務の履行により被った損害のうち Y_1 に対して賠償及び求償を請求しうる範囲は，信義則上右損害額の 4 分の 1 を限度とすべきであり，したがってその他の Y_2Y_3 らについてもこれと同額である旨の原審の判断は，正当として是認することができ，その過程に所論の違法はない。」（裁判長裁判官 岸 盛一 裁判官 下田武三 岸上康夫 団藤重光）

178 被用者の共同不法行為者から使用者への求償

最(二)判昭和 63 年 7 月 1 日民集 42 巻 6 号 451 頁・「使用者と被用者は一体」判決

(曹時 41 巻 12 号 209 頁，百選Ⅱ〈第 8 版〉196 頁，昭 63 重判 80 頁)

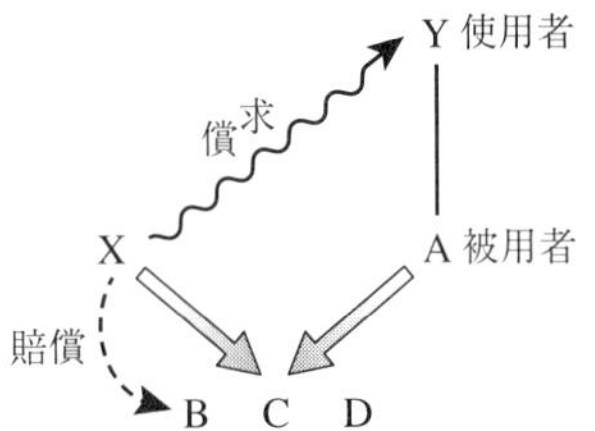

【事実】 X は自動車を運転中に，京都市の烏丸通と丸太町通の交差点で，A 運転のタクシーと衝突し，そのはずみで対向車線に進出し，BC 運転の各自動車に接触し，さらに D 運転の原動機付自転車を転倒させた。X は，BCD に車両の修理代金計 30 万円余りを賠償したうえで，A の使用者であるタクシー会社 Y に全額求償した。1・2 審は，X と A の過失割合を 2 対 8 と認定したが，X の請求を棄却した。X 上告。

【判決理由】 破棄自判 「二 ……原審は，前記の事実関係を確定したうえ，被用者（A）と第三者（X）の共同過失により惹起された交通事故の被害者に対しては，使用者（Y）及び被用者（A）と第三者（X）は，各自その損害を賠償すべき責任を負い，右三者のうち一人が賠償をなしたときは，その者は他の二者に対し求償できる関係にあり，この場合の各自の負担部分はその過失割合に従って定められるべきところ，右使用者の責任は，その故意又は過失を理由とするものではなく，民法 715 条に定められたものであり，本件においては，

➡ 178

Yにおいて本件事故につき過失が存したとか，あるいは使用者として被用者Aの過失につき原因を与えていたような事実の主張立証はないのであるから，右三者の過失の割合は，X2割，A8割と認める以上に，Yの過失割合を認める余地はなく，その過失割合は零というほかなく，したがってYの負担部分は存しないから，Xは，Aに対してはともかく，Yに対しては求償することができないと判示して，XのYに対する求償請求を全部棄却した第1審判決を維持し，Xの控訴を棄却した。

三　しかしながら，原審の右判断は，是認することができない。

被用者がその使用者の事業の執行につき第三者との共同の不法行為により他人に損害を加えた場合において，右第三者が自己と被用者との過失割合に従って定められるべき自己の負担部分を超えて被害者に損害を賠償したときは，右第三者は，被用者の負担部分について使用者に対し求償することができるものと解するのが相当である。けだし，使用者の損害賠償責任を定める民法715条1項の規定は，主として，使用者が被用者の活動によって利益をあげる関係にあることに着目し，利益の存するところに損失をも帰せしめるとの見地から，被用者が使用者の事業活動を行うにつき他人に損害を加えた場合には，使用者も被用者と同じ内容の責任を負うべきものとしたものであって，このような規定の趣旨に照らせば，被用者が使用者の事業の執行につき第三者との共同の不法行為により他人に損害を加えた場合には，使用者と被用者とは一体をなすものとみて，右第三者との関係においても，使用者は被用者と同じ内容の責任を負うべきものと解すべきであるからである。

これを本件についてみるに，原審の確定したところによれば，本件交通事故は，XとYの被用者であるAとの共同の不法行為に該当し，その過失割合はX2割，A8割とするのが相当であるところ，Xは，被害者であるBら三名に対し自己の負担部分を超えてその全損害の30万1820円を賠償したというのであって，かかる事実関係のもとにおいては，右に説示したところに照らし，Xは，Bら三名に賠償した右30万1820円のうち，自己の負担部分である6万364円（2割相当額）を超える24万1456円（8割相当額）につき，Aの使用者であるYに対し求償することができるものというべきである。」（裁判長裁判官 香川保一　裁判官 牧　圭次　島谷六郎　藤島　昭　奥野久之）

➡ 179

［関連裁判例］

179 共同不法行為者の使用者間の求償

最(二)判平成3年10月25日民集45巻7号1173頁・クレーン車賃貸借事件

（曹時45巻9号161頁，民商108巻2号288頁，百選Ⅱ〈第4版〉180頁，百選Ⅱ〈第5版〉180頁）

【事実】 Y鉄工会社は，配管工事を請け負い，X運送会社から運転手A付きでクレーン車を賃借し，下請会社B′の代表者Bと共同させて，工事を実施していた。その作業中に，AとBの過失から，釣り上げられた鋼管が落下し，作業中のCに重傷を負わせた。Xは，Cからの損害賠償請求訴訟で敗訴し，5250万円余を払ったので，YとBとに求償した。1審・原審は請求の一部を認容。Xが上告。

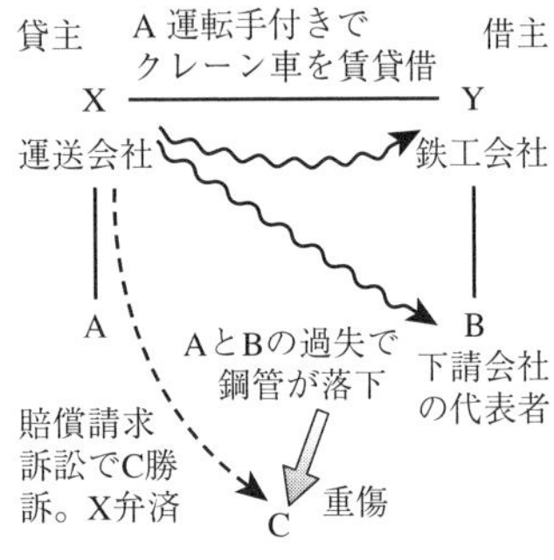

【判決理由】 破棄差戻「二　原審は，本件事故について前記のとおり損害賠償責任を負うA，B，Y，X及びB′のうち，自己の出捐の下にその負担部分を超えて損害賠償義務を履行した者は，他の損害賠償義務者に求償することができるとした上，この場合における負担部分は，損害賠償義務者間の求償問題を一挙に解決するため，右の全員について個別的に定めるのが相当であるとして，各自の負担部分をAにつき1割，B及びB′につき連帯して3割，Yにつき3割，Xにつき3割と定め，XのYに対する本件請求を右の負担部分の限度で一部認容した第1審判決を正当と判断して，Yの控訴を棄却している。

三　しかしながら，……原審の前記判断は是認することができない。その理由は次のとおりである。

1　複数の加害者の共同不法行為につき，各加害者を指揮監督する使用者がそれぞれ損害賠償責任を負う場合においては，一方の加害者の使用者と他方の加害者の使用者との間の責任の内部的な分担の公平を図るため，求償が認められるべきであるが，その求償の前提となる各使用者の責任の割合は，それぞれが指揮監督する各加害者の過失割合に従って定めるべきものであって，一方の加害者の使用者は，当該加害者の過失割合に従って定められる自己の負担部分を超えて損害を賠償したときは，その超える部分につき，他方の加害者の使用者に対し，当該加害者の過失割合に従って定められる負担部分の限度で，右の全額を求償することができるものと解するのが相当である。けだし，使用者は，その指揮監督する被用者と一体をなすものとして，被用者と同じ内容の責任を負うべきところ（最(二)判昭和63年7月1日民集42巻6号451頁〔*178*〕参照)，この理は，右の使用者相互間の求償についても妥当するからである。

2　また，一方の加害者を指揮監督する複数の使用者がそれぞれ損害賠償責任を負う場合においても，各使用者間の責任の内部的な分担の公平を図るため，求償が認められるべきであるが，その求償の前提となる各使用者の責任の割合は，被用者である加害者の加害行為の態様及びこれと各使用者の事業の執行との関連性の程度，加害者に対する各使用者の指揮監督の強弱などを考慮して定めるべきものであって，使用者の一方は，当該加害者の前記過失割合に従って定められる負担部分のうち，右の責任の割合に従って定められる自己の負担部分を超えて損害を賠償したときは，その超える部分につき，使用者の他方に対して右の責任の割合に従って定められる負担部分の限度で求償することができるものと解するのが相当である。この場合において，使用者は，被用者に求償することも可能であるが，その求償し得る部分の有無・割合は使用者と被用者との間の内部関係によって決せられるべきものであるから（最(一)判昭和51年7月8日民集30巻7号689頁〔*177*〕参照)，使用者の一方から他方に対する求償に当たって，これを考慮すべきものではない。

3　また，複数の者が同一の事故車両の運行供用者としてそれぞれ自賠法3条による損害賠償責任を負う場合においても，右と同様に解し得るものであって，当該事故の態様，各運行供用者の事故車両に対する運行支配，運行利益の程度などを考慮して，運行供用者相互間における責任の割合を定めるのが相当である。

4　これを本件についてみるに，XのYに対する請求の当否を判断するに当たっては，まず，AとBとの過失割合に従って両者の負担部分を定め，Bの使用者としてのYの負担部分を確定し，次いで，Aの加害行為の態様及びこれとY及びXの各事業の執行との関連性の程度，Aに対するY及びXの指揮監督の強弱，本件車両に対するY及びXの運行支配，運行利益の程度などを考慮して，Ａの負担部分につき，その使用者及び本件車両の運行供用者としてのＹ及びＸの負担部分を確定する必要があったものというべきである。

5　以上と異なる原審の前記判断は，損害賠償義務者相互間の求償に関する法令の解釈適用を誤った違法があるといわなければならず，その違法が原判決の結論に影響を及ぼすことは明らかである。」（裁判長裁判官 大西勝也　裁判官 藤島　昭　中島敏次郎　木崎良平）

解　説

⑴「事業の執行について」（事業執行性）の要件を，判例はかつて，「事業の執行と関連して一体をなし不可分の関係にある」ことと制限的に解していたが（*175*の原審），*175*は，行為の外形上事業の執行と見られればよいと解した。これによって，*173*, *175*, *176*のように権限を濫用・逸脱した被用者の行為も事業執行性を有し，使用者は賠償責任を負うことになった。この外形理論は，加害行為が*175*, *176*のような取引行為の場合には，被用者の権限に対する相手方（被害者）の信頼を保護する趣旨と理解できる。だから，*176*のように相手方が被用者の無権限を知っていた場合には事業執行性を否定することになる。しかし，*173*, *174*のような事実行為の場合には，被害者の信頼保護という説明は成り立たない。そこで，事実行為の場合には，外形理論に代えて，職務の性質上通常おかす危険か否か，使用者の支配領域内か否か，という基準が提唱される。しかし，これらの基準は，使用者が管理する危険な物によって損害が生じた*173*では妥当しても，そうでない*174*では妥当しない。*174*では裁判所も外形理論を放棄し，「事業の執行行為を契機とし，これと密接な関連を有する」ことを基準としている。結局，事業執行性の要件は，被用者が，使用者から与えられた権限の社会的な信用を利用した場合と，使用者から事業遂行のために委ねられた危険な物を用いた場合と，使用者が命じた事業を遂行しようとして加害行為に至った場合との３つがあることになる。

⑵ 使用者が被害者に賠償したときには，加害被用者に求償することができる（715条3項）。その求償請求の内容について，*177*は，加害行為に直接的・間接的に関連する使用者側と被用者側の諸事情（事業規模，賃金の低廉，労務の過度等）を考慮して，信義則により制限した（賠償した額の１／４のみ認容）。*177*

➡ *180*

は，使用者が指示した職務執行中の過失加害の事案であり，*173～176* のように使用者の指示を逸脱していた事案では，逸脱の程度に応じて求償を広く認めることになろう。

被用者と第三者が共同不法行為によって与えた損害については，その第三者は被害者に賠償したうえで，被用者に対し，過失割合に応じて求償できる。では，この第三者は使用者に求償できるか。*178* は，「事業活動を行うにつき」なされた加害に関しては使用者は被用者と同じ責任を負うとして求償を認めた。*178* は，指示された職務執行中の過失による加害の事案であり，指示を逸脱した加害では第三者（共同不法行為者）からの求償が制限ないし否定される可能性がある。要は，当該加害の場合に，被用者の無資力のリスクを負担すべき事情（被用者との一体性）が使用者と第三者のそれぞれにおいてどれほど強いかによるであろう。

179 は，まず，共同不法行為者の一方からの求償ではなく，その使用者から他方の使用者へ求償する場合にも，*178* の考え方によるべきだとした。これに加えて，*179* では，加害者の１人に２人の使用者がいた。*179* は，この場合の両使用者は，当該被用者の加害行為に対する関与の強弱によって当該被用者の負担部分を分担するとした。

［3］　工作物責任

180 「工作物」概念

最(二)判昭和46年4月23日民集25巻3号351頁・井の頭線踏切事故事件

(*曹時24巻9号120頁，法協90巻3号554頁，民商66巻5号884頁*)

【事実】 昭和34年に，Y（京王帝都電鉄）の井の頭線東大前駅と神泉駅の間の無人踏切に3歳の女児Aが入り，上り電車にはねられ死亡した。Aの両親Xらは損害賠償を請求。原審は，Yの過失については，減速すると高速度交通機関の使命を果たせないこと，保安設備に関する行政基準に従っていることを理由に否定したが，踏切道に警報機の保安設備がないことを瑕疵と認めて717条の責任を認めた。Yは上告して，⑴踏切道と保安設備は別個の工作物である，⑵717条は過失責任の修正に過ぎないから，設置基準に従っている限り瑕疵はない，⑶証拠に基づかずに，警報機を設置すれば事故を避けられたと認定している，と主張した。

➡ 180

【判決理由】 上告棄却 ⑴につき，「列車運行のための専用軌道と道路との交差するところに設けられる踏切道は，本来列車運行の確保と道路交通の安全とを調整するために存するものであるから，必要な保安のための施設が設けられてはじめて踏切道の機能を果たすことができるものというべく，したがって，土地の工作物たる踏切道の軌道施設は，保安設備と併せ一体としてこれを考察すべきであり，もしあるべき保安設備を欠く場合には，土地の工作物たる軌道施設の設置に瑕疵があるものとして，民法717条所定の帰責原因となるものといわなければならない。この点の原審の判断に所論の法令違背はなく，論旨は採用することができない。」

⑵につき，「踏切道における軌道施設に保安設備を欠くことをもって，工作物としての軌道施設の設置に瑕疵があるというべきか否かは，当該踏切道における見通しの良否，交通量，列車回数等の具体的状況を基礎として，前示のような踏切道設置の趣旨を充たすに足りる状況にあるかどうかという観点から，定められなければならない。そして，保安設備を欠くことにより，その踏切道における列車運行の確保と道路交通の安全との調整が全うされず，列車と横断しようとする人車との接触による事故を生ずる危険が少くない状況にあるとすれば，踏切道における軌道施設として本来具えるべき設備を欠き，踏切道としての機能が果されていないものというべきであるから，かかる軌道設備には，設置上の瑕疵があるものといわなければならない。

これを本件について見るに，原審（第1審判決引用部分を含む。）の適法に確定した諸事情，とくに，本件踏切を横断しようとする者から上り電車を見通しうる距離は，踏切の北側で50メートル，南側で80メートルで，所定の速度で踏切を通過しようとする上り電車の運転者が踏切上にある歩行者を最遠距離において発見しただちに急停車の措置をとっても，電車が停止するのは踏切をこえる地点になるという見通しの悪さのため，横断中の歩行者との接触の危険はきわめて大きく，現に本件事故までにも数度に及ぶ電車と通行人との接触事故があったことと，本件事故当時における1日の踏切の交通量（後記踏切道保安設備設置標準に従った換算交通量）は700人程度，1日の列車回数は504回であつたことに徴すると，本件踏切の通行はけっして安全なものということはできず，少くとも警報機を設置するのでなければ踏切道としての本来の機能を全うしうる状況にあったものとはなしえないものと認め，本件踏切に警報機の保安設備を欠いていたことをもって，上告会社所有の土地工作物の設置に瑕疵があったものとした原審の判断は，正当ということができる。

所論は，運輸省鉄道監督局長通達（昭和29年4月27日鉄監第384号および同号の2）で定められた地方鉄道軌道及び専用鉄道の踏切道保安設備設置標準に従って保安設備を設ければ，社会通念上不都合のないものとして，民法上の瑕疵の存在は否定されるべきであるというが，右設置標準は行政指導監督上の一応の標準として必要な最低限度を示したものであることが明らかであるから，右基準によれば本件踏切道には保安設備を要しないとの一事をもって，踏切道における軌道施設の設置に瑕疵がなかったものとして民法717条による土地工作物所有者の賠償責任が否定さるべきことにはならない。そして，前記諸事情のもとにおいては，所論のような踏切利用の態様の委細や警報機の設置に要する費用等を云々することによって，前記判断の結論を左右しうるものとは認められないから，原審の右判断に審理不尽の違法があるということもできない。それゆえ，論旨は採用することができない。」

(3)につき，「本件事故の状況から，本件踏切に警報機が設置されていたならば被害者が踏切を横断しようとして電車と接触するようなことにはならなかったものと推認し，工作物の設置の瑕疵と事故との間に因果関係を認めた原審の認定判断も，これを首肯しえなくはなく，この点においても，原判決に所論の違法は存しない（警報機と警笛とでは，事故を防止する効果において格段の差のあることは明らかであるから，警笛吹鳴の事実があるからといって，右推定の相当性が覆えされるものではない。）。論旨も採用することはできない。」（裁判長裁判官 色川幸太郎　裁判官 村上朝一　岡原昌男　小川信雄）

解　説

判例は，危険な設備から生じた損害について，717条の「工作物」を拡大適用してきた（*180*の【判決理由】(1)）。しかし，これによって，717条の「瑕疵」の判断は709条の「過失」の判断に接近することになる（(2)(3)を参照）。それでは，*180*の原審が「過失」を否定したうえで「瑕疵」を認めた意味はどこにあるのか。

➡ *181*

そもそも，踏切事故の被害者が鉄道会社に賠償請求するときには，① 715 条の使用者責任，② 709 条による企業自身の過失責任，③ 717 条の工作物責任という 3 つの方途がある。このうち①は，すべてを運転手の過失の有無によって判断するため，責任を肯定するときに運転手に過度の注意義務を要求することになる。このため戦後の下級審裁判例は②か③によっていたが，*180* の原審と上告審は，③を採った。それは，②によると，高速度交通機関のあり方全体を審理しなければならなくなるのに対し，③によると，審理を当該踏切施設の瑕疵に限定できるからであろうか。

［4］ 共同不法行為責任

181 共　謀

大判昭和 9 年 10 月 15 日民集 13 巻 1874 頁・北津軽水争い事件

【事実】 北津軽の五所川原堰組合（甲組合）と枝川足水両堰組合（乙組合）の間で水争いが生じ，甲組合の Y_1〜Y_7 らが闘争を決議し，その結果集まった中から Y_8〜Y_{19} らが決死隊として乙組合事務所を襲って X_9 X_{10} X_{11} 3 名に重傷を負わせ，さらに水門に向う途中の乱闘で Y_{19} が乙組合の A を殴打して死亡させた。Y_{20}〜Y_{29} は騒擾に参加していたが，事務所の襲撃には加わらなかった。X_1〜X_8（A の母妻子）と X_9 X_{10} X_{11} は，受けた損害の賠償を請求。1 審は，A の死亡と X_9 X_{10} X_{11} の負傷について Y_1〜Y_{29} 全員の連帯責任を認めたが，2 審は，A の死亡につき Y_{19} の責任を認めたのみで，その他の責任を否定した。X_1 らから上告。

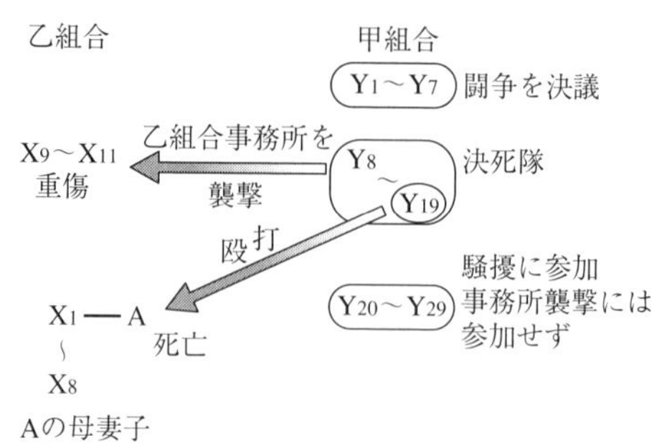

【判決理由】 破棄差戻 「按ずるに，民法第 719 条に規定したる共同不法行為を構成するには必しも其の不法行為を為したる加害者間に通謀若は意思の共通を要せざるも，権利侵害に対し客観的に共同の原因を成すことを要し，従て加害者各自の行為と之に因りて生じたる損害との間には因果の関係を有すること

を要するは当院判例の認むる所なれども（大判大正 13 年 7 月 24 日参照），其の因果関係ありとするには必しも加害者が自ら加害の現場に在ることを要せざるものにして，本件に於て Y 等が X 等主張の如く尋常の手段にて目的を達せざるときは非常手段特に闘争の手段に訴へても目的を達せんことを議決し，関係者が其の議決に基き出動し各兇器を携へて目的地に集合し遂に闘争に及び相手を殺傷したるが如き事実ありとせば，右の決議と該殺傷行為との間には因果関係あるものと謂ひ得べきを以て，其の決議に参加したる者は現場に於て手を下したる加害者と俱に共同不法行為者たるの責に任ぜざるを得ざるべく，又現場に出動したる者は相互の間に意思の共通なきも数人の行為相集りて殺傷の結果を発生又は助長したる場合に於ては行為者が其の結果を認識し又は認識し得べき状況に在るときは共同不法行為者としての責任を負担せざるべからざるものにして，現実に殺傷の行為に手を下さざりし故を以て責を辞することを得ず。従て前示の条件にして具備せる以上は，数人の中何人か現に手を下したりや不分明なりとの一事に依りては共同不法行為者としての責任を免るることを得ざるものとす。

原判決の確定したる事実に依れば，枝川足水両堰組合と五所川原堰組合との間に水論を生じ遂に闘争となり，其の結果として両堰組合の関係者たる A（X_1 の父）は五所川原堰関係者たる Y_{19} の暴行を受け創傷を被り終に死亡したるものとす。而して X 等は原審に於て，『Y_1〜Y_7 は五所川原堰普通水利組合会議員にして，Y_{30}〔1 審限りの被告〕の招集に因り組合事務所に会合し，五所川原堰水門に差込みたる板を尋常の手段を以て撤去することを得ざるときは闘争の手段に訴へても其の目的を貫徹すべきことを議決し，直に其の旨を常設委員より組合関係者に通知して其の出動を促したる処，翌 22 日組合関係者其の他合計 200〜300 名の者集合し，Y_9 等 10 数名をして決死隊を組織して，同人等は各兇器を携へて藤崎町地内の両堰組合事務所に押寄せ木石を投じ，内数名は同所内に闖入し，同所に居合せたる X_9 X_{10} X_{11} 外数名を殴打し，因て同人等に重傷を負はしめ，更に勢に乗じて前示水門に向ひ，途中白子街道附近に於て両堰側の者多数と衝突し，乱闘の末遂に A を殴打し同人に重傷を与へ右傷害の為同人は同日午後 8 時頃死亡したり云々』と主張したること原判決に引用したる第 1 審判決事実摘示に依り明なり。若し果して X 主張の如き事実ありとせば，

➡ *181*

Y_1 以下前記 7 名の五所川原堰事務所に集合して為したる決議と A 及 X_9 外 2 名の傷害事実とは因果関係を有するものにして，右 7 名は現に手を下したる者と共に共同不法行為者たるの責に任ぜざるべからざるものとす。然るに原院は右 7 名が他の Y 等を教唆して騒擾罪等の罪を犯さしめたるや否やを審理したるに止まり，前示 X の主張事実に関する審理判断を為さずして右 7 名は Y_{19} と共同責任なしと判断したるは，審理不尽理由不備の不法あるものと謂はざるを得ず。

又原判決の認めたる事実に依れば，X_9 $X_{10}$$X_{11}$ の 3 名は昭和 4 年 7 月 22 日正午頃両堰組合事務所に於て傷害を被りたる者にして，Y_8〜Y_{19} の 12 名は右組合事務所に於ける騒擾に参加し或は率先助勢を為し或は助勢と同時に暴行を為したるものとす。果して然らば，縦令此等の者の間に故意又は過失の共通なしとするも，反証なき限り此等多数人の行為が相集り或は因となり或は果となりて殺傷の結果を発生若は助長したるものと推認せらるべきを以て，何人が何人に対し如何なる暴行を為したるやは判明せずとするも，此等の者は相共に殺傷事実に付共同不法行為者たるを免れざるものとす。然るに原院が此等の事実を審理せずして，単に右 12 名が前示 X_9 X_{10} X_{11} 3 名に対して傷害を加へたるや否分明ならずとの理由に依て孰も共同不法行為者に非ずと判示したるは，審理不尽理由不備の不法あるものと謂はざるを得ず。

又原院は，A の死亡したるは Y_{19} の暴行に因りたる事実，其の日時は昭和 4 年 7 月 22 日午後 1 時にして X_9 X_{10} X_{11} の傷害を被りたる同日正午頃とは時を異にせる事実，又 A の傷害を被りたる場所は X_9 外 2 名の傷害を被りたる両堰組合事務所より数町隔りたる平川右岸の五所川原堰水門に至る道路の途中なる白子街道附近なる事実を認定し，A の被害と X_9 外 2 名の被害とは別個の原因事実に基くものなれば右組合事務所の騒擾に参加したる Y_8〜Y_{18} の 11 名は A の傷害には何等の関係を有せざるものにして之に付 Y_{19} と共に共同不法行為の責に任ずべきものに非ずと判示し，尚ほ Y_{20}〜Y_{29} の 10 名は X_9 外 2 名の傷害を受けたる両堰組合事務所に於ける騒擾に参加せざりし事実を認定し，所謂騒擾行為中には暴行脅迫を為す者あるべく率先助勢を為す者あるべきは自然の勢なれども此等の間に相当因果関係なき限り率先助勢を為したる者は暴行脅迫を為したる者の行為に付責任なきものにして，Y_1 等前記 7 名を除くの外或者は

本件騒擾に関し率先助勢を為し或者は率先助勢と同時に暴行を為したることは之を認め得べきも，此が率先助勢又は暴行が原因となり Y_{19} の為 A が傷害を与へられ並に何人かの為めに X_9 外 2 名が傷害を加へられたる結果を生じたるやを確認するに足らずと判示したりと雖，元来騒擾行為は必しも当初より一定の目的の下に計画せらるるものに非ずして多衆の者相集合するを機とし群衆心理の下に雷同し突発的に行はるること罕(まれ)なりとせず。斯くして騒擾の行はれたる場合には，或者か率先助勢し或者か暴行を為し遂に殺傷等の事故を生ずるは勢の然らしむる所にして，此等助勢若は暴行等の行為は同一瞬間に於て或は時を異にして行はるることあるべく，又場所を同くし若は場所を異にして行はるることあるべしと雖，其の時間及場所は咸(み)な相牽連し又之に参加する者は多くは其の結果に付認識を有するを通常とするを以て，特別の事情なき限り此等各行為は互に因果関係を有するものにして個々に分離して観察すべきものに非ず。故に原院認定の如く前記 Y_8 以下 12 名 Y_{20} 以下 10 名が助勢又は暴行等に依り本件騒擾に参与したる以上は，特別事情に関する反証なき限り，此等の者は縦令故意又は過失に付共通なしとするも本件殺傷行為の発生すべきことを認識せるものと推測すべく，従て其の行為に付現に手を下したる者と共に共同不法行為者として責に任ぜざるべからざるものとす。然るに原院が右の反証に付何等の審理判断することなくして Y_8 以下 12 名は Y_{19} の A に対する殺傷行為に付共同不法行為者としての責任なしと判示し，Y_{20} 以下 10 名が単に両堰組合事務所に参集せざりし一事に依り A 及 X_9 外 2 名に対する本件傷害行為に付共同不法行為者たるの責任なしと判示したるは，審理不尽理由不備の不法あるものと謂はざるを得ず。」（一続きの原文を 4 段落に分けた）

182 水質汚濁

最(三)判昭和 43 年 4 月 23 日民集 22 巻 4 号 964 頁・山王川事件

(*曹時 20 巻 10 号 119 頁，民商 60 巻 3 号 460 頁*)

【事実】 霞ケ浦に注ぐ山王川は灌漑用水として利用されていたが，Y（国）のアルコール工場が窒素を含む廃液を流したために，日照りの昭和 33 年に，その流水を利用した農民 X らの稲が徒長し倒伏した。X らは減収分と井戸掘り費用の賠償を

➡ *182*

請求。1・2審とも請求を認容した。Yは上告し，(1)旱ばつのため，Yの廃水の有無にかかわらず収穫がなかったはずだ，(2)都市下水等の窒素も原因である，と主張した。

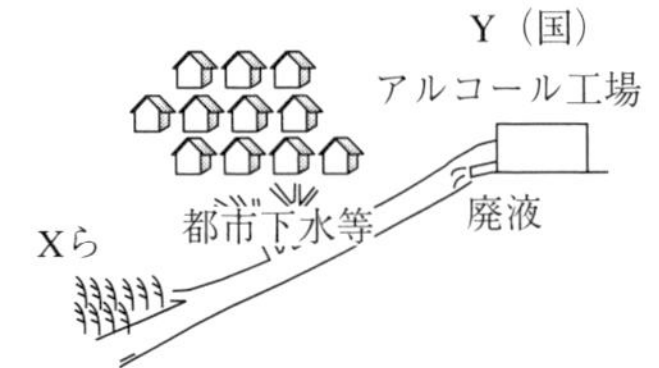

【判決理由】 上告棄却「共同行為者各自の行為が客観的に関連し共同して違法に損害を加えた場合において，各自の行為がそれぞれ独立に不法行為の要件を備えるときは，各自が右違法な加害行為と相当因果関係にある損害についてその賠償の責に任ずべきであり，この理は，本件のごとき流水汚染により惹起された損害の賠償についても，同様であると解するのが相当である。これを本件についていえば，原判示の本件工場廃水を山王川に放出したYは，右廃水放出により惹起された損害のうち，右廃水放出と相当因果関係の範囲内にある全損害について，その賠償の責に任ずべきである。ところで，原審の確定するところによれば，山王川には自然の湧水も流入し水がとだえたことはなく，昭和33年の旱害対策として多くの井戸が掘られたが，山王川の流域においてはその数が極めて少ないことが認められるから，Yの放出した本件工場廃水がなくても山王川から灌漑用水をとることができなかったわけではないというのであり，また，山王川の流水が本件廃水のみならず所論の都市下水等によっても汚染されていたことは推測されるが，原判示の曝気槽設備のなかった昭和33年までは，山王川の流水により稀釈される直前の本件工場廃水は，右流水の約15倍の全窒素を含有していたと推測され，山王川の流水は右廃水のために水稲耕作の最大許容量をはるかに超過する窒素濃度を帯びていたというのである。そして，原審は，右の事実および原審認定の本件における事実関係のもとにおいては，本件工場廃水の山王川への放出がなければ，原判示の減収（損害）は発生しなかった筈であり，右減収の直接の原因は本件廃水の放出にあるとして，右廃水放出と損害発生との間に相当因果関係が存する旨判断しているのであって，原審の挙示する証拠によれば，原審の右認定および判断は，これを是認することができる。」（裁判長裁判官 横田正俊　裁判官 田中二郎　下村三郎　松本正雄　飯村義美）

183 大気汚染

大阪地判平成3年3月29日判時1383号22頁・西淀川公害第1次訴訟

【事実】 昭和53年に，大阪市西淀川区の公害認定病患者86名が，同区と隣接地域にある大規模排出源企業10社と，同区を通る4本の道路を管理する国と阪神高速道路公団に対し，総額38億円の損害賠償と汚染物質の排出差止めを求めた。判決は差止請求を却下し，損害賠償は，69名の患者につき企業10社に対するものを一部認めた。以下は企業10社の共同不法行為を認めた部分である。

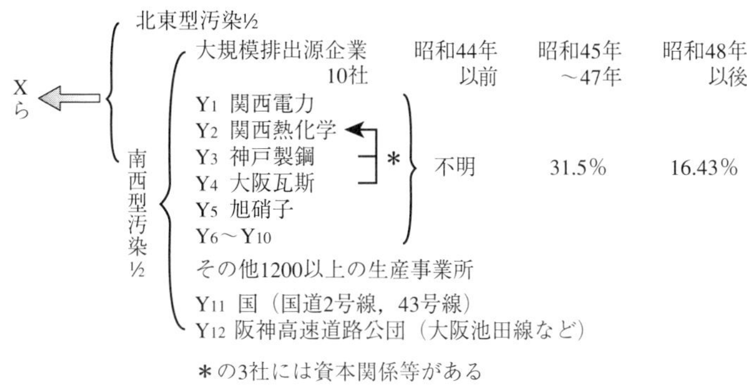

【判決理由】 一部認容 「第一　民法719条1項前段の共同不法行為

一　関連共同性

原告らは，被告らの共同不法行為を主張する。民法719条1項前段の共同不法行為が成立するためには，各行為の間に関連共同性があることが必要である。

共同不法行為における各行為者の行為の間の関連共同性については，必ずしも共謀ないし共同の認識あることを必要とせず，客観的関連共同性で足りると解されている。

民法719条1項前段の共同不法行為の効果としては，共同行為者各人が全損害についての賠償責任を負い，かつ，個別事由による減・免責を許さないものと解すべきである。このような厳格な責任を課する以上，関連共同性についても相応の規制が課されるべきである。

したがって，多数の汚染源の排煙等が重合して初めて被害を発生させるに至

➡ 183
ったような場合において，被告らの排煙等も混ざり合って汚染源となっていることすなわち被告らが加害行為の一部に参加している（いわゆる弱い客観的関連）というだけでは不充分であり，より緊密な関連共同性が要求される。

ここにいうより緊密な関連共同性とは，共同行為者各自に連帯して損害賠償義務を負わせるのが妥当であると認められる程度の社会的に見て一体性を有する行為（いわゆる強い関連共同性）と言うことができる。

その具体的判断基準としては，予見又は予見可能性等の主観的要素並びに工場相互の立地状況，地域性，操業開始時期，操業状況，生産工程における機能的技術的な結合関係の有無・程度，資本的経済的・人的組織的な結合関係の有無・程度，汚染物質排出の態様，必要性，排出量，汚染への寄与度及びその他の客観的要素を総合して判断することになる。

二　汚染物質の一体性

原告らは，被告ら工場・道路が立地・操業・供用される尼崎市，西淀川区及び此花区の臨海部がまとまった一つの工業地域を形成し，被告ら工場・道路が右工業地域の訴外工場群と共にいわゆる汚悪物質を排出し，合体した汚悪物質が一体として原告ら居住地を侵害しているから，被告らの侵害行為の一体性が認められ，関連共同性が認められると主張する。

しかし，不特定多数の排出源と被告らとの間のいわゆる強い関連共同性は概念の性質上も認めがたい。また，実際上も本件地域は我が国有数の大工業地帯である阪神工業地帯にあるが，阪神工業地帯はその成り立ちからして，それぞれの企業が各別の判断で立地することによって諸工業が偶然集積して形成された工業地帯であって，もともと各企業間の結びつきが希薄であるから，訴外の臨海工業地域の不特定多数の工場群と被告らとの間にいわゆる強い関連共同性の存在は到底考えられず，またその立証もないから，その余について判断するまでもなく失当というべきであろう。

被告企業らについてこれを見ても，明治時代から昭和 31 年迄の長期間に，広大な工場用地，海運の便，労働力等を求めてばらばらに立地操業したものに過ぎず，対象工場・事業所も大阪湾岸沿いの東西約 7 キロメートル，南北約 20 キロメートルの地域に散在しており，業種も鉄鋼業 4 社，窯業 2 社，ガス・電力・化学・コークス各 1 社と様々であり，被告企業らの生産工程における機能的技術的な結合関係，原材料・製品の取引関係，資本的・人的・組織的結合関係については，関西熱化学をめぐる関連のほかに見るべきものはなく，その結合関係は希薄というほかない。

三　Y_1を通じての一体性

原告らは，電力を生産するY_1と，電力を消費する他の被告企業らの間に電力の供給関係を通じての一体性がある旨主張する。

しかし，電力は，国民生活上不可欠のエネルギーであり，一般的エネルギーである電力の供給関係は，連帯して損害賠償義務を負わせるのが妥当と認められる程度の社会的一体性の有無を判断する関連性の指標としては不適当である。

しかも，電気事業法により地域独占形態をとるから，近畿地方の電力供給業者はY_1しかない。Y_1は，申込みがあれば電力を供給せざるを得ず，被告企業らの工場・事業所といえどもY_1からしか電力の供給を受けられない関係にあり，鉄鋼業等の電力多消費型産業も例外ではない。被告企業らの工場の使用する電力が工場用の特別に加工されたものであれば格別，原告らのいう技術的一体性とは被告企業らの工場が多くの電力を使用していることに尽きるから，かような電力需給関係は訴外工場はもとより原告らを含む一般市民生活における需給関係と異なるところはない。

また，原告らは，尼崎地区の火力発電所が被告企業らを含む工業地帯の工場向けに建設された旨主張するけれども，Y_1は，一般電気事業者として，近畿一円の需要に応じ安定した電力を供給する社会的責務を負っているのであるから，特定地域の産業向けに発電所を建設するものではなく，原告らをも含む近畿一円の需要の増大に対処するために発電所を建設していると見るべきであろう。

四　Y_2をめぐる関連性

Y_2は，昭和31年にY_3（旧尼崎製鉄，神戸製鉄所，加古川製鉄所）にコークスを供給することを目的として設立された会社で，資本構成は，設立時資本金5億円で，三菱化成60パーセント，旧尼崎製鉄20パーセント，Y_3 20パーセント，現在は資本金60億円で，三菱化成51パーセント，Y_3 39パーセント，Y_4 10パーセントであり，役員16名中Y_3が5名，Y_4が1名を派遣しており，製品は，主製品のコークスをY_3に供給し，副製品のコークス炉ガスをY_4に

➡ 183

都市ガス用として，Y_5 に徐冷炉燃料として，Y_3 に熱風炉燃料として（昭和 62 年 9 月神戸製鋼尼崎工場休止まで）供給し，タール類を三菱化成に供給している。

したがって，Y_2，Y_3 及び Y_4 の三者間には，民法 719 条 1 項前段に定める共同不法行為が成立する。

五　環境問題での関連性

公害に対する公的規制の拡充強化に伴い，従来互いに無縁のものと考えられていた各企業の活動が，公害環境問題の面では互いに関連していることが認識されてくるし，また認識すべきである。

大気汚染についていえば，昭和 37 年ばい煙規制法が制定され，個別的なばい煙排出濃度規制を図ったが，これでも事態に対応しえず，公害が深刻化し，昭和 42 年公害対策基本法，続いて昭和 43 年大気汚染防止法が制定され，いわゆる K 値規制方式が導入され，季節変化に対応した燃料使用規制が実施され，それでもなお大気汚染が深刻化するなかで，昭和 44 年 6 月大阪府はブルースカイ計画を発表し，昭和 45 年 6 月大阪市は西淀川区大気汚染緊急対策を策定した。

右に見た大気汚染防止法の制定から西淀川区大気汚染緊急対策策定に至る経過の中で，いわゆる大企業である被告企業らは各企業の活動が，公害環境問題の面では互いに強く関連していることを自覚し，または自覚すべきであったということができる。

そうすると，被告企業らは，遅くとも昭和 45 年以降は，少なくとも尼崎市，西淀川区及び此花区の臨海部に立地する被告企業の工場・事業所から排出される汚染物質が合体して西淀川区を汚染し，原告らに健康被害をもたらしたことを認識し，または認識するべきであったということができる。

したがって，遅くとも昭和 45 年以降においては，被告企業間には民法 719 条 1 項前段に定める共同不法行為が成立する。

第二　民法 719 条 1 項後段の共同不法行為

一　関連共同性

民法 719 条 1 項後段の共同不法行為においては（右後段の共同不法行為は，共同行為を通じて各人の加害行為と損害の発生との因果関係を推定した規定であり），共同行為者各人は，全損害についての賠償責任を負うが，減・免責の主張・立証が許されると解されている。後段の共同不法行為についても，関連共同性のあることが必要であるが，この場合の関連共同性は，客観的関連共同性で足りる（いわゆる弱い関連共同性で足りる）と解すべきである。

二　加害者不明の共同不法行為

西淀川区の大気汚染は，南西型汚染と北東型汚染とが全体として西淀川区の大気を汚染したいわゆる都市型複合汚染であるが，被告企業らの工場・事業所の排煙が昭和 40 年代前半までの南西型汚染の主要汚染源の一翼を担っており，また，原告らが右大気汚染により本件疾病に罹患し，その症状が維持・増悪したものである。

先にみたとおり，西淀川区の大気汚染は，南西型汚染と北東型汚染とが拮抗し，両者相まって原告らの疾病罹患に寄与したもので，昭和 40 年代前半の南西型汚染における被告企業の寄与度は不明であるが，この場合にも民法 719 条 1 項後段の共同不法行為が成立する。

三　分割責任

西淀川区の大気汚染は，南西型汚染と北東型汚染とが拮抗したもので，先にみたとおりその寄与度はほぼ互角である。また，昭和 44 年以前の南西型汚染に対する被告企業各自の寄与度を認定するに足りる立証はない（排出量が西淀川区の大気汚染に対する寄与度を決するメルクマールでないことは被告企業の持論とするところである）。したがって，被告企業は，昭和 44 年以前の損害については 2 分の 1 の限度で責任を負うべきである。

昭和 45 年以降については，地域総合シミュレーションにより，被告企業各社の西淀川区の大気汚染に対する寄与度が明らかとなった。しかし，昭和 45 年以降は，先にみたとおり被告企業各社の間に環境問題でのいわゆる強い関連性が認められるから，被告企業各社の寄与度に応じた分割責任を許すことはできない。したがって，被告企業は，昭和 45 年以降においては，前示被告 10 社合計の寄与度に基づく責任を負うべきである。

第三　主観的関連共同性

また原告らは，被告らの間には主観的関連共同性さえも認められる旨主張するが，右事実を認めるに足りる立証はない。」（裁判長裁判官 寺﨑次郎　裁判官

➡ 184

渡邉雅文　田中健治）

184 交通事故と医療過誤の競合

最(三)判平成13年3月13日民集55巻2号328頁・交通被害児硬膜外血腫死事件

（民商125巻4=5号579頁，百選Ⅱ〈第8版〉216頁，平13重判92頁）

【事実】 A（6歳男児）は自転車に乗っていてB運転のタクシーと衝突し，Y病院に救急搬送された。C医師（Yの代表者）はレントゲン写真で頭蓋骨骨折を発見せず，Aの意識が清明であったので，「変わったことがあれば来るように」と指示しただけでAを帰宅させた。ところが帰宅後，Aは容態が急変して，硬膜外血腫により死亡した。両親X_1X_2はYに，Aの死亡による逸失利益・慰謝料等の賠償を請求。1審は，Cが適切な問診，頭部CT検査をせず硬膜外血腫を発見しなかったこと等の過失を認め，Aの死亡につきCをBとの共同不法行為者として，計4400万円余の賠償を命じた。しかし，2審は，Yの責任をその寄与度に限り，計2015万円余の賠償を命じた。Xらが上告。

【判決理由】 一部破棄自判，一部棄却 「2 ……原審は，前記事実関係の下において，概要次のとおり判断した。

⑴被害者であるAの死亡事故は，本件交通事故と本件医療事故が競合した結果発生したものであるところ，原因競合の寄与度を特定して主張立証することに困難を伴うので，被害者保護の見地から，本件交通事故における上告補助参加人Bの過失行為と本件医療事故におけるC医師の過失行為とを共同不法行為として，被害者は，各不法行為に基づく損害賠償請求を分別することなく，全額の損害の賠償を請求することもできると解すべきである。

⑵しかし，本件の場合のように，個々の不法行為が当該事故の全体の一部を時間的前後関係において構成し，その行為類型が異なり，行為の本質や過失構造が異なり，かつ，共同不法行為を構成する一方又は双方の不法行為につき，被害者側に過失相殺すべき事由が存する場合には，各不法行為者は，各不法行為の損害発生に対する寄与度の分別を主張することができ，かつ，個別的に過失相殺の主張をすることができるものと解すべきである。すなわち，被害者の被った損害の全額を算定した上，各加害行為の寄与度に応じてこれを案分して割り付け，その上で個々の不法行為についての過失相殺をして，各不法行為者

➡ 184

が責任を負うべき損害賠償額を分別して認定するのが相当である。

⑶本件においては，Aの死亡の経過等を総合して判断すると，本件交通事故と本件医療事故の各寄与度は，それぞれ5割と推認するのが相当であるから，Yが賠償すべき損害額は，Aの死亡による弁護士費用分を除く全損害4078万8076円の5割である2039万4038円から本件医療事故における被害者側の過失1割を過失相殺した上で弁護士費用180万円を加算した2015万4634円と算定し，Xらの請求をこの金員の2分の1である各1007万7317円及びうち917万7317円に対する本件医療事故の後である昭和63年9月14日から支払済みまで年5分の割合による遅延損害金の支払を求める限度で認容すべきものである。

3　しかしながら，原審の前記2⑵⑶の判断は是認することができない。その理由は，次のとおりである。

原審の確定した事実関係によれば，本件交通事故により，Aは放置すれば死亡するに至る傷害を負ったものの，事故後搬入されたY病院において，Aに対し通常期待されるべき適切な経過観察がされるなどして脳内出血が早期に発見され適切な治療が施されていれば，高度の蓋然性をもってAを救命できたということができるから，本件交通事故と本件医療事故とのいずれもが，Aの死亡という不可分の一個の結果を招来し，この結果について相当因果関係を有する関係にある。したがって，本件交通事故における運転行為と本件医療事故における医療行為とは民法719条所定の共同不法行為に当たるから，各不法行為者は被害者の被った損害の全額について連帯して責任を負うべきものである。本件のようにそれぞれ独立して成立する複数の不法行為が順次競合した共同不法行為においても別異に解する理由はないから，被害者との関係においては，各不法行為者の結果発生に対する寄与の割合をもって被害者の被った損害の額を案分し，各不法行為者において責任を負うべき損害額を限定することは許されないと解するのが相当である。けだし，共同不法行為によって被害者の被った損害は，各不法行為者の行為のいずれとの関係でも相当因果関係に立つものとして，各不法行為者はその全額を負担すべきものであり，各不法行為者が賠償すべき損害額を案分，限定することは連帯関係を免除することとなり，共同不法行為者のいずれからも全額の損害賠償を受けられるとしている民法

➡ 185

719条の明文に反し，これにより被害者保護を図る同条の趣旨を没却することとなり，損害の負担について公平の理念に反することとなるからである。

したがって原審の判断には，法令の解釈適用を誤った違法があり，この違法は原判決の結論に影響を及ぼすことが明らかである。論旨は理由がある。

4　本件は，本件交通事故と本件医療事故という加害者及び侵害行為を異にする2つの不法行為が順次競合した共同不法行為であり，各不法行為については加害者及び被害者の過失の内容も別異の性質を有するものである。ところで，過失相殺は不法行為により生じた損害について加害者と被害者との間においてそれぞれの過失の割合を基準にして相対的な負担の公平を図る制度であるから，本件のような共同不法行為においても，過失相殺は各不法行為の加害者と被害者との間の過失の割合に応じてすべきものであり，他の不法行為者と被害者との間における過失の割合をしん酌して過失相殺をすることは許されない。

本件においてYの負担すべき損害額は，Aの死亡によるXらの損害の全額（弁護士費用を除く。）である4078万8076円につき被害者側の過失を1割として過失相殺による減額をした3670万9268円から上告補助参加人川越乗用自動車株式会社〔Bのタクシー会社〕から葬儀費用として支払を受けた50万円を控除し，これに弁護士費用相当額180万円を加算した3800万9268円となる。したがって，Xら各自の請求できる損害額は，この2分の1である1900万4634円となる。」（裁判長裁判官 元原利文　裁判官 千種秀夫　金谷利廣　奥田昌道）

［関連裁判例］

185 共同不法行為と過失相殺

最(二)判平成15年7月11日民集57巻7号815頁・絶対的過失相殺判決

（*曹時56巻10号194頁，民商131巻6号859頁*）

【事実】 X_1会社の被用者Aは，X_1の貨物自動車を運転中，前方に，路側帯から走行車線にはみ出して駐車する貨物自動車（Yの被用者Bが運転）をみつけ，これを避けるため中央線を越えて進行し，反対側から80 km以上（制限時速は40 km）で進行してきたC運転の乗用車と衝突し，X_1は270万余円の，Cは581万余円の損害を受けた。本件道路は駐車禁止であったが，追い越すためのはみ出しは禁止されていなかった。また，Cが，事故現場の60 m手前の左カーブを切る前にX_1の車を発見することは困難であった。X_1の車には，①自動車共済契約（保険者はX_2交通共済協同組合）と，②自賠責保険契約が締結されていた。X_1C間の示談により，CはX_1に36万余円を払い，X_2組合はCに，①に基づきX_1に代わり474万余円を払った。X_2組合は，Cへの賠償金のうち120万円については自賠責保険金の支払いを受けた。以上の事情において，Yに対し，X_1は自賠法3条または民法715条に基づき損害賠償を請求し，X_2組合は，X_1の負担部分を超えてCに賠償した部分につき，X_1のYに対する求償権を保険代位により行使した。1審は，Bの予見可能性を否定して，X_2組合の請求を棄却した。原審は，Bに，非常点滅表示灯等を点灯せず，車道にはみ出して駐車した過失を認め，ABCの過失割合を4：1：1とし，その上で，最高裁判旨引用のような判断をした。Yから上告及び上告受理を申立て。

【判決理由】 一部棄却，一部破棄自判 「原審は，概要次のとおり判断して，X_2組合のYに対する請求を170万6109円及びこれに対する遅延損害金の支払を求める限度で認容した。

(1) Cは，本件交通事故による自己の損害につき，自己の過失割合である6分の1を控除した6分の5の限度で，X_1及びYに対して，各当事者ごとの相対的な過失割合に従って損害賠償を請求することができる。したがって，Cは，581万1400円の6分の5である484万2833円を上限として，X_1に対しては581万1400円をCの過失割合5分の1による過失相殺をした後の464万9120円，Yに対してはCの過失割合2分の1による過失相殺をした後の290万5700円を請求し得るものというべきである。

(2) X_1及びYの損害賠償義務が競合する範囲は，上記464万9120円と290万5700円を加え，484万2833円を控除した271万1987円であり，X_1のみが損害賠償義務を負うのは，上記464万9120円から上記271万1987円を控除した193万7133円である。

X_1の負担部分は，上記271万1987円に5分の1を乗じ，上記193万7133円を加えた247万9530円である。

X_1は，Yに対し，Cに対して支払った474万7654円から上記247万9530円を控除した226万8124円を求償することができる。

(3) X_2組合が支払を受けた自賠責保険金120万円は，X_1のみが損害賠償義

➡ *185*

務を負う範囲，Yのみが損害賠償義務を負う範囲及びX_1とYの損害賠償義務が競合する範囲に案分して充当される。したがって，上記120万円のうち，X_1の求償金から控除すべき金額は56万2015円である。

(4) よって，X_2組合は，Yに対し，226万8124円から56万2015円を控除した170万6109円を請求することができる。

2 しかしながら，原審の上記判断は是認することができない。その理由は，次のとおりである。

(1) 複数の加害者の過失及び被害者の過失が競合する一つの交通事故において，その交通事故の原因となったすべての過失の割合（以下「絶対的過失割合」という。）を認定することができるときには，絶対的過失割合に基づく被害者の過失による過失相殺をした損害賠償額について，加害者らは連帯して共同不法行為に基づく賠償責任を負うものと解すべきである。これに反し，各加害者と被害者との関係ごとにその間の過失の割合に応じて相対的に過失相殺をすることは，被害者が共同不法行為者のいずれからも全額の損害賠償を受けられるとすることによって被害者保護を図ろうとする民法719条の趣旨に反することになる。

(2) 以上説示したところによれば，X_1及びYは，Cの損害581万1400円につきCの絶対的過失割合である6分の1による過失相殺をした後の484万2833円（円未満切捨て。以下同じ。）の限度で不真正連帯責任を負担する。このうち，X_1の負担部分は5分の4に当たる387万4266円であり，Yの負担部分は5分の1に当たる96万8566円である。X_1に代わりCに対し損害賠償として474万7654円を支払ったX_2組合は，Yに対し，X_1の負担部分を超える87万3388円の求償権を代位取得したというべきである。

なお，自賠責保険金は，被保険者の損害賠償債務の負担による損害をてん補するものであるから，共同不法行為者間の求償関係においては，被保険者の負担部分に充当されるべきである。したがって，自賠責保険金120万円は，X_2組合が支払ったX_1の負担部分に充当される。

そうすると，論旨はこの限度で理由があり，これと異なる原審の判断には判決に影響を及ぼすことが明らかな法令の違反がある。

第4 結論

以上によれば，X_1の請求は，Ｙに対し，53万5862円及びこれに対する遅延損害金の支払を求める限度で理由があるから認容し，X_2組合の請求は，Ｙに対し，87万3388円及びこれに対する遅延損害金の支払を求める限度で理由があるから認容し，Ｘらのその余の請求は理由がないから棄却すべきである。したがって，これと異なる原判決を主文のとおり変更する。」（裁判長裁判官 梶谷　玄　裁判官　福田　博　北川弘治　亀山継夫　滝井繁男）

解　説

(1)　719条は709条とは別に共同不法行為責任を規定するが，それは709条のどの点を変更するものなのか。この点の学説・判例の考えは，民法の制定時から今日まで変化してきた。719条1項前段を中心にみておく。

(i)起草者は同条において，行為者の各人が侵害行為を実行しかつ共同の意思を持っている場合を考えていた（例：YZが共謀し共に実行して，Ｘの家屋を破壊した場合)。したがって，719条は故意過失，因果関係などの709条の責任要件を拡げるものではなく，単に，複数の709条責任だと不真正連帯債務になるのを真正連帯債務として絶対的効力（改正前の434条～439条）を与えるものであった（だからこそ，共同の意思を要件とした)。

この学説に対し，(ii)我妻博士は，当時の判例をベースにして，719条は侵害行為自体の実行や共同の意思がなくても，侵害行為の基礎にあった活動の主観的関連または客観的関連があるときに賠償責任を認めて，709条よりも責任が認められる範囲を拡げるものとした。基礎的な活動の主観的関連の例は，*181*の騒擾決議への参加であり，基礎的な活動の客観的関連の例は，ＹとＺの船舶の衝突によってＹの荷主Ｘに損害を与えた場合（例：大判大正2年6月28日民録19輯560頁）である。主観的共同を要求しない点で客観的共同説と呼ばれるが，主観的共同による不法行為も認める。また，船舶衝突の場合だけでなく*181*のような主観的共同の場合にも，共同行為者Ｚの行為とＸの被害との間に「あれなければこれなし」の因果関係があると考えていた。この学説では，719条の意義は法的因果関係がない（あるいは不確かな）場合にそれを認めるところにあった。この時期の学説は，共同不法行為の賠償債務は真正連帯債務だと考えていた。

➡ 解説

(iii) 1960 年代以後の公害事件では，複数者の行為が累積して被害が発生しているために，各行為者の行為と被害者の被害の間に「あれなければこれなし」の因果関係を認めることが難しい。例えば，*182* の事件では，一人の被害者 X_1 は自己の稲の枯死が都市下水ではなく Y の廃液に因ることを証明し，*183* の事件では，自己の疾病が Y らのうちの誰の排出物質に因るかを証明しなければならない。ただ，*182* の事件では，Y の廃液の割合が大きかったため，それがなければ X_1 の稲は枯死しなかったことを認めることができた。これに対し，*183* の事件では，各被告の排出物質の割合は大きくないので，Y_1 の排出物質がなければ X_1 の疾病がなかったといえず，Y_2 から Y_{10} についても同様に「あれなければこれなし」をいえず，結局，X_1 は誰からも賠償を受けることができない。このような事件で，裁判所は，(ii)よりも広い客観的関連共同性があるときに共同不法行為を認めた。このように関連共同性を(ii)よりも拡げると同時に，共同不法行為の効果を(ii)よりも縮小している。すなわち，共同不法行為の賠償債務は不真正連帯債務になるとした上で，強い関連共同性があるときは各共同行為者が全損害について賠償責任を負うが，弱い関連共同性にとどまるときは寄与度に応じた割合で賠償責任を負うとする。*183* の事件では，強い関連共同性を，判決理由の「第一」の「四　Y_2 をめぐる関連性」と「五　環境問題での関連性」で認め，弱い関連共同性を，南西型汚染と北東型汚染の間で認めている（「第二」）。広範囲に散在する多数の者の排出物質が長期間にわたり累積したことに因る被害の賠償責任を認めるために，弱い関連共同性はもちろん，強い関連共同性も，(ii)の客観的関連共同性より広いものを考えている。

今日の共同不法行為の主な意義は，以上の(ii)の法的因果関係の補完と，(iii)の「あれなければこれなし」の因果関係の補完である。しかし，事案によってはその他の意義をもっている。

184 では，交通事故と A の死亡の間に「あれなければこれなし」の因果関係があるから，ここでの問題は法的因果関係を認めることができるかである。それは，(ii)の問題であるが，(ii)の事案と異なり，交通事故と医療過誤は異時的で，質や構造が異なるから，客観的共同性を認めることに異論があった。*184* の原審は，運転者 B と医師 C の共同不法行為を認めたが，最高裁は共同不法行為を認めず，しかし，B の交通事故と A の死亡の間の「相当因果関係」（法

的因果関係）を認めた。しかし，その上で「共同不法行為」を理由に，寄与度による責任限定を否定している。ここでの共同不法行為の機能は，(ii)と異なり，寄与度による責任限定を排除することにある。

また，前掲 *137*（京阪電鉄置石事件）で，最高裁は，「先行行為」を理由に置石の存否を確認し除去する義務を課したが，原審は，「共同の認識」「共謀」「助勢」「置石行為を容認してこれを利用する意思」などにより共同不法行為の成否を判断している（結論としては共同不法行為を否定）。最（二）判平成 13 年 3 月 2 日民集 55 巻 2 号 185 頁（パブ経営者 A がカラオケ装置を用いて著作権協会 X の上映権・演奏権を侵害した事件）で，最高裁は，カラオケ装置を A にリースした Y は AX 間の使用許諾契約締結・申込みを確認する注意義務を「条理」上負うとして Y の責任を認めたが，1 審は，AY の共同不法行為を理由に Y の責任を認めた。このように下級審裁判例には，因果関係の補完ではなく，(iv)侵害防止の作為義務を根拠付けるために共同不法行為を論ずるものがある。

(2) Y と Z の共同不法行為（ここでは上記の(i)(ii)のほかに(iii)(iv)の場合を含む）に被害者 X の過失が加わって被害が生じた場合に，X の YZ に対する損害賠償請求はどのように過失相殺するのか。2 つの考え方がある。1 つは，Ⅰ）原因となったすべての者の過失の中での X の過失の割合（絶対的過失割合）によって過失相殺する（絶対的過失相殺。*185*）。X の損害を 300 万円，XYZ の過失割合を 1：2：3 とすると，X は YZ いずれに対しても，300 万円 ×5/6＝250 万円を請求することができる（請求できる総額の上限は 250 万円）。もう 1 つは，Ⅱ）各加害者 YZ との関係での被害者 X の過失の割合（相対的過失割合）に応じて過失相殺する（相対的過失相殺。*184*）。これによると上記の場合に，X は Y に 300 万円×2/3＝200 万円を請求でき，Z に 300 万円×3/4＝225 万円を請求できる（この場合の請求総額の上限と YZ 間の求償額については議論がある）。Ⅱの隣に，Ⅲ）X の損害を YZ の寄与度によって分割し，それぞれの損害額を XY 間，XZ 間の相対的過失割合によって過失相殺する解決がある（*184* の原審）。

ⅠⅡの違いは，Ⅰでは，YZ が相互に他方の負担部分についても X に対し賠償責任を負うのに対し，Ⅱでは，Y（Z）は他者 Z（Y）の負担部分額を X との相対的な過失割合で X と分担する点にある。以上に対し，Ⅲでは，YZ は自らの寄与度による負担部分についてのみ賠償責任を負う。このように考えると，

➡ 解説

Ⅲが妥当なのは，YZ が別々に損害の異なる部分と因果関係を有するか，累積的競合のうち寄与度減額が認められた場合であり，Ⅰが妥当するのは，YZ ともに損害全体との間に必要条件的因果関係をもつ場合と，YZ 間に主観的関連共同性がある場合であろう。両者の中間にあるⅡは，累積的競合のうち寄与度減額が認められない場合に妥当であるように思われる。

判 例 索 引

※［　］内の数字は判例の見出し番号を，行末の数字は頁数を示す。

●著者紹介

瀬 川 信 久（せがわ のぶひさ） 北海道大学名誉教授
内 田 貴（うちだ たかし） 東京大学名誉教授

民法判例集 債権各論〔第4版〕

1997年4月15日 初 版第1刷発行
2002年12月25日 第2版第1刷発行
2008年3月15日 第3版第1刷発行
2020年4月10日 第4版第1刷発行

著 者 瀬 川 信 久
内 田 貴

発行者 江 草 貞 治

発行所 株式会社 有 斐 閣
郵便番号 101-0051
東京都千代田区神田神保町 2-17
電 話 03(3264)1314〔編集〕
03(3265)6811〔営業〕
http://www.yuhikaku.co.jp/

印刷・株式会社理想社／製本・牧製本印刷株式会社

ISBN 978-4-641-13819-3